REINHOLD SCHNEIDER
GESAMMELTE WERKE
BAND 7

Im Auftrag der Reinhold Schneider-Gesellschaft
herausgegeben von
Edwin Maria Landau

REINHOLD SCHNEIDER

GESCHICHTE UND LANDSCHAFT

Auswahl und Nachwort von
Hans Dieter Zimmermann

INSEL

Erste Auflage 1980
© Insel Verlag Frankfurt am Main 1980
Alle Rechte vorbehalten
Druck: Laupp & Göbel, Tübingen
Printed in Germany

INHALT

Prolog 9
   In Memoriam 11

Geschichte 19
   Die Gegenwart Griechenlands 21
   Das Kreuz im Osten 36
   Kaiser Lothars Krone 71
   Innozenz III. und das Abendland 96
   Karl V., Erbe und Verzicht 116
   Die letzten Jahre des Prinzen Eugen 143
   Alle Völker 169
   An der Schwelle des Alls 174
   Um das Jahr 1000 180
   Das Drama des Geistes in der Geschichte 188
   Kontinuität oder Ende europäischer Geschichte 196

Landschaft 231

   I. Spanien 233
   Die Glocken von Ávila 235
   Der Montserrat 239
   Toledo 244
   Córdoba 248
   Madrid 1956 252

   II. Italien 259
   San Fruttuoso oder Von der Einsamkeit des Grabes . 261
   Pisa 264
   Die vollkommene Stadt 271

  San Gimignano 273
  Bologna 277
  Anagni 282
  Assisi 287
  Cefalù 295
  Die Piazza von Capri 300

III. Frankreich 305
  Lyon 307
  Vaison la Romaine 311
  Arles 314
  Beauvais 324
  Tours 331
  Rouen 337

IV. England 347
  York 349
  Canterbury 356

V. Skandinavien 365
  Nordischer Herbst 367
  Der ewige Schrei 381
  Krebsfang in Oestergötland 385
  Nordisches Finale 390

VI. Deutschland 399
  Potsdam 401
  Wörlitz 407
  Bautzen 412
  Merseburg 418
  Quedlinburg 423
  Nietzsches Grab 430
  Weißenfels 437

Epilog 443
　Lorettoberg 445

Nachwort und Quellennachweis 449
　Nachwort 451
　Quellennachweis 461

PROLOG

In Memoriam

IN MEMORIAM
Aus einem Tagebuch (Februar 1939)

Nach langen Regenwochen erscheint ein silbriges Licht über dem kahlen Platze der Vorstadt, während die Nacht noch in den langen Häuserschluchten dämmert; der Himmel ist günstig gestimmt für diese Fahrt, die ich lange gefürchtet habe. Wunderbar bleibt dieses Licht von Paris, das selbst unter Regenschleiern eine Kuppel, einen Turm aufleuchten läßt, ohne daß man wüßte, woher es kommt; und auch auf das Land scheint es an diesem ernsten Morgen dann und wann einen Schimmer zu werfen, ein einsames Schloß zwischen den kahlen Baumkronen oder einen Park, auf dessen Wiesen das Wasser steht, für eine flüchtige Minute verklärend. Nichts hat sich verändert in Chauny in den acht Jahren, seit ich hier gewesen; noch immer macht der Bahnhof ein wenig prahlerische Versprechungen, die der kleine Ort nicht hält; denn er konnte sich noch immer nicht zum Städtlein zusammenschließen. Ein paar Ziegelhäuser wollen einen Boulevard bilden; aber sie machen nur einen dürftigen Anfang. Alle sind neu; sie wissen nichts von dem, was hier geschah; und ein paar Mauertrümmer und ein mit einem Turm bewehrtes Haus, das man nicht bewohnen, aber auch nicht abreißen mag, verbergen sich an der Straße zum Friedhof, so gut es gehen will, in den Büschen. Sie haben eine furchtbare Erfahrung voraus vor der neuen Ortschaft, die sich gerne ein heiteres Ansehen geben möchte; aber wer mag sie hören?
Nichts hat sich auch verändert an dem Friedhof von Champs, der sehr einsam vor dem nächsten Dorfe liegt und von ihm den Namen hat; vielleicht sind die Bäume hinter den regenschweren Wiesen ein wenig höher geworden; das letzte Mal ragten

noch die Trümmer des Schlosses von Coucy hinter ihnen auf, das einst ein vielbewundertes Bauwerk war; nun will sich auch Coucy verbergen. Hinter den weißen Kreuzen der Franzosen und den schräg stehenden, mit fremden Zeichen beschrifteten Grabtafeln der Farbigen warten die dunklen Kreuze, auf denen die deutschen Namen stehen. Das Grab, das ich besuchen möchte, hatte einst ein geschnitztes braunes Kreuz; nun trägt es dasselbe Kreuz wie die andern; nur zwei Rosenstöcke und das Immergrün aus einem fernen Garten schmücken es noch. Ich habe den Gefallenen nicht gekannt, aber ich habe sehr viel von ihm erzählen gehört. Sein Bild ist mir vertraut geworden in seinem elterlichen Hause, und dieses Haus ist mir so teuer geworden, daß meine Gedanken in ihm einkehren, sobald sie nach der Heimat suchen. Ich habe die Liebe gefühlt, die dem Gefallenen durch all die langen Jahre in der Heimat bewahrt wird, als habe er gestern erst das Haus verlassen; ich habe seinen Vater verehrt und geliebt als einen der reinsten Menschen, die mir im Leben begegnet sind. Er ist dem Sohne längst nachgefolgt; aber da ich nun vor dem Grabe stehe, in dem seine schönsten Hoffnungen versanken und das er sich nie entschließen konnte aufzusuchen, sehe ich ihn vor mir, wie er an einem Sommernachmittag in seinem Garten die abgeblühten Rosen vom Strauche schnitt und wie er, einige Zeit danach, sich leise von dem Platze entfernte, auf dem wir Abschied feierten vor meiner ersten langen Reise. Damals sah ich ihn das letzte Mal; wenn es aber auf Erden noch einen Ort gibt, wo ich ihm besonders nahe sein kann, so ist es dieses Grab. Ich bin auch der Freundschaft begegnet, die der Gefallene weit über sein Leben hinaus erweckte und bin wieder der Freund seines Freundes geworden.

In immer tieferem Sinne ist der Gefallene eingetreten in mein Leben; alles Höchste, was ich empfinden durfte, die Gestalt, die mein Schicksal annahm, die beglückendsten und schmerzlichsten Erfahrungen meiner Seele, die letzten, über dieses Dasein hinausführenden Hoffnungen sind mit ihm verbunden.

Gegenwärtig ist sein Andenken an fast allen Tagen gewesen, die den Inhalt meines Daseins formten, in dem einen und einzigen, unwiederholbaren Sommer meines Lebens; und wenn es mir beschieden wäre, dereinst in das Licht aufgenommen zu werden, wo er und sein Vater gewiß vereinigt sind, so müßte ich ihn wohl erkennen, und dann erst könnte ich ihm danken für den Segen, der von ihm in mein Leben gekommen ist. So ist er mir näher, als mir viele Lebende waren, mit denen ich Jahre verbracht: er ist einer der Dahingegangenen, die mich an die größere Wirklichkeit des Jenseits binden, und die Unbekannten alle, die mit ihm in Champs begraben wurden, sind mir nah. – Der Friedhof gehört ja nicht zu den großen, berühmten Grabfeldern, vielmehr umschließt die Hecke eine überschaubare Gemeinde, so daß wir, wenn wir ein einzelnes Grab besuchen wollen, eigentlich alle Gräber besuchen und allen die Blumen bringen, die wir ihm bestimmten.
Aber ein Grab stellt auch Fragen, denen wir nicht ausweichen können: ›Was hast du mir zu bringen, da du nun kommst? Hast du beten gelernt in all den Jahren? Bist du reicher an Liebe, an Vertrauen, an Zuversicht geworden? Bist du uns näher gekommen, leichter als damals bereit, dich zu lösen und überzugehen in unsere Schar? Was erwartest du noch, und meinst du nicht, es wird dir sehr bald genommen werden? Wir warten, und du sollst dich wandeln, bis du uns erreichst mit deinem Gebet, deiner Liebe, der Ahnung des Reiches, in das wir heim gerufen wurden. Ihr alle lebt nicht so sehr für euch wie für uns. Die Trennung ist nur eine Probe auf die Liebe; und ihr werdet der Schmerzen erst Herr werden, wenn eure Liebe stark genug ist, alle eure Hoffnungen zu verpflanzen in unser Reich. Wir, nicht die Lebenden, stellen euch vielleicht die größte Aufgabe eures Daseins; keiner von euch wird dort unten seinen Kreis vollenden. Denn unversehens biegt sich der Weg in unser Leben hinüber, und die Liebe, die nur das Sichtbare umfaßt, verdient ihren Namen nicht.‹
Das letzte Mal fuhr ich weiter nach Saint Quentin, dessen

Kathedrale so viele Schlachten bezeugt, aber es zieht mich so wenig mehr an wie die alte Königsstadt Laon. Denn in dem stillen Gräberfelde von Champs ist das ganze Geheimnis der Geschichte beschlossen; hier ist das Ziel, über das hinaus keine Straße führt; und wie könnten wir glauben, vor der Geschichte zu bestehen, wenn wir vor einem einzigen Grabe auf einem ihrer Schlachtfelder versagen? Und wie könnten wir meinen, Völker zu begreifen, wenn wir nicht in der Gemeinschaft der Seelen jenseits des Grabes die wahre Gestalt eines Volkes erkennen? Denn was dem Volke unverlierbar zu eigen ist, das prägt die Seelen, die ihm angehören; in einer jeden Seele, die heimkehrt, ist ein Teil seiner eigentlichen Unsterblichkeit bewahrt. Alle Geschichte geht über in die Geschichte der Seelen, die nicht mehr erforschbar, nicht mehr durchdringbar ist, aber vielleicht erfahrbar wird im Gebet. Alle Geschichte rollt um der Seelen willen ab, die ihre Liebe bezeugen sollen.

Elstern streben auf den Feldern zu kurzem Fluge auf, der Wind kommt und geht, und bald wird er den Regen wieder herübertragen. Es ist Friede über dem Lande, und was bedeutet er anderes als die Zeit, da das Opfer der Toten Segen wirkt und unsere Liebe sie suchen und sich bereit machen soll, ihnen zu begegnen? Ihre Wege sind tief in die unsern geschlungen, wir kreuzen sie, ohne es zu wissen, und wie oft meinen wir einsam zu sein, weil wir die Seelenspur nicht sehen, die unsern Schritten folgt! Eine seltsame Fügung ist es ja auch, daß der Wärter, der hinter dem Friedhof im ersten Hause des Dorfes wohnt, am selben Tage wie der Gefallene geboren wurde. Er ward verwundet im Kriege, und das Leiden hat sich in den acht Jahren tiefer in sein Gesicht gegraben; seine Kinder, scheue, dunkelhaarige Mädchen, drücken sich an ihn in der Tür des armen Hauses; ja, er erinnert sich gut, in dieser Woche steht der Jahrestag bevor; sein Geburtstag ist der Geburtstag des Gefallenen. Dieser wäre nun ein Mann wie er; aber das Bild der Dahingegangenen ist unveränderlich, und so ist der Gefallene ein Jüngling geblieben, während den Altersgenossen das Leben und die Wucht der Erinnerungen beugen. Früh hat der eine durch sein Opfer die schwere Aufgabe seines Lebens gelöst, und nur in langen, langen Jahren und im Dienst an den Gräbern wird sie der andere lösen können.

Einmal noch sehe ich im Vorüberfahren die Blumen hinter der Hecke auf dem Grabe leuchten; tief ziehen die Wolken über die unermeßliche Ebene, und in den langen Stunden des Wartens droht das Alltäglich-Trübe den Trost im Herzen zu verdunkeln. »C'est le coin le plus gai de Chauny«, sagt die Wirtin in der weiten Stube, die in die stumpfe Ecke des Hauses gebaut ist; hier hat man den Blick auf den Bahnhof, wo immer einige Menschen kommen und gehen; hier finden sich die Bürger am Sonntagnachmittag zusammen; man hat die großen Scheiben und Licht. Freilich, seit langen Wochen schon regnet es, und nun treibt der Wind die Tropfen wieder an das Glas. Die Wirtsleute kamen vor längerer Zeit aus Paris; der Anfang war hart, inzwischen haben sie sich eingewöhnt und mit einigen Gästen befreundet, die sie beim Abschied umarmen und küssen. Ich hatte mir am Morgen eine Postkarte eingesteckt, auf der Tintorettos ›Paradies‹ abgebildet ist, und stelle sie, als eine Nothelferin, auf den Tisch. Wie sehr bedürfen wir in solchen Stunden, da sich der Himmel verschließt, der Vision der Begnadeten!

Denn nur in wenigen Augenblicken werden wir der Größe der Wirklichkeit, des Diesseits und des Jenseits, das uns erwartet, inne; und lange Jahre leben wir, die wir nach der Meinung Pascals ›entthronte Könige‹ sind, ohne Erinnerung an das Reich, das wir verloren haben und das wir uns wieder gewinnen sollen. Auf diesem Bilde aber ist der Himmel offen; in gewaltigen, sich nach oben verengenden Kreisen schließt sich der Chor der Seligen um den höchsten Kreis zusammen, den undurchdringliches Licht erfüllt. Der Beschauer steht zuunterst, aber inmitten der schwingenden, von Jubel tönenden Kreise; er ist emporgerissen in den größten Raum, den die Vision offenbaren muß, ehe ihn ein menschliches Auge im Spiegel des Kunstwerkes wieder erblicken kann. Und erst vor diesem Bilde können wir vielleicht des Künstlers Selbstbildnis verstehen, das nicht weit von der Himmelsvision im Louvre hängt: die Wangen des Greises sind eingesunken; eine Art von Blindheit überdeckt die von innen glühenden Augen; sie haben zu viel gesehen, zu viel sehen müssen. Aber sie sind nicht blind geworden vom Sonnenlichte und vom verschleierten Farbenglanz der Erde: sie sind erblindet von dem zerstörenden Lichte der Vision, dem kühnen Blicke hinauf in den höchsten Lichtkreis, den kein menschliches Auge ungestraft wagt.

Aber dann wird es Nacht in Chauny; die tanzenden Lampen werfen einen kalten Schein auf die Straße, die nur ein Anfang ist und sich rasch in die Finsternis verliert; der Wind weht frostig. Wir weinen nicht um die Toten, wir weinen um uns; denn unser Herz ist schwer von ungesagten Worten, von der Liebe, für die nie eine Stunde kam, von der Ahnung einer grenzenlosen, allumschließenden Möglichkeit des Lebens, von der Sehnsucht nach Menschen, denen wir nie begegnet sind. Wir weinen auch um das ruhelose Leid der Welt, das gestern vor diesem Hause vorüberkam und heute eine andere Straße zieht und morgen vielleicht zurückkehren wird, um aufs neue einzufordern, was ihm schon tausendmal erstattet ward. Aber die Stunden, die wir verweint haben, sind nicht unsere verlorenen Stunden; heimlich wächst in ihnen das Kreuz in unserm Herzen, und eines Tages werden wir gewahr, daß das Kreuz gewachsen ist; wir können es nun nicht mehr verneinen; es ist da. Im Verborgenen ist es zu einem Teil unseres Wesens geworden; und so müssen wir es annehmen und müssen glauben an das Kreuz. Alles liegt ja daran, daß das Kreuz im Menschen lebt und der Mensch zum lebendigen Kreuze wird; in solchen Menschen siegt das Kreuz über die Welt, und die Zeiten werden ihm nichts entgegensetzen können, was es nicht überwindet.

Ein Tag ist um, einer der schweren, uns zugemessenen Tage,

deren ein jeder gelöst und erfüllt sein will wie eine erdrükkende Aufgabe; die Toten aber kennen keine Zeit. Und so denke ich mit der ganzen Kraft meiner Seele an jenes Grab zurück, auf dem der Nachtwind unter dem Kreuze die Blüten dieses Tages entblättern mag. Ihr Toten, verlaßt uns nicht, betet für uns, wie wir wieder beten für euch. Mein Gott, hilf uns allen!

GESCHICHTE

Die Gegenwart Griechenlands · Das Kreuz im Osten
Kaiser Lothars Krone · Innozenz III. und das Abendland
Karl V., Erbe und Verzicht
Die letzten Jahre des Prinzen Eugen
Alle Völker · An der Schwelle des Alls · Um das Jahr 1000
Das Drama des Geistes in der Geschichte
Kontinuität oder Ende der europäischen Geschichte

DIE GEGENWART GRIECHENLANDS

*Daher sagt er (Parmenides), daß es vom
Seienden eine ›Wahrheit‹ gibt, vom Werdenden
dagegen nur eine ›Meinung‹.*

In der plastischen Kunst ereignet sich sichtbar und immer aufs neue eine Grundtatsache unserer Geschichte und unseres Daseins: die Gegenwart Griechenlands. Es prägt sich allen Stilen ein, setzt sich gegen alle Wandlungen durch; die Plastik der französischen Kathedralen ist der griechischen fast so nahe, wie die Tragödie Shakespeares der des Äschylos. Christus ist griechischer Gott noch in der Plastik des vierten Jahrhunderts. Mit gleicher, vielleicht noch höherer Intensität ist diese Gegenwart spürbar in Dichtung und Philosophie; wie weit sie die Musik, die Architektur unmittelbar bewegt, läßt sich kaum sagen; die mittelbare Wirkung ist immer dieselbe, denn sie beansprucht den Menschen selbst. Von Nachahmung lohnte es sich nicht zu reden; was erlernt, was nicht erlernt werden kann, soll nicht erörtert werden; hier geht es um das Innerste, das empfangen wurde, das Gestalt gewinnen will, um eine schicksalhafte Gegenwart. Griechenland ist da als geschichtliches, das heißt geistig-politisches Phänomen.
Perikles tritt auf vor dem vernichtenden Krieg, ein wenig bedacht auf die Schönheit der Rede und sehr entschieden auf das Selbstlob Athens. Er redet gegen die betrügerischen Lakedämonier: nicht um Kleinigkeiten geht es, sondern um die Frage, wer herrschen soll, wer Amboß und wer Hammer ist: »Nur kein Winseln und Jammern über unsere Felder und Landhäuser! Unsere Personen mag man vielmehr bedauern. Sind doch jene nicht Herren von den Menschen, sondern

diese von jenen! Könnte ich nur glauben, daß ihr mir folgtet, so würde ich euch zureden, es [das Feld] selbst zu verwüsten und davonzugehen [wie es ja dann auch geschah], um den Peloponnesiern zu zeigen, daß euch dieses nicht bewegen werde, ihnen zu gehorchen.« Knapp und nüchtern, ohne sich um Schmeicheleien zu bemühen, auf Fehlschläge vorbereitend, der Verpflichtung an die Vorfahren bewußt, spricht Archidamos, der König von Sparta: »Ganz Griechenland« haßt Athen und blickt mit höchster Erwartung auf die lakedämonischen Waffen: »Bedenkt also wohl, mit was für einem mächtigen Staat wir es aufnehmen, und daß wir im Begriff stehen, unseren Vorfahren und uns entweder die größte Ehre oder die größte Schande zu machen.« – Und noch einmal Perikles in der Besorgnis, Archidamos, der sein Gastfreund war, werde seinen Landbesitz schonen, und diese Bevorzugung könne seine Autorität erschüttern: »Archidamos sei sein Gastfreund, allein dieses solle er nicht zum Nachteil des Staates sein; im Falle also die Feinde seine Gründe und Landhäuser nicht ebensogut als das Übrige verheeren sollten, so sollten sie der Gesamtheit anheimgefallen sein und ihm daraus kein Verdacht erwachsen.« Alles hängt davon ab, daß die Flotte in gutem Stande ist; denn sie trägt die Macht. Klugheit und Geld werden also entscheiden. Athen nimmt jährlich sechshundert Talente von seinem Bundesgenossen ein, auf der Burg ist ein Schatz von sechstausend Talenten verwahrt. Auf fünfhundert Talente können Gold und Silber der Denkmale, heiligen Geräts, den Persern abgewonnener Beute geschätzt werden. Wenn alle Stricke reißen, so bleibt der Goldschmuck der Pallas, immerhin ein Wert von vierzig Talenten gediegenen Goldes: die Athener können ihn der Göttin ganz abnehmen, im Fall sie sich damit retten müßten; nur müßten sie ihn später im vollen Gewichte ersetzen. Und – wie bald darauf! – Perikles unerschüttert vor dem von Verwüstung und Pest geschlagenen, aufbegehrenden Volke: »Eure Herrschaft steht auf dem Spiel!« – diese Herrschaft, die ihnen so viele Feinde gemacht hat. Sie

können diese Herrschaft nicht einmal mehr aufgeben, auch nicht, wenn sie der Versuchung erliegen würden, lieber in Ruhe zu leben. »Nein, es ist mit dieser eurer Herrschaft bereits dahin gekommen, daß sie der Gewalt eines Tyrannen ähnlich sieht; dabei scheint es ebenso ungerecht, sie an sich zu reißen, als es gefährlich ist, sich ihrer zu begeben.« Und zur höchsten Ungebühr hat die Seuche – die allerdings schlimmer ist, als es sich jemand hat vorstellen können – den Haß gegen ihn gesteigert und die Athener das geleistete Große vergessen lassen: daß der griechische Name verewigt wurde durch Ausbreitung der Herrschaft. »Laßt euch mit den Lakedämoniern in keine Unterhandlungen ein und laßt euch ja nicht merken, daß ihr über die gegenwärtige Gestalt der Sachen ungeduldig seid.«
Aber schlagen wir zurück, fragen wir die Korinther als dritte Partei: Die Athener »sind Leute, die beständig neue Anschläge im Kopf haben«. Sie sind »über ihre Kräfte zu kühnen Unternehmungen aufgelegt; bei der Ausführung geht ihre Anstrengung noch über ihre anfänglichen Entschließungen hinaus«. Sie scheinen mit ihren Leibern nicht im geringsten an die Vaterstadt gebunden, beweisen aber in ihren Gesinnungen die stärkste Anhänglichkeit; was sie durch Fehlschläge verlieren, ersetzen sie durch feste Hoffnung auf anderweitiges Glück. »Denn sie sind das einzige Volk in der Welt, bei dem Hoffnung und Besitz solcher Dinge, auf welche sie ihre Gedanken richten, fast das gleiche sind.« Auch an Festtagen halten sie keine Ruhe. »Es würde also diese Vorstellung ihre völlige Richtigkeit haben, wenn sie jemand kurz so beschreiben wollte, daß sie dazu geboren wären, weder selbst ruhig zu sein noch andere in Ruhe zu lassen.«
Das sind nur Fragmente eines Prologs, aber authentische: so waren die Athener, war Griechenland in seiner Zerklüftung, und doch wieder ganz anders; tragische Widersprüchlichkeit war ihr Daseinsgesetz wie des Götterhimmels, der sich über ihnen wölbte. Die Korinther hatten recht und unrecht; in der Unruhe der sich um Herrschaft Verzehrenden war Ruhe.

Was war Geschichte für Platon, für Sokrates? Und doch zielt alles Fragen und Forschen auf den Staat, auf die politische Verwirklichung des denkend Geschauten, auf den Menschen im Staat, die Heiligung der Polis. Erst die Kyniker sollten darauf verzichten. Platon erwartet die Heiligung allein von einer Konzeption von radikaler Reinheit: »Im Himmel vielleicht thront dieser Staat« – und es ist ja nicht gewiß, wie stark der Akzent auf diesem »vielleicht« ist; denn der »Staat« ist ein »Wunschgebet« [Walther Kranz: Griechische Philosophie]. Alle Utopien folgender Jahrtausende werden sich auf ihn berufen, alle Träume und Verbrechen der Diktatoren, Idealisten und Tyrannen. Was sagt es von der griechischen Macht, von der Macht und ihrer Ausübung überhaupt, daß der Denker, den die Schlechten nicht einmal loben sollten, wie der große Gegner Aristoteles forderte, als Resultat seines Denkens, Sehens, Dichtens, Erfahrens, diese ungeheuerlichen Widersprüche, diese gewollte Unmöglichkeit bot – und in letzter Folgerichtigkeit die Macht nur den Machtlosen überantworten konnte! Mehr als der Zwang über die Kriegerkaste, den Kriegsdienst der ihr angehörenden Frauen, die nicht einmal das Recht auf ihr Kind hatten, geschweige denn auf Besitz, sagt es ja, daß Homer und Äschylos als Verkünder der gefährlichen Weisheit von der Unheilbarkeit des Irdischen aus diesem Staate verbannt wurden: um der Verwirklichung des Griechentums willen das Griechentum selbst. Und doch ist dieser Traumstaat gefährlicher als die Weisheit der Dichter: er wird zum unvernichtbaren zerrüttenden Ferment; zum tragischen Gedicht; und mehr als der Jünger des Sokrates haben auch die Sänger des Tragischen nicht gesagt von der Unseligkeit des Staubgeschlechts, das nur am Unmöglichen genesen könnte. Allein Aristoteles widerspricht leidenschaftlich: das Gute ist erreichbar, es ist ja eingeschlossen in der Wirklichkeit, Form, die vollzogen werden kann und muß: »Was für den einzelnen und für die Gesamtheit das Beste ist, fällt zusammen«; die Begriffe des besten Menschen und des besten Staates können sich decken; sie müssen es. Der Staat ist Mensch in der Vollmacht seiner Tugend, und das heißt nicht Extrem, sondern Maß und Mitte; wie das Ziel des Krieges der Friede ist, so das der Geschäftigkeit die Muße; die Anordnungen über das Kriegswesen wie die ganze Gesetzgebung sind auf Muße und Frieden zu richten. »Man muß geschäftig sein und Krieg führen können, noch mehr aber Frieden halten und der Muße pflegen, man muß das Notwendige und das Nützliche tun können, aber noch mehr das Schöne.« Das Beste ist das höchst Mögliche, das dem Wesen Entsprechende und nur als solches. Jedermann soll das Höchste erstreben – aber nur, was ihm möglich ist. »Wir sollen uns, soweit es möglich ist, unsterblich machen«; das heißt: gemäß dem Besten leben, das in uns ist.

Platon war zu erstaunlichen Einschränkungen, Widerrufen, Zugeständnissen bereit, wenn er die ungeheure Spanne maß zwischen dem im Himmel thronenden Staat und der als tragisch empfundenen, im besten Fall als Ort tragisch-schönen Spiels der Menschen und Götter angenommenen Erde; und doch war diese Spanne als undurchschreitbar gedacht und gewollt. Einig waren sie sich darin, daß die Freiheit im Ganzen unvollziehbar war; daß es eine Klasse gibt [und natürlich geben muß], »für die es besser ist, beherrscht zu werden« [Aristoteles]. Da aber für den Einen das Erreichbar-Ewige im erkannten Wirklichen war, für den Andern jenseits aller substanziellen Wirklichkeit, viel mehr des Traums von den Dingen; da es schon durch die Schleier platonischer Mythe – wie etwa vom Endgericht, dem Erscheinen der Nackten vor dem nackten Richter – zu schimmern scheint, so ist ihr Streit nicht lösbar; er zündete sich ins Christliche fort. Die Denkarbeit der Jahrhunderte, die Erfahrungen der Völker, stürzten in die Flammen und nährten sie; und nach allem Ermessen werden wir über den in Athen, am Abend der griechischen Geschichte, als ihr Ausdruck und als Antwort auf sie, ausgebrochenen Streit nicht hinauskommen, so wenig wie

Jahrtausende über die Logik des Aristoteles. Das ist Gegenwart, Zukunft; ist unsere geschichtliche Existenz, das Entweder-Oder des Seins in unausweichlicher Unmittelbarkeit als Problematik der Politik. Ein jeder dachte nicht an eigentliche Macht: in der Gestalt, in der sie noch in jenem Jahrhundert aufstrahlen sollte, sondern an einen Staat von der Größe eines Kantons, wie ja Griechenland, über den ungeheuern Abstand der Zeiten und des Geistes, kein gültigeres Abbild gefunden hat als die Eidgenossenschaft in ihrer heroischen Zeit. Ein moderner Historiker [Helmut Berve] redet wie selbstverständlich von den Griechen als Eidgenossen und von »eidgenössischen Schiffen« und Heeren im peloponnesischen Krieg; und es ist etwas von dieser Ähnlichkeit in die Eidgenossenschaft, ihre Städte, deren Farben- und Wappenstolz, eingeströmt, das erst mit ihr selber untergehen kann. Viele scheinbar mittelalterliche Formen können sehr wohl als griechische verstanden werden: Die Formensprache der Geschichte ist fest begrenzt.

Ein jeder, Platon und Aristoteles, erlebte die Tragödie seiner Konzeption: Platon: als sein Freund Dion, der Schwager des Tyrannen von Syrakus, von dem er den Vollzug des Unvollziehbaren erwartete, gestürzt und im Kampf um seine Tyrannis ermordet wurde [eine Tyrannis nicht im antiken, sondern im modernen Sinne hätte die Herrschaft ja werden müssen]; Aristoteles, der Denker des Maßes und der Mitte, als sein Schüler Alexander in das Planvoll-Ungeheure aufbrach und sich und die Kräfte der Völker verstrahlte wie eine Nova über der kaum erstandenen und wieder einstürzenden Weltmacht. Im folgenden Jahr starb der Lehrer des Eroberers auf seinem Landgut auf Euböa: in dem wohl nicht mehr begründeten Rufe, ein Freund der Makedonier zu sein, gefährdet, hatte er die Hauptstadt verlassen, um »den Athenern nicht Gelegenheit zu geben, sich zum zweitenmal an der Philosophie zu versündigen«.

Wie die gedichtete Tragödie des Prologs, so ist die gelebte Tragödie der Denker das Echo griechischer Geschichte; Herr-

schaft, nicht Freiheit, ist das große Motiv der Reden des Perikles, eines, zum Unterschied von Alkibiades, noch gebundenen Mannes: »dabei scheint es ebenso ungerecht, sie an sich zu reißen, als es gefährlich ist, sich ihrer zu begeben«. Was aber soll nun getan werden? Und wer soll herrschen? Und wie ist doch alle Anmaßung und Ruhmredigkeit europäischer Kolonisten vorweggenommen mit diesen Worten [aus der Rede auf die Gefallenen]: »Alle Meere und alle Länder der Welt sind genötigt, unserem Heldenmut den Zutritt zu verstatten.« Doch sollten sie an Wahrhaftigkeit kaum erreicht werden: »Allenthalben lassen wir ewige Denkmale von dem Guten *und dem Bösen*, das wir daselbst anrichten.«
Wehe aber dem, der mächtig war in Griechenland! Der Sieger von Marathon wird im Jahr nach der Schlacht verwundet, geschlagen, als Betrüger verurteilt und stirbt wenige Wochen nach dem Sturz; Themistokles, der Sieger von Salamis und Begründer der Seemacht, wird geschmäht, verleumdet, verjagt und trinkt in Persien das vergiftete Stierblut; Pausanias, der Sieger von Plataä, flüchtet, des Hochverrats bezichtigt, in den Tempel der Athena Chalkioikos, wird in dem abgedeckten Heiligtum eingemauert und als Sterbender herausgetragen, damit er den Tempel nicht entweihe. Perikles wird wegen Unterschlagung verurteilt und entmachtet. Und was wäre noch zu sagen von Anaxagoras, seinem Meister und Freund, von Phidias, Aspasia, Sokrates, Demosthenes! Nein, es ist alles gesagt, und wir brauchen der Schicksalslinie nicht zu folgen vom Kreuzigungshügel Griechenlands hinüber nach Rom und in unsere Ära. Es ist alles gesagt. Diese Größe verzehrte sich selbst. Etwas war in den Mächtigen, das ihren Untergang herausforderte: Prahlsucht, Herrschaftsgelüste, Habgier, bei aller Bindung an die Polis eine unfaßbare Unbedenklichkeit des Strebens, der Wage- und Abenteuerlust, des Spiels zwischen Athen, Sparta, Theben, Sizilien, Persien. Immer standen ja Griechen gegen Griechen, auch in weltgeschichtlicher Krise. Als der Großkönig zum entscheidenden Zuge

rüstete, hatte er den Lakedämonierkönig Demaratos an seiner Seite; die Aristokraten Boiotiens, Thessaliens neigten sich ihm zu; ein Grieche, Ephialtes, führte die Perser um die Thermopylen über den Oetna; nach dem Siege wurde Theben so lange belagert, bis die Häupter der persischen Partei zur Hinrichtung ausgeliefert wurden. Die Tendenz zur Selbstvernichtung, die endlich im dreißigjährigen griechischen Kriege durchbrach, lag tief im Wesen wie die Größe auch, wie die Grausamkeit; was Thebaner und Lakedämonier in Plataä verrichteten – »den Grund machten sie zu gemeinsamem Boden und vermieteten ihn auf zehn Jahre« – das taten die Athener auf Melos: sie »töteten alle jungen Leute, die ihnen in die Hände gerieten, die Weiber und Kinder aber verkauften sie als Sklaven. Den Ort besetzten sie selbst und schickten einige Zeit nachher ein Pflanzvolk von fünfhundert Köpfen dahin«. – Aber als Themistokles die goldenen Ketten und Schmuckstücke sah, die zwischen den Leichen der in der Seeschlacht Gefallenen am Strande glitzerten, sagte er zu seinem Begleiter: »Hebe dies auf. Denn du bist nicht Themistokles.« Dieses Volk ließ in den Siegen seiner Selbstzerstörung, zwischen seinen Toten seine Kleinodien liegen, weil es zu stolz war, sich nach ihnen zu bücken. Ja, wir sind nicht Themistokles; wir bücken uns nach dem Vermächtnis.
Das Tragische geht aus von den Himmeln. Denn das Göttliche ist nur mitteilbar als unfaßbarer Widerspruch: es ist ein Gegeneinander und Füreinander von Herrschaftsbezirken, die sich in den Lebensbezirken der Menschen spiegeln; die Götter kämpfen einander ihre Schützlinge ab; sie fordern von ihnen, was sie verderben muß. Die großen römischen Kaiser sind viel zu ehrwürdig, als daß sie von Menschen hätten ausgehen können, oder daß es Menschen vermöchten, sie zu stürzen; sie entstammen Göttern und werden von ihnen gefällt. In den zerklüfteten Himmel blickt die zerklüftete Erde. Schuld ist alles und nichts; sie steht in einem rätselhaften Verhältnis zur Tat als Überschreitung eines wohl gefühlten, aber unsichtbaren

Banngebiets. Das Orakel ist so doppelsinnig wie die Stimmen, von denen Jeanne d'Arc kurz vor ihrem Tode erklärte, daß sie von ihnen »betrogen« worden sei. Das ist nur menschlicher Ausdruck für das Unergründliche, den heiligen Widerspruch. Apollo ist Licht und Tod, Dionysos Überschwang und Untergang, Zeus Gewalt und Recht, Hermes Kind und Gigant; durch Persephone schimmern Aphrodite und Gorgo, Braut und Göttin der Gräber; neben der Schwarzen Demeter erscheint Demeter Erinys: um den Pferdekopf der Göttin winden sich Schlangen und Gewürm [K. Kerényi: Wesen der Mythologie]. Heraklit meint dieselbe Macht: »Gott ist Tag und Nacht, Winter und Sommer, Krieg und Frieden, Sättigung und Hunger.« Und: »Der Weg auf und ab ist ein und derselbe.« Das ist – unter der geoffenbarten Wahrheit – auch das Gebet des Cusanus: »Zugleich also stehst und gehst Du und stehst Du nicht und gehst Du nicht.« Und: »Wie entsteht so viel Verschiedenes aus einem einzigen Inbegriff?« Unter einer solchen Macht muß der Mensch tun, was er nicht tun darf: er ist immer in Gefahr, den Zorn eines Gottes zu entfachen und sogar des Gottes, dem er dienen möchte und der ihn beschützte; er kann dem Sakrileg nicht entgehen.

Ranke hat das Wesen des griechischen Glaubens wie der Tragödie in diesen Satz gefaßt: »Das ist eben der Widerspruch in dieser Religion, daß man, um den Göttern zu gefallen, das Unheilige tun muß.« Agamemnon »fügt sich der Notwendigkeit und faßt deswegen unheilige, frevelhafte Gedanken«. Das »deswegen« ist die zerreißende tragische Dissonanz. Wer sollte den Haß der Griechen auf ihre Dichter – die Verkünder dieser Einsicht – nicht verstehen? Heraklit wollte den Homer mit Ruten züchtigen und schmähte Hesiod, der »doch Tag und Nacht nicht kannte«. Und doch wußte gerade Heraklit, daß »dem Menschen sein Wesen sein Schicksal ist«. Hat er nicht beide gespürt im Gesang? Aristoteles hat in der großartigen Gelassenheit seiner Weltschau diesen Haß überwunden und die Dichtung einbezogen um ihrer sittlichen Wirkung willen. Aber diese Weltschau war geozentrisch. Wie, wenn dies eine unablösbare Voraussetzung wäre und der Stagirit mit ihr das Mittelalter samt seiner Theologie verführt und uns auf einen Boden gestellt hätte, der einmal einbrechen mußte? Die Mitte mußte ja für Aristoteles und seine Jünger *sein*, sichtbar, erkennbar. Und es ist nicht so leicht, wie man glaubhaft machen will, eine so schwer erschütterte Konzeption mit allen ihren Folgerungen ins Symbolische zu retten. Ihr Fall hat mehr mit hinabgerissen, als wir eingestehen, und der Boden schüttert noch immer.

Die frühen Denker treten hervor: Anaximandros, von dem es heißt: »er konstruierte auch eine Sphära«, und der die unendliche Zahl der Welten lehrte. Sokrates glaubte auf den Kosmos, die große Entdeckung schauenden Denkens der Alten, verzichten zu können um des Menschen willen. Der Konflikt, der damit Geschichte wurde, ist, wie das Streitgespräch zwischen Plato und Aristoteles, tief ins Christentum eingedrungen: er ist ein unlösbarer der Menschheit. Denn der Mensch – was er auch glauben mag – wird immer wieder, um seiner Selbstbehauptung willen, sich die Augen vor dem Kosmos verdecken und wird immer wieder von ihm übermächtigt werden. Das Thema wurde angeschlagen in Milet; aus Milet kam auch Leukippos, der von Cicero ruchlos genannt wurde, weil er Himmel und Erde aus gewissen Körperchen von unterschiedlicher Beschaffenheit bestehen ließ: den Atomen, die im unendlich Leeren in ewiger Bewegung begriffen seien. Die tragenden Entdeckungen des Kosmos, des Atoms, als letzter unzerschneidbarer Einheit, der Zahl als kosmischer Wesenheit und der in Zahlen faßbaren Ordnung des Universums durch Pythagoras, des Organs [durch Aristoteles]; die Konzeption der Einheit der Menschheit, der Humanitas, der Pflicht durch die Stoa entzündeten sich an ursprünglichem, sich versenkendem Schauen, an der Reinheit des aufnehmenden Blicks und bedurften kaum eines Hilfsmittels, so wenig wie die Wiederentdeckung der Unendlichkeit durch Cusanus und Copernicus oder die von der modernen Wissenschaft wieder aufgenommene Lehre der Mystik, daß das All aus »gefrorenem Licht« bestehe, körperhaftem Licht. Das All ist, nach James Jeans, potentiell oder wirklich vorhandenes Licht. Es ist bezeichnend für die schmerzhaft unabweisbare Gegenwart der damals gesichteten, gegeneinander aufgeworfenen Probleme, daß wir heute in einem Kosmos treiben, der zugleich endlich und unendlich ist.

Bedeutender noch als die Auffindung unabdingbarer Werte, Begriffe, Methoden, als die Grundlegung der Wissenschaft in der Epoche von Thales bis zum Tode des Aristoteles ist die Grundlegung des Fragens; es geht um die Fragen nach der Wirklichkeit des Alls, nach Sein und Werden, dem Menschen, der Substanz, der Struktur der Materie. Die Fragestellung ist von unüberbietbarer Folgerichtigkeit; die Götter halten ihr nicht stand; sie relativiert Werte, Güter, Handlungen, Sittlichkeit und endet notwendig damit, daß sie jede Möglichkeit des Wissens anzweifelt. Aber nachdem Xenophanes, ein Feind Homers und Hesiods wie Heraklit, schon den Olymp zerstört hat [wenn Kühe, Pferde oder Löwen Hände hätten und damit malen und Werke wie die Menschen schaffen könnten, dann würden die Pferde Pferde, die Kühe kuhähnliche Götterbilder malen], feiert Pindar, leidenschaftlich dem Gang des Geistes und der Geschichte widersprechend, den adligen Sieger und mit ihm alle Werte der monarchisch-adligen Welt:

> *Von gleichem*
> *Stamm sind Menschen und Götter, es atmen durch*
> *Eine Mutter die beiden; doch*
>   *trennt uns ganz verschiedene Macht.*
> *Hier ein Nichts, aber ehern steht*
>   *allzeit der Himmel, ein sicherer Sitz.*
> *Dennoch sind den Unsterblichen wir*
>   *durch des Geistes Hoheit und*
> *Durch Natur wohl ein wenig verwandt,*

> *Kennen wir auch nicht das Ziel, nach*
> *dem das Geschick uns zu laufen*
> *Vorgeschrieben,*
> *Wissen's im Hellen und wissen's nicht bei Nacht.*
> [SECHSTE NEMEISCHE ODE, DEUTSCH VON LUDWIG WOLDE].

Es ist die Ode auf den Knaben Alkimidas aus Aigina, der es klar erweist, »wie er eins mit dem Schicksal ist«. Das ist das Griechische: das Einssein mit dem Schicksal, wie immer es gedeutet oder verstanden werden mag; es ist geheiligt; und es ist der Weg der Vergöttlichung des Menschen. Aber wo aus dem griechischen »Schicksal« die christliche »Schickung« werden soll, brechen die Brücken ab. Und doch steht im Römerbrief das großartig verbindende Wort: »Ich bin ein Schuldner der Griechen« [1, 14], eben der Griechen, die »nach Weisheit fragen« [1. Kor. 1, 22] und denen die Predigt von Christus dem Gekreuzigten eine Torheit ist [1. Kor. 1, 23]. In welchem Sinne, in welchem Grade kann der Apostel ihr Schuldner sein und bleiben? Die Frage ist vielleicht ebensowenig beantwortbar wie die Fragen der Vorsokratiker. Denn alle Vorerscheinungen und Zeichen, die Mythen Platos, das Opfer des Herakles, der geheimnisvolle Tod des Ödipus und die Heiligkeit seines Grabes, die Ahnungen der Stoa dürfen doch nicht um Haaresbreite von ihrer Stelle gerückt oder gewendet werden. Und wenn auch die Selbstverteidigung des Sokrates vor seinen Richtern die größte Szene ist vor und nach dem Gespräch des Herrn mit Pilatus, so ist doch gerade Sokrates die Frage selbst, die fleischgewordene »Frage nach Weisheit« in dem Sinne, in dem Christus die fleischgewordene Wahrheit ist. Ist die Ewigkeit »eine einzige Nacht«, oder ist sie ein »Leben im Geiste«, Begegnung mit Hesiod und Homer, Palamedes und dem Telamonier Aias und dann wieder ein Ort des Fragens, des ständigen Prüfens und Ausforschens, denn »wie hoch, ihr Richter, würde es dann wohl einer schätzen, etwa den Mann zu prüfen, der gegen Troja das große Heer geführt, oder

Odysseus oder Sisyphos?« – Nicht das Schauen, das Fragen also wäre Seligkeit, und nicht Gott ist das Ziel, sondern der Mensch, immer der Mensch. Der vielleicht höchste Mensch der Alten Welt, Überwinder abgründiger Gefahren in sich selbst, steht, auf der Höhe reinen Opfers, in härtestes Unrecht sich fügend, an übersteigbarer Schwelle; es ist keine Antwort, und es soll keine sein, wie ja auch der Tragiker nur die leidenschaftliche Frage singt nach dem Ursprung des Menschenleids und, sich unter die Götter schickend oder sich gegen sie auflehnend, ihr Walten nicht versteht. Der Mensch ist frag-würdig geworden; das ist das Letzte. Im Anfang war es die als Kosmos begriffene Welt – die am Ende, nach dem Verstummen des Sokrates, als mit der Menschheit verschmelzender Kosmos, als Staats-, All-Ordnung wieder begriffen wird. Die Götter aber sind nun fragwürdig [im abschätzigen Sinne]. Wir können nicht bezweifeln, daß das kühne Wort des Paulus von denen, »die da beweisen, des Gesetzes Werk sei geschrieben in ihren Herzen, sintemal ihr Gewissen ihnen zeugt« [Römer 2, 15] [welch ein Wort sich plötzlich erinnernder Liebe!], den Sokrates umschließt. Aber er bleibt doch Sokrates, der nur darin weiser zu sein beanspruchte, daß er, ohne genügendes Wissen vom Leben nach dem Tode, auch nicht *glaubte*, ein solches Wissen zu haben. Er ist die äußerste Wachsamkeit des Gewissens gegen einen jeden Versuch, sich eine Antwort auf eine nicht beantwortbare Frage zu erschleichen; er glaubt nicht und weiß nicht; er verharrt fragend und dies mit der Gefaßtheit Eines, der die Wahrheit hat. Das ist ja seine ganze Größe, daß er *nicht* glaubt zu wissen. Es ist auch seine Unwiderleglichkeit, seine nicht aufzuhebende Präsenz in der Geschichte. Und er ist darum so mächtig in ihr, weil er als Bürger zwar der Polis lebte und nur ihr, und wacker seinen Kriegsdienst tat, als Denker aber jenseits der Geschichte steht. Wie die unsterblichen Seelen in der Mythe Platos, wenn sie auf dem »Rücken des Himmels« angelangt sind, Halt machen und nun von dessen Umdrehung hinausgeschwungen werden und sehen, was »außerhalb des Himmels ist«, so sah Sokrates in das Außerhalb der Geschichte, was nur den seltensten Geistern beschieden wurde. Und das heißt: er ist immer da. Aber seine Heraufkunft konnte nur erfolgen aus der Geschichte Griechenlands und der sie vorbereitenden und begleitenden Geschichte griechischen Geistes. Es ist das Paradigma der Tragik, das sich in weitesten Fernen spiegelt auf Völkern und Zeiten, in Sokrates aber sich erfüllt und aufgehoben hat. Der heilige Widerschein wird trüber, verlischt in dem Maße, in dem die Konturen des Menschen verschwimmen, verlöschen; es ist nicht anzunehmen, daß noch einmal Ebenbürtiges geschieht. Je entschiedener aber das Ende sich anmeldet, um so näher rückt der Anfang; und vieles Gegenwärtig-Verborgene würde sich enthüllen, wenn die Sonne Griechenlands darauf fiele. Von dem unheimlichen Pythagoreer Alkmaion von Kreton wird berichtet: »Alkmaion behauptet, daß die Menschen deswegen zugrunde gehen, weil sie nicht imstande sind, den Anfang mit dem Ende zu verknüpfen.« Und das würde ja bedeuten, daß wir uns retten könnten, wenn wir uns den großen Fragern und Fragen des Anfangs stellten. Das Wesentliche ist: daß sie Frager waren, denen es um das Ganze ging, den ganzen Kosmos, den ganzen Menschen, das Sein, das *ganze*, also unteilbare Atom, das unverhüllte, unheilbare Leid, die ungebrochene Stimme des Gewissens, die unverschleierte Antwortlosigkeit – und den Entschluß, sie zu bezeugen. Denn das ist das Große der Sokratischen Schule, »daß sie Quelle und Richtschnur alles Lebens und Tuns vor Augen stellt, nicht zu leerer Spekulation, sondern zu Leben und Tat auffordert« [Goethe]. Glauben wir wirklich die Antwort zu haben, glauben wir es mit der Wahrhaftigkeit des Sokrates? Aber was hätte Sokrates getan, wenn er wirklich, vor seinem Gewissen [eben dem vom Apostel anerkannten Gewissen] hätte glauben dürfen, zu wissen!

Der Sinn und das Bestreben der Griechen ist, nach Goethe, »den Menschen zu vergöttern, nicht die Gottheit zu vermenschen«. Ist es nicht ein Zug aller plastischer Kunst? Indem sie die menschliche Form in den Stein, das Erz erhebt, schenkt sie dem Fleisch, was nicht des Fleisches ist: sie nähert die sterbliche Gestalt dem Unvergänglichen an. Aber Goethes Wort zielt auf das Ganze des Griechentums; es bezeichnet alles, was der Mensch vermag. Denn die Gottheit kann er nicht »vermenschen«, ohne sie zu beeinträchtigen; das vermag nur die Gottheit selbst, indem sie herabsteigt ins Fleisch, und in diesem Sinne ist die Menschwerdung als unüberbietbare Erhöhung des Menschen und also des Fleisches zuerst an die Griechen gerichtet, deren Schuldner Paulus und gewiß nicht weniger Johannes waren; sie sind das Volk der kühnsten und der vermessensten Frager, das die unaufhebbare Tragik unseres Kontinents beispielhaft erfahren hat. Antwort an die Schöpfung ist das Opfer des Schöpfers. Wie die Menschwerdung ein unerhörtes Leiden, so kann die von den Griechen angestrebte Steigerung des Menschen nur auf dem Wege des Leidens, der ungebrochenen Bejahung der geschichtlichen Existenz geschehen. Das vollkommen Schöne steigt aus dem Boden der Zwietracht, gipfelnder, scheiternder Macht empor, aber es verweigert die Aussage über seine Herkunft. Es ist zu stolz, um darüber zu klagen. Es will nur Dasein, ist Dasein selbst. Doch stellte Aristoteles ethische Forderungen an Tragödie, Musik, Bildhauerei; nur wenn sie diesem Gebot entsprachen, wollte er sie im Staate dulden. Die Verwerfung dieses Anspruchs ist modern und ein tiefer Bruch mit der europäischen Tradition. Das wirklich Seiende, Gültige ist auch das Sittliche, es kann nicht anders sein; ohne das Sittliche, freilich im Sinne der Verkörperung des Vollkommenen und nicht aufgestellter Sätze, wäre es nicht wirklich da.

Erinnern wir uns der Charitinnen des Sokrates am Eingang der Akropolis: es sind die Göttinnen, in deren Bereich sich das Schöne und Ethische, Anmut, Freundlichkeit und Dankbarkeit begegneten. Pindar erhob Anspruch auf den Rang, die Wirkung des Bildhauers.

Die griechische Plastik als vollzogene Annäherung des Menschen an das Göttliche ist eins mit der letzten, der unsterblichen Forderung griechischen Denkens, das Unsterbliche uns zuzueignen: der, »uns unsterblich zu machen«. »Vergeistigung im höchsten denkbaren Grade« forderte Plato; das »Leben im Geist« Aristoteles; es ruht auf dem Sittlich-Guten, das »eine ernste Sache ist und kein Spiel«. Weisheit kann nur um ihrer selbst willen geliebt werden; denn es gibt kein höheres Gut, mit dem sie etwa noch belohnen könnte; die Tugend ist »herrenlos und macht frei; die Muße, das Schöne sind übergeordnet dem Notwendigen«. »Denn jedermann soll immer das Höchste erstreben, das ihm zu erreichen möglich ist«; das, was die Klugheit als das höchst Erreichbare erkennt im Sinne personaler Ethik. »In Gemeinschaft mit den Göttern soll man leben.« Vielleicht hat der Verfasser der Nikomachischen Ethik den Anteil des Leidens zu gering geschätzt und die gefährliche Gewalt der Tragödie sich mit allzu großer Sicherheit dienstbar gemacht, wie es eben seinem Vertrauen auf die Mitte entsprach, wenn er auch, als das Kreuz wortwörtlich in sein Leben trat und sein Freund gekreuzigt wurde, das Leiden feierte. Doch wäre ihm nichts mehr entgegen gewesen als die Vergottung des Menschen, die Inthronisation des Menschgottes, die ja nur über geknechteter Masse gewagt werden kann. Für ihn waren – wie schon für den Pythagoreer Alkmaion und für den bewunderten Gegner Platon – die Gestirne beseelt und weit göttlicher als der Mensch. Das bedeutet unsterbliche Ehrfurcht vor dem frühe entdeckten, heiligen Ganzen der Welt.

DAS KREUZ IM OSTEN

Eine eigentümliche Fügung verbindet die Ungarnschlacht des Jahres 955 mit dem Anfang der religiösen Geschichte Rußlands, man könnte fast sagen der russischen Macht, ihres beinahe ein Jahrtausend bestimmten Gepräges. Nach einigen Historikern im Jahre 955, nach andern zwei Jahre früher oder später, empfing die Fürstin Olga, Witwe des Fürsten Igor von Kiew, die Taufe, zufolge der Chronik in Byzanz, vermutlich aber ist die herrscherliche Frau schon als Christin nach Byzanz gepilgert. Hier soll der Kaiser, der sie, gleich dem Patriarchen, mit Ehren aufnahm, von ihrer Schönheit bezaubert gewesen sein und sie zum Weibe begehrt haben. Der stolze Chronist berichtet mit Genugtuung, daß Olga die kaiserliche Krone abgewiesen habe.

Wie im Aufgang der christlichen Geschichte Englands eine Frau steht, Bertha, die fränkische Gemahlin des Königs von Kent, so im Anbruch der Geschichte Rußlands die Warägerfürstin, deren Name auf das nordische Helga zurückgeführt wird. Ihr Gatte Igor hatte mit dem Kaiser einen Vertrag geschlossen, nachdem er auf der See, wie es heißt unter der Wirkung des griechischen Feuers, erlegen war; dann war er im Kampf gegen einen nordwestlich von Kiew gesessenen Stamm, dem er Tribut aufzwingen wollte, gefallen. Olga soll ihn auf ebenso listige wie grausame Weise gerächt haben.

Hinter den Ungarn also wurde das Kreuz errichtet in Rußland; zwar verweigerte Olgas ungebärdig kriegerischer Sohn unter Berufung auf seine Mannen die Taufe. Aber Wladimir, ihr Enkel, folgte ihr nach. »Wäre die griechische Religion schlecht«, sagten seine Großen zu ihm, »so hätte deine Großmutter Olga sie nicht angenommen; denn sie war der weiseste aller Menschen.« Ich möchte versuchen, Wert und Kraft dieses Christentums zu vergegenwärtigen; von unserer Zeit her, wie es sich versteht. Wir leben nicht allein in der fast untragbaren Spannung des Augenblicks; was sie erträglich macht, ist der große Zusammenhang, das Bewußtsein fortwirkender Vergangenheit, ihrer Gegenwart in uns. Die religiöse Geschichte Rußlands ist dem Westen sehr spät erst bekannt geworden; das bedeutet einen Verlust, der nicht mehr ausgeglichen werden kann. Ja, es scheint, daß das religiöse Vermächtnis Rußlands

erst in dem Augenblick vor uns aufleuchtete, da es sich anschickte, zu entschwinden. Ich sage nicht, daß es unterging; ich wage nicht zu antworten auf die uns alle bedrängende Frage: ob es noch da ist oder nicht; oder ob es wiederkehrt und in welcher Gestalt. Das scheint mir unmöglich. Rußlands Antlitz ist undurchdringlich geworden; es antwortet nicht auf die Fragen, die *wir* stellen. Ein katholischer Metropolit, Graf Scheptyckij, sagte: »Der Osten unterscheidet sich vom Westen selbst in den Fragen, in denen sie sich überhaupt nicht voneinander unterscheiden.« [Zitiert von Reinhold von Walter.] Das ist die paradoxe und, wie wir fürchten müssen, geschichtsträchtige Wahrheit; die Sprache fehlt, die Wert und Vorstellung aus der einen Sphäre in die andere überträgt.
Auf die Gefahr hin also, daß die christliche Geschichte Rußlands – das russische Christentum als sichtbar geschichtsbestimmende Macht – zu Ende ist, müssen wir versuchen, sie zu verstehn. Drei Mächte haben sie am Vorabend ihres Verschwindens zu uns herübergetragen: die russische Dichtung des 19. Jahrhunderts, die mit ihr eng verbundene religiöse Philosophie, keine systematische Philosophie im Sinne des Westens; die Ikonen und die Liturgie. Wie nach einem überzeugenden Wort Unamunos die Philosophie der Spanier ihre große Dichtung ist, so ist die Liturgie der Ostkirche wesentlich ihre Theologie: Anbetung, Handlung, Verkündung, Feier; in jedem Falle Vollzug, »gebetetes Dogma«. Wir wollen hier den im Dritten Reiche ermordeten Franziskaner Kilian Kirchhoff nicht vergessen, der diese Liturgie – zu sehr später Stunde – für unsere Sprache gewonnen und sie gedeutet hat als die in der Kirche geschehende Verklärung des Kosmos. Dieser innige Bezug zum Kosmos, diese Feier der Vergeistigung alles Geschaffenen, die am Ostermorgen triumphiert, ist von höchster Bedeutung. »Licht lasset uns werden zum Fest. Und lasset umarmen uns.« Der Westen könnte sich auf Birgitta von Schweden berufen; da das Brot geweiht wurde, schien es ihr, »als ob der Mond und alle Sterne mit allen Planeten und alle

Himmel mit ihrem Gang und ihrer Bewegung in wechselnden Stimmen und lieblich klingenden Tönen und Gesängen erklängen«. Das ist die seltene Erfahrung des Sakramentes im Kosmos.

Das Einswerden Aller im Licht des Auferstandenen ist die Botschaft der östlichen Kirche. Origenes, einst ihr fast allmächtiger Lehrer, hat diese »Wiederherstellung« der Menschheit, des Kosmos verkündet; auch der Teufel wird vom Logos überwunden, erlöst, eine Vorstellung, die in die russische Volksfrömmigkeit eingegangen ist. Die Schöpfung gleitet nicht wie auf dem Auferstehungsbilde des Mathias Grünewald, gleich dem Bahrtuch von dem Emporfahrenden ab; er nimmt sie mit hinauf. Um der Auferstehung willen wird *alles* – ohne Einschränkung – verziehen, aber nach der Sterbensbitterkeit der Karfreitagsnacht.

Ich möchte, in diesem kurzen Vortrag, beim Gestalthaften bleiben und eine verallgemeinernde Charakteristik vermeiden. Von einer gewissen Tiefe an handelt es sich einfach um Christentum, den folgerichtigen Vollzug der Nachfolge, der allerdings nur in Zeit und geschichtlicher Umwelt geleistet werden kann. Dostojewski hat einmal gesagt: »Das Volk ist der Leib Gottes«; das ist eines seiner vielen gefährlichen Worte, am gefährlichsten dann, wenn wir sie aus der glühenden Intensität seiner religiösen Welt ins Politische übertragen. Aber wahr ist es, daß die Verkörperung der Nachfolge nur im Geschichtlichen geschieht, weil eben Christus in die Geschichte eingetreten, in ihr gegenwärtig ist und Er allein sie aufheben wird. Ich will also von einigen Gestalten sprechen, die mir als bezeichnend erscheinen; sie stehen hier für unzählige, die ich nicht nennen kann, für den Ablauf selbst. Auch müssen sie auf dem tiefen Grunde der Volksfrömmigkeit gesehen werden; Gestalten des religiösen Lebens sind wohl einsam, aber niemals allein. Am Schluß möchte ich von der religiösen Prophetie Dostojewskis handeln – nicht von seiner Kunst: einmal weil er das östlich-christliche Vermächtnis verdichtend zusammenfaßte und dann, weil er uns herausfordert; weil seine Prophetie sowohl erfüllt wurde wie unerfüllt blieb, zutreffend und verfehlt ist und gerade darum ein Wort in unserer Stunde. Es geht mir also nicht um eine Geschichtsdarstellung, sondern um Vergegenwärtigung eines religiösen Phänomens.

Die erste Gestalt der sich in Rußland bildenden Macht ist kein festes Gebilde, vielmehr eine Straße. Der in Schweden – vielleicht in der Nähe Stockholms – gesessene Normannenstamm der Russen war über den Finnischen Meerbusen – das Waräger Meer – erobernd in die Gegend des Ladogasees gekommen; sie begehrten die Wasserstraße nach Byzanz; es ist also der von wilden Volksstämmen umschwärmte Weg, im wesentlichen eine Wasserstraße, von Nowgorod über den Wolchow zum Dnjepr, vorüber an Kiew, der beherrschenden Stadt, und an den Ufern des Schwarzen Meeres hin nach Zargrad, wie die Slawen die Kaiserstadt nannten, während für die Normannen das slawische Land schon »Grekaland« war. [Wieviel ließe sich darüber meditieren, daß Rußland diesen Namen trug.] Die Eroberer wurden von den handeltreibenden Stämmen als Schutzherrn angenommen oder gerufen; der Handel forderte eine gewisse Einigung, Verbindung der Völkerschaften und Abwehr der Nachbarn. Das war die Leistung der Russen, der Herren, die, im Ringe ihrer Gefolgschaft, mit Gewalt und List einander verdrängend, blutbefleckt, Städte gründend, Uferplätze sichernd sich die Straße bahnten. »Ich sah die Russen«, schreibt ein Araber dieser Zeit – auf Götland wurden viele tausend arabische Münzen gefunden, Zeichen intensiven Handels zwischen Norden und Orient. – Nie sah der Gewährsmann stattlichere Menschen, sie waren hochgewachsen wie Palmbäume, rotwangig und rothaarig; jeder Mann trug Axt, Messer und Schwert, die Weiber auf der Brust eine Kapsel, in der, an einem Ringe, ein Messer befestigt war. Die Königschronik des Isländers Snorri Sturlassohn nennt Rußland »Groß-Schweden«.

Die Völker lebten vom Wald; sie schlugen die gewaltigen Bäume, höhlten sie aus zu Einbäumen, schleppten und steuerten sie nach Kiew. Hier sammelte der Fürst im Frühling die Flotte; belud sie mit den Pelzen der Waldtiere, Honig und Wachs; dann wurde die Menschenware hineingestoßen, gefesselte Sklaven, lebendige Kriegsbeute, wohl das wichtigste Handelsgut. Aus jedem Einbaum ragten an die fünfzig Köpfe der Bemannung empor. Die größte Not der Fahrt erwartete die Flotte an der Biegung in der Gegend von Jekaterinoslaw, wo das Wasser zwischen Granitkämmen strudelt. Sie mußten an Land, um auszuladen, die Sklaven keuchten unter den Lasten, während die Krieger sie und die Ladeplätze schützten; auch die Schiffe wurden wohl, wie von den Kriegszügen berichtet wird, über Land gezogen. Hatten sie das Meer gewonnen, so mußten sie sich der kriegslustigen Bulgaren erwehren, die an der Küste in einem an Natur und Handelswaren reichen Lande wohnten. Vierzig Tage dauerte die Fahrt. In der Vorstadt St. Mamas nahmen sie Herberge; sie mußten die Waffen abgeben, wenn sie die Stadt betraten, ein Beamter reihte ihre Namen auf; es sind in der ersten Zeit wohl nur nordische Namen. Sie tauschten Waren ein, Seide, Wein, Bedarf für die Schiffe, Stoffe – denn die aus Nessel gewirkten slawischen Segel rissen im Sturm –; sie schlossen Verträge.
Byzanz! Das war von Anfang das Ziel der die normannischslawischen Kräfte sammelnden Strömung. Die ersten Warägerfürsten träumten davon und noch Dostojewski und sein Zar Alexander II.; es ist ein tausendjähriger Traum. Von Byzanz mußte auch das religiöse Geschick ausgehen; schon vor der Kirchenspaltung war die Abneigung gegen Rom begründet; sie war einfach geschichtliches Erbe, Feindschaft der Kaiserstädte, Unvereinbarkeit ihrer Ansprüche, Folge der Spaltung des Römerreiches, wenn auch an der unseligen Spaltung der Kirche mit Gegensätzen der Lehre der priesterliche Herrschaftsanspruch einen bedeutenden Anteil hat. Fürstin Olga von Kiew hat, wenige Jahre nach ihrer Taufe, Otto den Gro-

ßen um einen Bischof und Priester gebeten; ihr Sohn war Heide geblieben, so daß der Trierer Mönch Adalbert im Slawenlande nichts ausrichten konnte. Friedrich Heer hat ihn in seiner fast symbolischen Bedeutung gewürdigt. Wir wollen ihn nicht vergessen; er ist der Vorläufer Ungezählter. Als Olgas Enkel Wladimir der Große oder der Heilige [980-1015], ein Brudermörder und Frauenräuber, die zersplitterten Herrschaften zusammenzwang, ihren Bereich ausdehnte, unersättlich in Genuß und Streit und zuerst leidenschaftlich heidnischen Glaubens, sich an Byzanz anschloß, die Taufe empfing und sich mit des Kaisers Schwester vermählte, geschah eine nicht mehr widerrufene Entscheidung. Der russische Chronist sucht aber nicht eine macht- oder handelspolitische Begründung, sondern eine viel tiefere; alle Religionsgemeinschaften wollten, so erzählt er, den Fürsten gewinnen: die Wolgabulgaren für Mohammed, die Deutschen für den Papst, die Juden für die Synagoge, ein Philosoph für die griechische Kirche. Wladimir ordnete Gesandte ab und prüfte dann ihre Schilderungen; es ist kennzeichnend, daß sie sagten: bei den Deutschen sei Eifer ohne Schönheit. Als sie aber in die byzantinischen Kirchen kamen, da glaubten sie, der Himmel sei auf die Erde gekommen. Es ist also die Schönheit als geistliche Macht; die Liturgie ist es, die den Russen überzeugt. Ein moderner Verkünder der Orthodoxie [Bulgakow] sagt: »Liebe und Schau der geistigen Schönheit« sei ihr Wesen. Dieser Zug verliert sich nicht, im ganzen Verlauf der religiösen Geschichte Rußlands; die Liturgie ist Theologie; Offenbarung, »Gegenwart himmlischer Herrlichkeit«, Schönheit ist ein christliches Element, ein russisches sogar, das finden wir noch in der modernen Dichtung wie in der großartigen Geschichtsanschauung Leontijews; Christus ist schön, anders noch als der Beau Dieu, noch geistiger, griechisch im byzantinischen Sinne. Es wäre völlig verfehlt, in der Liturgie etwas Äußerliches oder Erstarrtes zu sehen; sie ist ja der Himmel auf Erden, Erlösung, Befreiung, Verkündung in einem, die Seligkeit. Nicht um dogmatischer

Streitigkeiten willen hat sich in Rußland im 17. Jahrhundert die Kirche gespalten, wie sie sich in Deutschland, England, Frankreich, der Schweiz im 16. Jahrhundert gespalten hat, sondern im Streite um Abweichungen in der Liturgie, im Gebet. Liturgie bewirkt Geschichte; und alles, was dem Volke mit der sogenannten westlichen Bildung versagt war – und wahrscheinlich mehr –, hat es in ihr gefunden. Darum ist der geringste Zug von Bedeutung. Die Liturgie ist eine Sprache über alles Begreifen; vielleicht begründet das den Fortbestand der russischen Kirche in Rußland heute; sie sagt, was sie zu sagen hat, tut, was sie soll, wenn sie die Feier vollzieht. Um so bedrückender ist es, daß ein so großer Teil des Volkes ihrer nicht mehr bedarf; daß es die Seligkeit nicht mehr sucht, sondern den Staat, sein Arbeitsgebot, seinen Auftrag.

Von derselben, vielleicht geheimnisreicheren Bedeutung wie Byzanz war der Berg Athos. Der Fortbestand der Mönchsgemeinschaft über dem Ägäischen Meer ist fast so wunderbar wie die Dauer des Felsens Petri in der Geschichte; ist aber der Fels höchste Autorität, so walten über der Vielgestalt mönchischer Lebensformen allein pneuma und agape [Georg Wunderle]. Nicht immer strahlte der Berg im selben Licht; seine Wirkung auf Rußland vollständig zu beschreiben, ist ebenso unmöglich, wie die geschichtliche Macht des Gebetes zu erforschen; das Gebet ging von dem Berge aus und sammelte sich um ihn; die Männer, die er aussandte, waren lebendes Gebet, sich einprägendes, das Leben Anderer einforderndes, formendes Bild, so wie ja auch die Ikone aus heiliger Kraft gestaltetes Bild ist, geistige und vergeistigende Macht. Eine Art Schleier der Unsichtbarkeit webt um den Berg, entzieht ihn der Geschichte; oft ist es, als könnten ihn die Mächtigen nicht sehen, wenn sie vorübereilen; es ist auch nicht verwunderlich, daß auf ihm wenig Theologie oder gar Gelehrsamkeit entwickelt wurde und der Forscher von den Bibliotheken enttäuscht ist; Christentum ist nicht Denken, sondern Schauen; es kann genau nur in dem Grade verstanden werden, in dem es gelebt wird. Die von dem Mönchsfelsen strömenden Quellen haben Rußland gespeist; an ihnen hat es sich in den Zeiten der Ermattung erfrischt. Das Erbe des Athos hat, Ende des 18. Jahrhunderts, das der russischen Frömmigkeit gefährliche westliche Denken durchbrochen.

Ein Mönch von Athos, Anthonij, siedelte sich zu Anfang des 11. Jahrhunderts auf einer Höhe über Kiew in der Höhle eines Einsiedlers an; von der Kraft seines Beispiels angezogen, wurde Feodossij sein Jünger, der den Klöstern Rußlands das Gesetz geben sollte. Feodossij stammte aus einer kleinen Stadt in der Nähe Kiews; früh verlangte er nach Entsagung; er trug schlechte Kleider und ging mit den Knechten auf den Acker, zum Unwillen der Mutter. »Mit solchem Wandel«, sagte sie zu ihm, »bringst du Schande auf dich und dein Geschlecht.« Sie wiederholt den Vorwurf, aufgebracht darüber, daß der Sohn mit eigenen Händen Hostienbrot bäckt, an dem es in den Kirchen fehlt. Arbeit wird als Schande empfunden. Die folgenden Jahre sind ein erschütternder Kampf zwischen Mutter und Sohn; sie ist eine männliche Frau; wer sie nicht kannte, sagt der Chronist, und nur ihre Stimme hörte, mußte sie für einen Mann halten. Und es ist, als ringe in ihr das alte Slawentum um seine Söhne mit der neuen Macht. Pilger ziehen vorüber; sie kommen von den heiligen Stätten und wollen dahin zurück; der Sohn eilt ihnen nach; die Mutter holt ihn ein, reißt ihn an den Haaren, wirft ihn zu Boden, tritt ihn mit Füßen; dann schleppt sie ihn heim, bindet ihn in der Kammer fest und schließt ihn in schweres Eisen. Endlich macht sie ihn los, bringt ihm zu essen, fleht ihn an, nie wieder fortzulaufen. »Denn sie liebte ihn mehr als die Andern.« Aber er hört von Antonij, dem Frommen in der Höhle, und »beflügelten Geistes« eilt er hin; vergeblich sucht ihn die Mutter, bis Reisende sie auf die Spur bringen; sie lockt den Antonij heraus, ein geistliches Anliegen vortäuschend, verneigt sich tief vor dem Ehrwürdigen, dann bestürmt sie ihn zornig um ihren Sohn: sie werde sich umbringen, hier vor der Höhle, wenn sie ihn nicht sehen darf.

Aber Feodossij kommt, verändert von Entsagung; sie möge in ein Frauenkloster eintreten in der Stadt, dann könne sie ihn jeden Tag sehen. Sie geht, und er betet in seiner Höhle; und eines Tages kommt sie wieder und ist bereit. »Alles, was du mich heißest, Kind, will ich tun.« Das Leben in der Höhle ist ein charakteristischer Zug: es soll eine Nachahmung des Katakombenchristentums bedeuten. Vielleicht aber meint es mehr: Erinnerung an Christus, der im Grabe lag, im Grabe den Tod besiegte und die Erde heiligte. Feodossij wird Priester auf Gebot Antonijs; aber diesem sind schon der um ihn gesammelten Einsiedler zuviel; ein Widerstreit zwischen Gemeinschaft und Einsamkeit, Ordensleben und Eremitentum bewegt sie alle; »Unruhe und Lärm« stören Antonij; er gräbt sich eine Höhle in einem anderen Hügel. Feodossij wird Priester, endlich Abt; er sendet zu einem auf einer Insel vor Byzanz lebenden Bruder und bittet um die Regel des hl. Abtes Theodor Studita; sie ist eine reformierte Fassung der Regel des Basilius des Großen. Indem sie Feodossij übernimmt und in dem Kloster vollzieht, das er über den Höhlen errichten läßt, bestimmt er die Klosterordnung Rußlands. Es gibt nur diese eine Form, das russische Mönchstum kennt die Mannigfaltigkeit des Ordenslebens nicht; aber es ist nach dem Urteil Friedrich Heilers »im wesentlichen die Tat der Mönche«, daß die Säkularisierung der Kirche nicht gelang. Dem Mönchstum verdankt die griechische Kirche »was heute noch an Leben in ihr ist«, wenn auch die ergreifenden Berichte vom Verfall des Klosterwesens im 19. und 20. Jahrhundert sich nicht widerlegen lassen. Einzelzellen scharen sich um die Kirche, mit ihr von einer Umzäunung aus Stämmen zusammengeschlossen; der Abt selbst geht, das Beil auf den Schultern, in den Wald; er trägt Wasser oder er spaltet Holz, während die Brüder essen. Sie leben von Wasser und Brot, Linsen sind das Feiertagsgericht; der Fürst kommt, teilt die karge Mahlzeit mit dem Abt und sättigt sich, wie der Chronist sagt, am Honig der Worte Feodossijs. Wie die Mönche in Palästina und Ägypten, verschmäht der Abt die Lagerstatt; er verbringt die Nächte auf seinem Stuhl, Psalmen singend und arbeitend. Sie flechten Schuhe und Mützen, spinnen Wolle. Nachts geht der Abt an den Zellen vorüber; wenn er beten hört, lobt er Gott, vernimmt er Gespräche, so klopft er und geht weiter. Dem Ökonomen, der ihm abends meldet, er habe am folgenden Tage nichts vorzusetzen, erwidert er: »Wie du siehst, ist es jetzt Abend, und der morgige Tag ist fern.« Er soll beten; Gott wird sorgen. Der Abt hat »alle Versuchung erfahren«; unter dem Ansturm der Dämonen zitterte seine Zelle wie die des Antonius in der ägyptischen Wüste; er kennt die Furcht vor der Finsternis. Die weltliche Gewalt achtet er aufrichtig, aber er fürchtet sie nicht; er widersteht dem Bojaren, dessen Sohn aufgenommen wird; denn keinen, der Mönch werden will, weist er ab; aber als Gast an fürstlicher Tafel, da die Musikanten die Gusla, die Orgel, die Flöte spielen, fragt er, gesenkten Blicks: »Wird es solches in jener künftigen Welt geben?« Nie mehr läßt der Fürst in Gegenwart des Abtes spielen. In dunkler Nacht erblickt ein Reiter auf einem Hügel vor Kiew ein wunderbares Licht über dem Kloster. »Und siehe, als er aufschaute, sah er den Hochwürdigen Feodossij in diesem Lichte, wie er inmitten des Klosters vor der Kirche stand, die Hände zum Himmel erhob und ein inständiges Gebet zu Gott richtete.« Das Kloster überstrahlt das Land; als der Fürst gegen die Mönche erzürnt war, warnte ihn seine Gemahlin: – einmal seien die Mönche fortgezogen, und es sei dann viel Böses im Lande geschehen. Denn die Mönche stehen gleichsam auf den Zinnen und schleudern die Geister der Finsternis hinaus. – »Deinem frommen Sinn«, sagte der Gründer sterbend zum Fürsten, »vertraue ich dieses heilige Höhlenkloster an.« Kein Erzbischof, kein Kleriker soll darüber gebieten. Er nimmt liebevoll Abschied von den Brüdern; dann schickt er sie alle hinaus. Und nur einer, der sich einen Schlitz in die Tür oder Wand gemacht hat, kann sehen, wie der Abt sich aufrichtet und die Hände über der Brust kreuzt – und einsam stirbt in ihrer Mitte.

Dies ist eines der großen Bilder der russischen Kirche, die von den Nachlebenden wiederholt werden, eine geschichtliche Macht. Feodossij war, wie sein frommer Biograph sagt, »in Wahrheit ein irdischer Engel und himmlischer Mensch«: das ist das Wesen des russischen Heiligen. Der russische Mönch leistet, nach dem Ausspruch eines modernen Kenners »Sühne für die Sünden der Welt«. Viele Züge müßten es ergänzen. In der Einöde lebte der hl. Sergej während der ersten Hälfte des 14. Jahrhunderts. Ich zitiere die Chronik: »Wie kann die Schrift wiedergeben: seine Einsamkeit und Kühnheit, sein Stöhnen und immerwährendes Beten, das er ständig Gott darbrachte, seine warmen Tränen, sein seelisches Weinen, sein herzliches Seufzen, sein allnächtliches Wachen, seinen emsigen Gesang, seine ununterbrochenen Gebete, sein Stehen ohne Unterlaß, sein fleißiges Lesen, seine oftmaligen Kniebeugungen, Hunger, Durst, Liegen auf der Erde, geistige Armut, Entbehrung von allem und Mangel an allem; alles, woran man nur denken mag, mangelte; zu alledem noch die teuflischen Heerscharen, die Schlachten, Gefechte und Ränke, die dämonischen Schrecken, die diabolischen Gesichte, die Ungeheuer der Einöde, die Erwartung des Unerwarteten, die Bedrohung durch Tiere und ihre grausamen Angriffe.« [Ernst Benz: Russische Heilige.] Ganze Herden von Wölfen und Bären umheulten ihn, nachts und am Tage. Aber nie taten sie ihm etwas zuleide. Ein Bär stellt sich regelmäßig ein, und zwar nicht aus Bosheit; der Heilige legt eine kleine Scheibe Brot auf einen Baumstumpf; wenn der Einsiedler nur eine Scheibe hat, so teilt er sie mit dem Bären, oder er entschließt sich, »lieber an diesem Tage nichts zu essen, als das Tier zu kränken«. Nach langen Jahren siedelten sich Bauern an in der Umgebung Sergejs; sie rodeten und brachen die Erde auf; sie »verunstalteten die Einöde«, wie der Biograph des Heiligen klagt. In diesem Wort liegt das alte Rußland. Man kann den Gegensatz zu unserer Zeit nicht weiter treiben. Daß solche Existenzen, die Unbekannten im Walde, Macht sind, läßt sich nicht beweisen.

Aber sie sind es. Im Brennpunkt der sichtbaren Geschichte steht der heilige Fürst Alexander Newskij, den die Stadt Nowgorod auf Grund der dort geltenden eigentümlichen Verfassung zum Fürsten gewählt hatte; bei der Fürstenwahl beschwor der Herr, indem er das Kreuz küßte, den alten Brauch der Stadt, der seine Rechte einschränkte. Alexander war Sohn des Großfürsten von Susdal. Es ist eine Besonderheit der russischen Geschichte, daß die Zentren wandern. Unter dem Streit der Fürsten, dem Ansturm des Nachbarvolkes und dann der Tataren erlosch die Herrlichkeit Kiews; eine Wanderung nach Nordosten hatte begonnen, in das Susdaler Bauern- und Waldland an der Wolga, während sich zugleich gegen Südwesten, in Wolhynien und Galizien, eine bedeutende Herrschaft formte. Die Wolga sollte zur großen Straße werden, wie es vorher der Dnjepr war. Am Wege von Kiew nach Susdal, an der Moskwa, lag Moskau, ein ländlicher, von Palisaden umzäunter Fürstenhof; Holzbauten erhoben sich auf einem mit Nadelwald bestandenen Hügel, dem Kreml, um ein Kirchlein aus Stein, »Zum Erlöser im Wald«. Eingesprengt in die großen Trakte des Herrscherpalastes, hat es sich bis in unsere Zeit erhalten. Über Alexander von Nowgorod brachen alle Gewalten herein. Während der Sturm aus der Mongolei über Rußland hintobte – nur vor Nowgorod wich er zurück –, führte der schwedische Feldherr Birger ein Kreuzheer, das gegen die heidnischen Finnen gekämpft hatte, an die Newa. Diese »Kreuzzüge« nach dem einstigen Groß-Schweden, höchst bedenkliche Unternehmungen, waren jahrhundertelang im Schwange, bis die Russen, Ende des 15. Jahrhunderts, anfingen, die schwedisch-finnische Grenze, vor allem die klotzige Grenzburg Viborg zu berennen und Finnland »durchs Herz zu stoßen«. Alexander schlug sie »zur sechsten Stunde des Tages, und es war ein großes Gemetzel unter den Römern«. Denn so nennt der Chronist die Krieger, die aus der alten Heimat der Fürstenstämme aufgebrochen waren. Auch Schiffe der »Römer« wurden zerstört. Noch im 14. Jahrhundert bezeichneten die schwedischen Könige ihre Eroberungskriege gegen Rußland als Kreuzzüge; Birgitta, die schwedische Heilige aus dem Königsstamm, aus der schwedischen Geschichtswelt überhaupt, die zugleich im mystischen Reiche wie im Geschichtsreich lebte, rief dazu auf – während sie Kriege der Christen gegen Christen heftig verwarf.

Der Sieg an der Newa gab Alexander den Namen. Inzwischen rückten die Schwertritter von Westen heran; es war ein von dem Bischof Albert, dem Gründer Rigas, gestifteter Orden; die Ritter trugen weiße Mäntel mit roten Kreuzen und Schwertern auf den Schultern. Alexander eroberte die von ihnen auf der Straße nach Nowgorod genommenen Städte zurück und stellte sie – am 5. April 1242 – auf dem Eis des Peipussees; es war, als ob unter dem Krachen und Brechen der Speere, dem Klang der Schwertstreiche das »gefrorene Meer« sich bewege; »kein Eis war zu sehen; mit Blut hatte es sich bedeckt«. Die ganze Tragik christlicher Geschichte enthüllte sich, als Papst Innozenz IV. im Jahre 1248 Gesandte an Alexander schickte; sie wollten ihn belehren, erzählt der Chronist. Alexander hielt Rat, dann erwiderte er: wohl wisse er von Adam und Abraham, vom Aufgang des Reiches, von Christus und von Konstantin – die Nachfolge Konstantins ist ja der Stern der russischen Geschichte. »Von Euch nehmen wir Belehrung nicht an.« – »Jene aber kehrten in die Heimat zurück.« – Alexander ritt südwärts zur goldenen Horde, durch die wimmelnden, ungesitteten Reiterscharen, die mit Ochsen bespannten, von buntgekleideten Weibern gelenkten Wagenzüge, die Karawanen der Lasten tragenden Kamele zum Khan und ließ sich von ihm mit seinem Großfürstentum belehnen, um seinen Untertanen ihre Last zu erleichtern. Immer – noch bis ins 19. Jahrhundert – hat es das russische Volk als unchristlich empfunden, daß es wie Vieh gezählt wurde: Alexander mußte um der Steuern willen die Zählung erzwingen. Der Papst – offenbar völlig fremd der östlichen Welt – rief die Litauer zum Kreuzzug gegen Russen und Tataren auf, den christlichen Fürsten den Heiden gleichsetzend. Alexander starb auf dem Heimweg von einer Bittfahrt zum Großkhan, beweint von seinem unglücklichen Volke. Die Legende will wissen, daß er am Ende das irdische Reich hingab für das himmlische und »das Engelsbild des Mönchslebens« angenommen habe; er sei mit dessen höchster Würde bekleidet worden.

Mit dem Kreuz auf den kahlgeschorenen Köpfen seien die Tataren in Rußland eingebrochen; das Kreuz haben sie in der Tat gebracht. Sie warfen Bretter auf die in der Schlacht gefangenen Fürsten und zechten darauf, bis die Besiegten erstickt waren. Die von den Eroberern verübten Greuel, Erpressungen können wohl kaum übertrieben werden; es war ein Schwelgen in Raub, Vergewaltigung und im Tode, dem eine pedantisch ausgearbeitete Ausbeutung folgen sollte; Schädelpyramiden bezeichneten den Weg, den die Horde durch Asien genommen hatte. Vielleicht hat sich dem russischen Volke in dieser Epoche die Bereitschaft zu leiden, eine gewisse Liebe zum Leiden eingeprägt, die bis zu der beispiellosen Wandlung, deren Zeugen wir sind, als charakteristisch gelten konnte. In der Sprache, den Gebräuchen, dem Strafrecht, der Beziehung zwischen Herr und Knecht, der Kleidung, dem Zeremoniell, wirkten die Tataren fort, weit über ihre Herrschaft hinaus. Die Hofhaltung im Kreml noch des 17. Jahrhunderts empfing von ihnen Farbe und Gepräge. Aber sie ließen dem russischen Volke seine Gnade, sein Licht: seine Kirche; es wurde nun erst recht auf seine Kirche verwiesen. Die Mongolen, erklärte der Groß-Khan, glaubten an einen Gott; wie aber Gott der Hand fünf Finger gegeben habe, so den Menschen verschiedene Wege. Todesstrafe war auf jedes Vergehen an geistlichem Eigentum gesetzt, auch auf die Beschädigung gottesdienstlichen Geräts, der Bücher, Ikonen. So erhielt, vermehrte sich dieses große Vermächtnis. Das Bild reichte nach seiner Weihe in das Sakramentale. Mit Weihwasser und Reliquien sind die Farben gemischt. Das Heilige, die Spuren seines Lebens, gehen konkret in die Tafel ein. Das Bild vergegenwärtigt die Dargestellten in ihrer Macht und bewirkt Umwandlung. Die Ikone ist darum, wie Reinhold von Walter sagt, nicht Abbild, sondern Vorbild; sie heiligt, sie heilt; Kranke genesen, wenn sie die Tafeln betrachten; aber nur der »himmlische Mensch«, das geistige Auge nehmen sie auf. Die Bilder, erklärte das Konzil von Nicaea, sind nicht Christus oder die Heiligen selbst; aber die Beschauer beziehen die dem Bilde bezeugte Verehrung auf das Urbild. »Und wir malen sie, damit wir uns wieder an ihre Tugenden und ihren Kampf erinnern, und daß wir auch unser Gemüt zu ihnen erheben.« Als die griechischen Meister das Mosaik im Höhlenkloster auflegten, verklärte sich das Bild der Allerreinsten; eine weiße Taube flog aus ihrem Munde zur Ikone des Heilands und dann zu jedem Heiligenbild, um dem einen sich auf die Hand, dem andern sich auf das Haupt zu setzen. In einer Legende des 14. Jahrhunderts schlägt die Seele schmelzendes Feuer aus einer Ikone, geht der erschienene Christus in die Ikone ein. Aus dem Bild geht das Körperhaft-Geistige unmittelbar hervor. Der Pinsel des Ikonenmalers Amplij ist wundertätig; er bemalt das Antlitz eines Aussätzigen, und die Geschwüre verschwinden, und die Seele gesundet im Empfang des Sakramentes. Da der Mönch selber krank ist, steigt ein Engel nieder und vollendet sein Werk. Die Ikone wird vom Volk als Gnade empfunden, »in Zittern und Furcht«. Sie bedeutet Anwesenheit des Geistes als einer Wirkkraft – so wie die Engel Wirkkräfte sind. – Weil die Ikone Verkündung ist, mußte sich die sogenannte Kirchenreform des 17. Jahrhunderts auch gegen die Ikone wenden; die verworfenen Bilder wurden mit durchstochenen Augen durch die Straßen Moskaus geführt [Stählin]; aber es waren die nicht mehr verstandenen geistesmächtigen Gestalten. Eine von Stählin zitierte Schrift beklagt, daß man den Erlöser nun male mit gedunsenem Gesicht, hochroten Lippen, gelocktem Haar, dikken Armen, Händen, Fingern und Schenkeln und einem Schmerbauch, ganz wie einen Franken und Deutschen, es fehle nur noch der Säbel an der Seite. Eine kolossale Ikone des 14. Jahrhunderts deutet den Sinn der russischen Geschichte: drei Reiterzüge sprengen einem Hügel zu, auf dem die Gottesmutter mit dem Kinde thront. St. Michael reitet dem mittleren Zuge voraus; Kaiser Konstantin, Wladimir der Heilige, Alexander Newskij sind unter den Streitern. Der göttliche Knabe verteilt Siegeskränze, die von Engeln den Helden zugetragen werden. Einen solchen Kranz zu empfangen, ist der Sinn der russischen Geschichte. Daß die Sprache des Westens den echten Russen nicht berührt, kann niemanden erstaunen, der die russische Geschichte zu verstehen sucht. Wie aber, wenn Rußland zu Rußland spricht und nicht mehr gehört wird – nicht mehr gehört werden kann?

Im 14. Jahrhundert wurde Moskau Residenz des Großfürsten und Sitz des aus Byzanz gerufenen Metropoliten, religiöse Hauptstadt. Das Konzil von Florenz [1439], der unter der Angst vor den Türken unternommene Versuch einer Einigung zwischen Byzanz und Rom, wurde in Moskau als Verrat empfunden. Nach dem Fall Konstantinopels übernahmen die Moskauer Großfürsten das byzantinische Wappen, den Doppeladler; Iwan, den die Geschichte den Schrecklichen, die Kosaken den Grausen, das Volk den lieben Zaren nannte, ließ sich von Gott krönen als heiliger Zar, als der kaiserliche Nachfolger Konstantins; über Moskau erstrahlte der Glaube an das dritte Rom, die alle der Orthodoxie angehörenden Völker vereinende weltlich-geistliche Autorität. »Merke auf«, hatte ein Mönch an Iwans Vater geschrieben: »Merke auf, frommer Zar, das erste und zweite Rom sind gestürzt – das dritte – Moskau – steht fest, und ein viertes wird es nicht geben.« Aber eben jetzt erhob sich aus der so fügsam scheinenden Kirche der Einspruch des Gewissens; und zwar im Antlitz des Schrecklichen, eines Herrschers, dessen Bedeutung und Versagen, herrscherliche Genialität und Besessenheit so schwer abzuwägen sind wie die Ludwigs XI.; dessen Problematik, eine Synthese von Frömmigkeit und Grausamkeit, Theologie und

Verbrechen, Überheblichkeit und Angst noch weit unheimlicher ist als die Heinrichs VIII., der im Krönungsjahr Iwans starb [1547]. Alle Möglichkeiten liegen offen, wenn wir hören, daß er einen Elefanten in Stücke hauen ließ, weil der die Knie nicht vor ihm beugen wollte. Die orthodoxe Kirche hat Zeugen des Gewissens gestellt, die an Freimut denen des Westens gewiß nicht nachstehen; das Gewissen ist, bis zu Tolstoi hin, ein todernstes Wort in Rußland: es erhob wieder und wieder den Anspruch auf unbedingte Freiheit. Als der Selbstherrscher, vermutlich durch lügenhafte Intrigen aufgereizt, zu einer Strafexpedition gegen Nowgorod aufbrach, verweigerte der Metropolit Philipp den Segen; er entstammte einem Bojarengeschlecht, hatte am Hofe gedient, dann verzichtet und in dem auf einer Insel des Weißen Meeres gelegenen Solowsiezki-Kloster die Weihen empfangen. Er erinnerte den Zaren daran, daß das irdische Zepter nur ein Symbol des himmlischen ist, und er tat es, weil er sich für die Seele gerade dieses Zaren und mit ihr für die Seelen aller verantwortlich fühlte: »*Unser* Schweigen«, erklärte er dem Selbstherrscher, »belastet *deine* Seele mit einer Sünde und bringt dem ganzen Volke den Tod.« – »Ich trage Sorgen um dein Heil«, erklärte er ihm noch einmal. »Ich kann deinem Befehl nicht mehr gehorchen als dem Gottes.« Er wurde in ein zerfetztes Gewand gekleidet, unter Flüchen und Schlägen in den Kerker gefahren und dort von einem Boten des Zaren mit einem Kissen erstickt. Fünf Wochen lang feierte der Ungesegnete Gericht über die stolze Stadt, die sich »Herr Groß Nowgorod« nannte und die Frage: »Wer kann wider Gott und Nowgorod?« zum Wahlspruch erwählt hatte; 60 000 Menschen jeden Alters und Geschlechts [Stählin] sollen hingeschlachtet, zermartert, ertränkt worden sein.

Gegen eine Herausforderung ganz anderer Art erhob sich hundert Jahre später unter dem zweiten Zaren aus dem Hause Romanow der Protopope Awwakum, der Zeuge Alt-Rußlands am Vorabend einer gewaltigen Umwandlung. Die Kirche, die Frömmigkeit Rußlands spaltet sich. Um diese Zeit schrieb ein russischer Schriftsteller: »Wir kehren uns gegenseitig den Rücken zu, die einen blicken nach Osten, die anderen nach Westen.« Veranlaßt wurde die Spaltung durch die Reformen des Patriarchen Nikon. Auch er, ein Bauernsohn aus der Gegend von Nishnij-Nowgorod, kam von der Klosterinsel im Weißen Meer, eine starke und strenge Persönlichkeit; erst auf das unter Tränen gegebene Versprechen des ihm zeitweilig fast unterworfenen Zaren Alexey Michailowitsch, [1645-1676], daß er in allem gehorsam sein wolle, nahm Nikon die Berufung auf den Stuhl des Patriarchen an. Die Texte der heiligen Bücher, der Liturgie waren durch die Sorglosigkeit der Abschreiber verderbt; Nikon, der sich selbst einen Griechen – also Byzantiner – nannte, übernahm die Wiederherstellung nach griechischen Vorlagen, aber auf seine herrscherliche, gewaltsame Art und wohl ohne die erforderliche Kritik, hatte er doch den unerhörten Anspruch erhoben, als Metropolit Herrscher neben dem Herrscher zu sein und eine Art Zweiherrschaft, eine geistliche und weltliche, in Rußland begründen wollen. Wie die Päpste gegenüber den Kaisern, bediente er sich des Gleichnisses von Sonne und Mond. »Die Sonne«, erklärte er, »bedeutet die Gewalt des Bischofs, der Mond die des Zaren; im Weltlichen sind sie einander gleich, im Geistlichen steht der Bischof über dem Zaren.« Es ist offenbar ein Einbruch westlichen Denkens in die Orthodoxie, das sich, wenn es unvermittelt kam, immer wieder als zerstörend erwiesen hat, von Jahrhundert zu Jahrhundert. Der Konflikt war unvermeidlich und hat sich dann auch auf tragische Weise über Sturz und Verbannung Nikons bis zu verspäteter Begnadigung des Greises vollzogen. Aber zunächst war er in Macht und suchte sie rücksichtslos durchzusetzen.

Wir sind an der Bruchstelle, wo das Wesen altrussischen Glaubens sich noch einmal darstellt. Nicht dogmatische Gegensätze zerklüfteten die Kirche, sondern der Dienst, die Liturgie, der Vollzug. Ich möchte nur den sinnfälligsten Zug herausgreifen. Nach uralter Überlieferung sollte das Kreuz mit zwei Fingern, den zusammengelegten Mittel- und Zeigefingern geschlagen werden, nach dem damaligen griechischen Brauch mit drei Fingern, dem einander berührenden Daumen, Zeige- und Mittelfinger. Der in Moskau, beim Volke wie in fürstlichen Familien hochangesehene Protopope Awwakum verteidigte den altrussischen Brauch gegen die Neuerung. Ich will [nach Rudolf Jogoditsch: das Leben des Protopopen Awwakum, Königsberg 1930] Awwakums tiefsinnige Erklärung des Zweifingerkreuzes hier anführen, weil sie beweist, daß es nicht um eine Äußerlichkeit geht, sondern um die in eine Gebärde gefaßte ganze religiöse Wahrheit. »Bei der Bekreuzigung hat ein jeder Christ die Finger der Hand fest und sicher zu halten und darf nicht mit nachlässiger Hand das Zeichen machen, weil dies sonst nur dem Teufel zum Wohlgefallen wäre. Vielmehr soll er während des Gebetes mit der Hand Haupt, Leib und Schultern so berühren, daß es der ganze Körper mitempfinde, und soll mit Inbrunst seinen Geist bei der Bekreuzigung in diese Geheimnisse versenken; denn die geheimsten Geheimnisse werden durch die Finger der Hand bedeutet. Merke und verstehe, daß nach der Überlieferung der Heiligen Väter die Finger so zu legen sind, daß diese drei, der Daumen, der kleine und als dritter der neben dem kleinen, mit den Fingerspitzen fest beinander sind, denn dies bedeutet die dreipersönliche Gottheit des Vaters, des Sohnes und des Heiligen Geistes. Dann sind der Zeige- und der Mittelfinger zusammenzugeben und von diesen der Mittelfinger ein wenig zu krümmen, denn dies bedeutet die Wesenheit Christi als Gott und Mensch zugleich. Dann bedeutet das Erheben zum Haupte den unerschaffenen Geist; denn es erzeugte der Vater den Sohn als urewigen Gott noch vor den ewigen Ewigkeiten. Dann bedeutet das Auflegen auf den Nabel die Fleischwerdung Christi, des Sohnes Gottes, durch Maria, die Heilige Gottesgebärerin. Dann das Erheben zur rechten Schulter: es bedeutet die Himmelfahrt Christi und sein Sitzen und der Ge-

rechten Stehen zur Rechten des Vaters. Und endlich bedeutet das Erheben zur linken Schulter die Scheidung der Gerechten von den Sündern und deren Verbannung zur ewigen Qual. So die Finger zu legen, haben uns die Heiligen Väter gelehrt.«
Im Streite steigt Awwakum weit über den Fall seines Gegners zu starrsinnig-tragischer Größe empor; unter grausamsten Verfolgungen wird er zum »lebenden Leichnam« – das Wort stammt von ihm und weist weit in die Zukunft –, aber es hat einen aktiven Sinn, wie ja überhaupt das Leiden im alten Rußland aktiv ist. In Awwakum wird es unzerbrechliche Macht; er ist ebenso demütig wie stolz. Da er im Zorn seine Frau geschlagen hat, die sein ganzes von irdischen, himmlischen und höllischen Finsternissen umtobtes, von heiligem Lichte gestreiftes Leben teilt, verneigt er sich unter Tränen vor ihr tief auf die Erde. Und auch sie verneigt sich vor ihm. Es ist ein Bild unzerstörbarer Würde des Menschen, der Gatten, der Ehe. Christo nacheifernd, kämpft er mit Gauklern und Pfeifern, den mit Schellentrommeln behängten armen Tanzbären und den bösen Geistern in den Besessenen, zu welchen Unglücklichen er lebenslang in einem brüderlichbarmherzigen Verhältnis steht, wie mit den Häretikern. »Wenn *wir* Ketzer sind«, das ist sein großes Argument, »so sind es auch alle Vorfahren, unsere Kirchenväter, die frommen Zaren und heiligen Patriarchen gewesen.« Dann zerfällt das heilige Rußland, ist es nicht mehr mit sich, seinem Wesen, seiner Vergangenheit eins. Awwakum war zur äußersten Folgerichtigkeit entschlossen. In gewissen Zeiten, erklärte er, kann ein Pferdestall besser als eine Kirche sein. Wir können hier seinem vielverschlungenen Leidensweg nicht folgen, der in zehnjährige Verbannung nach Tobolsk, zurück nach Moskau, wieder ans Weiße Meer und wieder nach Moskau von Kerker zu Kerker – und welchen Kerkern! – führte und von Gericht zu Gericht, deren keines seine Standhaftigkeit brach. Endlich wurde er im Zuge eines höchst rohen Bojaren nach Dauria, das Gebiet östlich des Baikalsees, 5500 Werst von Moskau, ver-

schleppt. Mit Frau und Kindern irrt er durch das Jablonagebirge in der Gegend des Irgensees. Die Protopopin trägt ein Restchen Mehl und den Säugling auf dem Rücken; das Töchterchen trabt neben ihr her, die Buben folgen; auf zehn Mann kommt ein Sack Heringe für den ganzen Sommer. Dann leben sie von Gras, den Weidenkätzchen; die Mannschaft siecht hin; sie verzehren Vogelleichen, erfrorene Füchse, Wölfe, ein Fohlen, das sie der sterbenden Stute aus dem Leibe reißen. Zwei seiner Buben sterben. Er erinnert sich, daß er einst gerne mit Großen umging. Aber es steht geschrieben: nicht der Anfang wird gesegnet, sondern das Ende. An der Nertscha, nahe der Grenze der Mongolei, kehren sie um nach Rußland. Fünf Wochen quälen sich die Schlitten über das nackte Eis. »Auf Gottes Geheiß« legt eine schwarze Henne, die sie mit sich führen, täglich zwei Eier für die Kinder. Immer wieder stürzt die Frau, ein anderer stürzt über sie und beide jammern. Er will ihnen helfen. »Wie lange, Protopope«, fragt sie, »wird dieses Elend wohl noch dauern?« – »Markowna, bis zum Tode ist uns auferlegt zu leiden.« Sie seufzt, erhebt sich. »Nun ja, Petrowitsch, dann wandern wir nur weiter.« Vielleicht hat das alte Rußland kein ergreifenderes Vermächtnis als dieses Wort der armen Frau.

Der Zar, der ihn verbannte, ließ ihm sagen: »Protopope, wo du auch immer seist, vergiß uns nicht in deinem Gebet.« Und Awwakum hat den Herrn gewiß nicht vergessen. Aber der Sohn, der dritte aus dem Hause Romanow, versteht das alte Rußland nicht mehr. Im April 1682 wird Awwakum in Pustosersk am Eismeer aus seinem Kerkerloch auf den Scheiterhaufen geschleppt. Das Volk klagt. Über Rauch und Feuer erhebt der Protopope segnend die Hand zum Zweifingerkreuz: »Wenn ihr in diesen Zeichen beten werdet, so werdet ihr in Ewigkeit nicht verderben.« Mit dem todernsten Antlitz seines Bekenners verlischt das alte Rußland; unter Folterqualen sterben die fürstlichen Frauen, die in ihm ihr Haupt sahen, die Popen, die ihm anhingen; neun Jahre lang widerstehen die

Mönche auf der Klosterinsel im Weißen Meer, wohl versehen mit Geschützen, der Belagerung, dann fällt das Bollwerk, werden an vierhundert Verteidiger gemordet.

»Wir wollen leiden«, sagen die Altgläubigen. Hatte Awwakum, dessen Asche sie sammelten und durch Rußland trugen, sie nicht an die Jünglinge im Feuerofen erinnert? Sie vereinen sich in ihren Hütten, in ihren Siedlungen und zünden sie an. Oder sie verschwinden in den Wäldern. Sie sind öffentlich verflucht samt ihrem heiligen Haupt. Was brauchen sie Priester? Sie warten auf das Unfaßbare. In ihnen redet der Geist von Erlösung, der gänzlichen Umwandlung der Welt. Der in das Unterste der Erde hinabstieg und sie heiligte, diese ihre russische Erde, der im Grabe ruht, wird kommen gleich nach Mitternacht unter dem Sturm der Glocken: Licht wird fluten, einer Feuerwoge gleich; und sie werden einander umarmen. –
Aber während sich ein mächtiger Strom russischer Frömmigkeit im Delta unzähliger Adern verbreitet und verliert, wird auch die Orthodoxie vom Leiden gereinigt und wieder geweiht. Peter der Große erniedrigt die Kirche zum Staatsdienst, verspottet ihre Häupter: unter den Zarinnen Anna und Katharina entsteigen ihr Märtyrer. Dann ereignet sich die Wiederentdeckung der orientalischen Askese und Mystik, inmitten der Aufklärung, wie ein Wunder. Lehre und Leben der Starzen [Igor Smolitsch: Lehre und Leben der Starzen, bei Hegner in Köln und Olten], die seit dem 15. Jahrhundert fast versickert waren, brechen wieder hervor, finden Gefolgschaft, wirken mächtig in das Leben des Volkes, in das Geschichtliche selbst. Es sind die Altväter, Männer, die in der einsamen Nähe eines Klosters, in freier Verbindung mit ihm und dem Abte nicht untertan, betend und entsagend den Gipfel der Überwindung erstiegen haben und von dieser Höhe mit der Autorität des sie erfüllenden Geistes die Suchenden führen, oft noch weit Entfernte leiten. Ihr Weg und ihre Macht ist das Gebet, und zwar ein ungeteiltes, ins Innerste gesammeltes, Umwandlung ihrer selbst in einen einzigen kon-

tinuierlich wiederholten, gelebten Satz. »Herr Jesus, Sohn Gottes, erbarme Dich meiner.« Aber, so lehren die Väter, schon die Hälfte des Satzes kann genügen. Und ebensogut könnten wir sagen, daß die Macht dieser Einsiedler in den Wäldern das Schweigen ist. Denn das Gebet, »das Tun der Mönche, das Leben der Schweigenden« steigt über das Wort empor, bis der Betende untätig wird, unterworfen dem Geist, von ihm geführt, in ihm aufleuchtend und verbrennend wie ins Feuer geworfenes Wachs. Das Gebet ist Antrieb der Engel, Bad der Reinigung, Morgenrot der Herzen, Erscheinung der Versöhnung Gottes. So hat es im 14. Jahrhundert Gregor der Sinait in der »Belehrung der Schweigenden« beschrieben. Und so hat er geboten: »In der Frühe des Morgens sitze auf einen kniehohen Sitz nieder, führe deinen Geist aus dem Kopf herunter ins Herz und halte ihn dort fest. Verbeuge dich, bis es dir Schmerzen bringt, und, Brust, Schulter und Hals kräftig angespannt, rufe ständig in deinem Geist und deiner Seele aus: ›Herr Jesus Christus, erbarme Dich meiner!‹.« Der Betende muß den Wechsel des Atems beherrschen, damit er nicht unnötig atme; der Hauch des Atems, der aus dem Herzen quillt, verdunkelt den Geist; das Ausatmen aber entfernt den Geist aus dem Herzen. Das Herz muß also ungestört bleiben in der Fülle des Geistes. Denn hier geschieht das Gebet. Versuchungen und Bilder dürfen nicht schrecken; der Beter darf ihrer nicht achten; sie werden zurückweichen, sofern das Herz den Geist festhält.

Solches Gebet macht wissend. Aber es bedarf eines Lebens, um es zu erreichen. Ist der mit ihm Begnadete endlich, für wenige Altersjahre, in seiner Hütte, seinem Kloster bereit, die Armen, die Kaufleute, die Fürsten und Fürstinnen zu empfangen, so erblickt er ihr Herz, das Dunkel darin, das Leiden; er spricht in das Irdische aus einem anderen Bereich, aber er ist dem Irdischen ganz nah. Ein breiter Gürtel von Klöstern und Einsiedeleien zog sich von Petersburg über Moskau gegen Kiew, sichtbare Brücke unsichtbarer Macht. Der heilige Serafim, der in der Sarow-Einsiedelei, südöstlich von Moskau lebte, steht an der Schwelle unserer Ära, in einer Epoche gewaltiger Umwandlungen. Wie sonderbar nehmen seine Lebensdaten sich aus gegen solche der deutschen Geistesgeschichte! Er ist im selben Jahr wie Schiller geboren und ein Jahr nach Goethe gestorben. Aber die beiden Sphären berühren sich nicht. Serafim entstammte einer in Kursk ansässigen Kaufmannsfamilie. Ein Starez, der in einer engen Höhle des Kiewer Klosters lebte, bestätigte ihm seherisch die gefühlte Berufung, segnete ihn als Gotteskind und wies ihn nach Sarow; er betete an den Gräbern der Heiligen im Höhlenkloster und ging. Im Jahre 1794 – es ist das Jahr, in dem Robespierre gestürzt wird – verläßt der zum Priester Geweihte das Kloster; bald stören von Not oder Neugier getriebene Frauen seine Einsamkeit. Am Weihnachtstage, da er von der Klosterkirche zurückkehrte, sieht er, daß die Tannenzweige sich vor seiner Hütte tief herabgebogen haben; das war das Zeichen, das er sich von Gott erbeten hatte, als er um den Segen der Abgeschiedenheit flehte. Er trägt in der Einöde, dem »Paradies der Süßigkeit« statt des schwarzen Mönchsgewandes ein weißes, eine Kappe, Bastschuhe. Als ihn im Walde während des Holzfällens Räuber schlagen, bedient er sich der Axt nicht: er »wollte ihnen doch nicht mit Gewalt Widerstand leisten«. Die Verwerfung der Gewalt ist nicht Erfindung Tolstois; sie wird schon im Mittelalter ausgesprochen. Nach Jahren des Schweigens kehrt Serafim in seine Zelle im Kloster zurück; stehend oder kniend im Gebet, die Schrift lesend, die Nächte verwachend, streng die Gottesdienste beachtend – bleibt er in ungeheizter Zelle, bis zum Jahre 1825 –; es ist das Jahr der Dekabristen, des Sterbens oder Verschwindens Alexanders I. und der Thronbesteigung des Zaren Nikolaus, ein Jahr schärfster Krise in Rußland. Im Alter von 66 Jahren also, fühlt er die Sendung an die Welt, er kehrt in seine Hütte zurück und weist bis zu seinem Tode im Jahre 1833 keinen Ratsuchenden ab. »Christus ist auferstanden, Du meine Freude«: das ist seine Botschaft; denn er selber ist gestorben und auferstanden, ist geistdurchmächtigt, verklärt. Das Gebet ist in solchem Grade sein Wesen geworden, daß er betend zuhört, antwortet. Er heilt. Er fragt den seit drei Jahren gelähmten Richter Motowilow, ob er an Christus glaube, den Gottmenschen und seine Allerheiligste Mutter. Da der Kranke bekennt, hebt ihn der Starez an den Schultern empor: »Stehe fest!« und der Richter steht. Und da ihn einmal Motowilow im Eifer um Gottes Geheimnisse bedrängt mit der Frage, wie er denn das wirkliche Erscheinen des Hl. Geistes erkennen könne, faßt ihn Serafim fest an den Schultern: »Wir beide, Väterchen, *sind jetzt im Heiligen Geiste!* – Warum siehst Du mich nicht an?« Und da sieht Motowilow in das Feuer: »Ich kann Euch nicht anblicken, Vater, aus Euern Augen leuchten Blitze, Euer Gesicht ist heller als die Sonne geworden, und meine Augen brennen vor Schmerz!« »Habt keine Furcht!« sagt Vater Serafim, »Ihr selbst seid jetzt leuchtend geworden wie ich. Nun seid Ihr selber in der Fülle des Heiligen Geistes, sonst könntet Ihr mich so nicht schauen!« Aber der Starez ist auch furchtbar: Elena Manturow, Schwester eines von ihm geheilten Gutsbesitzers, war in der Blüte ihrer Schönheit auf seine Bitte ins Kloster gegangen; als der Bruder wieder erkrankte und um Hilfe bat, ruft der Starez Elena: »So, so, du meine Freude, siehst du, Mütterchen, ich weiß, dein Bruder ist sehr krank, und es ist für ihn die Zeit gekommen, daß er sterben soll, aber ich brauche ihn noch für unsere Gemeinde. Also ich gebe dir den Auftrag: stirb du Mütterchen, an Stelle deines Bruders.« – Sie bittet um seinen Segen. Aber plötzlich ruft sie: »Väterchen, ich fürchte mich vor dem Tod!« Er verheißt ihr Freude. Da sie geht, bricht sie an der Schwelle zusammen; bald darauf stirbt sie, ein Jahr vor dem Starez.

Die Bedeutung solcher Erscheinungen entzieht sich der Kompetenz der Geschichtsschreiber, dem Ermessen der Staatsmänner. Der Richter Motowilow berichtet in seinen Aufzeichnungen, daß ihm der Starez auf seiner Waldlichtung »viele Ge-

heimnisse über das künftige Schicksal Rußlands vorausgesagt« habe. Wir kennen den Inhalt der Prophezeiung nicht. Vielleicht haben wir sie zu einem Teile erfahren. Eben Gestalten wie Serafim von Sarow sind für den von der Macht des Gebets Überzeugten in höchstem Grade geschichtliche Personen; scheinbar außergeschichtlich leben sie in der Tiefe des Zusammenhangs, sind sie nur in ihr möglich; sie kämpfen ja mit den Geistern in der Luft, mit denen der Apostel kämpfte. Das Leben der Menschheit ist, wie ein von Friedrich Heiler zitierter Athosmönch sagte, ein Kampf gegen Satan. Die Heiligen sind die Vorhut. Und wenn sie erlahmen oder entschwinden, ist ein Land, ist ein Volk oder die Welt den Engeln Satans ausgeliefert. Nur die Beter und Büßer können die Dämonen spüren und abschlagen, ehe sie in die Geschichte eingedrungen sind.
Ich möchte schließen, indem ich auf Dostojewski weise und auf den Ort des religiösen Vermächtnisses Rußlands in unserer Epoche. Dostojewski hat fast nur von seinem Jahrhundert gesprochen: und doch liegt die ganze Landschaft sichtbarer und unsichtbarer Geschichte hinter seinem Werk, die vor tausend Jahren von der Fürstin Olga betreten wurde. Hier erweist sich diese Geschichte noch als Kontinuum, aber durchsetzt von zerreißenden Tendenzen. Wie Dostojewski glühend Kinder, Sünder und Besessene liebte, wie er träumte von der Inthronisation Rußlands in Byzanz, so die Zaren: sie besuchten vor dem Auferstehungstage die Verbrecher in den Kerkern und sammelten die Einfältigen, die mit der biblischen Krankheit Behafteten im Palast; Sünder und Kranke durften nicht ausgeschlossen sein von der Gesellschaft, in gewissem Sinne wurden gerade sie als Christen verstanden. Und christlich-russische Berufung war für die Herrscher der Aufbruch nach Byzanz. Wie die sektiererischen Selbstverbrenner und Selbstverstümmler verkündete Dostojewski: es sei das »hauptsächlichste, das ursprünglichste Bedürfnis des russischen Volkes, zu leiden, ewig und unersättlich, überall und in allem«. Isaak der Syrer, einer der Väter des Mönchtums, fühlte ein »Bren-

nen des Herzens über alle Kreaturen – über Menschen, Vögel und Tiere, ja sogar über die Dämonen und über alles, was ist«. Es ist der uralte Schmerz, der aus dem finnischen Liede klagt:

> *Alles Wasser aus dem Meere*
> *Ist ja Blut aus meinen Adern,*
> *Alle Fische in dem Meere*
> *Sind ja Fleisch von meinem Körper,*
> *Alle Sträucher an dem Strande*
> *Sind ja meine Seitenknochen,*
> *Alle Gräser an dem Ufer*
> *Sind ja Haare meines Hauptes.*
>
> [KALEWALA, VIERTE RUNE]

So brannte Dostojewski, dessen Zar als einziger sein Denkmal behalten hat und zwar in Helsinki, der freiesten Stadt, für die Erde und alle Geschöpfe in religiöser Glut. »Wer keine Erde unter sich hat, der hat auch keinen Gott.« Die uralte Feindschaft der Byzantiner, der moskowitischen Apostel des dritten Rom gegen die Ewige Stadt nahm er auf: im Westen wurde, wie er behauptete, die Erscheinung Christi in der Gestalt des Papsttums verkörpert und dadurch entstellt; dort gibt es kein Christentum mehr, nur noch einzelne aussterbende Christen: Katholizismus ist Götzendienst, Protestantismus eilt dem Atheismus zu. Aber der leidenschaftliche Vorwurf tönt in erschütterter Totenklage aus: Denn dieser Westen und gerade das katholische Spanien hat die in den Augen Dostojewskis vollkommenste christliche Gestalt geschaffen: Don Quijote. Auf ihm erblickte der Dichter einen Widerschein der Schönheit Christi.

Hier kann ich nur eingehen auf Dostojewskis Vision Christi, die wohl sein Größtes ist, und auf die erregendste Frage, die er uns hinterließ: seine Prophetie. Wie für die russische Frömmigkeit überhaupt, hat für ihn das Johannesevangelium den Vorrang: es verkündet den schönen, den geistverklärten Christus. Der Geist geht ja für die Ostkirche unmittelbar vom Vater aus, wie Christus.« »Johannes«, sagte Dostojewski, »sieht das Wunder der Fleischwerdung in der Erscheinung des Schönen.« Die Schönheit ist also das Göttliche, und zugleich Ausdruck der Sittlichkeit. Christus hat alle bisherige Sittlichkeit überschritten, indem er sein Selbst völlig überwunden hat. Sein erstes Werk ist die Bereitung hochzeitlicher Freude. Vom Glanz der Hochzeit über die Verklärung auf Tabor, die höchste verehrungswürdigste Gestalt des auf Erden lebenden Christus, bis zur Glorie der Auferstehung steigert sich die Schönheit, vielmehr: offenbart sie sich in immer höherem Grade. Sie weist auf das Sittliche zurück. Christus ist für Dostojewski der »Prüfstein« jeglichen Verhaltens, lebendige Form des Sittengesetzes, Antwort an das ständig zur Frage aufgerufene Gewissen, an die Freiheit des Menschen, die Dostojewski geradezu als ein russisches Palladium empfindet. Der Jubel der Osternacht steigt aus dem Abgrund der Karfreitagsnacht, die Himmelsherrlichkeit aus dem Grabe: sie steigern einander nach unten, nach oben. Ursprung ist die Erschütterung vor Christus im Grab, dem der Zerstörung ausgelieferten Gott. Sie wissen, daß Holbeins Bild in der Basler Kunstsammlung den Dichter nicht losließ: hier liegt Christus im geschlossenen, schmalen, steinernen Schrein mit geöffneten Augen, wartend. Wie, wenn der Vater rufen würde? Das ist unausdenkbar. Was würde dann geschehen? Dann würde dieser Leib sich auflösen wie jeder Leib, besiegt von der Natur. Dann wäre alles vergeblich. Es ist das Beispiellose, uns unheimlich Nahe an Holbeins Bild, daß es in dieser Ungewißheit verharrt, in der Schwebe zwischen zwei unfaßbaren Möglichkeiten. Holbeins Bild ist kein Nein. Aber auch keine Verheißung. Hier kann der Glaube zerbrechen. Hier muß er sich fassen.

Denn neben der geheiligten Natur waltet eine feindliche, dämonische, die »tote«, die in ewigem Kreislauf sich selbst verzehrt, Sinnlosigkeit ohne Ende. Billionenmal, ahnt Dostojewski, war die Erde schon, wurde sie altersschwach, vereiste sie, sprang sie entzwei: und wieder wurde Wirbel, Sonne, Aus-

schleuderung. Und alles wiederholt sich bis zum »kleinsten Strichelchen« [Brüder Karamasow]. Und wie, wenn Christus dieser sich selbst verschlingenden Todesmacht unterlegen wäre: billionenmal, so oft die Erde war und zerstäubte? Wenn er selbst mittreiben würde in diesem undurchbrechlichen Kreise? So hatte Nietzsche, unabhängig von Dostojewski wie dieser von ihm [Reinhard Laut: Die Philosophie Dostojewskis, Piper, München] die »extremste Form des Nihilismus« gesehn.
Und dann erscheint Christus auf Erden unter den Schatten der Schwermut, im Abenddämmer, wie ihn kein Evangelist und kein Künstler dargestellt hat: ein völlig abseitsstehender, einsamer Mensch. »Ich würde ihn gern einmal mit einem kleinen Kinde dargestellt sehen, dessen Kindererzählung er vielleicht soeben noch angehört, dessen blondes Kinderköpfchen er vielleicht soeben noch gestreichelt hat. Vielleicht ist auch seine Hand noch auf dem Kinderkopf ruhen geblieben, während er schon gedankenversunken in die Ferne blickt und in seinem Blick ein Gedanke so groß wie die Welt ruht. Dieser schweigende Mensch in der Abendstimmung, vor dem fernen Horizont –« [Der Idiot.]
Aber über jeden Bericht, über Kana und Tabor, die geschichtliche Auferstehungsnacht, erhebt sich der Christus der Vision. Sein Herz ist die Sonne des Alls. Er tritt unter die verwaiste Menschheit und streckt die Hände aus: wie konntet ihr meiner vergessen? In ihm ist die Menschheit vorgebildet. Er ist die einzige Form aller. Er ist der Allmensch, in dem die Menschheit sich erneuert, auferstehen wird. So hat es ja Origenes gemeint: die Wiederherstellung aller, die Verzeihung ohne Grenzen, die Erlösung des Teufels, die Verklärung des Kosmos, aller ineinander kreisenden Weltalter und Weltgestalten. Und nun wendet sich die Vision ins Russische. Christus, der Allmensch, ist der russische Gott. Denn der Russe ist auf Vereinung geschaffen – darum bejahte Dostojewski auch die Reform Peters des Großen –, in ihm verschmelzen alle Traditionen, alle Gestalten des Menschen, alle Antlitze der

Völker und ihre Sprachen zu der einen weltumfassenden, Christus nachgebildeten Gestalt. Nur in Rußland war Christus ganz frei, abgesondert vom Staat; hier blieb er rein. Hier ist der Ursprung seiner sich der Welt bemächtigenden Parusie. Die Welt, wenn sie erlöst werden soll, muß russisch werden: das heißt, nach Dostojewski, radikal christlich.

Wir wissen, Prophetien und Philosophien schlagen um wie das Wetter: wenn das Klima der Welt sich verändert, wird religiöse Glut zum Treibstoff der Macht. Dostojewski war der Überzeugung, daß auch der Atheismus in Rußland Glaube sei, weil eben der Russe glauben müsse. Ähnliches sagt Unamuno von seinen Spaniern; und das vielleicht mit Recht. – Die Proletarier, verkündete Dostojewski kurz vor seinem Tode im Streit um die Puschkinrede, werden sich auf Europa stürzen und alles Alte auf ewig zerstören. »Erst an unserem russischen Ufer werden die Wogen zerschellen.« Zugleich sah er, daß der Unglaube in der Intelligenz Rußlands siegte: er ist »bei uns aufgetreten, weil wir alle Nihilisten sind«. Aber sein Vertrauen blieb fest. Er wies darauf hin, daß das russische Wort für »Bauer« nicht vom Lande oder vom Bauen, sondern von »Christ« abzuleiten ist. (Die Leibeigenschaft hat sich erst Ende des 16. Jahrhunderts, zur Zeit der großen Wirren, der Thronstreite und aus sehr komplizierten Bedingungen entwickelt.) Von oben, von außen ist nichts zu erwarten, aber das Volk wird sich selbst retten, wenn Rußland wirklich an den Rand des Verderbens gedrängt werden solle. »Sich selbst und auch uns wird es retten, denn wieder sei es gesagt: das Licht und die Rettung werden von unten kommen.« Vom Volke, seinen gläubigen Frauen, Einsiedlern, Mönchen, hatte Dostojewski selbst Christus wieder empfangen, den er in der Irre des europäischen Liberalismus verloren hatte: sein Weg, das glaubte er offenbar, war prophetisch: Rußland werde ihn gehn. In dieser Gewißheit forderte er den Westen, sein absinkendes Christentum heraus, den Westen, der ja mit geistiger Waffe Rußland ins Herz gestoßen hatte:

Feuerbach, der hochverehrte Lehrer des revolutionären Rußland, hatte im Jahre 1848 in Heidelberg als erster den Atheismus öffentlich proklamiert. Wie es auch mit der Prophetie Dostojewskis bestellt sein mag, wir müssen uns fragen, wie wir seine Herausforderung beantwortet, seine Anklage des materialisierten westlichen Christentums widerlegt haben.
Aber hat ihm die Geschichte nicht ins Antlitz widerstanden und ihn zum falschen Propheten gemacht? Über der Welt, die ich hier in wenigen Repräsentanten vergegenwärtigen wollte, steht das Wort der ermordeten Großfürstin Elisabeth, einer Schwester der letzten Zarin: »Wenn man die völlige Vernichtung unseres geliebten Rußlands sieht, muß man seine Gedanken dem himmlischen Reich zuwenden, um die Dinge in ihrem wahren Lichte zu sehen und zu sagen: ›sie mögen geschehen‹.«
Dostojewski sah es als einen charakteristischen Zug des russischen Volkes an, daß es auch in seinen größten Stunden kein stolzes oder triumphierendes Aussehen zeige, sondern ein »bis zum Leid ergriffenes«. Er lehrte, daß es unmöglich sei, die Menschheit zu lieben ohne den Glauben an Unsterblichkeit: daß dieser Glaube sich auflöst, aller Sinn ins Irdische fällt, im Irdischen gewollt wird, das war für ihn höchstens ein Übergang. Noch in seinem Jahrhundert erwartete Dostojewski die Weltkatastrophe. »Das Ende der Welt naht«, schrieb er im Oktober 1880, »das Ende des Jahrhunderts wird sich in einer Erschütterung kundtun, wie noch nie zuvor.« Er ahnt, daß der »gesunde Teil des russischen Volkes« sich nicht rühren wird, und dieser ist »unzählbar groß«. Aber in hundert Jahren wird Christus siegen, wird sich die Welt erneuern am russichen Denken, das russische Rechtgläubigkeit ist.
Die Erfüllung dieser Prophetie scheint heute ferner zu sein als am Tage, da sie ausgesprochen wurde. Dostojewski hat offenbar die kommende Technisierung Rußlands und deren Wirkung auf das russische Volk nicht in ihrer ganzen Bedeutung gesehen. Sie scheint zu einer umwandelnden Sinngebung zu werden. Wohl hat Dostojewski von den »gußeisernen Ideen«

der russischen Intelligenz gesprochen. Aber hier geht es um einen nicht zu verzögernden Prozeß, dem eine jede Regierung sich hätte fügen müssen. Wir konnten angesichts der Schrecken und Verbrechen der russischen Revolution von »Dämonen über Rußland« sprechen. Drückt dieses Wort noch aus, was vor unseren Augen geschieht? Ich meine das Ganze des Vorgangs? Das träfe nur zu, wenn wir die Technik selber als dämonisch, das heißt als Auswirkung satanischer Macht, bezeichnen wollten. Ich lasse das offen; ein solches Urteil würde mit seiner ganzen Wucht auf den Westen, den Ursprung der Technik, zurückfallen. In einer altrussischen Unterweisung heißt es: »Gottwidrig vor Gott ist ein jeder Mensch, der die Geometrie liebt«; es seien Sünden der Seele, Astronomie und griechische Bücher zu studieren: statt ihrer rühmt sich der alte Schriftsteller der »Vernunft Christi«. Hier blickt Rußland ins Antlitz Rußlands in ehernem Schweigen.

Die Welt, die ich zu schildern suchte, ruht auf dieser Unterscheidung und Gegenüberstellung. Aber beide sind unhaltbar geworden. Wir können als Christen die Geometrie nicht mehr verwerfen. Als Iwan der Schreckliche deutsche Handwerker und Lehrer für sein Land sammeln ließ, wurden sie in Lübeck aus Furcht vor dem sich modernisierenden Rußland nicht durchgelassen; ihre Nachfahren sind längst am Werk. Es sind die Russen selbst, mehr, es ist der Geist der Geschichte. Einstein war für Lenin eine verdächtige Erscheinung, weil er weltfromm gewesen ist. Aber Einsteins Erkenntnisse waren und sind stärker als er selbst.

Ich weiß nicht, ob Dostojewski sein Volk noch erkennen würde – vielleicht, mit seinem liebeglühenden Blick für die Verborgenen, für das verschwiegene Leiden um den gestorbenen Gott, um Christus im Grab. Oder würde ihn die Sehnsucht nach der Osternacht verführen, zu sehen, was nicht ist? Aber er war auch imstande zu glauben, daß es »endgültig aus sein« könnte mit der religiösen Sendung Rußlands und damit, von ihm aus gesehen, mit dem Heil der Welt. Gewiß ist das eine:

er würde sich der Schuldgemeinschaft nicht entziehen, die den Gläubigen mit den Nichtglaubenden und alle Völker miteinander verbindet. Er würde nicht ablassen von seinem Gebet: »Errette alle, Herr, für die niemand da ist, um zu beten.« Das heißt auch alle, unter denen das Gebet erstorben ist, weil der Glaube erlosch. Der Verlust des Glaubens an Unsterblichkeit sei die Ursache des Selbstmordes, meinte Dostojewski; darum hörte er nicht auf, für die Selbstmörder zu beten – wie für die Verbrecher in den Gefängnissen. Ob die Menschheit nicht zu einem solchen Selbstmörder wird? Der sich im Gebet für alle verwandelnde Mensch, das ist der Allmensch in Dostojewskis Sinn. Heute müßte, würde er beten für alle, die nicht mehr verzweifeln können. Denn die Tragik ist im technischen Staate aufgehoben, die Probleme sind gelöst: es reicht keine Frage mehr über die Erde hinaus, das heißt: es ist die Erde nicht mehr, auf der Gott im Fleische das Kreuz erlitten hat. Der Mensch ist zeitlich geworden und will nichts anderes sein. Er kann erfüllt werden, hier auf der Erde. Seine Frage verstummt. Tabor leuchtet nicht mehr.

Die bisherige vorrevolutionäre Geschichte Rußlands ist wohl in höherem Grade als die anderer Völker eine verborgene Geschichte gewesen; die Geschichte der Macht, der Kriege, Staatsumwälzungen, und die Seelengeschichte des Volkes verlaufen wie weit voneinander getrennte Ströme, wie Dnjepr und Wolga, zum selben Ziel. Zu oft wurde das Volk von Fremden beherrscht, seien es nun Waräger oder Tataren, baltische Günstlinge, deutsche Fürsten oder Philosophen, die zwar die Fürsten abgelöst haben, aber gefährlicher sind, Theoretiker, als sie. Niemand kann beweisen, daß das Kreuz im Osten wirklich gefallen ist. Der Vollzug der Liturgie in einigen wenigen Kirchen bedeutet in diesem Geschichtsraum unsagbar viel, der großartige Gottesdienst in der roten Kathedrale von Helsinki, auf hoher Warte, über den Buchten, nahe der Grenze, unermeßliches. Und es gibt keinen Geschichtsschreiber des Gebets. Alles ist offen. Könnte es nicht sein, daß

dieses rätselvolle Antlitz Rußlands uns zu einem Christentum herausfordern soll, wie wir es noch nicht gelebt haben: ein Christentum um seiner selbst willen, Anwesenheit des Feuers, ein unpragmatisches Christentum? Wir sind an der Stelle, wo der Christ nur noch überzeugt, wenn er das Heil seines Feindes will. Als der heilige Serafim von Sarow auf dem Sterbebette lag, sagte er mit »in die andere Welt gerichteten Augen«: »Wenn ich gestorben bin, kommt zu meinem kleinen Grab! Kommt nur, wenn ihr Zeit habt, und je öfter, desto besser. Alles, was euch auf der Seele lastet, wenn es euch nicht gut geht oder ihr etwas habt, das euch betrübt – kommt zu mir und bringt euern Kummer mit an mein kleines Grab.« [Smolitsch, Leben und Lehre der Starzen.]
Wie sollten wir zweifeln am Wort des Heiligen, daran, daß er lebt, an seiner Unsterblichkeit? Aber die Frage ist: Kommt noch jemand an sein Grab, ein bekümmertes Weib, ein alter Bauer, der sich in der Welt nicht zurechtfindet, einer der heiligen Toren, ein Fragender? Es kann eine Frage der Geschichte sein, ob das Volk, ob ein einziger aus dem Volk und für alle noch an das Grab des Starzen kommt. Denn dieses Grab könnte die Stellvertretung sein des Grabes Josefs von Arimathäa. Als der Haß über die Bischöfe und Mönche der orthodoxen Kirche hereinbrach, verkündete ein an das Eismeer verbannter Patriarch: die Zukunft der russischen Kirche werde glorreich sein. Gefangene haben das Kreuz erlitten in Rußland und erleiden es noch; einzelne haben es gefunden, im Volke, mit ihm, aber selten im bekenntnishaften Sinne. Denn das Kreuz ist verhüllt. Und russische Gefangene haben es in Deutschland erlitten, ohne es zu wollen und zu verstehen. Und das deutsche Volk hat es erlitten wie die Russen, als die Tataren kamen, das Kreuz auf den Köpfen, an das sie nicht glaubten. Und das russische Volk hat es erlitten, als die Deutschen kamen mit dem falschen Kreuz. Das Kreuz ist da, aber verhüllt; wieder errichtet worden, aber verhüllt – und niemand kann sagen, ob es noch einmal enthüllt werden wird.

Aber der Heilige, der Stellvertreter, der letzte Mittler? Kann er noch erscheinen in den Formen, von denen ich gesprochen habe? Das Mönchstum war die Lebenskraft der Kirche in Rußland; ihm entstammen fast alle ihre Lehrer. Ist es denkbar, daß es wieder ersteht? Ist es unmöglich geworden auch als Sühne, Buße, Stellvertretung? Trägt der russische Heilige ein ganz anderes Gewand, ein anderes Antlitz? Er ist die entscheidende Gestalt: kein Staatsmann, kein Feldherr, kein Erfinder und Philosoph tritt an die ihm aufbehaltene Stelle. Aber wer wagt zu sagen, daß er da ist? Wer, daß er fehlt? Wieder liegt Christus im Grabe, aber nicht in einem Grab aus Fels oder russischer Erde, sondern aus Stahl und Beton. Hier liegt er – und wartet.

KAISER LOTHARS KRONE

> *Er was wol des rîches hêrre,*
> *Bî im was der vride guot.*
> *Diu erde wol ir wuocher truoch.*
> *Er minnet alle gotelîche lêre*
> *Unt behielt ouch werltlich êre.*
>
> *[Kaiserchronik]*

Eh der Kaiser zu Würzburg die Fürsten zur Heerfahrt versammelte [1136], hatte er noch einmal das Land seiner Väter besucht. Im hohen Sommer war er von Goslar auf die Güter seines Geschlechtes hinüber geritten; Friede lag über dem fruchtschweren Land, dessen stilles Hügelgewelle der Harz beschirmte; und wo Kaiser und Kaiserin vorüberkamen, ehrte und segnete sie das Volk als die Bringer und Erhalter des Friedens. Wohl waren die Sachsen stolz auf den Kriegsruhm ihres Herrn, der die glänzenden Zeiten der Sachsenkaiser wieder gebracht und gezeigt hatte, daß in dem Jahrhundert fränkischer Herrschaft sich die Tapferkeit, aber auch der Edelsinn des alten Stamms unvermindert erhalten hatten; sie meinten, daß ihr Herr den größten Kriegshelden zu vergleichen sei, von denen Geschichte und Sage erzählen. Cäsar, erklärten die gelehrten Mönche, sei kein besserer Feldherr gewesen, und um wie vieles überrage ihr Kaiser den Gewaltherrn der Heiden durch seinen frommen Sinn!

Denn daß der Friede sich in die Herzen senkte unter Lothars Krone, schien allen das Größte zu sein in diesen Jahren; und nach langer Zeit, wenn der Kaiser und das Reich, nach dem er trachtete, wieder Schatten wären, sollten sie sich daran erinnern, daß einmal Friede war, als der Supplinburger herrschte, und daß das Reich einmal Wirklichkeit gewesen. Die Kaufleute zogen sicher ihrer Straße zu den großen Strömen, die Männer und Wagen weitertrugen; sie waren wohl versehen mit Schutzbriefen des Kaisers. Lothar hatte denen, die zu Quedlinburg unter dem Kloster der Sachsenkaiser Markt hielten, dieselben Rechte verliehen wie den in Magdeburg und Goslar Ansässigen. Wie sie priesen auch die Mönche den Herrscher, der streng war, aber allenthalben nach den alten Rechten forschte und diese wieder einsetzte; er hatte die pflichtvergessenen Nonnen aus dem Kloster Homburg an der Unstrut verjagt und Benediktiner dorthin gesandt, damit sie beteten und Zucht übten neben dem Schlachtfeld, auf dem sein Vater, Graf Gebhard von Supplinburg, gegen Kaiser Heinrich IV. gefallen war. Wenn der Kaiser Schenkungen machte und Streit schlichtete, ließ er nach Dokumenten Ottos I. und seines Sohnes suchen, auf die er sich stützen könnte; was damals Recht gewesen, sollte wieder Recht sein. Auf den Schlachtfeldern, wo die Empörer einst stritten, wurde gebetet; Schlimmes hatte sich zum Guten gewendet, so wie der Acker, der Blut getrunken, unter dem Segen des Himmels üppig trägt. Empörer, die Staufen und ihre Gefolgsleute, dienten dem Recht, das sich einen Rechtsverletzer zum Schirmherrn erwählt und ihn dadurch erhoben und bezwungen hatte. So schien manches vergolten und gesühnt zu sein durch Not und

Mühsal, die der Schuld entkeimen, und den gottesfürchtigen Sinn, der diese Last begreift und trägt; Segen folgte dem kaiserlichen Zug, während er sich gelassen den Hang des Elmwaldes hinaufbewegte, an dem herabeilenden klaren Wasser hin, bis zu dem Dorf Lutter und dem Bauplatz vor dem Wald. Dort war der Umriß des werdenden Gotteshauses schon sichtbar; die Grundmauern eines langgestreckten Kreuzes aus breitem Längsarm und gedrungenem Querarm wuchsen aus dem Fundament empor. Schwerstes Mauerwerk war im Westen aufgeschichtet; es sollte zu beiden Seiten des schmalen Portals die doppeltürmige Front tragen. Auch der Standort der Pfeiler war schon bezeichnet, der vier gewaltigen, die den Vierungsturm emporstemmen sollten, und die von diesen ausgehenden zwei Pfeilerreihen des Langhauses. Aus dem Elmwald, wo die Bauleute auf schönen Felsen gestoßen waren, knarrten die Steinkarren heran, während Meißel und Hämmer klirrten und sangen, die Arbeitsmänner keuchten und weiter draußen im Umkreis der Baustätte die weißgekleideten Mönche auf den Feldern arbeiteten über dem sommerlichen Land.

Der Kaiser, der begleitet von der Gattin, dem Werkmeister und dem Abt, die werdende Halle durchschritt, mochte daran denken, daß hier einst seine Vorfahren, die Grafen von Neuhaldensleben, gesessen, die das erste Kloster gestiftet hatten. Der ehrwürdige Boden der Väter war längst schon zum geweihten Boden geworden. Drunten, fern unter dem Wald, schimmerten zwischen den Äckern die Mauern der Supplinburg, von der Lothar in frühen Jahren ausgeritten war, um fast wider seinen Willen an die Grenzen des Reiches zu gelangen und endlich zu den heiligen Stätten in dessen Mitte. Der Weg hatte ihn in weiten Schleifen zurückgebracht, er würde ihn noch einmal fortziehen in fernstes Land, aber nun als einen vom Alter gedelten Mann, der das Schwert wohl erheben mag, um in Milde zu richten, aber nicht, um Blut zu vergießen; und er würde ihn endlich für immer heimkehren lassen, hierher in sein irdisches und himmlisches Erbteil.

Lange verweilte der Stifter vor dem Gruftgewölbe, das die Bauleute in der Mitte des Längsschiffes zwischen den vorletzten Pfeilerpaaren vor der Vierung ausmauerten; er beugte sich im Gebet um eine gute Heimkehr, eine gesegnete ewige Ruhe in dem Grab, das ihn hier in der Heimat erwarten sollte wie eine von den Vätern vererbte Lagerstatt. Er betete auch für die Seelen aller, die neben ihn als den ersten Schläfer gebettet würden; die ihm die Nächsten waren nach dem Blut und nach dem Auftrag, sollten auch die Ruhestätte mit ihm teilen. Ein hartes Leben mochte abrollen, bis die Gruft wieder geöffnet würde, nachdem sie den Stifter empfangen, und aller Stolz und alle Not des Reiches konnten darin beschlossen sein. Aber dem Schläfer würde diese Zeit vorüberwehen wie der Flug der Dohle über dem Dachfirst; er würde warten in Geduld auf die Heimkehr der Seinen und auf den letzten Tag, da sie alle im Flammenschein des Gerichts einander wieder in die Augen blicken würden. Ob dann das Reich sich endlich wandeln würde in ein himmlisches Reich, nachdem seine viel umkämpfte Krone eines jeden Geschlechtes rechten Mann geziert; nachdem es kraft des Heiligen, das in ihm beschlossen war, in einem jeden Geschlecht alle jene geschützt, die ernsten Willens sich heiligen wollten? Denn ein heiliges Reich vermochte es nicht zu werden, da es auf Menschen stand, in denen Satan sich ewig aufreckt wider Gott; wie aber vom Domturm das Kreuz niederblitzt auf das Land, so sollte von der Spitze des Reiches die Botschaft niederleuchten, die niemals alle, aber den und jenen unwiderstehlich ergreift und an der alle, die Ergriffenen wie die Kalten und Abtrünnigen, gerichtet werden. Dann müßte es auch offenbar werden, daß das Volk von denen lebte, die sich im verborgenen Dasein und Wandel oder im verborgenen Innern zu heiligen vermochten; daß unter den Gerühmten oder den Vergessenen die Gefolgschaft Christi das Amulett vererbte, das dieses Volkes Leben schützt, und diese Gefolgschaft allein ihm zur Rechtfertigung dient vor Gott. Ihrer aller geheimes Erkennungszeichen mußte das

Opfer sein; und das Opfer ward auch von dem Kaiser verlangt, der sich erhob vom Gebet an seiner Gruft, in dem unfertigen Dom, um noch einmal über die Alpen zu schreiten und in der Glut des Südens und an der Grenze der ihm zugemessenen Zeit die Ordnung der Welt zu befestigen.

Das gewaltige Heer, an dessen Spitze Kaiser und Kaiserin in der Schar der Fürsten zogen, ergoß sich durch das Tal der Etsch, auf dem schon einmal von Lothar beschrittenen Weg. Angesichts Trients stockte die Vorhut, so daß der Heerzug sich im Flußtal staute. Die Etschbrücke war abgebrochen, und auf dem andern Ufer höhnten Bewaffnete die Italienfahrer, aber die Reiter suchten am Ufer nach einer Furt, fanden sie, warfen sich in den Strom und trieben die Feinde auseinander, eh diese noch ihre Waffen recht zu gebrauchen wagten. Über die neugebaute Brücke wälzte das Heer sich weiter, dem Strom folgend; Waffen blitzten auf der steilen Felsenhöhe der Veroneser Klause, bald sausten Geschosse nieder, und die Verteidiger des Passes packten die vom Tal beengten deutschen Reiter an, doch auch dieses Mal brach die Wucht der aus dem Gebirge herabströmenden Heereskraft den Widerstand. Verona, das dem Kaiser auf seinem letzten Zug die Tore verschlossen hatte, konnte sie nun nicht weit genug öffnen, und die Bürger überboten einander mit Ehrenerweisungen; italienische Große beeilten sich, dem Schirmherrn der Christenheit ihre Dienstwilligkeit zu beteuern, auch die Wächter der Burg Garda zeigten ihre Unterwerfung an. Neben Lothar ritt Heinrich der Stolze, in den Augen der meisten der künftige Herr, dessen Herrschaft der greise Kaiser vorbereitete; und um ein klares Zeichen seiner Absicht zu geben, belehnte Lothar seinen Eidam mit der eben gewonnenen Burg.

Die lombardische Ebene lag ausgebreitet vor dem Heer, wohl versehen mit gefüllten Scheuern, beschwert mit reichen wehrhaften Städten und bekränzt mit reifen Trauben; hier hatte der Abt von Clairvaux, den die Unruhe der Welt wieder aus seiner Zelle gerissen, des Kaisers Weg gebahnt, indem er dem

Papst Innozenz half, den anakletischen Erzbischof Anselm von Mailand, den hartnäckigen Widersacher und Verteidiger mailändischer Vorrechte, seines Amtes zu entheben. Der Erzbischof, der einst den Gegenkönig Konrad in Monza gekrönt, hatte sich vor seinen Gegnern schon auf seine Burgen geflüchtet; in Pisa wurden dem Abwesenden seine Würden abgesprochen, dann reiste Bernhard in die einstmals rebellische Stadt. Die Macht seines Namens, seine wachsende Nähe trieb das Volk aus den Toren und dem Gefeierten entgegen; Adlige auf schnellen Pferden überholten die eilenden Bürger und wallenden Geistlichen. Wohl hatten die Vertreter Mailands in Pisa die uralte Würde der ambrosianischen Kirche, die der widersetzliche Erzbischof Anselm im Bunde mit dem Gegenpapst zu behaupten gesucht, zu Füßen des Papstes Innozenz niedergelegt; aber die Bürger schienen in der Freude über ihren hochberühmten Gast die Sonderrechte ihrer Stadt vergessen zu haben. Sie beugten erschüttert die Knie vor dem schmächtigen, abgezehrten Mann, in dessen Augen der Schimmer der unstillbaren himmlischen Traurigkeit stand; sie suchten seine Füße zu küssen, einen Zipfel seines Gewandes zu berühren oder gar einen Faden des groben Tuches zu erhaschen, um mit diesem die ersehnte ewige Gnade ein wenig fester an ihr sündiges Leben zu knüpfen. Er erhob die segnende, bannende Hand über Besessenen, und sie wurden stumm; Kranke dürsteten nach einem Blick seiner geistesgewaltigen Augen und fühlten sich, sobald er sie getroffen, wunderbar gestärkt und belebt; wie die bösen Geister und selbst die Tiere, fügten sich die Menschen seinem Willen. Als der Abt von der ewigen Ordnung der Christenheit sprach, die Papst und Kaiser hüteten als Stellvertreter des Herrn, von der notwendigen Einheit der Gläubigen, die sich auf den letzten Konzilien und in der Unterwerfung der Aufrührer schon herrlich bewährt habe, schworen die Mailänder Anaklet ab, bekannten sie sich zu Papst Innozenz und Kaiser Lothar, und bald bekräftigten sie ihren Eid im Dom vor dem Altar, an dem der Heilige das

Meßopfer darbrachte zum Dank für die Versöhnung der Stadt mit dem rechtmäßigen Oberherrn. Schwer nur erwehrte der Abt sich der ihm angetragenen Erzbischofswürde der bekehrten Stadt; wie wenig die Welt ihn entbehren wollte, wie wenig er sich dem Rufe der Welt entziehen konnte, so vergaß er doch die karge Zelle unter dem Dach seines Klosters im lichten Tal nicht: dorthin zog ihn sein Herz, in die vollkommene Stille und in die reine Gemeinschaft der Brüder. Und während die Geschäfte der in ihrer Unrast nicht heilbaren Welt ihn wieder forttrieben aus Mailand nach Cremona und Pavia, wo er sich mühen sollte in demselben Dienst, wenn auch nicht um denselben Lohn zu finden, wurde die Sehnsucht nach jener Stille und Gemeinschaft, nach den demütigen innigen Gesichtern der Novizen schmerzhafter und brennender: die Sehnsucht dessen, den die Welt nicht entläßt aus ihrem Dienst; der mit dem einen Teil seines Lebens berufen ist, in ihr zu wirken und mit dem andern Teil, dem Geheimnis seiner Kraft, ihr niemals angehört.

Der Heilige hatte der Kaiserin die Unterwerfung der mächtigsten Stadt Norditaliens gemeldet und sie gebeten, bei ihrem Gemahl ein gutes Wort für die Reumütigen einzulegen; ungehindert flutete das Heer, verstärkt durch die ihm zuströmenden Lombarden, durch die Ebene gegen den Po. Herzog Heinrich führte den Sturm auf die Burg von Guastalla und erhielt dafür die Stadt zum Lohn als Lehen; Gesandte der stolzen Republik Venedig, Reggios und Bolognas erschienen vor dem Kaiser; die Mailänder klagten vor ihm gegen Cremona, das mailändische Gefangene zurückbehielt, aber die Gesandten der beschuldigten Stadt weigerten sich auch jetzt, die Gefangenen frei zu lassen. So machte sich der Kaiser zum Krieg bereit; doch wußte er wohl, daß das Schwert stumpf wird, das nicht dem Recht dient, und es schien ihm angemessen, die Obhut über das Recht in Frauenhände zu legen, die wohl zaghafter sind als die Hände des Mannes, aber auch besser zu hüten und zu erhalten wissen. Er sandte Richenza nach Reggio, damit sie dort Reichsgeschäfte verwalte, und gab ihr den vielerfahrenen Bischof Anselm von Havelberg als Berater mit. Dann gingen die Heereswogen über die Weinberge und Kastelle der Cremonesen hinweg; auf den Ronkalischen Feldern unter den trotzigen Mauern Piacenzas, wohin die Kaiser die Herren des italischen Reiches zu laden pflegten, hatte sich die Streitmacht der Mailänder wie in einem Becken gesammelt, als sei der Po aus seinen Ufern getreten, um weithin das Land zu überschwemmen. Lothar pflanzte unter ihnen sein Banner auf und empfing die huldigenden Großen, deren viele ihn um Recht und Urteil angingen. Robert von Capua, den der Normanne aus seinem Fürstentum vertrieben hatte, grüßte den Kaiser als nahenden Befreier Apuliens. Wie seine Vorgänger sprach der Kaiser Recht, er ließ ein Gesetz verkünden, das den kleinen Vasallen verbot, ihre Lehen zu verpfänden; so hoffte er für die Zukunft den Heerbann zu verstärken. Dann wurden die Zelte abgebrochen, und die Streitmacht wälzte sich das Flußtal hinauf, die feindlichen Burgen und Städte wie Felsen umspülend und endlich niederreißend oder die noch immer widerstehenden Festungen umzingelnd. Konrad der Staufer fiel mit solchem Grimme über die kecken Krieger Pavias her, daß die Geistlichkeit der Stadt aus den Toren schritt und den Kaiser, der niemals lieber Milde übte als jetzt, am siegbeglänzten Abend seines langen Tags, zur Großmut bewegte; über Vercelli verbreitete sich das Heer bis nach Turin, dessen Grafen, der Stadt und Burgen sicher glaubte unter dem Schutze der winterlichen Alpen, eines Besseren belehrend; dann wendete sich der Zug und strömte durch das Flußtal zurück, nun auch die Mauern Piacenzas erschütternd und willigen Einlaß findend in Parma.

Das Heer verweilte in der Ebene vor dem Apennin, während der Winter hinzog über das Gebirge; und wie auf seinem früheren Zug feierte der Kaiser auch dieses Mal das Weihnachtsfest in der bescheidenen Kirche eines kleinen Ortes in der Gegend von Piacenza; auf die Bitte der Gattin, die ihn fortan wieder begleitete, versprach er dem Bischof von Reggio seinen Schutz. Dann, gegen Ende Januars, taute der Heerstrom wieder auf und rauschte südostwärts unter dem wild bewegten Gebirge hin durch Modena gegen Bologna, dessen Türme, wie ein Bündel Speere, feindlich gen Himmel starrten; ein tückischer Priester bewachte mit gespanntem Bogen den steilen Aufgang zu einer Burg der Stadt so scharf, daß einige unter des Kaisers Leuten ihr Leben lassen mußten. Doch der Verteidiger erlitt einen grausamen Tod unter Rosseshufen; während die Flammen aus den Dächern schlugen, schleuderten die Deutschen die Burgmannschaft von den Felsen in die Tiefe; nun ergab sich auch Bologna. Der Sieger schlichtete einen Streit zwischen den Städten Bologna und Faenza; bei Imola, hart vor dem Gebirge, teilte sich das Heer. Heinrich der Stolze erstieg mit dreitausend Rittern den Apennin, um Toskana endlich zu bezwingen; der Erbe sollte sich durch eigene Kraft Ansehen verschaffen in der ihm zugedachten Markgrafschaft. Der Kaiser wählte die Straße an der Küste der Adria. Erst im Süden Italiens, vor den Burgen Rogers, sollten die Heeresarme sich wieder vereinen, um dessen Thron endgültig zu stürzen und damit auch den Gegenpapst, der allein noch auf des Normannen Macht stand; dorthin sollte auch der Welfe den ihn erwartenden Papst Innozenz führen.

Harte Arbeit fand der Kaiser erst vor den Mauern Anconas, wo die Vorhut unter dem Erzbischof Konrad von Magdeburg und dem Markgrafen Konrad von Wettin sich der auf sie einstürmenden Feinde mit zäher Mühe erwehrte, bis Lothar eilig das Hauptheer in den Kampf warf. Über das leichenübersäte Feld flüchteten die Anconer in ihre Stadt zurück, während die verbündeten Flotten Venedigs und Ravennas den Hafen schlossen; den Belagerten blieb keine Wahl, sie ergaben sich und stellten dem Sieger hundert schwer befrachtete Schiffe, die an der Küste das vorrückende Heer begleiteten. So fielen Stadt um Stadt, Burg um Burg, und wenn auch mancher in elender Herberge krank oder verwundet den Weiterziehenden nachblickte wie dem Leben, das in Dunst und Glanz vor den fiebrigen Augen verschwamm, so schwoll doch die Heereskraft an im Weiterströmen: aus jeder Burg und Stadt rann ihr ein Bächlein zu, mochten sich nun italienische Krieger zu den Deutschen und Böhmen gesellen, oder mochte der Schatzmeister den abgeforderten Tribut in der Kriegstruhe bergen. Adlige huldigten dem vorüberkommenden Sieger, Mönche ehrten ihn und baten ihn um seine Schirmherrschaft, und es fehlte auch nicht an solchem Zuzug, als der Kaiser sein Heer über den Tronto geführt und Rogers angemaßtes Königreich betreten hatte. Die herbeieilenden Herren klagten über die Gewaltherrschaft des Normannen, die Bürger über die hartherzigen Vögte, die Roger ihnen auf den Hals geschickt; sie alle schienen bereit, sich zu empören und lieber vor der geheiligten Würde des Kaisers zu beugen als vor dem Machtgebot des Tyrannen, dessen neu erbaute Türme auf Städte und Straßen herrschsüchtig niederstarrten. Wo aber der normannische Vogt den ihm erteilten Befehl mißachtete, wie der Vogt des Kastells Pagano, das den Zugang zum hohen Monte Gargano im Sporn des italienischen Stiefels sperren sollte, erwartete ihn eine furchtbare Strafe: Roger ließ den Flüchtling, der auf seine Gnade vertraut hatte, blenden. Indessen schloß der Staufer den Monte Gargano ein, bis der Kaiser heranrückte, der schon mit dem ungewohnten Anblick seiner Heeresmacht die Feinde schreckte; Lothar eroberte den Berg des Erzengels, der ihm vielleicht als Festung nicht so kostbar erschien, denn als Ort des Gebets. Vom bezwungenen Kastell schritt der Sieger in das hoch über dem Meer schwebende Kloster des heiligen Michael hinüber, und vor der Erzstatue des viel verehrten Schlachtenengels der Deutschen, vor der einst der junge Otto III. und der fromme letzte Sachsenkaiser Heinrich II. gekniet, verweilte der greise Nachfahre lange im Gebet.

Das Ende des apulischen Normannenreiches schien gekommen. Zwar berichteten die über das Gebirge hin und wider eilenden Boten, daß der Welfe, nachdem er Toskana durch-

KAISER LOTHAR 81

zogen, in Grosseto am Ombrone sich mit dem Papst vereinigt und dann den Weg durch die Küstenstädte, durch Latium im Rücken Roms und das Kampanische Gebirge sich erzwungen, vor dem Kloster Montecassino festgehalten werde; aber des Kaisers Heer wälzte sich über alle Städte und Burghügel an der Küste der Adria hinweg. Die Bewohner eigensinniger kleiner Orte, die sich erkühnten, an günstigen Stellen deutschen Kriegern aufzulauern, wurden gefangengenommen und in furchtbarer Verstümmelung in ihre Häuser zurückgeschickt. Der Sieger glaubte, die entsetzliche, schreckende Sprache entstellter Gesichter unter diesem Volk nicht entbehren zu können. Nach einem vielfach erhärteten Gesetz wurde der Krieg um so grausamer, je heißer die Sonne auf Haupt und Rüstung brannte. Die Bewohner Tranis berannten die verhaßte Normannenburg, sobald des Kaisers Heer sich nahte; und als Rogers Flotte Proviant und Mannschaft in die bedrängte Festung werfen wollte, flügelten die Schiffe adriatischer Seestädte mit kühn gespannten Segeln und fliegenden Ruderpaaren heran, um acht Schiffe in den Grund zu bohren und die übrigen weit in das Meer hinaus zu scheuchen und zu verstreuen.
Auf dem Weg nach Bari, wo Papst und Welfe eintreffen sollten, trug das am Meer hinziehende Heer des Siegers einen erlauchten Toten mit; der Erzbischof Bruno von Köln, ein strenger und gelehrter Mann, war in Trani gestorben und sollte im Dom zu Bari bestattet werden. So mischten sich Siegesjubel und Totenklage, als der Kaiser durch das Tor der reichen Seestadt ritt, deren Hafen von fremden bunten Schiffen wimmelte und in deren Gassen dunkelfarbige Seeleute aus allen Hafenstädten des Orients den kriegsmächtigen Herrn der Christenheit bestaunten. Schon hatten die Bürger die gewaltige Normannenburg umzingelt, die Stadt und Land in Knechtschaft hielt. Boten berichteten vom Nahen des Heiligen Vaters und des Welfen, und bald sollten die Freude über die Vereinigung der beiden durch keinen Widerstand zurückgehaltenen Heeresströme, die Weihe des Pfingsttages und die

Andacht an der Bahre des Kirchenfürsten vor dem Krieg zu ihrem Recht kommen. Im Dom des heiligen Nikolaus kniete der Welfe neben dem Kaiser, während Papst Innozenz opferte am Tische des Herrn; die Fürsten- und Kriegerschar, die Bischöfe und das geistliche Geleit des Heiligen Vaters füllten die Halle, und auch Hugo, der Dekan des Kölner Stiftes, der dem Entschlafenen auf dem Kölner Erzstuhl folgen sollte nach des Kaisers Willen – und freilich nach eines Höheren Willen jenem rasch nachfolgen sollte ins Grab –, war unter den Betern. Draußen harrte das Volk, das keinen Platz im Dom gefunden hatte. Da senkte sich vor den Augen der dem Gesang lauschenden Menge eine goldene Krone vom Himmel über den Dom herab, ein Weihrauchgefäß begann im wallenden Rauch unter ihr zu schweben, und über ihr hielt sich eine Taube mit stillen Flügeln in der Luft; Kerzen erschienen zu beiden Seiten und hüllten das tiefsinnige Bild in magischen Schein. Und die Andächtigen verstanden es wohl: nun ruhte die Krone wieder inmitten irdischen Seins, gesegnet und geleitet vom Heiligen Geiste, umwallt von Frömmigkeit und erleuchtet von Weisheit. Kirche und Reich waren versöhnt und Gottes Wille erfüllt. Als Papst und Kaiser den Dom verließen im Glanz der wunderbaren Stunde, schien das finstere Reich vernichtet, das auf der falschen Hoheit des geldmächtigen Gegenpapstes und des von ihm bestellten Eroberkönigs errichtet ward; die heiligen Zeichen, die oft genug auf den Bannern einander feindlicher Heerscharen geleuchtet, hatten sich in schwebender Ordnung vereinigt. Und nur wenige mochten es mit schmerzhafter Klarheit fühlen, daß ein solches Traumbild sich nur enthüllt über den Trümmern irdischen Strebens, um dessen verborgenen Sinn ein einziges Mal sichtbar zu machen und sein Scheitern zu verklären mit dem Licht des unerreichbaren Zieles; denn wer könnte diese Trümmer wert halten, wenn er die Wölbung des Bogens nicht aus ihnen ablesen könnte, zu dem sie dienen sollten? Und wenige auch ahnten es vielleicht, daß diese Stunde sich nur erfüllen konnte, weil der eine unter den Statthaltern der Christenheit nur noch wie ein Gast der Erde angehörte; ein Schimmer der in den Lüften erschienenen jenseitigen Krone umspielte das weiße Haupt des Kaisers.

Bald wuchteten die Belagerungsmaschinen gegen die aufdröhnenden Mauern des Kastells, die so fest widerstanden wie die Besatzung; erst als die Angreifer unter dem Schutz einer Schanze sich in die Erde wühlten, die Mauern unterhöhlten und sie im Bund mit dem Feuer zu Fall brachten, erlag das stärkste Bollwerk Rogers an der apulischen Küste. Den bezwungenen Turm zierten die Sieger mit den gefangenen Sarazenen, die sie dort, hoch über dem Meer, in vielhundertköpfigem Kranz aufhängten. In Angst und Schrecken hetzten alle Küstenstädte bis hinauf nach Tarent ihre Boten nach Bari, um ihre Unterwerfung anzuzeigen. Rogers Gesandte boten dem Kaiser Geld und ihres Herrn Verzicht auf Apulien zugunsten eines seiner Söhne für den erflehten Frieden. Aber Lothar war nicht ausgezogen um Apuliens willen, sondern um den Thron des Gegenpapstes zu stürzen, der sich auf der sizilischen Macht erhob, und um in der wiedergeordneten Welt das Ansehen des Reiches zu erneuern; so wies er den Vorschlag ab, entschlossen, auch die letzte Stadt des Festlandes zu bezwingen und, wenn es ihm vergönnt wäre, nach Sizilien überzusetzen. Vergeblich beteuerten die Gesandten die Bereitschaft ihres Herrn, einen seiner Söhne als Geisel zu stellen: solange der Normanne und Fürsten seines Blutes noch auf einem Felsen Italiens horsteten, würde dort kein Friede sein; es war ihr Gesetz, umherzuschweifen und das Erbe der Völker, sei es ihnen als Erbe des Geistes oder der Macht verfallen, in ihr Nest zu tragen. Raubvögel, die sie waren von Anfang an, würden sie ihre Flügel wieder spreizen, dienstbar nur dem eigenen ruhelosen Trieb, keiner Würde. Mochten sie für erlaubt halten, was dem Kaiser nicht erlaubt war, und Petri Erbe als Mittel brauchen; es schien dem Sieger nicht kaiserlich, mit dem Feind der Kirche sich zu vertragen und seine oder seiner Söhne Herrschaft anzuerkennen.

Aber wie jene Krone über dem Dom zu Bari, so schwebt auch der Sieg in der Luft, greifbar nahe einen Augenblick im magischen Schein des Glücks, und dann wieder unsichtbar werdend im Taglicht der wandel- und streitsüchtigen Erde. Kaiser und Papst waren wohl Brüder vor dem Altar, sie konnten es nimmer sein vor den Mauern, auf dem Marktplatz oder den Gassen der Stadt, die ebenso unerbittlich nach dem Gebot des einen Herrn verlangt wie das geistliche Reich nach der unangreifbaren Hoheit des einen Hirten. Und wie die Sage zu allen Zeiten sich am besten darauf verstand, die verborgene Glückswende zu erkennen im Zuge eines Schicksals, so ließ sie auch in diesem Augenblick den Kaiser an die Grenzen des Erreichbaren gelangen: er sei, so dichtete sie, von Bari am Meer hin nach dem Kap Otranto geritten, dort habe er seinen Speer in das Meer geschossen.

Im Innern des kaum getanen Werks keimte schon die Zerstörung. Denn als der Kaiser aufbrach, um sein Heer an der Küste zurück nach Trani und von dort westwärts gegen das Gebirge nach Melfi zu führen, konnten der Papst und der Welfe ihren wechselseitigen Groll nicht verbergen. Waren sie doch schon zu Anfang des gemeinsamen Zuges nach der Eroberung Viterbos miteinander in Streit geraten um das der Stadt abgeforderte Sühnegeld, das ein jeder für sich beanspruchte, der Herzog nach dem Kriegsrecht und Innozenz als Herr des Patrimoniums Petri. Der Welfe hatte dann mit härterem Zugriff die Beute an sich gerissen, und er hatte auch im Weiterziehen so manchen Tribut eingeheimst; zu Füßen des von hohem Berg niederschauenden Klosters Montecassino aber, des ehrwürdigsten und stolzesten Klosters der Christenheit, entbrannte ein schlimmerer Zwist. Dort hatten in der Abtwahl die Anhänger Anaklets den Sieg davongetragen über die Anhänger Innozenzens. Rainald, der anakletische Abt, hatte sich mit Kriegsleuten wohl versehen und bot den Deutschen Trotz, die vergeblich die Klosterburg belagerten und dazu noch Entbehrung litten in dem von Rainald mit Absicht verheerten Land. Wohl sandte Innozenz aus dem Kloster San Germano am Fuße des steilen Berges Boten hinauf, die des Abtes Unterwerfung forderten; sie kamen bald mit Schmach zurück. Dem ungeduldigen Welfen ging es um die Heerfahrt, nicht um des Papstes Rechte. Er verhandelte mit dem Abt, bis dieser vor dem Herzog erschien, ihm einen goldenen Becher und eine ansehnliche Summe Silbers reichte und Geiseln stellte; so erkannte Heinrich den Ketzer im Namen des Kaisers an, ohne auf des Papstes Einspruch zu achten, und froh, daß die kaiserliche Fahne hinter ihm auf dem Kloster wehte, als er weiterzog nach Capua.

Aber der Streit war nicht vergessen, nicht einmal entschieden. Wem unterstand das Kloster des heiligen Benedikt, dem Kaiser oder dem Papst? Eine ernstere Sorge noch bedrückte Lothar: mit dem Abt Rainald waren auch die apulischen Barone nach Melfi geladen worden, damit ein neuer Herzog über sie erhoben werde. Wer sollte den Herzog belehnen als sein Oberhaupt? Ein jeder, Kaiser und Papst, betrachtete sich als rechtmäßigen Herrn Apuliens, keiner führte die Urkunden mit, die den andern hätten überzeugen können. Der Abt von Clairvaux schien auf des Kaisers Seite zu neigen: es sei dessen Sache, so meinte er, die Ordnung der Welt wiederherzustellen. – Das Heer murrte über den beschwerlichen Marsch im Dienst des Papstes. War Roger nicht besiegt? Warum kämpften sie noch? Bayern und Sachsen belauerten sich mit bösen Blicken; sie mußten einander ferngehalten werden wie blutgierige Jagdhunde. Einig waren sie nur in der Erbitterung über den langen Krieg, den Papst und den Trierer Erzbischof Albero, der nicht von dessen Seite wich und ihm heimtückische Ratschläge zuzuflüstern schien. Vor den Mauern Melfis gab es blutige Arbeit: der Vortrupp war überfallen worden; nun mußten die Anhänger Rogers, die kühn genug waren, den Deutschen entgegenzurücken, für die erschlagenen Ritter hundertfach büßen. Dann führte der Kaiser das Heer auf die Höhen vor der Stadt ins Lager, aber die furchtbare Glut des

Sommers lastete mit kaum geringerem Gewicht auf den Hügeln als auf den Dächern unten, wo Hugo, der eben erhobene Erzbischof von Köln, am Fieber starb. Um der Pfaffen willen, so hieß es, werde der Kaiser noch nach Sizilien übersetzen. Da kochte die Empörung auf; die Krieger vergaßen irdisches und ewiges Heil und stürmten bewaffnet gegen die Stadt, des Papstes Leben und damit der Heerfahrt ein Ende zu machen. Der greise Kriegsherr sprengte mitten in den aufrührerischen Haufen, so daß dessen Wut über dem Anblick der Majestät in Verzweiflung und Reue umschlug; bald brach das Heer wieder auf, im Lager vor Melfi die Leichen gerichteter Aufrührer der gierigen Sonne und den Raubvögeln überlassend.

So entschwand Sizilien den Blicken des Kaisers, der auf der Flucht vor dem apulischen Sommer noch höher in das Gebirge stieg, in die Gegend von Potenza; um den See von Pesole bauten die erschöpften Männer ihre Zelte auf in der Hoffnung, daß das Wasser sie kühle. Hier erschien der Abt Rainald von Montecassino; aber ein böser Argwohn nistete sich im Herzen des Papstes ein, als Lothar dem Gebannten, der Innozenz den verlangten Treueid noch immer verweigerte, gestattete, das Lager zu betreten, ja, sein Zelt neben dem kaiserlichen aufzuschlagen. Vergeblich breiteten in den folgenden Tagen die geistlichen Gelehrten beider Parteien in Gegenwart des Kaisers und der Kaiserin ihre Gründe aus; der Streit um die Hoheit über das Kloster des heiligen Benedikt wurde nicht entschieden, wenn auch endlich Abt Rainald dem Gegenpapst unter feierlichem Fluch entsagte und Innozenz Gehorsam gelobte. Gesandte des griechischen Kaisers erstiegen das Gebirge und legten dem Besieger des Normannen reiche Geschenke zu Füßen; Boten berichteten von den Siegen der vereinigten Seestädte, namentlich der Pisaner, die Neapel und Ischia besetzt hielten, das vor zwei Jahren grausam verwüstete Amalfi zur Heeresfolge zwangen und nun auch die Höhe von Ravello erklommen, um dort in Blut und Flammen ihren Haß auf die

Nebenbuhler zu sättigen. Schon war ihre und die genuesische Flotte bereit, den Hafen von Salerno zu sperren, schloß der Fürst Robert von Capua mit den verbündeten Neapolitanern die letzte mächtige Stadt des Normannenkönigs von der Landseite in die würgende Fessel; um den Sieg zu sichern, sandte Lothar den Welfen mit italienischen Herren zur ersten Hilfeleistung voraus. Sie schlugen sich in erbittertem Gefecht mit feindlichen Bogenschützen durch eine enge Paßschlucht zum Meer durch; indessen brach der Kaiser sein Lager ab, um vom Gebirge niederzusteigen. Der Kanzler Robert, der Verteidiger Salernos, wagte es nicht, dem Feind zu trotzen, dessen Streitmacht auf der Land- und Seeseite sich um die Stadt zusammenzog, während die hölzernen Belagerungstürme der Pisaner schon über die Mauern emporwuchsen; er bot Friede, und der Kaiser schlug ein, ungeachtet des Grimms seiner Verbündeten, die Feuer in ihre Türme warfen und im Zorn ihre beuteschweren Schiffe rüsteten, um Frieden zu schließen mit König Roger und heimzukehren.

So ward Salerno fast ohne Mühe genommen und der Normanne an allen Orten ins Meer gedrängt; doch wem gehörte der Preis? Der Kaiser vertraute auf Ottos des Großen und Heinrichs III. Südreich, deren Nachfolge er angetreten; der Papst sprach von Schenkungen, die Ludwig der Fromme, Otto der Große und Heinrich II. dem Heiligen Stuhl gemacht. Der Streit wurmte in ihnen fort, als sie aufbrachen nach Benevent; vielleicht bewegt von dem ahnungsvollen Verlangen, einem jenseits der Geschichte lebenden Mann zu begegnen, suchte der Kaiser den portugiesischen Mönch Burdinus im Kloster La Cava auf. Er hatte vor zwanzig Jahren, gestützt auf Heinrichs V. Schwert, sich auf den Stuhl Petri geschwungen und die falsche päpstliche Würde und den angemaßten Namen eines Gregor VIII. längst wieder verloren; nun mochte er dem Kaiser, der einst als Herzog gegen ihn und seine Anhänger gekämpft, ein Wort sagen können von dem ehernen Schweigen, in das alle Geschichte mündet. Endlich einigten sich Kaiser und Papst, um wenigstens dem eroberten Land einen Verteidiger zu bestellen. Angesichts des deutschen Heeres und unter dem lauten Zuruf der Italiener ergriff Lothar das Ende des Fahnenschafts, Innozenz dessen Spitze: so reichten sie gemeinsam die umstrittene Herzogsfahne dem Fürsten Rainulf von Alife. Der neue Herzog war zwei Herren pflichtig geworden, er sollte in dem drohenden Kampf eine Fahne schwingen, an der ein zwiespältiger Anspruch haftete. Mußte der Schaft nicht splittern, den der tapfere Streiter eben empfangen? Die Welt läßt nur Kämpfer bestehen, die in eines einzigen Herren Dienst den Segen eines Höheren tragen; aber Krone und Taube waren längst wieder voneinander geschieden, die Segenshand griff nach dem Schwert, die Schwerteshand sollte ohne Segen sein.

Die Kaiserin betrat unter dem Jubel des Volkes die Stadt Benevent, um in der Kirche des heiligen Bartholomäus zu beten und Opfergaben darzubringen. Bangte sie um die Heimkehr? Dann gab der Papst der Stadt einen ihm ergebenen geistlichen Hirten an Stelle des vertriebenen Erzbischofs Rossemanus, der Anaklets Sache gedient hatte; der Kaiser blieb im Lager vor den Toren. Als darauf der fürstliche Heereszug das weiträumige Tal erreichte, über dem das Kloster des heiligen Benedikt auf gewaltigem Berge thront, schien es, Kaiser und Kaiserin seien auf einer Gnadenfahrt gekommen, nicht um beschwerlicher weltlicher Geschäfte und des fortglimmenden Streites willen. Unten in der kleinen, an den Berg geschmiegten Stadt, die von einem Kastell auf halber Höhe überwacht wurde, betrat Lothar am Fest der Kreuzeserhöhung im Kaiserornat die Kirche, während Richenza zu Fuß als demütige Pilgerin in mehrstündiger Wanderung den Berg des Heiligen erstieg. Bald folgte ihr der Kaiser auf der steilen, weitgeschwungenen Straße nach, indessen der Papst unten in San Germano blieb, nicht willens, den Groll über das abtrünnige Kloster und den bittern Hoheitsstreit zu vergessen. Vergeblich sandte er den Abt von Clairvaux, seinen Kanzler und einstigen Thronerheber Aimerich und den Kardinallegaten Gerhard hinauf: der Kaiser war im Vertrauen auf die Hoheit des Reiches über Montecassino entschlossen, die gegen Abt Rainald erhobenen Beschuldigungen zu prüfen und Recht über ihn zu sprechen. Schon schien die Entscheidung in Lothars Hand zu liegen, als der aufgebrachte Papst die dem Kaiser beistehenden Geistlichen mit Amtsenthebung bedrohte. Sollte die letzte Heerfahrt mit Streit und Flüchen enden? Noch einmal beugte sich Lothar; er billigte den Vertretern des Papstes die Untersuchung des Streites zu, der zugleich geistlicher und weltlicher Natur war und darum beide Gewalten betraf. Nun erklärten die geistlichen Richter Rainalds Wahl für ungültig, und in Gegenwart des Kaisers legte der verurteilte Abt Ring, Stab und Klosterregel auf dem Grab des heiligen Stifters nieder. Aber es war des Kaisers Art, nachzugeben, um standzuhalten; und wie er während seiner ganzen Herrschaft dem Gegner wohl Rechte überließ, aber niemals sein Recht, so setzte er auch jetzt, nachdem er zurückgewichen war, seinen festen Willen für das unveräußerliche Erbe des Reiches ein. Er bestand auf der Wahl Wibalds von Stablo, eines jungen Deutschen, der ihm während der Italienfahrt gute Dienste geleistet und gegen dessen Befähigung und Verdienst auch die Gegner bei allem Unwillen über den fremdländischen Abt keine Gründe vorbringen konnten.

So war der Friede erkauft; er mochte ausreichen für die wenigen Tage der Rast auf dem heiligen Berg, für die wenigen letzten Tage des Lebens, dessen Ende Lothar fühlte; der Kaiser, der mit schwindenden Kräften nach bestem Vermögen sein Reich bestellt hatte, durfte sich hier oben, an geweihtem Ort, als Pilger fühlen. Noch war über der Felsenpforte die Zelle erhalten, in der vor mehr als sechshundert Jahren der heilige Benedikt die Regeln seines Ordens niedergeschrieben hatte; in der bittersten Not und Versuchung der Einsamkeit war der Heilige zu der Form der Gemeinschaft, der Nachfolge und des Gottesdienstes gelangt, die den Völkern tausendfältigen

Segen spenden sollte, indem sie Bekehrer und Beter prägte und unter sie aussandte. Noch zeigten die Mönche in scheuer Ehrfurcht das Fenster, von dem der Stifter Gottes Welt in einem Sonnenstrahl erblickt und ein anderes Mal, kurz vor seinem Tode, gesehen hatte, wie das Unsterbliche seiner geliebten Schwester Scholastika sich in Gestalt einer Taube aus dem Tal in den Himmel schwang. Jenseits der ungeheuern, von wechselnden Lichtern bestrichenen Taltiefe hoben sich die vielgezackten Gebirgswände hintereinander empor. Von der Klostermauer, an der die Trauben reiften, den Zinnen des Kastells am Berghang, dem schon tiefer unter den Ölbäumen und fruchtschweren Rebenhügeln gelegenen steinernen Halbrund, das die Römer hinterlassen hatten, der engen, bunten Stadt und dem stillen gewundenen Fluß bis zum Schneeschimmer fernster Gipfel umfaßte der Blick den Frieden und die Herrlichkeit des Landes, über dem die Beter in unermüdlichem Dienst wohnten.

Dem auf allen Zügen bewahrten Brauch folgend, begann Lothar den Tag mit dem Gedanken an die Verstorbenen und der Fürbitte für sie; wie hätte er bestehen können auf dem ihm von Gott zugewiesenen Platz, ohne eins zu sein mit den Toten, die um vieles mächiger als die Lebenden sind? Sie hatten ihm sein Ziel gewiesen, sein Haus bereitet, Krone und Land vererbt; sie herrschten im geheimen zu allen Zeiten auf der Erde, deren enges Becken überfließt in das Meer des Todes. Nachdem der Kaiser die Messe für die Verstorbenen gehört hatte, wohnte er der Messe für sein unten lagerndes Heer bei, dann der Messe des Tages. Witwen und Waisen warteten vor den Toren des Klosters, und der Kaiser bat, sie vorzulassen. Lothar und Richenza wuschen den Armen die Füße, trockneten sie mit ihren Haaren und küßten sie; dann setzten die Gastgeber selbst ihren Gästen die Speisen vor. Ehe der fromme Herrscher die weltlichen Geschäfte seinen Sinn zerstreuen ließ, hörte er die Klagen der Kirche an. Hier, im Hause des heiligen Benedikt, durfte er sich der Ähnlichkeit des kaiserlichen Gewandes mit dem priesterlichen Gewand freuen; und war er nicht auch darin den Priestern ähnlich – wenn er ihnen auch niemals gleich werden konnte –, daß der Erzbischof ihn schon bei der Krönung zu Aachen als einen Statthalter Christi bezeichnet hatte? Christus durchstrahlt die Welt von ihren obersten bis in ihre untersten Ordnungen, und es wird keine Seele bestehen, die sein Licht nicht durchläßt, um ihm ähnlich zu werden. So versetzte der Kaiser sich an die Stelle des Abtes in jenem Bedürfnis nach Heiligung, das kein Geschäft der Welt jemals befriedigte; er schritt nachts durch die Zellen, auf die Mönche zu achten, daß sie die Zeiten und die Regeln des Stifters einhielten; er besuchte die Wirtschaftsgebäude des Klosters und pilgerte barfuß zu der Kirche hinüber, wo die Reste des Gründers ruhten. Wenn er Armen begegnete im Hof, freute er sich dieser Begegnung als einer Mahnung an das Gebot der Liebe; wenn er Priester antraf, ehrte er in ihnen ihre Würde und das Sakrament, die Kraft der Heiligung, die den Priester durchläutern muß, sofern er sich ihr nicht verschließt und an ihr verdirbt. Er nutzte die Gnade der stillen Nächte und durchwachte sie im Gebet und unter Tränen. Dasselbe Gebot, das mit dem Schall der Glocke Stunde um Stunde die Mönche zu Gesang und Gebet in die Kirche rief, sollte dereinst auch im Stift zu Lutter erfüllt werden, über dem Grab des kaiserlichen Pilgers.

So hatte er unverlierbare Schätze gesammelt, als er Abschied nahm von dem Gnadenort, um heimwärts zu reisen. Abt Wiblo begleitete den Herrn bis Aquino hinab; dort bestätigte der Kaiser unter der Zeugenschaft vieler Fürsten und Herren noch einmal die Besitzungen und Rechte des Klosters, dessen Abt vor vielen andern berufen war, die begründete Ordnung zu stützen; ausdrücklich gedachte der Schirmherr Montecassinos in der Urkunde des mit dem Papst ausgetragenen, nun glücklich beendeten Streites um die Hoheit über das Kloster. Als dann der greise Fürst mit dem jungen Abt am Tisch saß – der eine bereit, aus den Kämpfen dieser Welt zu treten, der an-

dere in sie zurückzukehren zu schwerster Bewährung –, verbarg der Kaiser seine Ahnung nicht: ›Heute wird es das letzte Mal sein, daß ich mit dir esse und trinke.‹
Aber auch ein anderer meinte die Nähe des Todes zu fühlen: der Abt von Clairvaux; und doch war dieses Vorgefühl nur der unheilbaren Traurigkeit entsprungen, die den Heiligen befiel inmitten der Geschäfte der verwirrten Welt und ihn fortzog aus diesen, der ersehnten Zelle zu, ohne daß er seiner Sehnsucht folgen konnte. Denn unverschlossen klaffte der Riß im Bau der Christenheit, und schon schien er sich zu vertiefen, da der Kaiser, vom Heimweh nach der irdischen und zugleich der himmlischen Heimat ergriffen, eilig nordwärts ritt. Abt Bernhard würde bleiben, vermitteln und den ewigen Streit derer anhören müssen, die vorgaben, für das Heilige zu eifern, und es nicht im Herzen trugen. Ihn verlangte nur nach dem schmalen, harten Lager unter dem Dach von Clairvaux, dem Kreis geliebter Brüder, die dieses Lager umstehen würden in der letzten, schrecklichen und doch segensvollen Stunde; so schrieb er den Seinen im lichten Wermutstal, sie möchten beten, daß der Herr ihn heimkehren lasse vor seinem nahen Ende und ihn vor dem Tod unter den Fremden bewahre. Denn fremd war dies alles, die geharnischten Städte auf steilen Bergzinnen, die Menschen, die der Zwiespalt zwischen Diesseits und Jenseits zerriß, und selbst die Träger der geistlichen und der weltlichen Krone; ein Schimmer der Heimat fiel nur auf die Welt, wenn die Liebe aufglühte in den Menschen, und wo wäre reinere Liebe gewesen als unter den Brüdern in Clairvaux? Und doch würde er wieder und wieder vor den Fürsten erscheinen müssen, um sie an das vergessene Heilige zu erinnern, um ein einziges niemals beherztes Wort zu sprechen: »Friede! Friede«; und er würde es tun müssen bis an seines Lebens täglich geahntes, täglich erlittenes und doch noch fernes Ende, wie ein Verbannter in fremder Sprache von seiner Heimat spricht. –
Die Heimat rief den Kaiser mit immer mächtigerer Stimme;

er wußte es wohl, daß die Hofstatt jenseits der Alpen nur das Tor der ewigen Heimat war, und drängte ihr gerade darum entgegen. Schon nahmen die italienischen Fürsten Abschied: Rainulf, der neue Herzog, Robert von Capua und die südlichen Grafen; so mancher Deutsche, der des fremden Landes und des Krieges noch nicht überdrüssig war oder der sich fürchtete vor der Armut engen Lebens im Norden, folgte ihren Fahnen. Kampf und Greuel hemmten auch den letzten Ritt; Räuberburgen mußten gebrochen, widersetzliche Städte niedergeworfen werden; wie der Glutschein eines ausgeträumten Traumes verlosch das Kriegsfeuer hinter dem Reitenden. Die Zeit schien sich im geheimen wenden zu wollen und dabei die Menschen mitzunehmen, die sie gemacht; dem Erzbischof von Köln war fern in Deutschland der mächtige Adalbert von Mainz gefolgt, der einst den Supplinburger auf den Thron geführt hatte; und schon nach der Heimkehr von der ersten Italienfahrt, die seinen von Entsagung geschwächten Körper zerrüttet, war Erzbischof Norbert in Magdeburg gestorben, nachdem er mit letzter Kraft das Meßopfer dargebracht hatte. Die Welt wechselte wieder einmal ihre Krücken aus. Albero von Trier ritt neben dem Papst: sie fühlten wohl beide den Wandel und verbündeten sich darum enger. Grollend und herrisch zog der Welfe seines Wegs; der Kaiser hatte ihn, um auch in Italien die Nachfolge zu sichern, zum Markgrafen von Toskana erhoben und damit über die Mathildischen Güter gesetzt. Aber der Papst ernannte den listigen Albero zum Legaten als Nachfolger Adalberts; Innozenzens Groll auf den Herzog wollte sich damit einen eifrigen Sachwalter in Deutschland bestellen. Schon waren die Gegnerpaare bereit; wenn der Tod das Zeichen geben würde, mußte die alte Schlacht wieder beginnen. – In Palestrina bog der Kaiser ab von der nach Rom führenden Straße; noch immer gebot Anaklet in der Leostadt und über die Kirche Petri, doch der kaiserliche Schirmherr ritt vorüber, dem Anruf eines Höheren gehorchend. Er hatte kämpfen sollen gegen die finstern Mächte, und er hatte es getan nach seiner besten Kraft, freilich ohne die Gnade des Sieges sich zu erwerben; mochte der Erbe weiterkämpfen, und mochten es dessen Erben wieder tun, bis einmal doch das befleckte Heiligtum wieder gereinigt würde oder aber der Herr die schweißbedeckten Kämpfer vor seinen Toren erlöste! In Tivoli erwartete der Graf Ptolomäus von Tusculum den Kaiser. Er nannte sich als mächtigster Edelmann der Campagna Konsul der Römer, huldigte dem Gebieter und führte diesem seinen Sohn als Geisel zu. War damit Rom gewonnen? Es lag draußen in der Ebene, traumhaft schimmernd und als die Heimat aller Träume, das Heilige bergend unter Trümmern, und die Verhängnisse auch, die vielleicht unvertilgbar wie das Heilige sind. Wer war Roms Herr? Papst und Kaiser, die sich so nannten, zogen auf dem Gebirge vorüber, und der Gebannte, der noch immer seine kraftlosen Flüche in die Welt hinausschleuderte, sollte sich in den geweihten Mauern noch behaupten für die kurze, nichtige Weile seines Lebens.

Dann, im Kloster Farfa, nahm auch der Papst Abschied, um zurückzukehren nach Rom und aufs neue im Bund mit den Frangipani um die Stadt zu streiten; erbittert erkämpften sich die Deutschen den Rückweg über den Apennin. In Bologna hörte der Heimkehrende vom Zusammenbruch seines Werkes; Roger war von Sizilien nach Salerno gesegelt und nahm entsetzliche Rache an der abtrünnigen Stadt; rasch bemächtigte er sich der viel umkämpften Uferstädte und darauf des Innern. Abt Wibald schrieb klagend von unsäglichen Freveln, mit denen Langobarden, Normannen und Sarazenen einander in Apulien überboten; schon entschloß er sich zur Flucht aus seinem Kloster. Indessen erhob Rainulf todesmutig seine Fahne. Der Kaiser eilte; er brachte sein Heer über den Po; als er an dessen nördlichem Ufer rastete, erschienen vor ihm die Kanoniker von Verona, ihn um eine Urkunde für ihr Kloster zu bitten, doch er wehrte ab: Richenza sollte die Sache entscheiden, er selbst war aller Geschäfte müde. Längst hatte der

Herbst das Land kahl gefegt, mußte auf dem Gebirge der
Winter lasten; mit letzter, zähester Kraft schlug der Kranke
die der Etsch folgende Straße ein, von der Gattin, dem Bayernherzog, dem Staufer und Geistlichen geleitet. Fast nur in
den Kirchen gönnte er sich Rast, die Tage des Herrn in Andacht zu feiern; dann stieg der Zug den Paß hinauf, unter
Schnee und Wolken, am vereisten Fluß, bis der Nordsturm
des ersehnten Landes ihm entgegenbrauste und das Herz des
von irdischem und himmlischem Heimweh Verzehrten ein wenig stiller wurde im Niedersteigen. Langsamer folgten sie dem
Inn, gestärkt von der Hoffnung auf das Land der Väter, das
zu erreichen dem Kranken vielleicht doch vergönnt sein würde. So kam die Christzeit heran, da der Herr geboren wird in
den Herzen der Gläubigen. Wurde nicht auch vom Abt von
Clairvaux erzählt, daß er als Knabe auf der väterlichen Burg,
als er auf seinem Stuhl eingeschlafen war vor dem Weihnachtsgottesdienst, die strahlende Geburt des Herrn erblickt
habe? Und der Herr war geboren worden in dem Knaben, um
fortan in ihm zu leben; der Herr, der die Seinen der Welt entfremdet und sie doch tröstet in ihr und endlich sicher an ihre
Grenzen führt. Aber die Kraft des Kranken, der nun den Lech
hinabzog, reichte nicht mehr aus. In Breitenwang bei Reutte,
einem Dorf des Welfen, nahm er Herberge; so sollte die Tür
des aus Holz gezimmerten Bauernhauses für ihn der Eingang
der ewigen Heimat sein, deren Tore an allen Orten der Erde
offen stehn. Die Bischöfe beteten neben der Gattin an seinem
Lager; er machte den Welfen zum Herrn des väterlichen Sachsenlandes, das er nicht mehr hatte betreten dürfen, und bezeichnete ihn mit der geheimnisvollen Macht des letzten Wortes aus Menschenmund als künftigen Träger seiner Krone.
Darauf ließ er dem Herzog die leuchtenden Heiligtümer reichen, Krone, Zepter und Schwert, an denen der Sterbende
einst, in nun wesenlos gewordener Zeit, sich als Empörer vergangen und die er dann unter der Gnade und Barmherzigkeit
des Herrn mit Ehren getragen hatte. Das Sakrament schenkte

ihm die letzte Bereitschaft; seine Seele schied, begleitet von der demütigen Fürbitte der Frau, die ihm durch das Sakrament verbunden war.

Und als der tote Kaiser in das winterliche Land hinabgetragen ward, gefolgt von der Kaiserin, den trauernden Fürsten und Dienstmannen, und die Menschen niederknieten an der Heerstraße und vor den Häusern der Städte, da strahlte die Krone wieder heller auf in den Herzen des Volkes. Denn in ihnen war sie beschlossen als das Zeichen, das die Erdenmühe versöhnte mit dem immerwährenden Tagwerk auf dem Acker der Seele, und nimmer hätte sie vom Haupt des Heimgegangenen ihre Strahlen senden können in die Welt, wenn sie nicht geleuchtet hätte in den Herzen aller, die ihm gedient, deren Kraft und Glaube ihn getragen als Haupt des zum Reiche berufenen Volkes. Denn die Erhobenen machten nur sichtbar, was in den Namenlosen lebt; die Quader, Stützen und unterirdischen Räume, auf die der Dom gegründet ist, bleiben verborgen. Freilich leuchtete nicht in allen Herzen die Krone mit demselben Licht, aber unter den Menschen an der Straße mochten auch die unbekannten Gerechten knien und beten, um derentwillen allein der Herr die Welt verschont.

INNOZENZ III. UND DAS ABENDLAND

Das Pontifikat Innozenz' III. [1198-1216] wurde von Bewunderern wie von Gegnern des Papstes immer wieder als der Gipfel päpstlicher Machtentfaltung bezeichnet. Aber es gehört zum Wesen des Papsttums, daß ein flüchtender, kranker Greis im elenden Wagen, der kaum noch den Fischerring sein eigen nennt und dennoch das Bewußtsein des unwiderruflichen Amtes wahrt, wenigstens so mächtig ist wie der Gekrönte auf mit Scharlach bekleidetem Rosse, dessen Zügel der Kaiser hält. Innozenz III. trat seine Herrschaft an in der Überzeugung, daß »Petrus in die Fülle der Gewalt« erhoben sei; er gebot Königen und Völkern und sah gegen Ende seines kurzen, in heißer Tatkraft sich verzehrenden Lebens die sichtbare Kirche in vielleicht nicht wieder in Erscheinung getretener Pracht zu seinen Füßen versammelt; den gewaltigen Anspruch, Herr aller Kronen zu sein und zugleich des geistlichen und weltlichen Schwertes, welches zweite der Kaiser zu führen habe im Dienste des Papstes, nach seinem Willen, hat Innozenz behauptet, aber gewiß nicht durchgesetzt. Im Gegenteil: der eigentümliche Glanz seines Pontifikats kann es nicht verbergen, daß zwischen Anspruch und Wirklichkeit ein tiefer Widerspruch klafft. Innozenz ist vielleicht der Mächtigste gewesen im Bereich einer bestimmten Form der Macht, die seine Stunde regierte; dieser Form war es wesentlich, daß die Macht in allen Bezirken ihres Anspruchs in die Sichtbarkeit drängte zur gegenständlichen Handlung und Anerkennung: daß die Krone niemals nur Bild, sondern tatsächliche Herrschaft war und die Macht ihr Dasein bezeugte, indem sie dem geschichtlichen Leben sich auf unverkennbare Weise aufprägte. Einen grundsätzlichen Widerspruch zwischen Innen und Außen hätte der große Papst wohl schwerlich anerkannt; wie das Licht des Gestirns durch die Räume, mußte die einmal aufgegangene Macht des Schlüsselbewahrers sich durch die geschichtliche Wirklichkeit strahlend entfalten; wo sie war, mußte sie auch leuchten nach ihrer innersten Natur. Aber diese Form ist nicht die einzige, die im Ablauf der Geschichte möglich ist; an ihren Grenzen – dort, wo diese Macht auf nicht zu bezwingende Kräfte stieß – zeigen sich andere Möglichkeiten an. Die Welt verwandelte sich nicht in das sichtbare Reich des Schlüsselbewahrers, und doch war er, wie seine Vorgänger und Nachfolger, zum Hirten aller Völker bestellt und verantwortlich für alle. Sein Pontifikat ist, bei allem Ruhm, nicht die Vollendung der von ihm vertretenen Konzeption, geschweige denn der päpstlichen Macht überhaupt; es stellt vielmehr mit großartiger Eindringlichkeit die Frage nach dem Wesen der päpstlichen Macht, nach ihren Möglichkeiten und dem Geheimnis ihrer Unbesiegbarkeit. Selten ist das Wirken des Nachfolgers Petri in den Zusammenhängen der Welt zu einem ähnlichen Schauspiel geworden; die Welt hat sich dem Papst gebeugt und hat ihm widerstanden; er hat sie übermeistert und ist von den Wechselfällen der Geschichte übermeistert worden – und indessen ist seine Seele einen einsamen Weg gegangen, den wir nur ahnen können. Von der verborgenen Seelengeschichte geht wohl die innerste, das Herz bewegende Kraft dieses Pontifikates aus, das zwischen den Gipfeln abendländischer Machtentfaltungen spielt und vielleicht um die abendländische Seele selber, die Versuchungen, denen sie unterworfen ist, und ihren letzten Frieden geht. Denn zugleich – und gewissermaßen in weiter Ferne – bewegte sich die Seelengeschichte der Völker fort, deren innerste Sehnsucht der Papst so wenig völlig zu binden vermochte, wie er die Mächte der Erde gebunden hat. Die verdächtige Unruhe, die seinen im hellsten Licht strahlenden Thron umbrandet, das Suchen der Armen und Kinder, die Verirrungen der Ketzer, deuten auf das Unbezwungene, die schroffste Grenze der Herrschaft. Innozenz verteidigte und wahrte, richtete und suchte zu versöhnen; er schleuderte den Irrtum zurück – und zwar auf eine entsetzliche Weise, mit der wir uns nicht abfinden können und dürfen. Aber den Brand an der Grenze seines Reiches vermochte er nicht zu löschen. Die Erneuerung ging nicht von ihm aus. Andere waren von der Gnade bestellt worden, das Gottesreich zu beleben, zu durchglühen. Unantastbar ist die heilige Ordnung, der er diente. Und doch gilt von seinem Pontifikat die Klage des Psalmisten: »Die Kinder und Säuglinge verschmachten auf den Plätzen der Stadt« [Ps. 112, 1]; es sind die Kinder, deren Gesang die reinste Stimme der Erde ist und die auserwählt sind, das Lob Gottes zu verbreiten.

Als Gregor der Große die Nachfolge Petri antrat, lag die erste Bedeutung des reichen, durch viele Provinzen verstreuten

Kirchenbesitzes darin, daß er unter neuer, kluger Verwaltung die Kornspeicher füllte und das Volk vor dem Hungertod bewahrte. Da – sechshundert Jahre später – sich Innozenz den Stimmen der Wähler beugte, war Kaiser Heinrich VI. eben gestorben, frühzeitig erschöpft vom Fiebertraum seiner Macht; das Papsttum ward plötzlich aus gefährlichster Umklammerung durch das staufisch-sizilische Reich gelöst. Innozenz sah im Patrimonium den Staat, den er wieder herstellen, erweitern, festigen wollte; weltliche Herrschaft erschien ihm als unerläßliches Fundament geistlicher Hoheit. Bis auf Rom war das Machtgebiet der Päpste eingeschrumpft unter der Gewalt der Staufer – und selbst Rom gehorchte nicht. Innozenz verpflichtete sich den Präfekten und entsetzte den Senat seines Amtes; wo der Kaiser seine Vögte auf die Burgen geschickt hatte, erhob Innozenz im Zusammenbruch der staufischen Gewalt seine Rektoren; das Herzogtum Spoleto und die Mark Ancona, Mittelitalien von Meer zu Meer huldigten ihm, als er durch die Tore ritt. Der Haß auf den Kaiser, der nun offen ausbrechen durfte, bahnte ihm den Weg. Sein Anspruch griff weiter; er hoffte, sich auch Tuskien und die Romagna zu unterwerfen. Aber die Städte widerstrebten; sie suchten ihr eigenes Leben, ihre eigene Herrschaft und schlossen sich einem Gewaltigen nur an, so lange es galt, die Macht eines andern zu sprengen. Der Kaiser hatte am Ende gefühlt, daß sein gewaltsam aufgetürmtes Reich zertrümmern werde, und weitgehende Zugeständnisse an seine Gegner erwogen; des Kaisers Witwe Konstanze, die Erbin der Normannen, ehrte den Papst als ihren Lehnsherrn und den Vormund ihres unmündigen Sohnes Friedrich: so ward Sizilien wieder aus dem Reich gelöst. Aber die kaiserlichen Vögte verließen ihre Burgen nicht; Streit tobte überall; auch Rom gärte wieder auf: der Papst floh und kehrte erst zurück, als er seine Herrschaft um so fester begründen konnte.

So erscheint Innozenz vom ersten Augenblick an, da er den Krönungszug zurückgelegt und vom Lateran Besitz ergriffen, als Gebieter, der mächtigen Willens, nach wohl erwogenem Plan, in der Richtung auf ferne große Ziele handelt. Die Welt und alle ihre Geschäfte waren ihm vertraut; in Bologna und Paris hatte er studiert, in Canterbury, am Grabe des heiligen Thomas gebetet, der sein Blut gegeben wider Königsmacht und sie dadurch gebrochen hat. Und doch war des Papstes Weise zu herrschen nicht die der weltlichen Herren: sein Verhältnis zur Macht war ein anderes. Er mag sie ersehnt haben, und doch glauben wir, daß er sie nicht um der fast zum Brauch gewordenen Gebärde willen zurückwies, als die Wahl ihn traf. Noch einmal wollte er frei von ihr sein, wollte er sich überwinden, sie in Gottes Hände zurücklegen. Es ist ein Geheimnis, daß oftmals Menschen zur höchsten Macht und Wirkung in der Welt gelangen, die der Welt schon gestorben sind. Auch Innozenz III. war in früher Jugend der Welt gestorben. Er hatte in seinem Büchlein von der Verachtung der Welt die Klage über seine Geburt, das Elend, die Erniedrigung des Menschen und des menschlichen Daseins auf das unbarmherzigste ausgesprochen; was ihm nun noch zuteil werden konnte, das war kein Eigentum mehr, sondern nur die Forderung seines Amtes; wer in solchem Zerfall mit der leiblichen Existenz lebte wie er, konnte nicht eigentlich besitzen. Die Erhöhung, die ihm bevorstand, war unpersönlicher Art. Lothar von Segni, der die Gebrechen und die Armut seines schwachen Körpers trug, konnte nicht erhöht werden: er war elend und verstoßen in die Niedrigkeit. Aber unter dem nun erwählten Herrschernamen Innozenz rühmte er sich der Vollgewalt, zu zerstören und zu zerstreuen, zu pflanzen und auszureißen, weniger als Gott zu sein und mehr als ein Mensch. Todessehnsucht umschattete seine Jugend, vielleicht auch Schwermut. Der im Alter von siebenunddreißig Jahren zum Papst Erhobene wollte keinen Einspruch des Körpers, keine Trübung des Willens dulden. Er hatte von seinen Ahnen, einem langobardischen Stamm, der in den Volskerbergen seine Türme, über dem düstern Bergneste Anagni seinen Palast errichtet hatte, unbändige Herrscherkraft geerbt. Aber sie war durch den Tod hindurchgegangen.

Der Anspruch, den er stellte, die Demütigung üppiger Könige, die Huldigung aller, die Kronen trugen, galt wahrlich nicht der eigenen Person. Er galt – wir können an der Wahrhaftigkeit des Papstes nicht zweifeln – dem Amt des Apostels, dem Ruhm Christi, der den Apostel und seine Nachfolger, wider ihren Willen, als König in Ewigkeit erwählt hatte. Dieser Anspruch suchte mit besonderer Entschiedenheit die Herrschaft des Rechts. Der mit den Sorgen der Welt Beladene, der über Recht und Unrecht im Leben der Völker und Reiche sein Urteil fällte, fand keinen Fall zu geringfügig, als daß er sich ihm nicht hätte widmen wollen. Wie Gregor als Seelsorger, so neigte sich Innozenz als Richter, der die Unverletzlichkeit des Gesetzes mit Erbarmen zu vereinen suchte, den Armen zu, der ganzen, des reinen Rechtes bedürftigen, in ihrem Verlangen nach dem Recht immer wieder betrogenen Menschheit. Rom sollte wieder die lebendige Quelle, die Heimat des Rechtes sein. Wie unter der Schlüsselgewalt sollten die Völker eins sein unter dem zu Rom verwalteten Recht. Doch wie hätte der päpstliche Richter, der täglich seines Amtes waltete, nicht erkennen und bitter daran leiden müssen, daß gerade hier sein Reich Gewalt erduldete und es allenthalben am echten Recht, an der Gerechtigkeit des Erbarmens, gebrach!

Wer es vermöchte, sich für einen Augenblick auf die Höhe des Papstthrones zu erheben, vor dem müßte das Abendland ausgebreitet liegen in der Vielfalt seiner sich verbindenden, scheidenden Kräfte: er müßte in das Antlitz der Mächtigen und ihrer Völker sehen, die in dieser Stunde nach langem Wege an eine Kreuzung gelangten. Das Pontifikat Innozenzens ist wie ein grandioser Blick, der über die Traditionen des Abendlandes schweift vom Westen hoch in den Norden hinauf und hinüber in den Orient; es ist eine Gegenwärtigsetzung dieser Traditionen und ihrer entscheidenden Fragen. Wer es auf die gemäße Weise schildern wollte, der müßte die Geschichte der abendländischen Völker und Reiche erzählen, in ihrer Beziehung zu Rom, einem rastlosen Streben und Fliehen der Kräfte, unter denen die bindende einigende Kraft die ihr widerstreitende immer wieder aufhält oder bezwingt – und er müßte sich zugleich des »sehr hohen Berges« erinnern, vor dem die Reiche der Welt ausgebreitet lagen. Der Blitz der Versuchung zuckt über die Landschaft. Deutlich treten die Gestalten der Mächte hervor, die künftig das Abendland darstellen werden; keine gehorcht unbedingt dem Anruf des Papstes; keine vermag sich ihm zu entziehen. Mit den großen Machtgebilden sind die kleinen, Fürstentümer und Städte, in heftiger, vom Geiste geschürter Bewegung. Vieles ist in großer Gefahr. Die Beharrlichkeit der päpstlichen Stimme – nicht etwa der gegen die einzelnen Machtgebilde befolgten Politik – teilt dem Treiben und Drängen eine Art von Ruhe, von Geschlossenheit mit, die das Zeitalter bei all seiner Gegensätzlichkeit kennzeichnet. Das Abendland war niemals einig, aber eins ist es im Widerstreit verwandter Lebensformen auf lange Zeit gewesen. Entscheidend war, daß es einen »Vater« hatte, daß die göttliche Liebesmacht, die die Binde- und Lösegewalt gestiftet, fortlebte, bald in höherem, bald in geringerem Grade, in den Nachfolgern Petri. Der Eine, dem alles am Herzen lag, ließ das Bewußtsein der Einheit nicht untergehen. Es war niemals ein Zweifel, daß nur *ein* Papst sein konnte. Ihm waren eine Hoheit, eine Vollmacht auferlegt, die von keinem zweiten erwartet wurde.

Die Stimme des Hirten war da, aber auf wie fragwürdige Weise wurde ihr gehorsamt! Zwölf Jahre lang ermahnte Innozenz den König Philipp August von Frankreich, seine verstoßene Gattin, eine dänische Königstochter, wieder aufzunehmen. Weder der Bann noch eine versöhnliche Haltung des Papstes wendeten den Willen des Königs; erst als die Stellung gegen England Papst und König zusammenführte und diesem sich die Aussicht eröffnete, die englischen Domänen in der Normandie und in Anjou zu erwerben und damit seine Königsmacht gewaltig zu vermehren und fester zusammenzuschließen, gab der König nach und beugte sich der Sitte. Er und sein Haus waren in ihre Stunde getreten; die Verdichtung und Durchformung bodenständiger Kraft waren das oberste Ziel: im Grunde wurde kein Wert mehr anerkannt, der ihm widersprach.

Vergebens schien der Papst auch die Last des Bannes auf England geworfen zu haben, nachdem König Johann ohne Land, ein trotzig-ungebärdiger Herr, jedem Ansinnen, die in Rom nicht anerkannte Erhebung des Bischofs von Norwich auf den Erzstuhl von Canterbury aufzugeben, sich widersetzt hatte. Johann anwortete, indem er die dem Papst gehorchenden Priester verfolgte oder vertrieb. Kein in England gebliebener Bischof wagte es, den Bann zu verkünden. Nun schritt Innozenz zum äußersten: er ermächtigte den König von Frankreich, England in Besitz zu nehmen und entband Johannes Untertanen des Treueids. Johann vertraute der zwischen Canterbury und Dover zusammengebrachten Heeresmacht nicht; im Templerhaus zu Dover übergab er in Gegenwart der Barone sein Königreich dem Legaten des Papstes, empfing er es, nachdem er Innozenz in seinem Stellvertreter gehuldigt, von diesem als Lehen zurück. Aber hier konnte das päpstliche Wort nicht in selbem Maße binden wie es gelöst hatte. Die aufsässigen Barone trotzten auf einem Feld bei Windsor ihrem König einen Freibrief, die Magna Charta, ab. Warum sie nicht das Königreich selber verlangten, soll Johann im Zorn gerufen haben, als ihm die Forderungen zuerst vorgelegt wurden. Von da an war der König, waren alle Könige Englands, auf unwidersprechliche Weise verpflichtet, das Gesetz zu achten, das als lebendig-formende Kraft, ein Zug zur Freiheit, in den Baronen lebte und ihnen von den Vätern überkommen war. Aber der Papst sah die ordnende Kraft dieses Angewiesenseins auf die Freiheit vielleicht nicht; er witterte Gefahr und verbot dem König, die Charta einzuhalten, den Baronen bei Strafe der Ausschließung, auf ihr zu bestehn. Doch die

Charta ruhte tief in der Überlieferung, wie im Wesen; sie war schon Eigentum und sollte in der noch nicht zu ermessenden Fülle ihres gestaltenden Vermögens über den Wechsel der Herrschformen hinaus das Vermächtnis der Barone an England werden, ein im Widerspruch zu Rom gewahrtes, über Rom triumphierendes Recht.

Wie Philipp August von Frankreich vermochte Innozenz die Könige Peter II. von Aragon und Alfons IX. von Leon zur Achtung vor der Unverletzlichkeit der Ehe zu bestimmen. Sein Schiedsspruch reichte bis Norwegen, Polen und Ungarn. Aber Größeres bewegte ihn. Wie hätte die eigentliche Ordnung heranreifen können, solange das Heilige Land die Herrschaft der Ungläubigen tragen mußte? Wie hätte das Reich Christi in die Sichtbarkeit treten können – worum doch *alles* ging –, wenn die Macht des Kreuzes nicht einmal dort sichtbar war, wo Christus an ihm vollendet hatte? Da das Streben des Papstes auf die Vollendung des Geschichtlichen, das offenbare Kommen des Reiches, mit ganzer Kraft gerichtet war – ein Kommen im unabänderlichen Zeichen des Widerspruchs, das ersehnt und errungen werden will, ob es sich auch nicht ereignet vor dem Ende der Zeiten –, so mußte es ihm, wie allen Frommen seiner Ära, unerträglich sein, daß am heiligsten Ort die Geschichte sich nicht erfüllt hatte, das Reich nicht herabgekommen war. Mit heißer Ungeduld erstrebte er die Niederwerfung des Islams, die endliche Befreiung Jerusalems, das im Jahr 1187 zur Bestürzung und Beschämung der Christenheit dem Ansturm der Heiden erlegen war. Aber eben die Kreuzfahrt bereitete die Tragödie des Papstes und seiner Zeit; er konnte wohl zu ihr aufrufen und die Überfahrt auf venetianischen Galeeren vorbereiten; die Flotte befehligte er nicht. Enrico Dandolo, der fast blinde neunzigjährige Doge, der sich im Markusdom das Kreuz anheftete, dachte nicht an die Christenheit, sondern an seine Stadt und ihre Macht. Als er erst Zara, dann unter entsetzlichen Greueln Byzanz statt Jerusalem mit der Kraft der Kreuzfahrer erobert hatte, schrieb er mit kalter Sicherheit an den Heiligen Vater: »Göttliche Eingebung, mehr als Menschenrat, hat uns nach Konstantinopel geführt.« Innozenz mußte sich beugen. Byzanz wurde der römischen Kirche unterworfen als Hauptstadt eines neu gegründeten lateinischen Kaisertums. Graf Balduin von Flandern nahm die von Dandolo ausgeschlagene Krone an: denn nicht nach dem kaiserlichen Namen strebte der Doge – er hätte keinen höheren gewußt als den Namen, den er trug –: vielmehr sollte das byzantinische Reich unter schwache Fürsten verteilt, von einem Schwachen gelenkt, für immer gebrochen an der Straße der venetianischen Schiffe liegen. An der äußersten Grenze des Lebens hatte es die heiße politische Leidenschaft des Dogen noch vermocht, ein ehrwürdiges – wenn auch zerrüttetes – Reich zu zertrümmern, dem die Grenzwacht an einem Tor des Abendlandes anvertraut war. Drei Jahre später mußte er es erleben, daß die Bulgaren gegen Byzanz heranstürmten, die Christen bei Adrianopel schlugen und Kaiser Balduin gefangennahmen. Mit der letzten Kraft seines gefürchteten Befehls zwang der Doge, tödlich verwundet, die Geschlagenen zusammen zum Rückzug nach Byzanz, das weder vom lateinischen Kaisertum noch von Venedig, noch von der Kirche behauptet werden sollte. Und Jerusalem? Es ist die furchtbare Frage, die über all diesen Ereignissen, über der Ära steht – und an der vielleicht niemand so tief wie der Papst gelitten hat. Auch das Kreuzheer, das Innozenz nach Spanien aufgeboten, sollte den erhofften Ruhm nicht ernten. Dort hatten die Almohaden von Sevilla her den Angriff des Islam mit neuer Kraft weit in den Norden getragen, doch zogen sich die Kreuzfahrer unter der Wucht des südlichen Sommers über die Pyrenäen zurück, noch ehe der Feind heranflutete. Bei Navas de Tolosa stellten sich die drei Könige von Aragon, Navarra und Kastilien todesbereit, aber in Zuversicht dem Sturm und brachen ihn [1212]; der Kalif flüchtete, sein Heer ging unter, und mit ihm die Macht der Almohaden. – Ein Trost mußte es für den Papst sein, daß der Bremer Domherr Albert von Buxhövden als Bischof der Liven an der Dünamündung Stadt und Bischofssitz gründete [Riga 1201] und von dorther geistliche Ritter, die er Schwertbrüder nannte, weit in das Land sandte. Unter den Preußen begann um dieselbe Zeit der Zisterzienser Christian zu taufen. Aber das Wort erstickte unter der Gewalt des Heidentums.

So stiegen und sanken die Kräfte der Völker und Reiche; große Hoffnungen bewegten die Gemüter. Es konnte für eine Weile den Anschein haben, als würden von Byzanz und von Norden her die unermeßlichen slavischen Völkerscharen für die *eine* Herde gewonnen. Aber die Mitte des Abendlandes war krank. Es war, als hätte die übersteigerte Macht Heinrichs VI. den tödlichen Blitz herabgezogen, der das Reich bis in den Grund zerspaltete. Die staufisch Gesinnten wählten in Mülhausen in Thüringen Philipp von Schwaben, Barbarossas jüngsten Sohn, zum Nachfolger Heinrichs VI., die Fürsten des Niederrheins unter ihrem Haupt Adolf von Köln wählten Otto, den zweiten Sohn Heinrichs des Löwen. Philipp konnte sich auf Frankreich, Otto auf England stützen. Der Welfe bemächtigte sich Aachens und ließ sich dort vom Kölner Erzbischof krönen; bald darauf empfing Philipp in Mainz die echten Insignien, die seine Väter getragen. Anspruch stand gegen Anspruch, Recht gegen Recht; in den Abgrund des heillosen Streits strudelten Kleinodien und Königsgüter hinab; König und Gegenkönig mußten Versprechungen machen, nicht zu Entbehrendes veräußern; am Rhein, dann in Sachsen und Thüringen brannten die Städte: unaussprechliches Leid der Wehrlosen und Armen, das die Geschichte beharrlich verschweigt, während sie nicht müde wird, Taten zu rühmen und Streiter zu preisen, folgte dem Zug der Heere.

Es bedurfte der leidenschaftslosen Stimme eines Dritten, der höher stand, der Entscheidung des Papstes. War er frei? Entschied er nach dem reinen Recht? Vermochte er es, da er eben das Patrimonium gewaltig erweitert hatte und die Wiederherstellung der Bedrohung, die es überstanden, nicht wünschen konnte? Aber wo war das reine Recht in der Verwirrung, wer konnte es erkennen und einsichtig machen? Alte, lange übergangene Forderungen der Kirche mußten nun Gehör erlangen. Der Papst konnte der versucherischen Frage nicht ausweichen, was Philipp, was Otto zu bieten hatte, was von dem einen oder dem andern drohte. Er fällte seinen Spruch zugunsten Ottos. Aber jetzt geschah das Unerwartete, daß Philipp, nachdem er erst vergeblich Braunschweig berannt und den Verlust und Abfall mächtiger Gefolgsleute erfahren hatte, an Ansehen gewann, während Otto, ein eigenmächtig-ungestümer Fürst, von seinen Wählern und sogar seinem eigenen Bruder verlassen wurde. Der Bann hinderte die sich zur staufischen Sache Wendenden nicht. Als Philipp auch Aachen genommen und sich an derselben Stelle wie Otto von derselben Hand – denn auch der Erzbischof von Köln war zu ihm übergegangen – die echte Krone aufs Haupt setzen ließ, mußte das Reich ihm offenbar zufallen; bald schlug er Otto im Felde, nahm er auch Köln, wo er sich vergeblich mit seinem Gegner besprach. Der Papst nahm die angebotenen Verhandlungen auf und einigte sich mit Philipp: die Wirklichkeit beugte den Richterspruch. Neue Möglichkeiten des Gewinns und Verlusts waren aufgegangen, und Innozenz erkannte Philipp als König an. Aber kaum war es geschehen, so ward Philipp in Bamberg von Otto von Wittelsbach ermordet; ein rein persönliches Motiv spielte verwirrend in den großen Kampf um Herrschaft und Ordnung und verwandelte den Schauplatz völlig. Otto war Herr und konnte es wagen, sich einer neuen Wahl zu stellen. In Frankfurt ward er noch einmal zum römischen König erkoren; auch Innozenz hatte sich für ihn erklärt. Im folgenden Jahre [1209] brach er nach Italien auf, sich zum Kaiser krönen zu lassen. Als der Papst in Sankt Peter die Krone über dem Welfen erhob und draußen an der Tiberbrücke die Krönungsschlacht entbrannte, als die höchsten Amtsträger des Abendlandes in der heiligen Handlung verbunden waren, da hatten sie voreinander kein Geheimnis mehr. Der Kaiser war vom Papst verraten worden; der Papst konnte schwerlich erwarten, daß der Kaiser noch halten werde, was er ihm abgedrungen. Der Welfe bemächtigte sich Mittelitaliens, überall kaiserliche Vögte einsetzend, wo päpstliche Rektoren gewaltet hatten. Dann stürmte er südwärts, auf den Wegen der Staufer, der eigensinnig in ihr altes Geleise drängenden Macht. Er überschritt, aller Warnungen ungeachtet, die festländische Grenze Siziliens, besetzte die Seestädte, unbekümmert darum, daß der Bannfluch ihm nachhallte. Da er schon die Küste der Insel vor sich sah, die ihm preisgegeben zu sein schien wie einst den nordischen Eroberergeschlechtern –, brach das Reich hinter ihm zusammen. Der Papst hatte aufs neue die staufische Sache ergriffen und mit Hilfe Philipp Augusts von Frankreich seinem Mündel Friedrich von Hohenstaufen, Heinrichs VI. Sohn, den Weg bereitet. Die Fürsten Süd- und Mitteldeutschlands fielen von Otto ab und riefen Friedrich in das Land seiner Väter. Der Kaiser eilte über die Alpen zurück; rasch betrat auch Friedrich Deutschland; in Mainz ward er gekrönt. Bei Bouvines schlug Philipp August [1214] Otto und seine englisch-niederrheinische Gefolgschaft. Zum unwidersprechlichen Zeichen des geschehen Wandels sandte der König Frankreichs die erbeutete kaiserliche Standarte an Friedrich von Hohenstaufen. Nicht allein der Ruhm des Welfen, auch die Würde des Reiches waren tödlich verletzt. Auf der Harzburg siechte Otto in ohnmächtigem Groll dahin.

So ward der Papst von den Mächten, die er zu lenken dachte, in einem verderblichen Zirkel umgetrieben worden, fort und fort im Widerspruch mit sich selbst. Wie hätte er glauben können, daß Heinrichs VI. Sohn nicht erstreben sollte, was Barbarossa und Heinrich, Philipp und Otto unter dem, wie es den Anschein hat, undurchbrechlichen Zwang der Krone zu erringen suchten! Als Herr eines weltlichen Reichs, aber auch als Verwalter geistlich-weltlicher Forderungen, sichtbarer Hoheitsrechte seines priesterlichen Amtes, sah sich Innozenz zwischen Mächte gestellt, auf Mächte angewiesen, denen er glaubte, mit ihren eigenen Mitteln begegnen zu müssen, während es doch die Weisheit der Heiligen ist, daß Satan sich nicht von Satan vertreiben läßt. Wohl sah Innozenz über dem Streit den unwiderruflichen, einzigartigen Auftrag, den Ruhm der Nachfolge Petri als unverrückbares Ziel; aber mit dieser Hochstimmung begab er sich tief in das Irdische hinab, opferte er die Freiheit der Kinder Gottes an die gebundene Klugheit der Kinder dieser Welt. Er wünschte sich sehnlich, nach dem Recht zu entscheiden. Doch neben sich hatte er eine Stimme, die ihm anderes riet, und er vermochte nicht, sie zu überhören und Staaten und Recht zu wagen für die Fleckenlosigkeit seines Rechts. Keinem der Mächtigen, deren er glaubte sich bedienen zu müssen, bedienen zu können, war sein Amt so heilig wie ihm; fast ein jeder trachtete ihn zum Sklaven zu machen und die Binde- und Lösegewalt, die er verwahrte, zu nutzen für irdische Zwecke. Doch indem der Papst sich vom Einzelnen frei zu halten suchte, wurde er zum Sklaven der Welt, auf der unvertilgbar der Schatten der Lüge liegt. Etwas war in seinem Amt, das einen jeden Vergleich ausschloß und darum ein jedes Opfer fordern konnte, nur nicht das Opfer der reinen Nachfolge Petri. Die Geschichte führt unablässig, unwiderstehlich an die Stelle, wo Petrus gekreuzigt, wo Paulus enthauptet ward, wo keine andere Freiheit ist, als die vollkommene Freiheit des Martyriums. Und doch ist es auch eine Kreuzigung, die nur langsam geschieht: das Kreuz als der große Lebenswiderspruch wächst im Menschen bis zu seinem Tode. Die Konzeption des Amtes und seiner Berufung in der Geschichte, die unerbittliche Einsicht in die geschichtliche Wirklichkeit und der Entschluß, ihr – wenn auch von oben her – zu entsprechen, um sie zu meistern, kreuzten sich im Papst und nötigten ihm Handlungen ab, die der Staatsmann bewundern mag, und vor denen gleichwohl ein gläubiges Gemüt erschrickt. Und indem wir diesen Widerspruch und das

Leiden an ihm uns vergegenwärtigen, hören wir wieder den schmerzlichen Vorwurf des Jünglings Lothar von Segni an seine Mutter, daß sie ihn geboren habe. Es ist die Klage einer Seele – der Menschenseele überhaupt –, die sich sehnt, ein weißes Gewand durch die Erdenzeit zu tragen und ahnt, daß es unmöglich ist.

Die »Reinen« [Katharer] nannten sich die Träger einer geheimnisvollen Lehre, deren Verkünder in Höhlen und auf Burgen des südlichen Frankreich lebten und dort das Volk zu einem selbstgeschaffenen Gottesdienst um sich versammelten. Sie wollten rein sein, rein werden vom Fleisch; das Sichtbare war ihnen nicht ein Werk Gottes, sondern des Bösen; darum glaubten sie auch nicht, daß Christus im Fleisch gekommen sei, daß seine Gegenwart im Sakrament sich erneuere. Er habe, so meinten sie, einen ätherischen Leib getragen, der durch Maria gegangen sei, ohne teil an ihr zu nehmen. Nur zum Schein habe er gegessen und getrunken. Der Vollkommene mußte frei werden von der Verstrickung in die Welt, der Bindung an das Fleisch; wer sich selber den Tod gab, wurde frei. Aber dieses Trachten des Menschen nach ungemessener Erhöhung barg die Gefahr tiefer Erniedrigung: das Fleisch, das nicht an das Heilige gebunden, der Verklärung leidend bereitet wird, erlangt eine schreckliche Macht sich zu rächen; ein Verlangen nach Reinheit, das keine Demut vor dem Fleisch kennt, nach Weltüberwindung, das nicht leidet mit der Welt und sie nicht liebt um der ihr verheißenen Erlösung willen, wird zum Aufruhr und fällt in den Bann des Widersachers. Es gehört zum tragischen Doppelsinn der Geschichte Innozenzens, daß seinem Ekel vor Welt und Leib gewisse Forderungen der Katharer sehr nahe waren; daß er in gewissem Grade sich selbst in ihnen bekämpfte.

Und doch: wenn jemals der Papst die Grenzen, das Wesen des Abendlandes schützte, so war es, als er Zisterzienser nach Toulouse sandte und die mächtigen Adligen des Landes und das Volk ermahnte, die Irrlehre abzuwerfen; eine Gefahr, die

seit den ersten Jahrhunderten die reine Lehre bedrohte und niemals ganz erlosch – die auch heute schwelt –, war wieder hervorgebrochen. Mit verdächtiger Gewalt hatte sich der Irrglaube über das südliche Frankreich, die Lombardei und bis nach Deutschland verbreitet, Reiche und Arme, Adlige und Priester ergriffen und selbst in Klöstern Eingang gefunden, als sollte nun seine Stunde kommen. Der Papst wußte wohl, daß »an der Verderbnis des Volkes die Geistlichkeit die Hauptschuld trüge«: daß Gewalten dieser Art nur in die Kirche dringen, wenn die Mauer schadhaft, die Wächter und Beter lässig geworden sind. Die Mahnungen der Gesandten wurden ausgeschlagen oder nur zum Schein angehört; der Bann bekehrte nicht. Als einer der Legaten von einem Ritter ermordet wurde, predigte Innozenz das Kreuz gegen die Albigenser. Die Kreuzfahrer freilich, die von Lyon gegen Béziers und Carcassonne zogen, trugen kein reines Schwert; nordfranzösische Ritter und Reisige trachteten nach Beute. Die Grafen von Toulouse wurden aus ihren Schlössern vertrieben, ihre reichen Länder fielen an den König von Frankreich. In Blut und Greueln entsetzlichster Art, unter Rauch und Feuer erlahmte der Irrglaube, verdarb das Land, dessen Klage und Anklage nicht verstummen sollte bis zu diesem Tag. Der Protest der nach der Vollkommenheit Entbrannten konnte von Verbrechen nicht aufgehoben werden. Die Überwindung blieb aus.
Und noch eine Klage weht zu uns aus jenen Jahren herüber: die Kinder wollten nicht länger warten, bis die Fürsten und Ritter das Heilige Land eroberten, und brachen auf, es selber zu tun. Sie zogen den Rhein hinauf und durch Frankreich und Burgund zum Meere und über die Alpen und sangen das Lied, das Schiffer singen, wenn sie in Seenot sind; Frauen und Jungfrauen, die leere Säcke trugen, schlossen sich ihnen an, und da und dort, wo sie vorüberkamen, fühlten die Leute, die auf den Feldern arbeiteten, sich mächtig ergriffen, ließen ihr Gerät und wanderten mit. Priester und welterfahrene Männer, die ihr Vorhaben töricht nannten, wurden vom Volk ihres

geringen Glaubens wegen getadelt. Aber dann verhallte der Gesang, noch in weiter Entfernung vom Heiligen Lande: das Meer verschlang die Schiffe, oder aber die Schiffer verkauften die Kinder an Sklavenhändler. Wenige erreichten Rom; der Papst befreite die Unmündigen von ihrem Gelübde. Etwas Großes, Unerhörtes hätte geschehen müssen; die Sehnsucht war in den Völkern nach einer reinen Tat, dem Einsatz unbedingten Glaubens, und die Priester und Mächtigen der Erde gewährten dieser Sehnsucht nicht das rechte Wort, nicht den Raum und die Form ihres Wirkens. Die Seelen waren in Seenot, und die Männer, denen sie anbefohlen waren, schienen über den schleppenden irdischen Geschäften den Ruf der Seelen nicht zu hören. Von den scheiternden Schiffen der Kinder, aus dem Mund derer, die in unheilbarer Enttäuschung verspottet heimzogen, dringt ein Vorwurf durch die Zeiten, der ohne Antwort blieb. Ist es doch die Aufgabe der zur Herrschaft Gerufenen, *alle* Kräfte zu verstehen, sie zu binden im höchsten Dienst und den Glaubensmut der Kinder vor Enttäuschung zu bewahren. Die Zeit, die Verkündigung langer Jahrhunderte verstand die Kinder nicht. – So stieß allenthalben das gewaltige Reich Innozenzens an eine Wirklichkeit, die er nicht durchherrschen konnte. Was die Vernunft nicht bewältigen kann: die Traditionen der Völker und Kronen, der ungebärdige Wille der Menschen, die Glut der Seelen, der unlösbare Widerspruch zwischen der Botschaft und der Welt, dem Gottesreich und der Sinnesart derer, die es in seinem Dienst rufen mußte, waren dem ordnenden Sinn des großen geistlichen Herrschers entgegen. Seine Macht stand in Kraft, und doch ist es, als müßte sie jeden Augenblick zerbrechen, als werde sie zu einem furchtbaren Zusammenstoß gedrängt; ja, als sei sie nur Traum. Er selber fühlte, wie rasch seine Zeit sich verzehrte; daß es einer neuen und beispiellosen, aber auch eiligen Zusammenraffung aller Kräfte bedurfte. Die Stunde, die über sein Pontifikat entscheiden, es verherrlichen sollte, stand unmittelbar bevor.

INNOZENZ III.

Im Jahre 1213 rief der Papst zum großen Kreuzzug auf. Gott hätte, so schrieb Innozenz an die Völker der Christenheit, das Heilige Land leicht vor den Feinden bewahren oder befreien können; da aber die Ungerechtigkeit überhand genommen habe und die Liebe vieler erkaltet sei, so habe Gott den Gläubigen die Kreuzfahrt auferlegt, um sie aus dem Todesschlaf zum Eifer für das Leben zu erwecken und ihren Glauben zu läutern. Zwei Jahre darauf sah Innozenz im Lateran die Würdenträger der Kirche, die Vertreter weltlicher Fürsten in einer Fülle zu seinen Füßen versammelt, wie sie keiner seiner Vorgänger gesehen hatte; die Patriarchen von Jerusalem und Konstantinopel waren gekommen, Bischöfe und Äbte aus allen Ländern der Christenheit, als sollte die Herrlichkeit der Schlüsselgewalt, die Einheit des Gottesreiches, anbrechen, sichtbar werden und triumphieren über die Welt. Aber es war nicht eigentlich der so oft ersehnte Triumph, der den Papst in diesem Augenblick erhob; ihn umleuchtete die Ahnung seines Todes. Jetzt, da er wenigstens in einem Bild die Kirche vor sich sah, die er mit der Kraft seines ganzen Lebens über alle bisher erreichte Hoheit zu erhöhen gedachte, fühlte er sich allem entrückt. Er begann mit den Worten: »Sehnlich hat es mich verlangt, dieses Osterlamm mit euch zu essen bevor ich sterbe.« Wohl wurde der bevorstehende Kreuzzug beraten, wurden längst schon gebotene Reformen erwogen, die dringendsten weltlichen Geschäfte vor dem großen Aufbruch geordnet: noch einmal wurde der Welfe gebannt und abgesetzt, Friedrich in seiner Herrschaft bestätigt. Aber das Konzil prägte sich den Gemütern ein als der Abschied des Papstes, das einmalige, verpflichtende Bild seiner Macht. Hier sprach er mit jener Liebe, die das Innerste des Amtes ist. Es ist die Liebe des hohepriesterlichen Mannes zu denen, die mit ihm geeint sind im Priestertum, die weltumspannende Kraft des Herzens, das erwählt ward, sich zu verleugnen und darüber mit himmlischem Feuer beschenkt wird. Das Konzil tagte nur wenige Male; es war Vollendung und Vorerscheinung des En-

des, Symbol der Geschichte. Und während nun alles der großen Tat entgegendrängte, war eine größere längst im Gange. Einige Jahre zuvor [1210] war der Arme von Assisi vor dem Papst erschienen; er war zugleich Ruf und Antwort, Träger des rücksichtslosen Verlangens nach neuer Reinheit, dem Vollzug des Wortes im Gewand schrankenlosen Gehorsams.
Die vollkommene Armut und mit ihr die vollkommene Freude forderten aufs neue Einlaß in der Kirche, jetzt, da die Macht über Könige ihren Gipfel zu erreichen schien – und in Wahrheit wieder zerbrach. Es ist keine echte Armut ohne Gehorsam, aber auch keine Reinheit: hier war die Reinheit und kindliche Freiheit, die sich der Welt, aller Geschöpfe, des Wassers, der Steine erbarmte, weil Christus diese Welt seines Erbarmens, seines Wandels gewürdigt hatte. Und während der Spanier Dominikus, der sich im Wettstreit der Demut mit dem Strick des Armen von Assisi gegürtet hatte, seine Streiterscharen rüstete und mit der Glut seiner Seele erfüllte für den Kampf des Gottesreiches mit seinen Feinden, gab Franziskus den Irrenden Antwort durch sein ganzes Leben und Wirken und sein Fortleben in seinen Brüdern: er verachtete nicht, er umfaßte und zog empor in brüderlicher Gemeinschaft mit allem, was der Vater geschaffen. Er sah in den Dämonen die Zuchtmeister Gottes, nicht die Herren oder gar die Bildner der Welt. Die große Gefahr des abendländischen Geistes, daß er sich eigenmächtig erheben und die Wirklichkeit der Schöpfung verachten könne – um für wirklich zu nehmen, was er selber gedacht oder glaubt, geschaffen zu haben –, ist in der Haltung des Heiligen von Assisi schon bezwungen: er breitete seine Arme aus für die ganze leidvolle Wirklichkeit, das gegenwärtige Kreuz. So begegnen sich Ende und Anfang in der Stunde des großen Papstes – wie sie sich immer begegnen, hier aber auf eine vielleicht einmalige Weise: die große Machtform scheint sich zu erfüllen und sinkt; das Reich der Armut, die diese Erde heiligt und hinüberträgt, ist im Kommen. Sie geht durch die Zeiten hindurch, unberührt,

unberührbar – vielleicht einer Stunde entgegen, in der die von der Geschichte gebildeten Formen alle zerfallen sind, der in die Geschichte entsandte Auftrag aber als die eigentliche formenbildende, sie überdauernde Kraft in seiner ganzen Reinheit erkennbar wird und die Völker um sich versammelt. Es könnte die Stunde sein, da ein einziger Wunsch noch Einlaß begehrt: dem Evangelium nachzuleben; und dieser Wunsch wird die Mauern der Kirche stützen, dann, wenn es den Anschein hat, daß ihr Sturz nicht mehr abzuwehren ist.

Es ist, als seien der Papst und der Heilige einander auf dem schmalsten Grat der Geschichte begegnet, da eine Möglichkeit zu schwinden beginnt, eine andere wächst. Näher war wohl kein Papst dem geistlich-weltlichen Reich in seiner Vollendung gekommen als Innozenz, und doch war dieses Reich hundertfach beengt und bedroht, schienen dem Papst selber die Mauern des Heiligtums zu wanken – wenigstens in der Wirklichkeit seines Traums. Es war offenbar, daß das Reich in dieser Gestalt nicht kommen werde. Aber in diesem Augenblick spannte Franziskus, der gehorsame Arme, den Bogen der kühnsten Forderung über alle Untergänge hinweg, und es war vielleicht die größte, in die weiteste Zukunft dringende Tat des Papstes, daß er Franziskus und seine Gefährten gesegnet hat.

Der Papst fühlte sich dem himmlischen Jerusalem schon nahe, doch die Sorge um das irdische, vielleicht auch die beharrlich wiederkehrende Ungeduld nach dem höchsten Triumph, zehrten an seiner Kraft. Dem Gedanken, selber als »wahrer Imperator« den Kreuzzug zu führen, mußte er entsagen – und vielleicht ist dieser Verzicht seinem tatendurstigen Hochsinn schmerzlicher gewesen als alle andern Entsagungen seines Lebens. In der Glut des aufsteigenden Sommers wollte er nach Pisa und Genua eilen, die immerfort streitenden Städte zu versöhnen und ihre vereinigte Flotte für den Kreuzzug zu rüsten. Aber auf der Höhe von Perugia, über dem Land des Heiligen, raffte ihn das Fieber hinweg [1216]. Die große

Macht zerfiel im Augenblick. Der in der Kathedrale aufgebahrte Leichnam wurde seines Schmuckes, seiner Gewänder beraubt und ward nackt auf der Erde gefunden. Aber die Frevler hüllten den Weltherrn, vor dessen Namen lange noch die Menschen erschauerten, auf diese Weise nur in das Gewand der heiligen Armut, deren Wiederkehr und demütige Einkehr in die Kirche – und durch sie in die Welt – die höchste Gnade dieses Pontifikats gewesen ist. Eine innere Entscheidung über die Form christlicher Macht geschah, die bis heute nach außen nicht vollzogen, ja die vielleicht nicht einmal gesehen worden ist. Die Grade der Armut und Freiheit sind Stufen essentiell christlicher Macht, die sich auf dem Schleier der Ereignisse abzeichnet, aber ihn kaum noch durchbrochen hat. Das abendländische Bewußtsein, das in dem großen Papst lebte, das von ihm gesegnete, langsam heraufsteigende Reich der Armut ist Innozenzens des Dritten unveräußerliches Vermächtnis an das Abendland.

KARL V.
ERBE UND VERZICHT

Zum 25. Oktober 1955

I. Der Verzicht

Am 25. Oktober des Jahres 1555 betrat Karl v., mit der einen Hand auf seinen Stock gestützt, mit der andern auf die Schulter des jugendlichen Wilhelm von Oranien, den Saal des Palastes zu Brüssel, wo die niederländischen Stände versammelt waren. Er nahm auf einem erhöhten Sitze Platz, zu seiner Rechten sein Sohn Philipp, König von Neapel, Herzog von Mailand, Gemahl der Königin von England, zur Linken seine Schwester, die Königinwitwe von Ungarn, bisherige Statthalterin der Niederlande. Einer Brille sich bedienend, unter wachsender Bewegung der Versammelten und selber bewegt, las Karl die Ansprache, die seinem Sohne die niederländischen Provinzen übertrug. Er gedachte des Tages, da er vor vierzig Jahren von seinem Großvater glorreichen Angedenkens, dem Kaiser Maximilian, in eben diesem Saale für mündig erklärt worden war, zählte die unsäglichen Mühen seiner Reisen, Seefahrten, Feldzüge in den Niederlanden, Spanien, Deutschland, Frankreich, England, Afrika auf, verschwieg nicht die letzte unglückliche Unternehmung, die Belagerung von Metz, der er sich trotz seiner Krankheit unterzogen hatte – um dem Reiche zurückzugewinnen, was des Reiches war –, erklärte offen, daß er unfähig sei, die Lasten der Regierung weiter zu tragen; ja, er sei unnütz, er empfahl seinen Sohn, bekannte, daß er große Fehler begangen habe in jugendlicher Unwissenheit oder Leichtfertigkeit, doch nie aus böser Absicht, sprach seinen Schmerz aus über etwa begangenes Unrecht und bat, es ihm zu verzeihen. Auf das strengste gebot er dem Nachfolger und den Ständen, die Ketzerei, falls sie in die niederländischen Provinzen eindringen sollte, mit den Wurzeln auszurotten.

Die weltgeschichtliche Bedeutung dieser Szene hat sich Völkern und Geschlechtern tief eingeprägt. Wer erinnert sich nicht der drastisch-volkstümlichen Schilderung in Kleists »Zerbrochenem Krug«? Eben auf »der Krüge schönstem« war es dargestellt, wie die

> *gesamten niederländischen Provinzen*
> *dem span'schen Philipp übergeben worden.*
> *Hier im Ornat stand Kaiser Karl der Fünfte ...*

Sollte es sich mit unserem historischen Bewußtsein bald so verhalten wie mit dem Kruge:

> *Hier grade auf dem Loch, wo jetzo nichts,*
> *hat sich der große Vorgang abgespielt?*

Schwinden uns die Bilder der Geschichte? Und wie wollen wir

ohne sie leben? Was war in dieser Szene lebendig an Geschehen und Frage, an Tragik des Jahrhunderts, der Reformation, der Herrschaft überhaupt! Als ein Symbol fast könnte es erscheinen, daß der Kaiser, der nicht mehr imstande war, ein Pferd zu besteigen, sich auf dem letzten Weg, den er als Souverän seines Geburts- und Jugendlandes zurücklegte, von einem Esel hat tragen lassen, wie der König der Welt in Jerusalem; von unheimlicher Bedeutung scheint es, daß er sich gerade auf Oranien stützte, den Zerstörer des Erbes, das er übergab; daß am Throne des Verzichters Philipp und Oranien einander gegenüberstanden, die nach wenigen Jahren wider einander in tödlichem Haß entbrennen sollten und sich in ihren Anschuldigungen noch heute hassen und bekämpfen; Oranien, der auf Philipps Anstiften durch Mörderhand fiel und wie kein Zweiter das Bild des spanischen Königs entstellt hat mit der bedenkenlos erfundenen Bezichtigung abscheulichster Verbrechen. Sie standen neben Karls Thron wie Notwendigkeiten, die einander vernichten werden.

Was sich in Brüssel begab, war endgültiger Abschied einer großen Lebensform, der Reichsgestalt, die, zwar unvollendet und selten erfüllt, aber doch als Bild universaler Ordnung weit mehr denn als Macht, aus der Mitte Europas emporgestiegen war. Vor sechshundert Jahren, nach der Ungarnschlacht [955] hatte Otto der Große sie zu errichten begonnen auf dem gewaltigen Entwurf Karls des Großen. Wohl wendet sich die Zeit einen jeden Tag in fortströmender Geschichte. Aber in wenigen großen Handlungen oder Geschehnissen faßt sich doch zuweilen Aufgang oder Ende einer Epoche, das Heraufsteigen oder Schwinden die Geschichte tragender, erfüllender Werte zusammen; eine solche Handlung war die Krönung Karls des Großen durch Leo III. am Weihnachtstage des Jahres 800, die gegen den Willen des Franken-Herrschers erfolgte Darstellung einer geschichtlichen Notwendigkeit: der Verschmelzung weltlicher und geistlicher Macht. Nun saß in Brüssel wieder Karl auf dem Throne, aber als Verzichter.

Drei Tage zuvor war er als Souverän des Ordens vom Goldenen Vlies, welches Amt auf das engste mit der unter Maximilian von Habsburg erheirateten burgundischen Herrschaft verbunden war, zugunsten seines Sohnes zurückgetreten. Das Emblem der Ordensbruderschaft war, wie Carl J. Burckhardt schreibt, in Form des Feuereisens der Anfangsbuchstaben von Burgund. »Jasons Fahrt nach Kolchis, sein Zug nach Osten, lag dem Namen des Ordens zugrunde.« Aber der ganze, der umfassende Verzicht, zu dem Karl sich entschlossen, mit dem er gewiß seit vielen Jahren schon gerungen hatte, erstreckte sich durch fast ein Jahr. Im Januar 1556 legte er die Kronen Kastiliens und Westindiens nieder, die letzte Krone eines unbegrenzbaren Reiches; ein zweites Dokument beurkundete den Verzicht auf die Kronen einer ganzen Reihe schimmernder Königreiche: Aragon, Valencia, Sardinien, Mallorca und Barcelona; in einem dritten begab er sich Siziliens, um dessen Behauptung er, Erbe der Hohenstaufen, lebenslang mit den Päpsten und dem König von Frankreich gerungen hatte. Mit dem Erbe, das er angetreten, war ihm auch das Gesetz seines Handelns gegeben worden; immer mehr war er eingegangen in das Leben der Vorfahren, der Weltgeschichte selbst. Das tief persönliche, das Geheimnis seiner Art und Herkunft, seiner Distanz zur Welt und seiner cäsarischen Beziehung zu ihr – Cortez, der in Ungnade gefallene Eroberer und Entdecker unerhörter Schätze und Reiche, hatte ihn in seinen Berichten stets »Cäsar« genannt –, seiner Einsicht und seiner Schwermut, der unerschütterliche Ernst seines Glaubens mündeten in den universalen Auftrag; und dessen Vollzug wurde wieder vom tief Persönlichen durchblutet. Weltgeschichte hat ihn geprägt. Aber auch er hat sie geprägt.

Widriges Wetter, so heißt es, verzögerte lange die Abreise nach Spanien. Er sandte keine Vertreter auf den Regensburger Reichstag; Ferdinand, sein Bruder, schon seit 1531 römischer König, sollte das Reich verwalten. Erst im September 56 machte er sich bereit, sich in Seeland einzuschiffen. Und erst jetzt fertigte er eine Gesandtschaft ab, die den Kurfürsten die Erklärung überreichen sollte, daß er das heilige Reich und das römische Kaisertum, Verwaltung, Titel, Hoheit, Szepter und Krone seinem Bruder übergebe, frei, vollkommen, unwiderruflich. Die Führung der Gesandtschaft überantwortete er Oranien: es war wohl die letzte Auszeichnung, die er zu vergeben hatte.

Mit den Segeln des Kaisers entschwindet ein Licht, das niemals wiederkehren sollte. Über den blühenden niederländischen Städten und Landschaften lastet ein gefahrenschwerer Himmel. Karl mag nach England hinübersehen. Noch ist Philipp Gatte der Königin, ist vielleicht die Hoffnung erlaubt auf Wiederherstellung des alten Glaubens auf der Insel. Doch der Bestand der englisch-burgundischen Union, die letzte große Konzeption des Kaisers, ist ganz zweifelhaft geworden. Wohl waren die vierzig Jahre überreich an Kämpfen. Aber in ihnen ist doch eine aristokratische, von der Aristokratie ins Bürgerliche hinüberspielende, ein Ganzes bedeutende, alle Lebensgebiete bewegende Kultur gefaßt, die nicht fortdauern kann. Karl war zugleich Kaiser und großer Herr. Es werden unter den Nachfolgern würdige, aber auch bedeutende Träger und Sachwalter der abgelegten Kronen hervortreten; seinesgleichen nicht. Wie tief ihn auch Krankheit, vorzeitiges Altern, Trauer beschatten, er kam doch aus einer heitern und in den Überzeugungen von den letzten Dingen einigen Welt. Er war Ritter, wie die meisten seiner Gegner, wie selbst Franz von Frankreich, trotz seines Wortbruchs, Ritter waren: nach drei erbitterten Kriegen, unmittelbar vor dem vierten, nach allen Enttäuschungen und Vertragsbrüchen hatte Karl es wagen können [1540], durch Frankreich zu reisen, in Paris sich aufzuhalten.

Aber auch die Krone, wie er sie sah und trug, entschwindet mit ihm. Ja, er selbst hebt sie auf. Sein und seines Hauses erbitterter Feind, Papst Paul IV. aus dem Hause Caraffa, der eben beschäftigt ist, eine neue Koalition gegen Habsburg aufzubauen, erklärt, daß er Karls Abdankung niemals anerkennen werde; sie sei null und nichtig.

Hatte der Papst nicht recht? Hatte er nicht die Reichsgestalt vor Augen, der Karl gedient, in der er gelebt hatte? Er war noch in Bologna gekrönt worden als der letzte Kaiser vom Papst [von Clemens VII., 1530]. Karl wollte, solange er regierte, durchaus Herr sein, nicht allein Amtswalter. Er war, nach seinen eigenen Worten, entschlossen, »lebend oder tot, Kaiser von Deutschland zu bleiben«. Der Verräter Moritz von Sachsen warnte mit dem besten Grunde die Fürsten: Karl werde sie lehren, wie sie zu Pferde sitzen sollten. Das wollte er, mußte er wollen, wie abhängig er auch von den Fürsten war: konnte er doch keine Steuer einziehen, keinen Krieger aufbieten außer durch die Landesherren, keine Exekution erzwingen; sie mußte vom Reichstag bewilligt sein. Aber Karl empfand sich zugleich als Schirmherr der Christenheit. Und dieses Amt stand in Frage. Denn die Christenheit war nicht mehr eins. Karl fand sich niemals mit der Spaltung ab. Aber dieses Amt, so wie er es verstand, als Verpflichtung von oben, konnte er nicht mehr vollziehn.

II. Weltgeschichte

Blicken wir zurück! Suchen wir nach den Gründen des Verzichts, dem eigentlichen Problem Karls V., seiner Herrschaft, seiner Zeit! Ein jeder Verzicht eines zur Verwaltung der Macht, zu einem Amte Berufenen enthält eine unbeantwortbare Frage, gerade wenn er nicht Flucht ist, sondern schwer errungener Entschluß. Ist das Amt von Gott, so kann es der Mensch nicht abwerfen; ist er nicht mehr imstande ihm zu genügen: wie kann er hoffen, daß ein Anderer imstande sein werde, ein von ihm, nicht von Gott Berufener, wie er berufen war? Wie kann er gewiß sein, daß er die Last nicht in unrechte Hände legt?

Karl gab seine Idee nicht auf. Aber er wurde im geschichtlichen Prozeß verzehrt. Er wurde gerade deshalb vorzeitig verbraucht, weil er seine Überzeugungen nicht aufgeben, dem Wandel nicht unterordnen konnte.

Schon in den ersten Jahren traten die großen Gegner, die ihm bestimmt waren, in klarer Entschiedenheit gegen ihn auf. Das Haus Orléans, dessen Tradition es war, um die vom Reiche beanspruchte Vormacht in Italien zu kämpfen; ein überall sich regendes nationales Bewußtsein als Feind der universalen Idee; die Reformation; bald auch das Papsttum, das sich gegen die Umklammerung von Süden und Norden wehrte; die immer neu gegen Ungarn und Wien heranflutenden Türken, in deren Dienst die berberischen, von der afrikanischen Küste angreifenden Seeräuber standen; weder Franz von Frankreich noch der Papst [Paul IV.] verschmähten die Hilfe des Sultans Soliman; wie ja auch Karl sich wieder der lutherischen Söldner gegen Rom bediente, die aufständischen Städte in Spanien die französischen Truppen ins Land riefen und Franz und sein Sohn Heinrich II. die reformierten reichsverräterischen Fürsten begünstigten. In und mit den politischen Kämpfen trugen sich geistige Entscheidungen aus; in diesen wieder Machtverschiebungen. Niemals sind die Mächtigen frei in der Wahl der Bundesgenossen und Mittel. Sie sind auf die Kräfte des Zeitalters angewiesen – nach ihrem Ermessen und Gewissen.

Im Alter von sechs Jahren hatte Karl seinen Vater, Erzherzog Philipp, verloren; er soll nach übermäßiger Erhitzung im Pelotaspiel jäh gestorben sein. Karls Mutter Johanna, Tochter der katholischen Könige, schon früh von Leidenschaft und Eifersucht zerrüttet, zog mit dem Sarge durch die Lande, bewachte ihn dann in Tordesillas, immer tiefer von Schwermut umnachtet, erniedrigt. Aber sie blieb nach dem Testamente ihrer Mutter Isabella Königin von Spanien, und zwar auch in den Augen des Volkes; solange Karl über Spanien herrschte, stand er im Schatten ihrer Königsrechte, mußte er, bei regelmäßigen Besuchen in Tordesillas, den Anblick der von schrecklichen Gesichten und Wahn gepeinigten, aber auch wohl vom Unverstand der Wärter mißhandelten königlichen Frau ertragen, die nicht vergessen konnte, was sie war und sein sollte, und nicht davon zu überzeugen war, daß ihr Vater nicht mehr lebte.

Karl von Gent, wie er nach seinem Geburtsort genannt wurde, war ein Fremder, als er im Alter von siebzehn Jahren nach dem Tode des Großvaters Ferdinand nach Spanien kam, der Sprache nicht mächtig, umgeben von fremden Räten, mit nicht unberechtigtem Mißtrauen betrachtet, zunächst abgelehnt. Indessen starb in Wels in Oberösterreich sein Großvater Kaiser Maximilian [1519] über großen, fast phantastischen Entwürfen, ohne daß es ihm gelungen war, vor dem Reichstag Karls Nachfolge durchzusetzen; Karl von Gent und Franz von Frankreich traten den ersten noch unblutigen Waffengang um die Kaiserkrone an. Die Eidgenossen, von Franz hart bedrängt, erklärten, daß sie keinen andern Kaiser als einen von deutscher Abkunft anerkennen würden. Wie reichlich auch die französischen Bestechungsgelder nach Deutschland flossen, so hatten doch die für Karl ins Spiel geworfenen Goldgulden des Hauses Fugger [es sollen 850 000 gewesen sein] entscheidendes Gewicht. Hinter dem abziehenden Fürsten entbrannte in Spanien ein gefährlicher Aufstand, in dem sich feudale Bestrebungen des Adels mit freiheitlichen der Städte und nationalistischen Empfindungen verschmolzen: eine Bewegung zwischen den Zeiten wie der spätere Aufruhr der deutschen Ritterschaft und auch der Bauernkrieg. Karl war entschlossen, die Kräfte Spaniens für die universale Aufgabe einzusetzen. Aber die alten Städte Toledo, Segovia, Ávila, Valladolid und die alten Geschlechter waren dafür noch nicht erzogen. Die Aufständischen bemächtigten sich des Schlosses Tordesillas; die Wahnsinnige empfing sie in einer ihrer hellen Stunden. Bald wurde der Bund von dem Heere des Kardinal-Regenten Hadrian von Utrecht, des Erziehers des Kaisers – übrigens ein holländischer Handwerkersohn – zerschlagen.

Schon in den Niederlanden verbot Karl Luthers Schriften; wenige Wochen darauf, bei der Krönung in Aachen [23. Oktober 1519], gelobte er, den überlieferten Glauben zu halten und zu fördern. Diesem Gelöbnis war er in Worms verpflichtet, als Luther unter dem Schutze kaiserlichen Worts, geleitet von dem kaiserlichen Herold Sturm, vor ihm erschien. Sie sahen sich dieses eine Mal. Für Luther war und blieb Karl der von Gott gesetzte Herr; wenn auch im Gange des Lebenskampfes sein Urteil, seine Haltung wechselten, hörte er nicht auf, für den Kaiser zu beten. Aber Luther war nicht angetan, auf Karl zu wirken. Die verzehrende Angst um seine persönliche Rettung, die fast verzweifelte Frage nach dem gnädigen Gott, die Glaubensinbrunst berührten den Kaiser nicht. Theologen haben sich immer gerauft. Es ist unkaiserlich, sich einzumischen. Glaube war für Karl Demut. Er trug lebenslang das Buch des Thomas a Kempis mit sich, dessen im Grunde überaus strenge Forderungen sein Gewissen bewegten. Bei aller Kompliziertheit hatte er einen kindlichen Zug. Daß die geschichtliche Gestalt der Kirche der Reform bedurfte, wußte niemand besser als er. Aber diese Reform konnte seines Erachtens nur vollzogen werden auf dem festen Grund unantastbarer Lehre. Was sollte geschehen, wenn beides schwankte? Wie sollte man das Haus bestellen, wenn das Fundament angegriffen wurde? Es könnte auch sein, daß es ihm unvornehm schien, über die Lehre zu streiten, eine Denkweise, die noch heute von Menschen echt aristokratischen Gepräges vertreten wird. Glaube und Lebensform waren für ihn eins. Eben das Aristokratische trennte Karl von Luther. Dem jungen Kaiser ging alles um den Zusammenhang der Zeiten, den Einklang mit den Vätern, den Toten; das war ja seine Kraft. Es erschien ihm unehrerbietig, zu sagen, daß die Väter sich in Glaubenssachen geirrt haben; daß sie im falschen Glauben gestorben seien. Für ihn gab es einen einzigen Weg zum Heil:

und das war auch der Weg zu den Vätern. Luther bedrohte die Kontinuität. Sollte er sich durchsetzen, so konnte Karl nicht Kaiser sein im gültigen Sinne des Kaisertums.
Die Szene von Worms beweist, daß auch ein Glaubwürdiger nicht überzeugen muß. Sehr deutlich sah Karl die weltgeschichtlichen Folgen, die sich gerade jetzt aus einem Widerspruch gegen die Lehre ergeben mußten. Am Tage darauf setzte er eigenhändig in französischer Sprache eine an die Stände gerichtete Erklärung auf. Er berief sich auf seine Vorgänger, die deutschen Kaiser, die österreichischen Erzherzöge, die Herzöge von Burgund: sie haben die heilige katholische Religion hinterlassen, in der er lebe und sterbe. Ein Mönch, geleitet von privatem Urteil, habe sich dagegen erhoben; er behaupte dreist, »daß alle Christen sich bis heute geirrt hätten. Ich habe also beschlossen, in dieser Sache alle meine Staaten, meine Freunde, meinen Leib und mein Blut, mein Leben und meine Seele einzusetzen ... Ich will ihn nicht mehr hören.«
Diese Entscheidung ist endgültig, ist weltgeschichtlich. Philipp II. wird sie nur wiederholen. Was man ihm vorwirft, muß man Karl vorwerfen, dem er gehorchte. Wir bewundern und verehren mit Recht Luthers Bekennermut. Wenn wir aber von dem päpstlichen Nuntius Alexander hören, daß um die Zeit des Wormser Reichstages »neun Zehntel« der Deutschen für Luther gewesen seien, so sollten wir auch den Kaiser achten, der sich solcher Übermacht entgegensetzte, vertrauend auf seinen Glauben – wie Luther auf den seinen –, stark in der Tradition, aber keineswegs in der äußeren Macht; den Kaiser, der mit fast erschreckendem Weitblick sah, daß der heraufdrohende Kampf alles kosten kann, Leib, Leben, die Freunde, das gesamte Erbe, und der bereit ist, alles zu opfern, um zu bleiben, was er ist; den Kaiser, der gegen sein Volk entscheidet – und doch dem Ketzer sein Wort hält.
Aber war es nicht schon zu spät? Ein bedeutender Historiker der Reformation, Josef Lortz, sieht in der Tatsache, daß Lu-

ther, der von feierlicher Bulle als Ketzer Verurteilte, überhaupt vor den Reichstag geladen, vor ihm verhört wurde – statt daß Kaiser und Reich rechtens gegen ihn vorgingen –, »die Bedrohung, wenn nicht die Leugnung der Grundlagen, auf denen die abendländische Welt ruhte«. Es sei offenkundig geworden, daß die Struktur des Abendlandes daran war, zu zerbrechen. Wir können hier den schicksalsschweren Verhandlungen und verklausulierten Abschieden von Speyer, Augsburg, Nürnberg bis endlich zum Religionsfrieden [1555] nicht folgen; Karl hat von seinem Standort das Äußerste getan, um zu vermitteln, zu befrieden, aber er hat den in Worms gefaßten Entschluß, den »notorischen Häretiker« zu bekämpfen, nie aufgegeben; er konnte es nicht. Daß er sein kaiserliches Wort gehalten; daß er Luther in Worms nicht dem Gericht übergeben, erscheint uns als menschliche Größe. Ihn selber belastete diese Treue als Vorwurf. Gott war der größere Herr. Wenn nun ihm die Treue gebrochen wurde, Volk und Fürsten von ihm abfielen: war es dann Gottes Knecht, dem Sachwalter seiner Ordnung auf Erden, gestattet, sein Wort zu halten? Hätte er es nicht brechen, seine ritterliche Ehre nicht opfern müssen um Gottes willen? Das wird zum schweren, so wenig gewürdigten Lebensproblem Karls V.

Daß Luther nicht hätte vom Gericht beantwortet werden, auf dem Scheiterhaufen nicht hätte widerlegt werden können, sah Karl nicht ein; er glaubte, daß an Huss Recht geschehen war in Konstanz. Daß die einzige Antwort in der Richtung des unerbittlichen Schuldbekenntnisses lag, das sein Lehrer Hadrian als letzter deutscher Papst [1522/23] und später Paul III. ablegten, hätte er wohl nicht zugegeben. Und Luther kam nicht mehr in seine Hand. Das von ihm entfachte Feuer lief in die österreichischen Erblande, den Rhein hinab, in die skandinavischen Länder; 1521 kam Karlstadt nach Kopenhagen, begannen sich die Klöster in Dänemark zu leeren, bald wurde Karls Schwager, Christian II. von Dänemark, nach schwerer Verschuldung aus Schweden vertrieben; ein Schüler Luthers,

Olaus Petri, wurde 1524 unter Gustav Vasa in den Rat von Stockholm berufen; unbedenklich bemächtigten sich die Könige des Kirchenguts, noch wenig berührt von der Lehre; Michael Agricola, der spätere Übersetzer der Bibel in die finnische Sprache und Bischof von Åbo, dem heutigen altersgrauen Turku in Finnland, studierte um 1536 in Wittenberg.
Karl war nicht frei. Franz von Frankreich hatte wohl die Kaiserkrone lassen müssen; aber er ließ nicht vom Anspruch auf Mailand, Herzogtum und Freigrafschaft, die burgundische Erbschaft, Genua, Neapel. Karl wurde zum erfahrenen Kriegsmann, zum überlegenen, leidenschaftlichen Kenner des Kriegswesens, wenn er auch die Führung der Feldzüge, Schlachten, Belagerungen meist seinen Feldherren überließ. Er lebte, entbehrte mit seinen Soldaten, ihnen vertraut wie ein Feldhauptmann. Wir können uns sein Leben nicht vergegenwärtigen, ohne den Trommelreim der Landsknechte auf die Schlacht von Pavia [1525] zu hören:

> *Herr Görg von Fronsperg,*
> *Herr Görg von Fronsperg,*
> *der hat die Schlacht gewunnen,*
> *gewunnen hat er die Schlacht*
> *vor Pavia im Tiergart*
> *in neunthalb Stunden*
> *gewunnen Land und Leut.*

Und nicht ohne die Klage:

> *Im Blut mußten wir gan,*
> *im Blut mußten wir gan,*
> *bis über, bis über die Schuch:*
> *Barmherziger Gott, erkenn die Not.*

Der Kaiser liebte den Ruhm; blieb wachsam vor Wechselfällen, standhaft in Niederlagen, vorsichtig im Siege; er kehrte um vor Marseille und, in dem letzten, dem vierten Krieg mit Franz, zwölf Meilen vor Paris. Gerade als Kriegsherr dachte er universal: »Ein gutes Heer«, sagte er, »muß einen italienischen Kopf, ein deutsches Herz und eine spanische Faust haben.« Das Ergebnis der vier Kriege mit Franz, dem der fünfte mit dessen Sohn Heinrich II. folgen sollte, war: Selbstbehauptung unter Verlusten; das Reich konnte die Stellung in Italien halten, über Hochburgund aber nur eine Art Schutzherrschaft bewahren [1548].

Aber während die inneren Gegensätze sich festigten und vertieften, der Protestantismus sich zur politisch-militärischen Macht zusammenschloß, konnte Karl als Schutzherr des Abendlandes erscheinen: auch Luther hatte zum Krieg wider die Türken aufgerufen, als Solimans Heere Ungarn überschwemmten und die Königskrone Stephans des Heiligen erbeuteten, Wien bedrohten. Karl drängte sie zurück. Drei Jahre später [1535] entrissen die Spanier unter Karls Befehl La Goletta, den Hafen von Tunis, den Seeräubern; bald darauf fiel Tunis; gegen 20 000 Christen wurden aus den Händen der Ungläubigen befreit. Im Blitze des großen Sieges erschien der Kaiser als der, der er sein sollte. Aber dieses Glück kehrte nicht wieder. Gegen den Rat seines bewährten Admirals, des Andrea Doria, wollte es Karl eigensinnig zurückzwingen, als er gegen Algier segelte [1541]. Aber der Sturm jagte die Flotte auf der Höhe der Stadt von der Küste und überlieferte die schon gelandeten Soldaten dem Feind; von einem Wrack sprang Cortez, der Eroberer von Mexico, mit seinem Sohn in die Wellen. Sie retteten sich schwimmend; die unschätzbaren Juwelen, die Cortez dem Aztekenkaiser Montezuma geraubt hatte – sie waren als Blumen, Fische, in phantastische Formen geschnitten –, versanken.

Wir können Karl nicht sehen vor Gent, Toledo, Wittenberg, dem unter der Bestialität seiner Soldaten stöhnenden Rom [1527], vor Mühlberg, wo der fromme sächsische Kurfürst, Haupt der Schmalkaldener, im Gottesdienst gegen Alba die

Schlacht versäumte und verlor und damit die Sache des schmalkaldischen Bundes [1547]; wir müssen ihn sehen vor dem gesamten Abendland und den hinter ihm aufgehenden Meeren und Kontinenten, im Geiste der Entdeckerzeit, den Lope de Vega aussprach:

> *Al Rey infinitas tierras*
> *Y a Dios infinitas almas.*

Auf dem Tische des von Stadt zu Stadt, von Land zu Land Ziehenden sammelten sich die Berichte aus den Ländern von Kansas bis Buenos Aires, aus Columbien, Honduras, Ecuador, Venezuela, Chile, Peru: während ihm das Gezänke der Theologen in den Ohren lärmte und ein Rudel betrunkener deutscher Fürsten [wie in Augsburg 1547] unter Anführung des den Würfelbecher schwenkenden und Dukaten verstreuenden Herzogs von Liegnitz zum Gaudium des Volkes durch die Straßen tobte. Es gereicht ihm zum echten Ruhme, daß er die leidenschaftlichen Anklagen, die der Dominikaner Las Casas gegen die unmenschliche Mißwirtschaft in den Kolonien erhob, anhörte; daß er den Ankläger auszeichnete und schützte. Im Sinne seiner Vorgängerin Isabella und der großen und kühnen spanischen Rechtslehrer jener Zeit suchte er die Naturrechte der Eingeborenen durch Gesetzgebung zu sichern. Aber die Durchführung strenger Gerechtigkeit in jenen unübersehbaren, noch immer sich ausdehnenden Regionen lag nicht in seiner Macht. Und ebensowenig konnte er, gerade mit Rücksicht auf seine Universalpolitik, die westindischen Silberflotten entbehren.

Auf einem Blatte, das mit einer phrygischen Mütze zwischen zwei Dolchen gezeichnet war [Antonio Ballesteros: Geschichte Spaniens], hatten die protestantischen deutschen Fürsten ein Abkommen mit Heinrich II. von Frankreich getroffen: der König sollte die Städte Metz, Toul, Verdun als »Reichsvikar« besetzen dürfen zum Schutze ihrer »Libertät«. Wohl konnte Karl, die Erniedrigung der Flucht auf sich nehmend, nicht ganz unvorbereitet, aber ohne Macht, der Tücke des Kurfürsten Moritz durch den Aufbruch aus Innsbruck nach Kärnten ausweichen, in kalter regnerischer Nacht, mit Windlichtern, in das verschneite Gebirge. Aber er und sein Bruder Ferdinand, der römische König, mußten mit den Protestanten verhandeln. Indessen besetzte Heinrich II. die an ihn verratenen Bistümer. Als der schwerkranke Kaiser, nach äußerster Anstrengung des von Seuchen geschlagenen Heeres, gebrochen von der Unbill des Winters, dem Widerstand des Herzogs von Guise, sich aus den Gräben vor Metz tragen ließ und die Belagerung aufhob, sagte er: nun sehe er wohl, daß Fortuna ein Weib sei; sie ziehe einen jungen König einem alten Kaiser vor. Die Vermählung Philipps mit Maria Tudor [März 1554] war der letzte große Wurf in der Richtung der Universalpolitik; der aus dieser Ehe erwartete Erstgeborene sollte mit England die burgundischen Lande erben; neben der österreichischen und der spanischen wäre eine dritte Linie des Hauses aufgewachsen; die drei verschlungenen Stämme sollten die Krone der Welt tragen. Selbst nach Rankes Meinung betrug sich Philipp in England nach der Vermählung mit Maria »mit vieler Klugheit«; das Parlament war bereit, sich von der Kirche Heinrichs VIII. loszusagen und zum Papste zurückzukehren. Das Ziel schien ganz nahe.

Und doch war alles gescheitert; es war Karl nicht gelungen, Philipp im Reiche als Nachfolger durchzusetzen; zwischen dem Kaiser und Ferdinand und dessen Sohn Maximilian, den Karl, wie es scheint, mißbilligte, hatten sich in der Frage der Nachfolge wie des Verhältnisses zu den Protestanten Spannungen ergeben, die nur schwer, auf formelle Weise, ausgeglichen werden konnten. Bald wurde es zur Gewißheit, daß die überschwengliche Hoffnung auf einen Erben aus der spanisch-englischen Ehe sich nicht erfüllen konnte. Den Kaiser muß das wie eine Art Gottesurteil getroffen haben, ein Geheimnis: war es nicht Gottes Wille, daß er Europa zum alten Glauben zurückführte? Wie aber Martin Luthers Sache, so hatte er auch die Entscheidung Heinrichs VIII., die Lostrennung Englands von Rom, die Begründung einer vom Kontinent unabhängigen Weltmacht, unterschätzt. Um die gleiche Zeit [September 1555] erklärte der Reichstag zu Augsburg nach langen Verhandlungen und in einem von Vorbehalten beschwerten Reichsabschied die Bekenner der augsburgischen Konfession als den katholischen Ständen gleichberechtigt. Weder Ferdinand noch Karl hätten diese Entscheidung als endgültig anerkannt. Aber sie war nicht zu umgehen. Papst Paul IV., der mit dem französischen König zum neuen Schlag gegen Habsburg rüstete, fragte: was dem katholischen Glauben Widerwärtigeres hätte begegnen können als das zu Augsburg Beschlossene? 1554 war Johanna die Wahnsinnige gestorben, war ihr Schattenrecht erloschen. Das forderte die Anwesenheit des Königs in Spanien, die dem Hause geziemende Totenfeier.

So verbündeten sich viele Motive des Verzichts, der Umkehr nach Spanien, der Heimkehr. Denn Karl war während der wiederholten langen Aufenthalte in Spanien zum Spanier geworden; keine Form stand ihm so an, wie der spanische Ernst, das in Spanien übernommene, fortgebildete burgundische Zeremoniell, die Landschaft, das Klima der Hochebene, zu dem auch die Ärzte rieten, wohl auch die Sprache. Es war nicht richtig, was in Deutschland gesagt wurde, daß er nur mit seinem Pferde deutsch geredet habe. Aber der Sprache wurde er doch so wenig eigentlich mächtig wie Friedrich der Große, der nach Abstammung, Sprache, Denkart und Kunstgeschmack und doch nicht nach der Art mehr Franzose als Deutscher war. Karl war sich zum Spanier wandelnder Burgunder, am tiefsten verpflichtet der uns in ihrer Fülle und Freiheit kaum mehr erreichbaren burgundischen Kultur, die seither von furchtbaren Kriegen, sinnwidrigen Teilungen verwüstet und zerrissen wurde und übrigens auf Portugal einen ähnlichen Einfluß wie auf Spanien hatte. In seinen Taten aber wirkte der Kaiser am stärksten aus Kräften des spanischen Adels, Volkes, Geistes. Alles schien ihn hinwegzudrängen, einen Überwundenen: die Niederlage von Metz, in der Sache des Reiches, die nicht zu verschmerzen war; das Scheitern im Kampfe gegen die Reformation, deren Haupt und Lehre ihn nie überzeugten, berührten; das Scheitern der Nachfolge Philipps im Reich wie in England. Damit vereinten sich die Krankheit, Sehnsucht, Geheimnis, Karls ganzes Verhältnis zur Welt; angeborene Einsamkeit, die aus der gesamten Lebenserfahrung, im Umgang mit Fürsten, Päpsten, Eroberern, Feldherren, Anverwandten und Feinden ihr Recht erwies und endlich vollziehen sollte.

III. Der Mensch

Früh, mit einundzwanzig Jahren, zeigte Karl bewundernswertes diplomatisches Geschick, als er Heinrich VIII. von England in Gravelingen traf und ihn und seinen Kanzler zum Bündnis gegen Franz von Frankreich überredete. Später hatte er einen nicht geringen Anteil am Abfall Heinrichs vom Papste; unter dem Drucke des Kaisers weigerte sich der Papst, Heinrich von Katharina von Aragon zu scheiden; sie war eine Schwester Johannas von Kastilien, Tochter der katholischen Könige. Die Scheidung wäre vielleicht möglich gewesen; habsburgische Familienpolitik widersetzte sich allen Vorstellungen, die dafür sprachen. Diplomatische Überlegenheit in der Vorbereitung der Kriege, Gewandtheit und zugleich eine gewisse Starrheit sind kennzeichnend.

Was der Kaiser war, sagen seine Taten, die er selbst für seinen Sohn sachlich, streng auf das Faktische gerichtet, aufgezeichnet hat, sich selber, Mit- und Gegenspieler, wie ein Unbeteiligter betrachtend, die Bewertung anderen überlassend; nur von »Hochmut« oder »Halsstarrigkeit« der Protestanten ist dann und wann die Rede, nicht von der Begegnung mit Luther, immer wieder von dem Bemühen, »Ordnung in Deutschland« herzustellen; als einziges Heilmittel bezeichnet er ein allgemeines Konzil; dazu drängt er den Papst. Das tiefere Persönliche verschwindet völlig; sorgfältig zählt Karl die Gichtanfälle, die im Jahre 1528 einsetzen, die Reisen; kurz, mit Anteil, verzeichnet er die Ereignisse in der Familie; die Majestät begibt sich nach Tordesillas, »um der Königin, ihrer Mutter, die Hand zu küssen«. Wir haben ein Bild seines Aufbruchs nach der Schlacht von Mühlberg [1547], einem seiner glänzendsten Siege, der ihn in Deutschland auf den Gipfel zu heben schien. Als den Sieger von Mühlberg hat ihn Tizian gemalt, der zuvor in Mailand und wiederholt in Augsburg in seiner Umgebung lebte, Tizian, der den herrscherlichen Adel sah, das mit schon ermüdender Kraft behauptete Rittertum – und die unsägliche Einsamkeit. Aber ergreifender fast noch in seiner Macht und Unmacht erscheint er in einem Bericht. Wohl hat er gesiegt, führt er seine Gegner Johann Friedrich von Sachsen und Philipp von Hessen als Gefangene mit. Aber an der Saale raufen sich Spanier und Deutsche um einen gestohlenen Hengst; deutsche Adlige werden am Tisch durch das Zelt erschossen. Der Kaiser schickt einen vornehmen Spanier, sie zu versöhnen; dem wird auf der Brücke das Pferd erschossen, so daß er in den Fluß stürzt und ertrinkt. Nun schickt der Kaiser seinen Neffen, den Erzherzog Maximilian; auch er ist »ein spanischer Bösewicht«. Ihm wird so hart auf den Arm geschlagen, daß er ihn wochenlang in der Binde tragen muß. Nun kommt der Kaiser selbst heraus: »Liebe Deutsche, ich weiß, ihr habt keine Schuld. Ich will euern Schaden erstatten und bei meiner kaiserlichen Ehre morgen am Tage vor euren Augen die Spanier henken lassen.« Dazu kommt es freilich nicht, denn Karl läßt nachforschen und erfährt, daß die Spanier den vierfachen Schaden erlitten haben. So läßt er den Deutschen sagen: er wolle hoffen und allergnädigst befinden, sie würden daran ersättigt und zufrieden sein. In Halle läßt er in einem großen Saale im Beisein vieler Fürsten und Zuschauer – so viele ihrer ins Gemach gehen und von außen ins Fenster sehen konnten – den Landgrafen von Hessen und seinen Kanzler Abbitte leisten. Der Kanzler tut es, demütig auf den Knien; auch sein Herr kniet nieder, aber mit spöttischem Lachen. Karl hebt zornig den Finger: »Wohl, ich will dich lachen lehren.« Die Haft des Landgrafen ist streng, unwürdig; die spanischen Wachen schlafen in seinem Zimmer, wechseln nachts unter Trommeln und reißen ihn aus dem Schlaf; ein spanischer Hauptmann wirft ihm scheltend die Speisen vor die Füße.

Vor dem Tore vor Naumburg wartet der Kaiser im schwarzen, breit mit Samt gesäumten Mantel und samtnen Hut auf die sich zum Abzug sammelnden Truppen; ein Platzregen fällt; der Kaiser schickt in die Stadt nach seinem Filzmantel und Filzhut; und indessen wendet er seinen Mantel um, schützt darunter den kostbaren Hut und erträgt bloßen Hauptes den Regen. In Bamberg steht der gefangene Kurfürst von Sachsen am Fenster und betrachtet die einziehenden Truppen; da der Kaiser um die Ecke kommt, verneigt er sich tief; aber Karl verläßt ihn nicht mit den Augen, solange er ihn sehen kann, und lacht spöttisch. Die Spanier verschleppen vierhundert Frauen, Jungfrauen, Mägde; an allen Straßen, die der Kaiser zieht, liegen Erschlagene, Vergewaltigte. Er muß es dulden.

In Augsburg fühlt er sich Herr; er läßt, mitten in der Stadt, hart am Rathause einen Galgen aufrichten; »dabei einen halben Galgen, woran man die Chorda gab und gerade gegenüber ein Gerüst, in Höhe eines mittelmäßigen Mannes, worauf man räderte, köpfte, strangulierte, vierteilte und dergleichen Arbeit verrichtete«.

Die Fürsten tanzen, geben Bankette in den freiesten und rohen Unsitten der Zeit. Niemals der Kaiser. Er läßt sich vom Gefolge aus der Kirche begleiten und gibt einem Jeden die Hand, ohne zu sprechen. Einmal vermißt er den Kanzler des Herzogs Moritz, den er schätzt. Er frägt nach ihm auf lateinisch; da er hört, daß der Kanzler nicht wohl ist, gibt er einem

Arzt in niederländischer Sprache den Auftrag, nach ihm zu sehen. Allein setzt er sich zu Tisch, in dem mit kostbaren Teppichen behangenen Saal, hinter ihm stehen Narren, die Possen reißen. Junge Fürsten, Grafen tragen die Speisen auf; er schüttelt den Kopf, oder er nickt, dann und wann zum Spaß eines Narren den Mund verziehend zu halbem Lächeln; er läßt sich nicht vorschneiden; wenn er trinken will, winkt er den Ärzten, die vor dem Tische aufwarten; sie gehen zum Tresor; dort stehen zwei silberne Flaschen und ein kristallenes Glas, das anderthalb Seidel faßt; Karl trinkt es aus ohne abzusetzen, mehrmals Atem holend. Dann wird ihm das Gratias vorgebetet. Er nimmt den Zahnstocher, wäscht sich die Hände; die Tafel wird abgeräumt, das Gemach völlig geleert. Der Kaiser stellt sich in eine Ecke ans Fenster, und nun kann ein Jeder kommen, ihm Bittschriften zu überreichen oder ihm zu berichten. Wenn es irgend möglich ist, antwortet er sofort.
Aber er hat kein Geld, die Landsknechte zu bezahlen. Wohl sollen die Strafgelder der besiegten Herren und Städte angelaufen sein; aber Alba, der Sieger von Mühlberg, soll sie verspielt haben. Die Landsknechte revoltieren, hauen auf dem Weinmarkt, vor den Fenstern des Kaisers, einen Spanier in Stücke, der einem Fähnrich die Fahne entreißen wollte. Der Kaiser läßt fragen: was sie wollten. Sie halten die Rohre auf dem linken Arm, in der Rechten die brennende Lunte, nicht weit vom Zündloch, und antworten: Geld oder Blut. Sie sollten sich zufrieden geben, läßt der Kaiser sagen; morgen würden sie sicher bezahlt. Sie sagen: sie wollten ungestraft bleiben, obwohl sie vor sein Logis gezogen seien. Er verspricht es. Dann fertigt er Späher ab, die sich unter die abziehende Truppe mischen, hören sollen, was die Hauptleute sagen. Er bezahlt den Sold. Die Landsknechte trinken am Abend in den Wirtshäusern: »O weh! Das sollte man Karl von Gent erlauben, Kriegsleute annehmen und nicht bezahlen.« Sie wünschen ihm die fallende Sucht, St. Veltins Krankheit, an den Hals. Da brechen die Späher ein mit starker Mannschaft. Und

nun beginnt die Arbeit auf der Richtstätte, hart am Rathaus, unter dem Perlach, dem kühnen, verschlossenen, unerbittlichen Turm.

Schroff wie die Gegensätze der Zeit sind die seiner Natur. Er schwankt zwischen Ausschweifung und Askese, kann oft nicht Maß halten im Essen, hat eine Sucht nach Gewürzen, absonderlichen Speise- und Getränkefolgen und zugleich nach Entsagung. Isabella von Portugal, deren wehmütige Schönheit uns Tizian überliefert hat, ist vor der Welt die einzige Frau an seiner Seite: die einzige, die mit ihm die Krone trug. Er muß sie früh betrauern [1539], wird sie niemals vergessen. Wie wenig Gemeinschaft war ihnen vergönnt, wie oft, wie lange waren sie voneinander geschieden! – Aber bald wird er es bitter beklagen, daß er, aus Liebe zu seinem Sohne, wie er versichert, sich nicht wieder vermählt hat und in Sünde gefallen ist. Ihn ergreift ein unüberwindliches Verlangen zu büßen, sich zu züchtigen.

So bahnt sich von innen wie von außen der Weg nach dem kleinen Kloster in der Estremadura. Der Kaiser wird nicht Mönch, nur Freund der Mönche, ihr Gast. Er läßt sich ein bequemes Landhaus bauen, das an die Kirche anstößt. Am Garten hat er Freude, den seltenen Blüten, den Erdbeeren. Er hatte oft wenig Geduld und geduldet sich nun am Forellenbecken mit der Angel. Er läßt sich zur Eremitage tragen und ruht dort im Schatten. Streng beobachtet er die Feste des Kirchenjahres; die Gedenktage des Hauses, Todestage der Väter und Anverwandten flechten sich hinein. Immer näher kommen die Toten. Er dünkt sich fast schon unter ihnen zu sein. Oft bleibt er liegen. Auch vom Bett aus kann er den Gesang, die Gebete der Mönche hören, das Mysterium mit ihnen feiern. Ihn peinigt die Vergangenheit, nachts schallen Geißelschläge aus seiner Kammer. Das Bild der Unglücklichen, aus dem Menschlichen Gestürzten von Tordesillas läßt ihn nicht los. Hatte er Frieden? Wer mag es ahnen, wie der Verzicht ihn brannte? Philipp siegt bei St. Quentin über Heinrich von

Frankreich – es ist der einzige Sieg unter Philipps Augen, am Tage des heiligen Laurentius 1557; das ist eines der großen Daten seines Lebens. Warum, soll Karl gefragt haben, ist mein Sohn, der König, nicht in Paris? Nach dem Tode des Königs Johann III. von Portugal sendet er eigens den Herzog von Borja, der Verzicht getan hat wie sein Herr, nach Lissabon, um das Erbrecht seines Enkels Don Carlos zu wahren. Alba besiegt den Papst, den schlimmsten Feind des Hauses Habsburg. Er ist Petri Nachfolger. Aber Alba hat ihn viel zu milde behandelt. In Valladolid, in Sevilla werden Anhänger des Ketzers von Wittenberg aufgegriffen; des Kaisers eigener Beichtvater verfällt ihm; man schmuggelt seine Schriften zwischen den Warenballen, in den Fässern ein. Karl gebietet der Regentin, der Inquisition, mit äußerster Strenge zu verfahren. Als er in Wittenberg an Luthers Grab stand, verteidigte er es gegen Alba. Ehrfurcht den Toten! Aber Luther, den Lebendigen, hätte er verbrennen sollen, mußte er verbrennen.

Dieses Drama Cäsars als Gast der Mönche, des Imperators und Verzichters, konnte nur der Tod versöhnen, der nach zweijährigem Exil in der lastenden Schwüle spanischen Herbstes zu ihm kam [21. September 1558]. Karl konnte den Königsring nicht abstreifen von seiner Hand, die Krone nicht nehmen von seinem Haupt, die Verantwortung für das Heil der Welt nicht von seinem Gewissen; er hat sie ausgetragen in Tat, in Entsagung, im Gebet für die Einheit der Welt und Kirche, die in der ihm überantworteten, von einem Einzelnen nicht beherrschbaren Ära zerbrochen ist.

IV. Pietas

Karl, seine Idee, sein Vermächtnis scheiterten an nationalen Mächten und Empfindungen, die sich mit religiösen Kräften verbunden hatten. Es ist sehr schwer zu entscheiden, welche stärker, welche führend waren. Sie sind in dieser Prägung und Verschmelzung längst gebrochen, die universale Ordnung, der

Karl gedient hat, leuchtet wieder vor, freilich unter einem anderen Zeichen. »Wir wissen nur«, schreibt Carl J. Burckhardt [Carl J. Burckhardt: Gedanken über Karl v.], Karl den Fünften, seine Ziele, die scheinbare Vergeblichkeit seines Strebens, in wahrhaft angemessener welthistorischer Gerechtigkeit und zugleich aus persönlicher Nähe würdigend und durchdringend, »daß heute, vielleicht vorübergehend, vielleicht zu spät, in manchen Geistern, nach namenlosen Leiden der Generation und inmitten von nie dagewesenen Bedrohungen eine Hoffnung auf jene alte Schicksalsgemeinschaft entstanden ist, die es erlaubt, das uns so fremd gewordene Bestreben jener fernen kaiserlichen Gestalt wieder in neuer Weise zu erkennen.«
Schwerlich hat Karl, hat Luther die folgenden Jahrhunderte geahnt. Luther sah sich ja gegen Ende seines Lebens als der letzte Prophet vor dem Ende der Welt, noch immer das Bekenntnis gebietend, das Wort behauptend, doch unter apokalyptischem Himmel; nimmer hätt er geglaubt, daß der Thron Petri durch Jahrhunderte fortbestehe – so wenig wie Karl sich hätte überzeugen lassen, daß das Bekenntnis von Worms und Wittenberg sie durchdringen sollte und die Macht seines Hauses überdauern werde. In dem Grade aber, in dem die Spaltung selbst als Kreuz verstanden, angenommen wird, als ein wahrhaft erlittenes Kreuz, könnte das Gemeinsame, Universale von innen her, nicht als Imperium, doch aber als von innen nach außen wirkendes Reich, als geschichtlicher Auftrag christlicher Völker, wieder gewonnen werden. Nicht um den Sieg eines Bekenntnisses geht es mehr, sondern um das geschichtliche Dasein geglaubter, gelebter Wahrheit und die Hingabe des Zeugnisses an die Welt. Aber das war es doch im tiefsten Grunde, was die streitende Christenheit der Ära Karls des Fünften gewollt hat. Nur fällt die letzte richterliche Entscheidung an Gott, an den täglich erwarteten, wiederkehrenden Richter.
Während der Kaiser zum viertenmal mit Franz von Frankreich kämpfte und in Deutschland der Schmalkaldische Krieg

langsam heraufstieg, im Mai des Jahres 1543, empfing in Frauenburg am Frischen Haff in Ostpreußen der Domherr Copernicus auf dem Sterbebette das erste Exemplar seines Buches von den Umwälzungen der Himmelswelten; das Werk war dem Farnesepapst Paul III. gewidmet, der ernsthaft begann, die Kirche von innen zu reformieren und, auf Karls dringende Vorstellungen, die Besten zu diesem Werke aufzurufen und zu sammeln [1542]. Da aber der Wind der von Copernicus vorgetragenen Lehre durch den von Wittenberg nach Frauenburg gekommenen Professor Rheticus, der auch den Druck besorgen sollte, in die Stadt des Propheten getragen worden war, in die Stuben Luthers und Melanchthons, und sich dort in Sturm verwandelt hatte, so hatte sich der Drucker mit dem Vorwort eines lutherischen Theologen zu schützen versucht. Dieser verfälschte die Entdeckung, daß die Sonne stille steht und Erde und Planeten sich bewegen, in eine Hypothese. Viermal neun Jahre, schrieb Copernicus an den Papst, habe das Werk bei ihm geruht. Gegen die Schändung [die übrigens den Grund zur Tragödie Galileis legen sollte] konnte er sich nicht mehr wehren. Wir wissen nicht, was er litt, als er in seinen letzten Tagen die Wahrheit, der er sein Leben gewidmet hatte, unter der Maske der Lüge ausgehen sah. Die ganze Bedeutung dieses anscheinend stillen Vorgangs blieb noch verborgen. Copernicus folgerte die Unendlichkeit des Sternenraums, da er auf dem Wege der Erde um die Sonne keine Verschiebung der Fixsterne messen konnte. Wir können von der Zeit, ihren Menschen nicht sprechen, ohne seiner zu gedenken. Über den Völkern und ihren Fürsten wechselten die Gestirne; aber sie wollten dessen nicht inne werden und waren nicht bereit; waren sie doch nicht einmal den Fernen der Erde gewachsen, die sie durchschifften; den Forderungen, die hilflose Völker an sie stellten! Die Gewichte der Welt waren zu schwer. Der Glaubensstreit verzehrte das Mark.
Unendliche Reiche! Unendlich viel Seelen! Plus ultra: über alle Grenzen hinaus. Aber des Kaisers eigentliche Kraft, wie

die Luthers – nur Oranien hatte sich vielleicht losgerissen in eine unheimliche Freiheit, es ist sehr gewagt, ihn einen Christen zu nennen –; diese eigentliche Kraft wurzelte in der Tiefe der Zeiten, aus der alle Zeit steigt; sie war Ehrfurcht vor dem Überkommenen, den Vätern, den Gräbern: pietas. Und kraft dieser Bindung, das ist Karls größte Tat, rettete er in den Grenzen seines Vermögens, seiner ebenso zähen wie verletzlichen Natur, die Kontinuität. Unter ihm wird ein Gebirge hinweggerissen. Aber die Brücke steht. Wie viele Historiker haben es beklagt, daß er in Worms seine, des Reiches, Europas Stunde verpaßt habe! Das Wormser Edikt sei der Absagebrief an die deutsche Nation gewesen. Nein. Wohl redete es eine schwerfällige Sprache: das war eben die Sprache des Reiches, Kompromiß der Vielfalt. Aber des Kaisers Sicht und Wille waren klar. Luther *ergriff* seinen Auftrag. Karl *hatte* den seinen. Luther sagte klar: Deutschland war, und nie mehr wird es sein, was es gewesen ist. Karl brachte zusammenbrechend eine unerhört kostbare Last über die Brücke: das Bild der Einheit, des christlichen Zusammenhangs der Zeiten, Volkstümer, Überlieferungen römischen Erbes mit der Gegenwart; nicht das Kaisertum rettete er, aber dessen fortleuchtendes Bild. Aber noch mehr: in Karl ist die Problematik aller Herrschaft Gestalt geworden als Schicksal; Herrschaft ist durchaus notwendig, und die Völker, ein jedes einzelne arme Geschick, die einsame Frau am Tisch, die vor karger Mahlzeit het gebed zonder einde spricht, das beständige Gebet, sind verloren ohne herrscherlich-ritterliche Menschen solcher Art; sie müssen die Kraft haben, die Augen zu schließen vor dem Leid an der Straße, dem nicht verwindbaren Leid – um größeres einzudämmen. Aber sie stoßen auf die Stelle, wo die religiös-sittlichen Werte eine nicht tragbare Frage an sie stellen, wo die Macht transzendiert. Der Sieger von Mühlberg – das ist doch Tizians Vision – reitet ins Delta der sich ausschüttenden Macht, wo der Boden absinkt, das Land verschwimmt – ein Andres beginnt. »Trotz des Nebels und trotz der Schmerzen, die er empfand«, sagt Karl einmal von sich selbst, »stieg er zu Pferde.« Es wird wohl nie gelingen, von Luther zu sagen, was gesagt werden sollte; die Erscheinung spottet jeder Kompetenz und Psychologie und der Theologie erst recht: das ist eben Luthers geheimnisvolle geschichtliche Legitimation. Die Geschichte der Reformation läßt sich schreiben, die Martin Luthers nicht. Sie zerfällt in Szenen, die sich nicht verbinden lassen. Staupitz, dem Luther jeden Tag beichtete »nicht wegen Weibern, sondern die rechten Knoten«, sagte nach Luthers eigenem Zeugnis: »Ich verstehe es nicht.« Oder, wieder Luther selbst, »Ich habe im Aufruhr alle Bauern erschlagen; denn ich hab sie heißen totschlagen; all ihr Blut ist auf meinem Hals. Aber ich weise es auf unseren Herrn Gott; der hat mir solches befohlen zu reden.« – »Fürst und Obrigkeit sollten nicht gnädig sein«; denn Gott, der höchste Erbarmer, gab »ein scharfes Gesetz«. Das ist die Zeit Karls, Luthers, Calvins, Philipps II. Und doch: »Man soll die Kinder nicht zu hart stäupen.«

Auch das Problem Karls V. ist nicht auszuschöpfen, wiewohl er kein dämonischer Mensch war [Dämonie wird im ganzen weiträumigen Hause Habsburg nicht oft zu finden sein, sie widerspricht seinem Wesen, seiner Art zu ordnen, zu sein]. Er war im Grunde von der Einfachheit des Vornehmen, von der Bescheidenheit, die man, um sich heute verständlich zu machen, nur noch österreichisch nennen kann. Es gab eine Zeit, und sie ist noch nicht sehr fern, da sich eine freiere Wahl bot. Wie soll behauptet werden, was behauptet werden muß, wenn die Welt nicht mehr ist, was sie sein soll, wenn sie in Dimensionen stürzt, auf die niemand vorbereitet war, wenn Martin Luther auftritt, der letzte Prophet, in einem Schwarme letzter Propheten; darum ist es gegangen: Werte zu halten, die nicht mehr verstanden wurden.

Wenn noch jemand den Kaiser verstanden, sein Wesen ausgedrückt hat, so war es, trotz scharfer Gegensätze politischer Überzeugungen, Philipp, sein Sohn. In ihm war die Pietas, kindliche ehrfurchtsvolle Liebe zu den Vätern, zum Staub, die Karls Leben war. Unser alltägliches Leben – und wie viel mehr das der Großen, Beauftragten, der Könige und Regenten – zerfällt in weit voneinander getrennte Bezirke. Wir können Philipp, den Herrscher, verurteilen und können doch ehren Philipp, den Sohn. Seine Größe war die Nachfolge des Vaters, die Sehnsucht, als Sohn zu tun, was Karl getan oder was ihm zu tun verwehrt war. Das war vielleicht Unrecht an der geschichtlichen Stunde; es war doch Liebe, Bereitschaft, Leib und Leben, Freunde und alle Staaten zu opfern für vererbte, leidenschaftlich ergriffene Wahrheit: den Entschluß zu vollziehen, den Karl faßte, nachdem er Martin Luther gesehen hatte. So baute Philipp das klösterliche Totenmal Karls v., den Escorial, um darin nachfolgend und verehrend zu herrschen. Unter den wütenden Stürmen des spanischen Gebirges versammelte er die Särge der Männer, Frauen, Kinder seines Geschlechtes, ließ er den Kaiser aufbahren und die Kaiserin, seine Eltern [1574]; über den Särgen der Väter wußte er sich, befehlend, betend, leidend, heimgesucht von Unglück, an seinem Ort. Selten wohl erscheint ein Vater größer im Zeugnis seines Sohnes. Philipps Zeugnis ist Stein geworden, aber von Glauben erfüllter Stein. Immer weniger haben es die Jahrhunderte verstanden. Und es ist doch nur Christentum, bekannt in Zeit und Volkstum, Fels unseres Lebens, Kraft unserer Geschichte, Protest gegen jeden Verrat. Denn der Gehorsam des Sohnes gegen den Vater hat die Welt erlöst.

»Gott wird kommen«: das soll das letzte Wort des Kurfürsten Moritz von Sachsen gewesen sein, der, vom Kaiser mit Gunst überhäuft, ihn verraten hat und in siegreicher Schlacht tödlich verwundet wurde [1553]. Zu richten? Zu belohnen? Zu lösen? können wir fragen mit Ranke. »Man hat ihn nicht weiter verstanden.«

DIE LETZTEN JAHRE DES
PRINZEN EUGEN

Das Reich der spanischen Könige war zerschlagen und verteilt worden – nun erst gaben die tapferen Verteidiger Barcelonas, denen Kaiser Karl VI. zu seinem tiefen Schmerz nicht beistehen konnte, die letzte Hoffnung auf. Als Greis hatte Ludwig XIV. den Kampf doch noch mit Ehren bestanden; aber sein Land war erschöpft, und nicht die Macht, die er auf der fernen Höhe seines Lebens genossen, nur den unvergänglichen, vergeistigten Glanz seiner Ära sollte er vererben. England hatte auf dem nordamerikanischen Kontinent das Entscheidende getan, der Herzog von Savoyen endlich den Königlichen Rang erreicht, der zu neuem, noch kühnerem Streben zu verpflichten schien; die Macht des Kaisers war jenseits und diesseits der Alpen gewaltig gewachsen. Es war um Kronen gewürfelt worden, und fast alle Spieler hatten Kronen gewonnen. Eugen begehrte keine. Als die Rede davon war, ihm das Herzogtum Mantua zu übertragen, riet er dringend, Mantua mit Mailand zu vereinigen: so könne der große Verlust ausgeglichen werden, den Mailand an den von Savoyen geforderten Gebieten erleide. Für die ungarischen Güter, die ihm schon Kaiser Joseph I. zugedacht hatte, suchte man ihn durch jährlich entrichtete Summen zu entschädigen. Er lebte reich, ja glänzend in seinem Palast zu Wien und seinen Schlössern in Niederösterreich und Ungarn; aber Besitz verpflichtete ihn nicht, nur der freien Willens ergriffene Dienst. Lieber als König von Polen wollte er des Kaisers oberster Feldherr sein. Er achtete Titel und Rang, aber ihm genügte das Ansehen, das er zum ererbten Namen hinzugewonnen hatte. Seine Würde, seine Stellung in der Welt wollte er von seinen Ämtern und Aufgaben, seinen Taten empfangen; so hatte er unter allen Geschäften des Krieges und der Staatsführung die mailändische Statthalterschaft mit Sorgfalt verwaltet. Als die Spanier, die Karls VI. Vertrauen genossen und vielleicht auch mißbrauchten, die Regierung italienischer Provinzen beanspruchten – sie schienen es nicht bemerken zu wollen, daß die Tage Philipps II. vorüber waren –, gab der Sieger von Turin seine Statthalterschaft auf; er wollte das Wohl Mailands nicht dadurch gefährden, daß die Anordnungen sich durchkreuzten, die Verwaltung von einander entgegengesetzten Stellen geführt wurde.

In der Haltung des Mächtigen, dem ein Höherer die Macht in die Hand gegeben, empfing Eugen in seinem Palast zu Wien Ibrahim Pascha, den Gesandten der Pforte [13. Mai 1715]. Der Prinz trug das rote reichbestickte Staatskleid; ohne sich von seinem unter einem Baldachin stehenden Sitz zu erheben, bedeckten Hauptes, umgeben von den Generalen und Beamten des Hofkriegsrates, nahm er das Schreiben des Großwesirs entgegen, hörte er den Gesandten an. Längst war es nicht mehr verborgen, daß der Sultan zur See und zu Land mächtige Streitkräfte rüstete; er mochte glauben, daß sich nach dem dreizehnjährigen Krieg die christlichen Mächte verblutet hatten und die Stunde des Halbmonds wiederkehre. Am schwächsten erschien Venedig: dorthin wollte er den ersten Angriff richten, um Morea wieder zu nehmen. Der Gesandte forderte die Neutralität des Kaisers in dem bevorstehenden Krieg; Eugen versprach, zwischen den Streitenden zu vermitteln. Aber Venedig bat den Kaiser um Hilfe; der Angriff auf eine christliche Macht mußte das Reich treffen, das den Glauben tragen, ausbreiten, verteidigen sollte. Siegte der Halbmond heute, so würde er morgen das Reich bedrohen; entsprach es doch dem Wesen des Reiches, daß es mit dem Unglauben kämpfen mußte, vom Unglauben angegriffen wurde. In der Konferenz des Hofkriegsrats erklärte Eugen, es sei des Kaisers heiligste Pflicht, die Macht des Sultans niederzuhalten. So wurde dem Kaiserstaat, der kaum aus dem großen Kampf hervorgegangen war, die Bewährung aufs neue abgefordert. Eugen entschloß sich, den Stoß auf Belgrad zu führen, die alte Bergfeste, die so viele Heere schon in die Länder des Kaisers gesandt hatte.

Im Sommer des folgenden Jahres erwartete das kaiserliche Heer seinen Feldherrn in zerstreuten Lagern an der mittleren Donau und Theiß; es war aus Truppen aller Länder, Ungarns, Böhmens und Innerösterreichs und selbst neapolitanischen Regimentern zusammengewürfelt. Wenn die Nachricht verläßlich war, daß der Großwesir an die zweihunderttausend Mann unter den Mauern Belgrads gesammelt habe, so war an kampffähigen Truppen mit der Hälfte zu rechnen – ein ungeheurer plündernder Troß pflegte sich hinter den Türkenheeren herzuwälzen; aber die Kriegsmacht des Kaisers war an Zahl dem Gegner um ein Drittel unterlegen. Der Großwesir überschritt die Save; über das Schlachtfeld von Slankamen führte er sein Heer an der Donau hin gegen die in einem Stromknie geborgene Festung Peterwardein. Eugen entschied sich, den Feind anzugreifen, eh er die Festung umschlossen habe. Auf den Schiffbrücken, die von hochgelegenen Bastionen geschützt waren, überquerten die Kaiserlichen den Strom; als der Feldmarschall Pálffy mit der Vorhut über die Höhen des gegen Süden abfallenden Gebirges, auf dessen letzter Felsenstufe die Festung stand, vorstieß, schlugen ihn türkische Reiter nach hartem Kampf zurück. Auf den Höhen vor dem Dorf Carlowitz dehnte sich das Türkenlager aus; eine Wagenburg umschloß das vom Zelt des Wesirs überragte Völkergewimmel; bosnische Kriegerscharen, asiatische Stämme, die um Sold verpflichtete Horde des Tatarenchans wogten hier durcheinander. Als Schlachtfeld bot sich das Hochland zwischen Peterwardein und Carlowitz; rechts von der Festung säumten die Höhen den Strom, in der Biegung traten sie vor Flachland und Morästen zurück, die der Sommer eingetrocknet hatte: hier, auf dem linken Flügel, konnten die Reiter vordringen, während sich das Fußvolk zur Rechten auf den Hängen über dem Strom verschanzte. Zwischen beiden Flügeln stand Prinz Alexander von Württemberg; ihm war die Ehre zugedacht, den Angriff auf die in mächtiger Breite über das steigende, fallende Gelände sich hinziehende Türkenfront zu eröffnen. Unter den Geschossen einer nahen Batterie warf er sich auf die Janitscharen, trieb sie zurück und nahm die Geschütze; jetzt drang das erste Treffen des rechten Flügels in die türkischen Laufgräben. Übermacht hemmte die Kaiserlichen und brachte sie in Verwirrung, Janitscharen stürmten ihnen nach in die Verschanzungen des kaiserlichen Lagers. Plötzlich erschien Eugen zu Roß zwischen den gefährdeten Schanzen, unmittelbar vor den feindlichen Reitern, die schon ihre Säbel nach ihm schwangen; er ordnete und rief zum Widerstand auf. Da gewahrte er, wie den Gegner die Siegeszuversicht hinriß; die linke Flanke der Türken wurde frei; Eugen warf ihr Dragoner und Kürassiere entgegen. Indessen hatten unten im Tal die kaiserlichen Reiter des linken Flügels die Reihen der Spahis zersplittert; auch auf dem rechten Flügel brachen die kaiserlichen Reiter in den Raum zwischen den umkämpften Gräben vor, das zerschlagene Zentrum schloß sich wieder, den eingekeilten Feind bedrängend, und schon ritt die Reiterei des linken Flügels in geschlossenen Reihen die Hänge hinan, während auch auf dem rechten die Kavallerie einsprang. Der Wesir hatte vor seinem Zelt unter der heiligen Fahne unbeweglich den Verlauf der Schlacht überwacht; nun jagten die ersten Flüchtlinge ins Lager. Vergebens suchte er sie aufzuhalten, dann stürzte er sich mit wenigen Getreuen auf den heranstürmenden Feind; eine Kugel traf ihn am Kopf; im nächsten Augenblick überfluteten Flüchtlinge und Sieger das Lager, das mit allen Zelten, Wagen, Geschützen und Waffen, Pauken und Roßschweifen, Kamelen, Zugochsen, Pferden und seltenen Stoffen zur Beute wurde.

So glühte die Sonne von Zenta zwanzig Jahre nach dem ersten großen Siege noch einmal; nun war der Weg nach Temesvár frei. Eugen schwankte, an welcher Stelle er die Theiß überqueren sollte; dann fiel die Wahl auf Zenta. Hier hatte Pálffy Brücken schlagen lassen; an einem Abend im August sammelte Eugen, der mit der Reiterei vorausgeeilt war, sein Heer auf dem alten Schlachtfeld; gegen Mitternacht passierten die Reiter den Strom. Die Hauptstadt des Banats, die in vergangenen Kriegen wiederholt von den Kaiserlichen angegriffen worden war, lag unbezwungen zwischen ihren Sümpfen; Moscheen überragten die alte und morsche, mit kleinen Türmen besetzte Ringmauer, die ein niederer, aus Palisaden gebildeter Wall umzog. In den mit Erde umkleideten Bastionen steckten die Geschütze; die Bega zerteilte mit ihren vielen Wasseradern das Gelände und füllte die Gräben; im Norden lagerte sich eine zur Festung ausgebaute große Insel vor die Stadt, im Süden eine kleine, die das von der Bega umflossene Schloß deckte.

Hier, im Süden, stellten sich die Reiter auf, die Belagerer gegen Entsatzheere zu verteidigen, während die Artillerie langsam von der Theiß her nachrückte und postiert wurde und die Infanterie im Norden ihre Gräben zog und den Sturm auf die große Insel vorbereitete. Unter furchtbarem Geheul, Fakkeln schwingend, stürzten die Janitscharen nachts aus dem Tor, berittene Tataren warfen sich den Angreifern in die Flanke; aber der Ausfall scheiterte an der entschlossenen Gegenwehr der Belagerer und auch der wütende Angriff eines Entsatzheeres prallte an Pálffys Reitern ab. Streifen fanden in einem verlassenen Lager die aufgeschichteten Köpfe kaiserlicher Soldaten. Unter Granaten und Gewehrfeuer hatten die Angreifer mit dem Wasser zu kämpfen, das sie abzuleiten suchten; es staute sich und überschwemmte die eigenen, an die Festung heranführenden Gräben; alles war zum Sturm bereit, als Eugen noch zögerte und die Grabenübergänge festigen und verbreitern ließ. Kundschafter meldeten, daß der Großwesir mit einem großen Heer heranziehen wolle; auch die Tataren der Krim sollten auf dem Marsche sein. Am Morgen des Sturmtags, dem Geburtstag des Kaisers, ermahnte Eugen die kampfbereiten Truppen, ihre Pflicht zu tun und ihr Leben einzusetzen für das Wohl der Christenheit. Eine Geschützsalve gab das Zeichen; Alexander von Württemberg führte an der Spitze der mittleren Kolonne die Grenadiere auf den schwankenden Grabenübergang gegen die Bresche. Die Verteidiger sprangen auf die Wälle; nach hitzigem Kampf faßten die Grenadiere in allen drei Breschen Fuß – viele warfen sich, wo die Brücken nicht ausreichten, in die Gräben hinab. Dann rückte die Infanterie unter Trommelwirbel mit fliegenden Fahnen nach. So wurde die Insel genommen; unter heftigem Geschützfeuer ergab sich einige Tage später die Stadt, nachdem Eugen »zur Verhinderung menschlichen Blutvergießens« den Kapitulationsentwurf des Verteidigers Kara Mustapha angenommen hatte. »Mit allen unseren Weibern, samt Kindern und allem, was in unsern Häusern an Effekten sich befindet, wie auch mit Wagen und Pferden und anderem Vieh«, durfte Kara Mustapha die Festung verlassen. Das Banat, das sich so lange als ein gewaltiges Vorwerk der Türken in Ungarn behauptet hatte, war gewonnen.

Noch im Lager von Temesvár empfing Eugen die Nachricht, daß Papst Clemens XI. dem Türkenbezwinger den geweihten Hut und Degen gesandt habe; es schien dem Prinzen nicht schicklich, die Zeremonie im Lager vorzunehmen. Auf der Rückreise nach Wien fuhr er in sechsspännigem Wagen in der alten Bischofsstadt Raab ein, die zu seinen Ehren geschmückt worden war; Reiter geleiteten ihn, der Feldmarschall Heister begrüßte ihn am Tor; auf dem Markt erwartete ihn die Garnison. Eugen bestieg in der Domkirche einen erhöhten Sitz und wohnte der Messe bei; dann ließ er das von dem Abgesandten des Papstes überreichte Breve verlesen, empfing er Degen und Barett. – Von Wien aus dankte er dem Heiligen Vater für die »unverdiente Auszeichnung des Schwertes und Hutes, welche, indem sie mit der größtmöglichen Feierlichkeit vollzogen wurde, mich nicht nur an die göttliche Gnade erinnern, sondern mich auch zu großen Unternehmungen für die gerechte Sache Gottes, des Kaisers und der Christenheit aneifern wird*«. Wenigstens für diese Stunde hatte die Tat

---

* Feldzüge des Prinzen Eugen von Savoyen, herausgegeben von der Abteilung für Kriegsgeschichte des k. k. Kriegsarchivs. Wien 1876 ff.

Eugens den Papst, der so ungern die neue Macht des Hauses Habsburg in Italien sah, mit dem Kaiser versöhnt; im Wandel der Zeit war das alte Reich noch einmal deutlich sichtbar in der Geschichte erschienen. So fern das Jahrhundert, so fern Eugen selbst, der die Prägung der Ära Ludwigs XIV. trug, den Zeiten der Sachsen, Salier und Staufer war, so war in diesen Tagen doch mit der alten Aufgabe auch die alte Würde wieder erkämpft worden: das Innerste, der Glaube in seiner festen Gestalt und die Forderung nach der Ordnung der Welt aus dem Glauben war geblieben, ebenso wie die Feindschaft des Unglaubens, die sich dieser Ordnung entgegenstellen muß. Aber weniger von der Kraft des Kaisers als von der Krone und ihrem Gesetz wurde das Reich getragen; mächtig war das Reich wieder geworden durch den Feldherrn, der, unbestechlich und unbeirrbar, in seiner Treue zum Kaiser der unabänderlichen, in der Krone beschlossenen Forderung der Geschichte diente.

England und Holland wollten – vielleicht in der Hoffnung auf günstige Handelsverträge – den Frieden zwischen dem Kaiser und den Osmanen vermitteln; die Pforte selbst schien ihn zu wünschen; Eugen war dagegen; man wußte, daß der Sultan aufs neue rüstete. Vertraulich schrieb Eugen dem Grafen Mercy, daß er immerfort an die Belagerung Belgrads denke. Die aufs neue ausgeschriebene Türkensteuer brachte beträchtliche Summen aus dem Reich und den Ländern ein; so wurde der Feldzug vorbereitet. Am 13. Mai des Jahres 1717 war dem Kaiser eine Tochter geboren worden: die Erzherzogin Maria Theresia; am 14. Mai nahm Eugen vom Kaiser Abschied. Karl VI. überreichte dem Prinzen ein mit Diamanten besetztes Kruzifix: unter diesem Zeichen werde er siegreich sein. Vielleicht streifte sie beide die Ahnung einer großen Gefahr; Eugen soll dem Kaiser sein Testament anvertraut haben.*
Unterhalb der Festung, wo Inseln aus einer breiten Biegung

---

* Alfred von Arneth, Prinz Eugen von Savoyen. Wien 1858, 3 Bände, Bd. II.

der Donau tauchten und die Wucht der Strömung hemmten, ließ der Feldherr eine Brücke schlagen; hier überwachte er am linken Ufer den Übergang des Heeres, dann rückte er flußaufwärts in das Mündungsgebiet der Save. Wo die Flüsse zusammenrauschten, in dem von ihnen gebildeten rechten Winkel erhob sich die Stadt; von dem hohen, steilen Schloßberg herabfallend ergoß sich die Häusermasse in die Ebene zwischen den Flüssen, wo hohe Verschanzungen die breit hingelagerten Vorstädte einfaßten. Die Ströme und die von ihnen umspülten befestigten Inseln schützten die Bergfeste im Rücken und an den Seiten. Der mächtigen Festung gegenüber erbaute der Prinz die Festung seines Lagers; er schob ein Reiterkarree vor, das die Belagerten beobachten sollte. Aber größere Gefahr drohte im Rücken; der Großwesir hatte bei Adrianopel ein Heer gesammelt und zog eilig mit furchtbarer Übermacht heran. Eugen ließ zu beiden Seiten seines Lagers über die Save und die Donau Schiffbrücken bauen, um die Verbindung mit der Heimat zu halten; Schiffe legten sich vor die Schiffbrücken, sie zu sichern. An der von der Stadt abgekehrten Seite des Lagers ließ der Prinz gewaltige Gräben ziehen und Verteidigungswerke aufwerfen, in denen geschützte Tore sich öffneten. So war die Stadt vom Lande abgeschlossen, das Lager gegen Überfälle gedeckt. Als ein furchtbarer Orkan über das Lager hereinbrach, die Ströme schwellte und an den Schiffbrücken riß, wagten die Türken einen Angriff auf den Brückenkopf an der Save; die Verteidiger ließen sich von der Überzahl der Angreifer so wenig schrecken wie von ihrem Geschrei und wie sie sich zuvor vom Unwetter hatten verwirren lassen. Mit größerem Glück griffen die Janitscharen die Verschanzungen an der Donau an; erst die von Eugen gesendeten Kürassiere warfen die Feinde in den Strom. Aber bald nachdem die schweren Geschütze begonnen hatten, ihre Granaten auf die dürftigen Häuser zu schleudern, erschienen leichte türkische Reiter hart vor dem Lager Eugens; auf den von einem Bach umflossenen Höhen südlich der Donau baute sich die bunte, riesige Zeltstadt auf, während noch immer Fußsoldaten, Geschütze und Wagen sich heranwälzten und die Laufgräben der Feinde sich in der Richtung auf das kaiserliche Lager ausstreckten. Nun schlugen die Geschosse des Entsatzheeres im Lager ein, die Batterien auf den Wällen Belgrads antworteten. Die Kaiserlichen hatten vor sich die Festung, die von einer bedeutenden Garnison verteidigt wurde, im Rücken das unübersehbare Entsatzheer, zu beiden Seiten die Ströme; es war kein Rückweg mehr offen. Denn wie hätte die Armee im Angesicht des Feindes die Brücken über die Donau oder über die Save überschreiten sollen? Eugen blieb fest: »Entweder werde ich mich Belgrads oder die Türken werden sich meiner bemächtigen.« Von den noch möglichen Entschlüssen wählte er auf seine Weise den kühnsten: dem Feind im Angesicht der belagerten Stadt eine Schlacht zu liefern.

Er ließ wenige Regimenter in den Laufgräben vor Belgrad und eine geringe Besatzung im Lager und brach in einer gefährlich hellen Nacht in tiefem Schweigen auf. Am Morgen schien es, als sollte ihm fallender Nebel zu Hilfe kommen; doch der Nebel wurde so dicht, daß die Reiter Pálffys auf dem rechten Flügel unversehens an die Gräben der Türken gerieten; vorzeitig brach die Schlacht los. Denn schon griff das Fußvolk des rechten Flügels mit ein, und in solcher Masse, daß das Zentrum wankte. Inzwischen hatte die Infanterie auch auf dem linken Flügel im dichten Nebel feindliche Gräben erreicht und genommen. Als plötzlich der Nebel zerriß, zeigte es sich, daß die Schlachtordnung der Kaiserlichen in der Mitte auseinanderklaffte. Eugen riß das zweite Treffen an sich und warf es auf den Feind, und während der Kampf noch schwankte, stürzte er sich schon mit der Reiterei auf die Flanke der Türken. Nun schloß sich die Linie wieder und brach mit ihrer ganzen Wucht über den Gegner herein, bald auch die letzte noch immer feuernde Batterie im Zentrum der feindlichen Stellung überspülend. Über die Hügel und Hänge hinter dem Türkenlager fluteten die Flüchtlinge, umschwärmt von kaiserlichen Reitern, vorüber am Großwesir, der von einer Höhe aus verzweifelt das Unheil übersah. Die Beobachter auf den Zinnen Belgrads verloren den Mut des Widerstandes; schon am zweiten Tag nach der Schlacht ward die Kapitulation geschlossen nach dem Muster des Vertrages von Temesvár und ein Tor der Festung geöffnet. Eugen bat in seinem Bericht an den Kaiser für den Prinzen von Württemberg, der das Fußvolk geführt hatte, um das Kommando der eroberten Festung; wie immer rühmte er die Tapferkeit der Truppen. Aber keiner seiner Siege sollte von der Nachwelt so hoch gepriesen werden wie die Schlacht vor Belgrad, und sicherlich mit Recht: in schwerster Gefahr hatte Eugen unter dem Möglichen mit Umsicht das Äußerste gewagt und mit feurigem Mut getan.

Auch jetzt hielt der Sieger Maß; wie er im vergangenen Jahr nach dem Sieg von Peterwardein sich mit Temesvár begnügt hatte, so wollte er nun über Belgrad nicht hinaus; er riet dem Kaiser zum Frieden: das mittlere und südliche Serbien sei sehr schwer zu halten. Militärische Demonstrationen genügten im folgenden Jahr, die Pforte zur Annahme des Friedens von Passarowitz zu bewegen; Temesvár und das Banat, Belgrad und ein Streifen Landes südlich der Donau wurden kaiserlich. Aber Eugen hat die Tragik des Sieges, die Unverrückbarkeit der Schranken, die dem Sieger gezogen sind, während seines ganzen Lebens erfahren; es scheint ein Gesetz der Welt zu sein, daß sie die Prägung eines einzigen Willens niemals annimmt. Wir wagen nicht zu entscheiden, mit welchem Recht oder Unrecht der Feldmarschall Guido Starhemberg Eugens Gegner wurde und namentlich den Feldzug gegen Belgrad herber Kritik unterwarf; wir möchten das Andenken eines tapfern, weniger glücklichen Generals nicht kränken. Der Prinz, so hieß es, habe das Heer zwischen Donau und Save auf eine schwer zu verantwortende Weise in Gefahr gebracht. Vielleicht hat Eugen wirklich etwas gewagt, was keinem zweiten erlaubt war, was nur ein Feldherr tun konnte, der unter der Gnade stand. Gefährlicher wurde ihm die Gegnerschaft seines Vetters, des Königs Viktor Amadeus von Sizilien, mit dem er vor Turin gesiegt hatte. Der im pfälzischen Krieg bestandene Konflikt zwischen der Bindung an das Haus und der Bindung an die Aufgabe kehrte mit furchtbarer Härte zurück, als der König für seinen Sohn Karl Emanuel um eine Tochter des Kaisers Joseph warb und durch die geplante Heirat seinem Haus einen neuen Anspruch auf italienische Länder, vielleicht auf Mailand, zu sichern hoffte. Eugen erkannte des Königs Absicht und stellte sich ihr entgegen; nun suchte Viktor Amadeus den Prinzen durch eine Intrige zu stürzen; der savoyische Gesandte scheute sich nicht, Eugen beim Kaiser verräterischer Pläne zu bezichtigen. Karl VI. war nicht stark genug, diese Verdächtigungen abzuweisen. Eugen entdeckte das Spiel, zerriß das Gespinst und forderte Genugtuung: wolle sie der königliche Gesandte nicht gewähren, so werde er, der Prinz, sie als Fürst des Hauses Savoyen zu fordern wissen[*]. Die Kreaturen des Gesandten wurden von den Gerichten streng und öffentlich gerichtet, der König mußte sich zu einem Entschuldigungsschreiben bequemen, aber das Verhältnis zum Kaiser, der in der Sorge um seine Macht dem Argwohn nicht widerstanden und dem treuesten Diener die Treue nicht gehalten hatte, war verletzt und konnte in den folgenden Jahren nur langsam wieder gesunden.

Doch Eugen hatte sich längst die Lebensform geschaffen, in der er die Ungnade ertragen, die Irrtümer der Menschen verschmerzen konnte; er war nicht abhängig von den Meinungen, die man von ihm hegte, und nicht darauf angewiesen, daß seinem Dasein von außen ein Wert verliehen würde. An seinen Offizieren genügte es ihm nicht, daß sie allein Soldaten waren; er suchte in seinen Untergebenen nach einem Menschentum, das zu vielerlei Diensten und Geschäften befähigte; was er forderte, war nur das Abbild der ihm selbst eigenen,

---

[*] Arneth, Band III.

gemäßen Form. Er wollte niemals nur Soldat, nicht einmal nur Staatsmann sein. Sein gewaltiges militärisches und politisches Wirken wurde vielmehr im Gleichgewicht gehalten von seinem reichen, zum guten Teil freilich verborgen gebliebenen persönlichen Leben. Er hätte als großer Herr seinen Neigungen und Freuden leben können, ohne die Aufträge der Fürsten und Staaten zu erwarten, ohne des Beifalls der Menschen zu bedürfen. Früh schon hatte er mit dem Bau des Belvedere begonnen, des fürstlich großartigen Doppelschlosses im Angesicht der Stadt. Hier, in dem reich und streng gegliederten Park, dessen Bäume und Strauchwerk bald geschlossene schattige Räume bildeten, bald vor festlich offenen Flächen zurücktraten, soll der Bauherr selbst die trockenen Blätter von den Sträuchern entfernt haben*. Er liebte die Bäume und Pflanzen und scheute keine Mühe, sie herbeizuschaffen und zu pflegen; einen Gärtner ließ er in Haarlem ausbilden; noch aus Persien ließ er Pflanzen kommen. Im Jahr der Schlacht von Belgrad rief er den Gartendirektor des Kurfürsten von Bayern nach Wien. Und ebenso gerne wie vor seltenen edeln Gewächsen oder den Wasserkünsten verweilte er vor den Käfigen seiner Menagerie; hörte er von in Ostende angelangten Kauffahrern**, so fragte er nach fremden Tieren. Die Zeitgenossen wollten von geheimnisvollen Beziehungen zwischen dem Schloßherrn und seinen Tieren wissen; einen Steinadler fütterte er täglich; ein mächtiger Löwe starb mit seinem Herrn, ein Geier hat ihn um fast hundert Jahre überlebt. Eugen ließ die Tiere sogar malen und die Bilder in seinen Schlössern aufhängen.

Er beauftragte Fischer von Erlach, den Palast in der Himmelpfortgasse zu bauen; Harmonie und Würde, Grazie und Ernst, Stolz und Leichtigkeit des Gebäudes spiegeln den Geist des Bauherrn vielleicht besser, als es Worte vermöchten. Die vor

---

* Friedrich Engel-Jánosi, Prinz Eugens Verhalten zur Kultur seiner Zeit. Österreichische Rundschau, 6. Heft 1923.
** Arneth, Band III.

den Türken errettete Stadt war den Menschen gleichsam neu geschenkt worden; die Freude am architektonischen Ausdruck des Seins, der Zug zu beschwingter ausgeglichener Größe, einer belebten harmonischen Majestät der Form waren in den großen Geschlechtern so mächtig geworden, daß der Kaiser in seiner altertümlichen Burg weit hinter ihrer Baulust zurückblieb. Überall in der Stadt und auf dem Lande riefen die Herren die Werkleute an die Arbeit. Eugen ließ in Bellye in Ungarn ein festes, von einem Turm, Wällen und Vorwerken verteidigtes Schloß errichten; er baute in Promontor unter dem Ofener Gebirge an der Donau und legte weite Gärten um das neue Schloß von Ráczkeve an; hierher brachte er Steinböcke aus seinem Stammland Savoyen. Aber er wollte auf diesen Schlössern nicht allein, sondern inmitten tüchtiger, zufriedener Menschen leben; so rief er gleich den andern Herren deutsche Siedler nach Ungarn; er teilte ihnen Saatgut und Land zu und befreite sie von Abgaben und Frondiensten. Auf der Insel Csepel wurde ein Dorf, das in Trümmern gelegen war, neu erbaut; ein anderes Dorf erhielt den Namen des Gründers, und vielleicht war dieser Ruhm ihm teurer als der einer gewonnenen Schlacht; hatte er es auf seinen Zügen doch immer mit Schmerzen gesehen, daß das Landvolk gequält, fleißige Arbeit gestört wurde. In seinen späteren Jahren besuchte er die ungarischen Schlösser nicht mehr; so erwarb er Schloßhof und vergrößerte es durch die angrenzende Herrschaft Engelhartstetten; in Schloßhof lebte er am liebsten, obgleich ihm der Kaiser, nachdem Eugen die belgische Statthalterschaft niedergelegt hatte, noch Siebenbrunn schenkte. Der Prinz hatte ein Bedürfnis nach weiten Räumen, langen Fluchten, nach einem großen tätigen Gefolge; er liebte es, Gäste zu empfangen und im Herbst die Jagd in die großen Wälder aufbrechen zu sehen. Und doch fiel es ihm gewiß nicht schwer, allein zu sein. Er mochte sich dann in die Bilder holländischer Meister und vor allem die Schlachtenbilder versenken, die eine große und furchtbare Wirklichkeit in den Bereich der

Kunst erhoben und dort verklärten – eine Wirklichkeit, deren entsetzlichen Jammer sich die Menschen verhehlen –; er hatte eine Freude an sonderbaren Menschengesichtern, die seine Porträtsammlung ihm vergegenwärtigte. Eine höhere Freude bereitete ihm der Prinz von Elbœuf, als er ihm die ersten in Herculaneum ausgegrabenen Statuen sandte*, oder gar der Papst, der ihm den aus dem Tiber wieder erstandenen betenden Knaben geschenkt haben soll.

Vielleicht noch kostbarer erschien ihm eine Handschrift Leibnizens; es war eine Zusammenfassung der Monadologie, die Leibniz in seinen Wiener Jahren [1712-1714] eigens für Eugen schrieb; man spottete, daß der Prinz das Manuskript so sorgfältig verwahre wie die Priester zu Neapel das Blut des heiligen Januarius**. Leibniz hatte ihm auch die Denkschrift über eine in Wien zu errichtende Akademie gesandt: es war die große, durch so viele Lebensjahre bewahrte Hoffnung des Philosophen, die diesen noch bewegte, als er zwei Jahre vor seinem Tode Abschied von Wien nahm. Permoser hatte Eugen dargestellt, wie er mit der linken Hand die Tuba der Fama zu verschließen sucht; so auch, als einen Helden, der die Tugend über den Ruhm stelle und strenge Billigkeit über das feile Lob der Schmeichler, feierte ihn Jean Baptiste Rousseau, ein armer umgetriebener Dichter, dem sein nicht zu zähmender Witz und der Haß der Neider zum Verhängnis geworden war. Epigramme, deren Autorschaft er bestritt, trugen dem Dichter die Verbannung aus Frankreich ein; Eugen nahm sich seiner gütig an. Er liebte die klangvollen, streng geformten und bei allem Schwung klaren, fast nüchternen Verse, die sich in den vertrauten Allegorien, nicht in neuen Bildern bewegten, große Herren und scheinhafte Götter feierten oder auch mit schwerem Gepränge sich zum Lobe Gottes erhoben; um der Dichtkunst willen riet Eugen dem ihn Befragenden von der Geschichtsschreibung ab. Es sei gefährlicher, Geschichte zu

---

* Arneth, Band III.
** K. Th. Heigel, Aus drei Jahrhunderten. Wien 1881.

schreiben als zu dichten; wende man sich der Vergangenheit zu, so erreiche man kaum die nötigen Dokumente; schreibe man aber über die Gegenwart, so sei es schwer, es jedermann recht zu machen und nicht zu viel oder zu wenig über Lebende zu sagen. Auch gebe es immer Personen und ganze Nationen, die nicht gefallen würden, so behutsam man sie auch darstellen wollte. Mitten im Krieg, im Lager zu Peterwardein, dachte Eugen an seinen Dichter und sandte ihm einen köstlichen Edelstein; aber des Feldherrn skeptische Bemerkung über die Lebenden schien später von Rousseau selbst bestätigt werden zu sollen. Während Eugen sich bemühte, seinem Schützling in den österreichischen Niederlanden die Stelle eines Hofhistoriographen zu verschaffen, ließ sich Rousseau verleiten, an einer Intrige teilzunehmen, die in des Prinzen Geschäftsträger in Belgien Eugen und seine Statthalterschaft selber treffen sollte. »Ich hätte niemals geglaubt, daß Rousseau sich an solchen Umtrieben beteiligen werde«, sagte Eugen, als man ihm davon berichtete. Er empfing Rousseau, da er nach Wien zurückkam, und schien es dem Dichter nicht anzurechnen, daß er auch jetzt von seinen Anschlägen nicht lassen wollte. Dem großen Talent zuliebe sah Eugen über die Schwäche des Menschen hinweg, nach seiner Weise die Verdienste freudig ehrend, aber kein Bedürfnis fühlend, die Fehler zu richten. Wurden sie nicht schon dadurch gerichtet, daß man sie sah? Und wie konnte ein Dichter sich und sein Talent in solchem Maße erniedrigen, daß er erst seinen Gönner feierte und dann ein Schmähgedicht auf ihn schrieb?

Was der Umgang wohl meist versagte, das gewährten die Bücher. Er sei hinreichend versehen, sagte Eugen zum englischen Gesandten in der Zeit der Ungnade, da er an die Niederlegung seiner Ämter dachte; die Zeit werde ihm nicht lang werden*. Und Rousseau bekannte in einem Brief, daß in Eugens Bibliothek sich fast kein einziges Werk befinde, das der Eigen-

---

* Wolfram Suchier, Prinz Eugen als Bibliophile. Weimar 1928.

tümer nicht gelesen oder überflogen habe. Seine Korrespondenten berichteten ihm über Neuerscheinungen; er selbst wählte die Bücher aus, die er aus dem Haag, aus Brüssel, London, Mailand, Rom und Bologna kommen ließ. Die Beauftragten mußten die schönsten und seltensten Ausgaben im größten Format und im besten Druck besorgen. Eugen bemühte sich, seine Anschaffungen gerecht auf die verschiedensten Wissensgebiete zu verteilen; er duldete keine Bevorzugung; die ganze Wirklichkeit der Welt und des Geistes ging ihn an. Die Geschichtswerke ließ er in rotes Leder binden, theologische und juristische Schriften in dunkelblaues, naturwissenschaftliche in gelbes; allen wurde sein Wappen in Gold aufgeprägt. So füllte sich die Bibliothek im Belvedere, wo in schöner Ordnung die aus Buchsbaum gefertigten, mit grünem Tuch ausgeschlagenen Schränke standen. Die Atlanten und naturwissenschaftlichen Werke, die Sammlung der Bildnisse berühmter Männer und Frauen, vor allem die philosophischen Werke erlangten vielleicht doch ein gewisses Übergewicht, wenngleich die griechischen Dichter in lateinischer Sprache, die Werke Miltons und Kostbarkeiten des Mittelalters wie des guten Königs René Roman vom liebebefangenen Herzen und eine Straßenkarte des römischen Reiches aus dem 13. Jahrhundert nicht fehlten*. Prinz Eugen stand unabhängig zwischen den geistigen Bezirken, seiner Zeit nah und fern. Er verabscheute den Zwang in Sachen der Religion, aber er hatte nicht dieselbe Freude wie viele seiner Zeitgenossen an Voltaires Werken. In einem der drei Säle war der Kamin mit dem Bild eines Philosophen geschmückt, der die Weltkugel maß; dieses Bild sprach den Geist aus, der in der Sammlung wie im ganzen Haus waltete, den die Architektur symbolisierte.
Vielleicht hätte der Schloßherr in seinem täglichen Leben den Satz Pascals nicht zu fürchten brauchen, daß die Tugend eines Menschen nicht an seinen großen Unternehmungen gemessen

---

* Suchier.

werden solle, sondern an dem, was er für gewöhnlich tue.
Aber der Ruhestand, mit dem er sich wohl hätte abfinden
können, war ihm so wenig vergönnt, wie er ihn wünschte. Die
Gegner vermochten ihn nicht zu verdrängen; Ungnade lähmte ihn nicht; sein mächtiges Wirken durchdrang in den folgenden Jahren das ganze Leben der kaiserlichen Staaten, das
Spiel der großen Mächte, die nach dem Erbfolgekrieg für eine
Weile dem Krieg entsagten und sich mit den Waffen der Diplomatie begnügten. Als Präsident des Hofkriegsrats reinigte
Eugen nach den im Krieg gewonnenen Erfahrungen, vor allem aber aus dem Geist, in dem er den Krieg geführt, die Verfassung des Heeres; ohne sich vor berühmten Namen zu
scheuen, bekämpfte er mit Entschiedenheit das Protektionswesen und die Käuflichkeit der Stellen, wie er es schon unter
Joseph I. getan hatte. Mit seinem eigenen Dragonerregiment
suchte er ein Beispiel strenger Zucht zu geben; so beharrlich er
auf die Vervollkommnung der Streitmacht, auf ihre ständige
Kriegsbereitschaft bedacht war, so wenig wollte er es zulassen, daß das Heer im Krieg oder im Frieden das Volk bedrückte. Niemals verzieh er es dem Feldmarschall Heister,
daß er in Ungarn durch rohe Kriegsführung die Menschen
zur Verzweiflung getrieben hatte*. Es sollte eine Ehre sein,
dem Kaiser zu dienen. Nun gelang auch die festeste Verbindung der österreichischen Länder mit Ungarn: der ungarische
Reichstag erkannte das gemeinsame Heer als eine gesetzliche
Einrichtung an [1715] und ließ es zu, daß die in Ungarn stehenden Formationen zu einem Teil von Deutschen gebildet
wurden**.
Noch immer stieg die Macht des Kaisers. Als Philipp V. von
Spanien den Versuch machte, die verlorenen italienischen
Länder wieder zu gewinnen, und eine Flotte gegen Sardinien
sandte, stieß er auf einen Vierbund der Großmächte; Karl VI.
legte den so lange eigensinnig bewahrten spanischen Königs-

* Arneth, Band III.
** Wilhelm Schüßler, Prinz Eugen [Meister der Politik]. Stuttgart.

titel nieder und tauschte vom Herzog von Savoyen Sizilien für das karge Sardinien ein. Aber um dieselbe Zeit war das Haus Habsburg von seinem Erlöschen bedroht; der Kaiser mußte um die Anerkennung der Erbfolge seiner Tochter Maria Theresia ringen und sollte sie mit schweren Opfern erkaufen. Es war die große politische Aufgabe der dem Krieg folgenden Jahrzehnte, die alle Entschlüsse beeinflußte, alle Erfolge beschattete, alles Streben fesselte. Letzte Höhe und Ende des Kaiserhauses fielen zusammen. Dem Zerwürfnis mit Spanien folgte gegen den Rat Eugens ein Bündnis; als England, Frankreich, Holland und Preußen sich zu einer großen Allianz zusammenschlossen, schien der Krieg schon loszubrechen. Aber Friedrich Wilhelm von Preußen fühlte sich in der Allianz mit Frankreich und England nicht wohl; noch immer lebte in ihm eine gewisse Neigung zum Kaiser und Kaisertum, und er wollte sie nicht aus seinem Herzen tilgen, die letztes Erbe ferner Zeit war. Die Bindung an Kaiser und Reich und leidenschaftliches rücksichtsloses Trachten nach der Erhöhung der preußischen Krone bekämpften sich in seiner ebenso mächtigen wie zwiespältigen Natur. Er bedurfte der Hilfe des Kaisers in Sachen der pfalz-neuburgischen Erbschaft; gegen die Zusicherung seiner Ansprüche auf Berg und Ravenstein erkannte er die Pragmatische Sanktion – die weibliche Erbfolge im Kaiserhaus und die Unteilbarkeit der kaiserlichen Länder – an. Wenige Jahre waren vergangen, seit der argwöhnische König, von einem Betrüger verleitet, es für möglich gehalten hatte, daß Eugen sich an einem niedrigen Komplott gegen ihn beteilige. »Ich bin zwar kein König von Preußen«, hatte Eugen damals dem sächsischen Feldmarschall Grafen Flemming erklärt, »aber es gibt niemand, vor dem ich zurückstehe an Lebhaftigkeit des Ehrgefühls. Ich bin nicht der Mann, in anderer Weise als an der Spitze eines Heeres und auf Befehl des Kaisers gegen Preußen aufzutreten.« Nun, nachdem das Bündnis von Wusterhausen geschlossen war, sprach Eugen, alles Persönliche vergessend oder überwindend, frei von der Leidenschaft, die so oft die Könige erniedrigte, seine Freude über das Einverständnis aus. Er hätte sich schon lange gewünscht, sich dem König gefällig zu erweisen. Aber seine Majestät werde einsehen, daß dies bisher nicht habe geschehen können, »solange Sie sich nicht allzu patriotisch geäußert haben«. Nicht einen Augenblick vergaß Eugen die Gefahr, die dem Kaiser von Preußen drohte; scharf hatte er Friedrich Wilhelm beobachtet, nicht minder scharf beobachtete er den Kronprinzen. Er hielt es für »Falschheit«, daß Friedrich sich im Jahre 1731 bereit erklärte, um Maria Theresia zu werben*, zugleich aber für ein Zeichen dafür, daß der junge Herr sich mit großen Plänen trage. Drei Jahre später stand Friedrich im polnischen Erbfolgekrieg unter Eugen am Rhein; das Glück wollte damals den greisen Feldherrn verlassen. Nur langsam hatte sein Heer, von Heilbronn heranziehend, Bruchsal erreicht. Die Hoffnung auf eine große Schlacht mußte man aufgeben; vergeblich versuchte der Prinz, wenigstens die Festung Philippsburg zu retten; man wollte den Rhein in das französische Lager leiten, aber das Wasser fiel plötzlich, so war alle Mühe umsonst. Doch Eugens Blick für Menschen war scharf geblieben; je schlechter es um die Sache des Kaisers stand, dessen Heere nun auch in Italien ein Mißgeschick nach dem andern erlitten, in der Lombardei von dem achtzigjährigen Marschall Villars geschlagen wurden und bald Neapel und Sizilien an die Spanier verloren, um so wichtiger war es, den Kronprinzen von Preußen zu gewinnen, gerade weil er so gefährlich war. Eugen fühlte den Zauber des jungen Prinzen, »welcher sich dereinst mehr Freunde als sein Vater in der Welt machen und ebenso viel Schlimmes als Gutes wird tun können«.

Welche Versuchung, sich den alten, schon krankenden Feldherrn und den jungen Fürsten vorzustellen vor dem vom Mißgeschick beschatteten Kriegslager am Oberrhein; den berühm-

---

* Schüßler.

ten Kriegshelden, dem die eigene Kraft wie die Welt die Tat
nicht mehr zugestehen will, und den von Ehrgeiz verzehrten,
schon furchtbar erfahrenen Jüngling, dem vielleicht morgen
schon die Tat gelingt! [Daß auch sie ihn wieder einfordern,
daß die erste Tat ihn vielleicht das ganze Leben kosten wird –
wie soll er das ahnen!] Sie stehen zwischen ihren Stunden, und
wenigstens Eugen mag das spüren, der andere hoffen. Aber
wie oft man sie auch später vergleichen und darauf hinweisen
mochte, daß der Kronprinz Eugens Erbe gewesen sei und auch
die Symbole des äußeren Lebens dafür zu sprechen schienen –
Sanssouci spiegle das Belvedere, und der betende Knabe aus
dem Tiber wurde in der Tat aus dem Belvedere nach Sanssouci gebracht –, so verschieden waren sie doch; Eugen glaubte, Friedrichs inneres Leben war die Tragödie des Nichtglau-
benkönnens. Eugen war einfach, aber erleuchtet, Friedrich
von skeptischer Genialität. Eugens Seele war ruhig, die Seele
Friedrichs in furchtbarer Bewegung; seine gewaltige, beharr-
liche Willenskraft bewies sich gerade an der Gefahr, täglich
ein anderer zu sein. Wie sie verwandt waren in der Anlage
zum raschen Entschluß und im Bedürfnis ihrer Naturen, das
ganze Dasein auf den einmal gefaßten Entschluß zu werfen,
so waren sie einander nah im Sinn für die Wirklichkeit, für
die objektive Gegebenheit der Welt, einem Sinn, der sie unter
den Deutschen zu einsamen Gestalten macht. Aber zu dieser
Wirklichkeit gehörte für Eugen die Ehrfurcht vor der Krone
des Kaisers; Friedrich kannte diese Ehrfurcht nicht mehr;
außerhalb ihrer Grenzen diente er dem Gebot der eigenen
Krone, doch ohne an das Heilige der Krone und an ihre unbedingte Geltung zu glauben. Friedrich kannte seinen Dämon,
ließ sich von ihm fortreißen und widersetzte sich ihm an der
Stelle, wo er ihn hinabstürzen wollte – dies war es vielleicht,
was ihn im tiefsten Grunde zum Einzigen machte, der zugleich siegte und gezeichnet war; von Eugen wissen wir nicht,
ob er einem Dämon begegnet ist, es sei denn im Blitz und
Rausch der Schlacht. In der Führung des Lebens gehorchte er

dem Auftrag des Reiches; Eugens Kraft war der Glaube an sein Recht, seine tiefe Übereinstimmung mit dem Vermächtnis, das er verteidigte.

Aber da es nicht gelungen war, den künftigen Gegner einzuschränken, so riet Eugen zum Bündnis mit Preußen. Gewähren lassen durfte der Kaiser den gefährlichen Nachbarn nicht: er mußte ihn entweder entschlossen bekämpfen oder zum Freunde haben. Rußland sollte der dritte Verbündete sein*. An den Einsichten, die Eugen während des Krieges geleitet hatten, hielt er in der Politik der Friedensjahre fest; das alte Land des Reiches links des Rheins schien ihm erstrebenswerter als italienische Herrschaften, Bayern wichtiger als Belgien; ihm stand eine geschlossene, fest geordnete, lebendig gegliederte Macht vor Augen, auf der die Krone sicher ruhte. Von des Kaisers liebster Unternehmung, der ostindischen Handelsgesellschaft, versprach sich sein Wirklichkeitssinn nichts; endlich mußte Karl die Gesellschaft der Anerkennung der Pragmatischen Sanktion durch England opfern. Vergeblich hatte Eugen, mit dem Herzen noch immer an seinem Haus und dem Geschick des savoyischen Landes hängend, versucht, ein neues Einvernehmen zwischen Savoyen und dem Kaiser zu stiften. Als Viktor Amadeus plötzlich der Macht überdrüssig wurde, die er in verzehrender Leidenschaft ebenso klug wie rücksichtslos aufgebaut hatte, und die endlich errungene Königskrone in die Hände seines Sohnes Karl Emanuel legte – er erfuhr die ganze Tragik des Verzichts, verzichtend, ohne verzichten zu können, und sollte es bitter bereuen –, hoffte Eugen aufs neue, die »beiden Staaten vollkommen geeinigt zu sehen«. Doch der Sieger von Turin widerrief seinen Verzicht; eine Königstragödie, die vielleicht ohne Beispiel ist, geschah zwischen Vater und Sohn. Unter allen, die den tragischen Schauplatz jener Jahre betraten, hat wohl niemand die Fragwürdigkeit der an das Irdische gefesselten Macht, das Problem der Herrschaft, so tief erfahren wie der erste König des Hau-

* Schüßler.

ses Savoyen. Während aber Karl Emanuel mit dem Vater um die Krone kämpfen mußte, die dieser ihm übergeben hatte, blieb er der Politik des Vaters treu: sie erschien als das Gesetz seiner Macht. So scheiterten Eugens Hoffnungen auf ein Einverständnis mit Savoyen noch einmal. Um dieselbe Zeit, da kaiserliche Hilfstruppen auf dem Marsch waren, die dem König gegen Frankreich beistehen sollten, erklärte Karl Emanuel dem Kaiser den Krieg. Eugen wurde auf das schmerzlichste, als »Prinz des Hauses Savoyen«, von dieser Wendung getroffen. Noch im Lager zu Bruchsal, ein Jahr vor seinem Tode, vertrat der Reichsfeldherr in seiner letzten Denkschrift seinen alten Lieblingsgedanken, die Vereinigung Bayerns mit Österreich; die Erzherzogin Maria Theresia sollte sich mit dem bayrischen Kurprinzen, nicht mit Franz von Lothringen vermählen. Aber Karl VI. wünschte die Verbindung mit dem lothringischen Hause; die junge Fürstin folgte ihrem Herzen. Und wer könnte sagen, daß sie damit Unrecht getan habe; war es doch später in dem furchtbaren Kampf um ihr Erbe, das auch das Erbe Eugens war, gerade die Kraft des Herzens, unter der sich ihre höchsten Eigenschaften entfalteten! Vielleicht konnte sie, anders als ihr Gegner, nur mit der »erlaubten Liebe« im Herzen herrschen, nur als glückliche Frau die Not der Geschichte bestehen, ihre Völker verbinden; so hohen Geistes sie war, so sollte sie doch mächtig werden durch die Liebe und ihre allverbindende, ordnende Kraft, und vielleicht hätte sich das Einmalige ihrer Herrschaft, das Menschliche, nicht vollendet, wenn das Menschentum in ihr selbst gebrochen worden wäre.

Eugen hatte den Krieg um die polnische Thronfolge widerraten, der Kaiser sich dennoch entschlossen, im Bündnis mit Rußland und Preußen August III. von Sachsen gegen Stanislaus Leszczynski, den Kandidaten Frankreichs, zu stützen; der Preis war die Anerkennung der Pragmatischen Sanktion durch den Kurfürsten. Nach dem Unglück des ersten Feldzugs am Rhein reiste Eugen im folgenden Jahre [1735] nur mit größtem Widerstreben zum Heer; der Husten verließ ihn nicht mehr, so schwer war ihm schon das Sprechen gefallen, daß der Kaiser auf die Unterredung verzichtet und Eugens Rat schriftlich eingeholt hatte. Wieder stritten sich im Lager zu Bruchsal die Generäle und Fürsten der Hilfstruppen, litten die Kaiserlichen Mangel, war der Feind bedeutend überlegen. Karl VI. hatte dem Prinzen zwei Dinge ans Herz gelegt: eine Schlacht zu liefern und für seine Gesundheit zu sorgen. Aber der Feind stand jenseits des Rheins; Eugen hielt es für zu gefährlich, den Strom zu überschreiten. Es war fast schon Herbst, da der Prinz im Lager bei Heidelberg die russischen Hilfstruppen bewundern konnte. Aber auf den Beistand der Seemächte war keine Hoffnung mehr; noch einmal stellte Eugen von seinem Hauptquartier aus dem Kaiser die ganze Gefährlichkeit seiner Lage vor: »Sollte es Frankreich gelingen, wie es auf alle Weise zu tun sucht und ihm zu erreichen nicht allzu viel Mühe kosten wird, Bayern, Sachsen und Preußen zu vereinigen, so ist für die Zukunft fast nichts gewisser, als daß die Erblande gänzlich zergliedert oder wenigstens völlig verheert und der Schauplatz eines furchtbaren Krieges sein werden.« Die deutschen Erblande seien fast unbewehrt, Ungarn und Böhmen zum Aufstand immer leicht zu erregen. Wieder sprach Eugen die furchtbare Sprache der Wahrheit, der er während seines ganzen Lebens die Treue gehalten: »Mir tut es im innersten Herzen weh, Euerer Majestät so unangenehme Dinge vorstellen zu müssen. Da aber Allerhöchstdieselben so gemessen mir anbefehlen, meine Meinung über alles und jedes klar und deutlich auszusprechen, so werde ich dieselbe so wie sie in meiner gewissenhaften Anschauung begründet ist, hier kundtun. Euere Majestät aber werden es als ein Kennzeichen meines pflichtmäßigen Eifers ansehen, welchen ich ohne irgend eine Nebenabsicht von Jugend auf für Ihr allerdurchlauchtigstes Haus gehabt habe und bis in mein Grab unverbrüchlich festhalten werde*.«

* Arneth, Band III.

Im tiefsten Geheimnis erklärte sich Frankreich zum Frieden bereit; Eugen drängte zum Abschluß. Nun zeigten sich die ersten Risse in dem großen Staatsgefüge, das er hatte errichten helfen: Neapel und Sizilien gingen verloren. Aber der Kaiser erwarb dafür Parma und Piacenza und vor allem die Anerkennung der Pragmatischen Sanktion; die Vermählung Maria Theresias mit Franz von Lothringen ward beschlossen; sie sollte mit einem seltsamen Ländertausch bezahlt werden. Der junge Herzog mußte sich zu seinem Schmerz von den Ländern seiner Väter, den Herzogtümern Lothringen und Bar trennen und sie dem einstigen Polenkönig Stanislaus Leszczynski, dem Schwiegervater Ludwigs XV., überlassen; das Land Toskana, das Erbe des erloschenen Mediceerhauses, sollte ihn dafür entschädigen. So löste sich Lothringen vom Reich und ging in den Machtbezirk des französischen Königs über, während sich das Kaiserhaus noch stärker auf Italien stützte.

Zwei Tage, nachdem die Präliminarien unterzeichnet waren, reiste Eugen nach Wien zurück; er war so erschöpft, daß er die vielen Fragen des Kaisers nicht mehr mit eigener Hand beantworten konnte. Karl VI. fühlte, was er verlieren sollte; mehr denn je suchte er den stärkenden Rat des Prinzen. Nun riet Eugen selbst, die Vermählung der Erzherzogin mit Franz von Lothringen nicht hinauszuzögern: die Ungewißheit mußte beseitigt werden; die Erbländer bedurften der Ruhe; die Völker sollten die künftigen Herrscher sehen. So wurde der Bund der Liebe geschlossen, auf dem die Verheißung eines großen, noch ferne Zeit durchdringenden Segens ruhte. Es geschah unter der Zustimmung, wenn auch nicht in der Gegenwart des Reichsfeldherrn, der schon zu schwach war, als daß er an den Feiern hätte teilnehmen können. In die Hand einer Frau war das Werk des Prinzen Eugen gegeben; er ahnte den Kampf, der ihr bevorstand, er kannte die Gegner. Und vielleicht fühlte er, der so tief in die Herzen der Menschen blickte, auch Trost und Zuversicht: die Krone, der er gedient,

würde über allen Kämpfen ihren Ruhm, ihre Hoheit bewahren, als das höchste weltliche Zeichen in der Geschichte.
Aber auch ein Trost anderer Art war ihm beschieden. Er pflegte keinen Feldzug anzutreten ohne geistliche Vorbereitung; auch jetzt, in den Tagen der Krankheit, empfing er das Sakrament*. So schweigsam er war, so hatte er seinen Unwillen gegen die Übertretung der göttlichen Gesetze, gegen die Lehren abgefallener Geister nie verhehlt; wer von göttlichen Dingen zu ihm sprach, blieb nicht ohne Antwort, ohne die Zustimmung eines gläubigen Herzens. – Eine gewisse Heiterkeit seines Wesens blieb ungetrübt; als es Frühjahr wurde, hoffte er wieder zu genesen; er empfing wieder Gäste. Wie er es immer getan, ging er den Ankommenden entgegen, begleitete er die sich Verabschiedenden zur Tür. Nach seiner Gewohnheit fuhr er am Abend zum Hause der Gräfin Batthyány. Es waren die letzten Stunden edler, durch lange Jahre bewahrter Freundschaft. Die einzige Frau, der Eugen vertraut haben mag, erwies sich vor der Nachwelt seines Vertrauens würdig durch ihr Schweigen. Er kehrte an jenem Abend früh zurück. Das Medikament, das ihm der Kammerdiener bot, lehnte er ab. Am Morgen fanden ihn seine Leute leblos, wie schlafend; sein Körper war ruhig ausgestreckt, Friede lag auf seinen Zügen. Ein sanfter Tod hat ihm die Macht genommen, die für ihn nur Amt gewesen ist.
Vielleicht hatte Eugen in dieser Zeit niemanden mehr, den er liebte; in enger Beziehung stand er zum Kaiser, aber Karl VI. war sein »Herr« und wohl weniger zugänglich als es der väterliche Leopold, der tatkräftige Joseph gewesen waren; Eugens Brüder waren alle gestorben, seine Nichte Viktoria, die Tochter seines Bruders Thomas Ludwig, die als Erbin anerkannt wurde, ließ seine Medaillen und Bilder und selbst das Bildnis Kaiser Josephs I. und den Ehrendegen der Königin von England verkaufen. Schwerlich kann die Geselligkeit seiner Le-

---

* Arneth, Band IV.

bensform darüber täuschen, wie einsam er war. Seine geistige Heimat war fern; auf seinem italienischen Feldzug, zwischen Höchstädt und Turin, bat er den Kaiser Joseph, es zu entschuldigen, daß er nicht eigenhändig schreibe, »zumahlen bekanntermaßen auf Teitsch zu schreiben Ich nit versieret bin«. Der Zwiespalt zwischen seinem Stamme und dem Kaiserhaus, an dem er tief gelitten haben mag, wurde noch am Toten offenbar: unter hohen Ehren begrub man seinen Leib im Stephansdom, das Herz sandte man nach Turin.

Er war die grande âme, die große Seele einer schon geschwundenen Zeit: jene Seele, deren beherrschtes Leid die französischen Tragiker ausgesprochen haben; seine Persönlichkeit war so stark, daß er wesentlich im Überpersönlichen lebte. Selten ist es der Nachwelt gelungen, ihm ganz gerecht zu werden, so wenig sie es auch an Lob und Verehrung fehlen ließ; wer versucht ihn zu erfassen, wird nur zu bald die eigene Unzulänglichkeit spüren. Verstanden wurde er vielleicht nur vom Volk, das ihn als den edeln Ritter feierte, der mit den Ungläubigen kämpfte, und ihn als Erretter aus der Türkennot nicht vergißt; es sah das Reine und Kühne in ihm, so wie es auch, unbekümmert um die äußere Wirklichkeit, in »Marlbruck« das unbedingt Heldische sah und rühmte, das im Leben nicht ungetrübt erschien. Der Ritter lebt nicht für sich selbst. Auch die heiße Lust der Tat, des Kriegstanzes, die Wucht und Schnelligkeit des Handelns, Eugens Geheimnis, das Schicksalhafte dröhnen in dem Volkslied fort; doch verhallt es nicht im Jubel, sondern im Schmerz. Denn erst vor Belgrad läßt das Volk den edeln Ritter seinen jungen Bruder Ludwig verlieren, der doch schon vor mehr als dreißig Jahren zur Zeit des Türkensturms auf Wien gefallen war; vielleicht fühlte das Volk, das so gerne das Herz hinter den Taten sucht, daß Eugen einen Menschen geliebt haben muß und daß dieser Einzige nur sein Bruder sein konnte. So mischen sich in die kühnen kriegerischen Klänge die dumpfen der Trauer, und mit ihnen endet das Lied, als wolle es sagen: es war eine heiße

Liebe und ein großer Schmerz im Leben des Helden, und einmal durften sie zu ihrem Recht kommen, als die Heiden geschlagen wurden und die furchtbare Not jener Zeit abgewendet war.

> *Prinz Ludewig, der mußt aufgeben*
> *seinen Geist und junges Leben,*
> *ward getroffen von dem Blei.*
> *Prinz Eugen war sehr betrübet,*
> *weil er ihn so sehr geliebet*
> *ließ ihn bring'n nach Peterwardein.*

ALLE VÖLKER

Vom Tejo treiben Schauer warmen Regens und flüchtigen Lichtes gegen die elfenbeinerne Front des Klosters Belêm. Schon blühen im Kreuzgang zwei Rosen, gelbleuchtend wie der Stein, zwischen der regentriefenden Herrlichkeit ineinander verschmolzener europäischer und orientalischer Formen. Wo Europa mündete, drangen der Orient und Indien ein. Die schmalen, phantastisch überwucherten Säulenschäfte der Kirche scheinen keine Last zu tragen. Im Dunkel des Dezembermorgens entschwindet das Gewölbe. Neben dem Chor steht Unsere Frau von Belêm, jugendlich schöne Königin, im Kerzenschimmer, das Kind haltend, neben ihr – wunderbare Vereinigung! – ihr das Zepter reichend der Sohn, der von Anfang war. Sie wacht auch draußen auf dem Turme Manuels des Glücklichen, in zierlicher Nische, die ausfahrenden, heraufkommenden Schiffe segnend. Der Turm sollte die Schätze hüten, die sich an den Ufern häuften, nachdem Vasco da Gama zurückgekehrt war, hierher, an den Ort seiner Ausfahrt, nach Belêm, das heißt: nach Bethlehem. Das Kloster sollte danken für Portugals Glück und tut es noch immer: steinernes Gebet über den von Elefanten getragenen Sarkophagen der Könige und den steinernen Särgen, auf denen der Entdecker und sein Dichter mit betend aufgerichteten Händen ruhn.

Der Tejo ist Straße eines Volkes, einer Ära, lange gesammelter Kraft ins Große, Weltgeschichtliche. Wie die Themse, der Mälar, die Seine, der Guadalquivir, der Tiber, der Rhein und die Weser, die Wolga – wandernde Mitte der frühen warägisch-russischen Macht –, der schmale, eisig schäumende Nid, in dessen Windung, nahe am Fjord, die Norwegerkönige Dom und Burg von Nídaros (Trondheim) auftürmten.

Aber hier ist doch etwas Eigenes, ganz Unvergleichliches: in Bethlehem geschieht der Aufbruch in die äußersten Fernen der Welt, an die Malabarküste und die Mündung des Ganges, zu den Molukken und vor die fest verrammten Tore des chinesischen Reiches, nach Brasilien und an den armen, sandigen Strand der südlichen Erde, der tierra austral, die noch ihr Gold verbirgt: Entdeckungen, die so kühn waren, daß die Menschen sie nicht bewältigen konnten und sie wiederholt werden mußten, wie die Fahrten der Wikinger nach Winland, der Griechen gegen die Mitternachtssonne. Hier ging das Wort, mit dem der in Bethlehem Geborene Welt und Geschichte uneingeschränkt beanspruchte, als er seine Boten an alle Völker sandte, neu in die Geschichte ein (freilich, die geistige Entdeckung Indiens stand noch um Jahrhunderte aus).

Der Ursprung der Einigung, die tragende Kraft sind zwei Menschen in heiligem Bund, das Kind in ihrer Mitte, die Heiligung der Ehe, des Kindes, des Hauses, der Arbeit. Von da her kommend sah Christus eine Einheit, die keiner der ihn Umgebenden noch verstehen konnte – nur die Mutter hatte die Vision der ungeheuren Umwandlung und Zielsetzung im Hause Elisabeths –, und nun ist dieses Wort da als lebendiges Gebot der letzten Geschichtszeit, als das größte in die Geschichte geworfene Wort.

Wenn alle Völker halten, was Er geboten hat – und das kann nur heißen: leben, was er lebte –, auch die hinter Meeren und Kontinenten verborgenen und die noch viel ferneren in den Tiefen der Zeit, so müssen sie eins sein in dem Leben, das sie eingefordert hat. Aber dagegen steht die Ankündigung gegen das Ende hin wachsender Zerwürfnisse und Schrecken. Der inmitten der Geschichte stand, der Antwort an sie war, Gottes Antwort auf ihre von der Erde her nicht beantwortbare Frage, hat dieses Ende gesehn. Kommen aber wird es nicht, eh ein jedes Volk das Wort gehört hat. Im Lichte jenes Wortes wirft das Kreuz seinen breiten Schatten über den ganzen Bereich der Geschichte. Dem Auftrag gegenüber steht die Offenbarung: »Alle Völker werden euch hassen.« Es ist eine Einheit des Hasses und eine der Liebe.

Niemand wird die Größe und Kühnheit der im fünfzehnten Jahrhundert aufgebrochenen Eroberer leugnen, niemand den Fluch ihres Glücks, das sie mit Versuchungen überschüttete, niemand den Fluch ihrer Tat. Wir brauchen die herbe Selbstkritik nicht zu wiederholen, die heute Vertreter des Missionswerkes üben und aussprechen. Aber wir vergessen auch die Märtyrer nicht. Das große Wort ist da, gerade heute, und seine beunruhigende Gegenwart im Gewissen ist ein Pfeiler geschichtlicher Kontinuität, Bürge dafür, daß die Geschichte des zur Ausbreitung des Wortes zuerst erwählten Erdteils – Paulus wurde von Asien nach Europa gerufen – nicht zu Ende ist. Eine Form ist vielleicht zu Ende. Das kann aber doch nur heißen, daß die Kraft frei wird, die in ihr wirksam war und eine andere, eine vielleicht reinere Wirkform suchen soll. Vielleicht geht es jetzt um Boten, die Christus nicht bringen, den wir kennen, sondern die bereit sind, ihn zu finden an fremden Ufern, und die von dort, nicht von Europa her, beginnen.

Aber wie sollten wir uns den Fernen stellen, denen die Missionare entgegeneilten, den Tejo hinab, unter dem Segen der Frau von Belêm, wenn wir schon an und in Europa versagen? Wie sollte die europäische Geschichte bestehn, wenn sie gemessen wird vom Glauben an die wahrhaftige Gegenwart Gottes in ihr und an seine Wiederkunft? Und doch: es wäre nichts geschehen, wie es geschehen ist, ohne die sich bald dichter, bald leichter verhüllende Gegenwart Christi. Es geschah alles unter Seinen Augen. Er hat die Völker sprechen gelehrt. Was ist ergreifender, als zu vernehmen, wie ihr Wort sich bildet an dem von Ihm gesprochenen Wort, wie sie sich mühen, es nachzusprechen und dadurch des eigenen Wortes mächtig werden! Was Michael Agricola unter Gustav Wasa für die Finnen tat, als er ihnen die Schrift übersetzte und aus ihrer Kraft ihnen ihr Wort schenkte, das geschah vorher, nachher in immer anderer Stärke. Und wer sich lossagte, kann sich noch immer zur geheimnisvollen Gegenwart Christi im Bettler, Gefangenen, Betrübten, im Kranken bekennen, wie es Nansen 1928 in Genf getan hat. Denn Christus hat die Krankheit aller auf sich genommen (Mtth. 8, 17).

Die Völker Europas hätten es sehr schwer, Repräsentanten ihrer Art, ihrer Geschichte zu nennen, die von der Botschaft nicht berührt worden sind. Weitaus die meisten sind von ihr geprägt. Wir kennen die Zukunft nicht und wissen darum auch nicht, was sich in den Tiefen der Gegenwart ereignet, in denen die Zukunft sich vorbereitet. Blicken wir aber zurück, so dürfen wir es wagen, Europa zu sehen wie eines der alten Fenster in einer von der Geschichte heimgesuchten Kathedrale. Eine jede Scheibe hatte ihre eigene Kraft und Transparenz. Alle transzendierten im selben Licht, dem einen, das jeder ihr eigenes Leuchten abforderte; keine ist unverletzt, manche überzogen von Schleiern aus Rauch, Staub, verschmolzenem Glanz. Andere fehlen. Aber das Bild, das gemeint war, ist noch zu erkennen. Es ist das Reich Gottes, verstanden und nicht verstanden, immer ersehnt, das Reich, das, sobald es auf die Erde gezwungen wird, nicht auf ihr ist und plötzlich von Einsamen erblickt wird in den Himmeln.

Was ist vor diesem Bilde das persönliche Leben? Es ist Übergang und Ende. Glück ist das Leben in Völkern – geht es auch

ALLE VÖLKER

weit über die Kraft. Aber einmal kommt doch eine Nacht – welche sollte es sein, wenn nicht die von Bethlehem, von Belêm –, da der Arbeitstakt unserer Stunde übermächtigt wird von ineinander schwingenden Glocken, und Europa – für diese einzige Nacht – eine einzige Stimme hat? Es sind die Glocken vom Nid – dort sprudelte ein Quell, wo König Olavs Leichnam lag, und Jahrhunderte lang erquickte und heilte er die Völker des Nordens – und von Sigtuna über dem Mälar, die den Nordmännern nachklangen auf der Fahrt nach Byzanz; es ist der große Gesang der deutschen Kirche von Stockholm und das tiefe Geläute vom Dome in Turku, wo Agricolas Standbild steht unter den alten Bäumen, milde, ganz nah den Seinen, und von der roten Kathedrale in Helsinki, wo die Ikonenwand sich teilt, die Gläubigen die Stirn auf die Erde neigen und eine leidend triumphierende Kirche hinüberstrahlt und singt in die Heimat. Es ist der schwere Hall von Ely über dem Wash und der Gruß von Durham über die See und aus dem Nebel über Rouen und die Klage der gebrochenen deutschen Dome, das stille Gebet der Brüder jenseits der Schranken und die Stimme Sankt Peters, die sie sucht, die Wucht von den Türmen von Roeskilde, die eifrige Stimme der Kapelle Maria vom Schnee in Ávila und die Totenklage der Kathedrale und von San Pedro dort (denn Weihnachten ist das hohe Fest der Toten, ihrer Gegenwart) – und der Ruf einer winzigen Kapelle aus einer verschneiten Schlucht der Pyrenäen, deren tief fernes Licht den über sie Hinfliegenden schreckt, und der Klang der geheimnisschweren Kathedrale von Lund – und Stimmen, Stimmen.
Ist es Vineta? Nur heraufgestiegen für eine Nacht? Ist es Heimat? Die Antwort liegt in uns selbst. Wer ist stark genug, das Bündnis mit zweitausend Jahren auszuschlagen?

Das Morgendunkel wurde von Blitzen zerrissen, und der Donner ging über die Erdbebenstadt. Vielleicht aber erschöpfen sich die Wolken doch, und es wird in der Heiligen Nacht sein in Belêm, wie es vor langen Jahren war, eh das Unverwindliche geschah. Die Sterne flimmern über den Palmen, und der Wind, vom Meere her, bewegt die Wipfel zu hartem Geräusch. Die armen Lichter in den niedern Häusern schlafen ein, und die Straße liegt leer im Mondlicht, von Steinen übersät, und es ist alles bereit für den Anfang, den Einen, den die Völker auf ihren fließenden Straßen hinaustrugen, sei es auf den Wimpeln ihrer Macht oder im Herzen, und von dem sie sich verloren. Viele suchen Ihn, ohne es zu wissen, und viele erkennen Ihn nicht, der wiederkehrt in immer anderer Gestalt, Geschichte führend und von ihr verdeckt: der für alle gekommen ist und nicht abläßt von allen.

AN DER SCHWELLE DES ALLS

Das Jahr 1957 wird für absehbare Zeit denkwürdig bleiben als Geburtsjahr der ersten Satelliten, einer Sensation, wie es scheint, mit stark politischem Akzent; in Wahrheit geht es um ein politisch-überpolitisches Ereignis, eine Sache der Menschheit, die ernsthafter innerer Verarbeitung bedarf. Was es für die Wissenschaft bedeutet, daß in Bereichen, die bisher nur für wenige Minuten von Raketen gestreift wurden, unter Umständen auf Jahre ausdehnbare Beobachtungen möglich sind, ist wohl noch kaum zu ermessen. Allein für die Radioastronomie, die Erforschung kurzwelliger kosmischer Strahlung, der Sonnenaktivität, welche Forschungen sich atmosphärischen Einflüssen zu entziehen streben, wurden hohe Erwartungen ausgesprochen; auch ernstzunehmende Forscher scheinen es für möglich zu halten, daß in wenigen Jahrzehnten die Bodenschätze des Mondes erreichbar werden. Spekulationen dieser Art verweisen auf Rechtsprobleme, die bisher wohl kaum durchgedacht wurden und in den Gesetzgebungen der Völker noch keine Stelle gefunden haben. Selbst wenn es sich

um Phantasien handeln sollte – aber Forschung ist wohl immer eine Synthese von beobachtender Nüchternheit und Phantasie –, selbst dann müßten neue, die Welt umschließende Rechtskonventionen getroffen werden. Die Freiheit der Staaten, Trabanten aufzuschleudern, kann ja nicht unbegrenzt sein; schon wird mit einigen hundert gerechnet, die etwa in fünfzig Jahren die Erde umschwirren werden. Die Klage um das erste, arme, der Weltleere zugeworfene Leben ist wenig überzeugend: wir alle ahnen doch, welche Opfer die Kreatur Tag und Nacht, qualvolle Stunde um Stunde, in Laboratorien und Forschungszentren bringt. Wie im Erleiden der Krankheit und problematischer Heilmethoden, zu einem Teile aber gewiß unabweisbarer Versuche, geht sie uns auch im kosmischen Tode voraus. Denn der Kosmos ist nun als Feld der Geschichte geöffnet, ich möchte sagen: gerade angebrochen worden, ein handschmaler Küstenstreifen des endlich-unendlichen Raumes, dessen im höchsten Falle mögliche Erweiterung dem Ganzen gegenüber fast belanglos ist. Geschichtsfeld also ist ein Todesfeld; insofern war der verlassene Passagier des zweiten Satelliten eine prophetische Existenz, sollte er uns ein Zeichen bleiben: eine Todeschance ohnegleichen, vielleicht die grausigste aller Möglichkeiten des Verlassenseins und der Angst, ist von der Menschheit aufgenommen worden. Sie sollte sie nicht leugnen: etwas Großes ist in diesem Beginnen, in dem Aufbruch menschlicher Macht in den Raum, die als Unmacht zurücksinken wird; in dem versprühenden Funken, den wir in den Raum werfen wie ein Streichholz in einen Brunnenschacht – oder in die lichtlosen Schluchten, in denen mittelalterliche Burgherren Verbrecher oder Gegner bestraften. Ein Flämmchen meldet, daß es angekommen ist – und dann ist wieder Nacht über Knochen und Staub.
Die politische Pragmatik, die sich an den ersten Satelliten hängt, ist ebenso unwürdig wie banal. Es ist aber ausgeschlossen, daß sie hätte vermieden werden können, und kaum anzunehmen, daß sie weiterhin vermieden wird. Das gesamte For-

schungsgebiet, dem die Satelliten entstammen, liegt im Magnetfeld der Geschichte. Die bewundernswerte Forschung, um die es sich handelt, ist zugleich Wegbereiterin und Gestalt der Macht. Ein bedeutender Teil ihrer Fragestellungen, ihrer Lösungen ist der Rüstung zur Verteidigung oder zum Angriff zu verdanken – denken wir an die Entwicklung der Radiotechnik im Kriege –, wenn auch die eigentlichen genialen Entdekkungen von einer kindhaften Absichtslosigkeit und Experimentierlust geadelt sind –, was sie natürlich aus dem Zusammenhang mit den Folgen nicht losketten kann. Aber für die technische Verwertung regiert Mars die Stunde. Und die Grenze zwischen Technik und Forschung ist zur ›verbotenen Linie‹ geworden, um einen der geheimnisvollen Ausdrücke anzuführen, mit denen die Forscher Unverständliches zu bezeichnen pflegen: eine Linie im Spektrum planetarischer Nebel, die unter normalen, im Laboratorium herstellbaren Bedingungen nicht auftreten dürfte. Und das hat auch seine Richtigkeit: im Laboratorium der Geschichte, in der Welt, die wir kennen, ist keine Grenze zwischen Wissen und Macht, zwischen Erkenntnis und Größe und Tod.
Unser metallenes Auge also blickt in den Raum; unsere ersten Verlautbarungen an den Kosmos sind mechanisches Stammeln; unsere Morgengabe zur ›Hochzeit mit dem Kosmos‹ oder zu dessen ›Taufe‹, von der begeisterte Theologen sprechen, die Gott über die Schulter blickten, als Er den Fahrplan aufstellte, unsere Gabe ist die Leiche eines unter verdeckten Umständen verendeten Hündchens.
Was die Forschung erarbeitet hat, ist immens, das Werk der Genialität, der Zähigkeit und Entsagung, immer, wie sich versteht, im Laboratorium der Macht; denn nur sie erstellt Laboratorien, ist dessen fähig, nur sie verfügt über Uran und Transurane, über Plutonium, den gefährlichen Abfallstoff friedlichen Zwecken dienender Reaktoren. Forschung führt Geschichte und wird von ihr überfahren, nicht unähnlich dem wackeren Manne, der in meiner Kinderzeit zum Schutze der

Bürger mit einer roten Fahne vor der Dampfwalze einherging und eines Tages unter die Walze geraten sein soll.
Die Tür ist aufgestoßen: sind wir der Nacht gewachsen, die uns entgegenflutet? Was ist zu erwarten als die in den Kosmos geworfene Projektion menschlich-kreatürlicher Tragik, der Geschichte, die nur für den Gläubigen Heilsgeschichte ist, aber unter dem von Dunkelwolken umdüsterten Sterne von Bethlehem? Sind wir denn dem Leben gewachsen? Wir haben für die Substanz der Kernschleifen, also Sitz des Lebens, nach heutiger Vorstellung das sich fortzeugende Leben selbst, keinen anderen Namen gefunden als ›Chromatin‹; es ist der Stoff, der unter unseren willkürlichen Experimenten Farbe annimmt. Man kann in der Taufe eines undefinierbaren Phänomens nicht vorsichtiger, nicht asketischer verfahren. Wir reden von der Energie, die die Sonne perennierend ›aufbringt‹, in PS ausgedrückt 200 000 Trillionen, oder davon, daß die Sonne ›dient‹, unsere Theorien der Sternentwicklung zu überprüfen; wir klassifizieren die Sterne als Unterzwerge, Überriesen oder Unterriesen: das bedeutet doch nur, das Scheitern unseres Vermögens zu messen und vorzustellen, welches Scheitern zugleich im Makrokosmos wie im Mikrokosmos geschieht. Wir haben das schöne Bild eines ›Waldes von Lichtzungen‹ für die bis zu zehn- oder zwanzigtausend Kilometer Höhe aufflammende Chromosphäre der Sonne; es ist die von der Licht aussendenden Fläche zur Glut der Korona überleitende Schicht; in Wahrheit ist sie, was ihre thermische Beschaffenheit angeht, ein Dickicht sich fortsetzender Fragen. Die Sonne kann sich gegen die Beschuldigung nicht verteidigen, ein ›Störsender‹ zu sein, der unsere Kurzwellensendungen beeinträchtigt, aber noch eine andere Erscheinung kommt uns in die Quere: sie geht offenbar vom Zentrum der Milchstraße aus, weswegen sie den rätselvollen Namen ›galaktisches Rauschen‹ empfangen hat.
Weder über die Entstehung des Milchstraßensystems, nicht einmal der Erde und des Mondes konnten die Forscher sich

einigen; und ebensowenig über die Tatsache, daß die Sonne sich an ihrem Äquator rascher bewegt als an den Polen; daß der Uranus sich umschwingt in einer Richtung, die der Drehung aller anderen Planeten entgegengesetzt ist, oder über die Ursache auf dem Mars erscheinender, als Vegetation gedeuteter Flecken. Das Weltbild verändert sich ins Ungeheuerliche mit wachsender Schnelle. Noch kurz vor dem ersten Krieg wollten die Astronomen den Ort der Sonne nahe dem Zentrum des Milchstraßensystems gefunden haben: ein Versuch, unsere Erde doch noch als Mitte eines – freilich engen – Raumes zu rehabilitieren; erst 1927 wurde entdeckt, daß außergalaktische Gebilde, die wir für Nebel hielten, Sternsysteme unerhörten Ausmaßes sind. Aber folgen wir dieser explosiven Expansion der Erkenntnis? Halten wir ihr stand? Eine gewisse Kosmologie, über deren Gültigkeit ich natürlich nicht urteilen kann, hat für den Anfang – da ›das All mit Machtgebärde in die Wirklichkeiten brach‹ – den an Verzweiflung und Ironie unüberbietbaren Ausdruck ›Urknall‹ gefunden, das heißt: der Kosmos ist Bombe; auf einem Splitter jagen wir dahin. Ein Anfang war; es wird auch ein Ende sein: Nacht mündet in Nacht.

Das sind nur höchst dilettantische Versuche, eine Wahrheit zu bezeichnen, der wir uns nicht stellen; die der dürftige Stotterer Sputnik und sein armer Passagier samt der zu erwartenden zahlreichen Nachkommenschaft in die Gegenwart werfen: was wir entdecken, sind Fragen; die etwa einmal zurückkehrenden Satelliten samt den Filmen, Messungen, Leichen, die sie uns bescheren werden, bringen Fragen zurück in Überfülle. Wir rütteln am Weltenbaum und werden von Rätseln überschüttet. Ist es Pech? Ist es Gold? Fragen des Rechts, die abgründigen der Forschung, Versuchungen der von unseren Philosophen voreilig gefeierten tellurischen Macht sind, fast schon dem bloßen Auge sichtbar, am Himmel erschienen. Nie noch – es ist eine kühne, eine vielleicht doch nicht zu entkräftende Feststellung – hat sich die Tragik der Menschheit in

solcher Eindringlichkeit dargestellt wie durch den schwachen rötlichen Lichtstreif, den der sowjetische Irrstern durch den Nachthimmel zog. Wir werden bald ein Farbenspiel solcher Hieroglyphen bewundern können und es schwer haben, unbewaffneten Auges, ungelehrten Geistes Menschenwerk von Schöpfung zu unterscheiden. »Wie kann der Mensch Götter machen, die doch nicht Götter sind?« hat der Prophet gefragt, dessen Los, Leid und Trost es gewesen ist, den Untergang zu verkünden als Weg des Heils.
Wir sollten Menschheit werden vor der Offenbarung unserer Unmacht, die wir selbst an den Himmel schreiben. Die Satelliten sind verzweifelte Fragen – und hundertfaches Echo der Fragen wird Antwort sein. Wahrscheinlich wird es gelingen, den Mond zu umfliegen, dann werden wir das Rätselantlitz erblicken, das uns vertraut ist, das uns bisher unbekannt blieb, weil es sich mit uns dreht. Wir sollten Menschheit werden am Küstenstreifen, vor der Verlorenheit. Aber auf unserem Wissen liegt keine Verheißung. Was wir aufbringen sollten an der Schwelle des Raums, ist weltumfassendes Ethos, ein Soll, das die Krücke der Verheißung abwirft, einen Glauben, der stark genug ist, in die tausend Augen der Finsternis zu blicken. Der Kosmos, der unergründliche, fordert die Menschheit heraus, Menschheit zu werden. Ist das möglich? Ist es das nicht? Die steinernen Masken der Osterinsel blicken ratlos in den Raum. In Vermessenheit sind wir in den Raum gestürmt, dem wir nicht entsprechen konnten: fassen wir den Mut, ein Gleichgewicht anzustreben zwischen unserer Wissenschaft und unserer Sittlichkeit; es ist das kühnste Unterfangen, dem die Menschheit sich unterziehen könnte; es ist einfach Notwendigkeit. Nach aller Voraussicht werden sich in Kürze Menschen den vierbeinigen Passagieren der Raumgeschosse zugesellen; an Freiwilligen wird es kaum fehlen. Wir wollen den Sog der Leere nicht unterschätzen. Vielleicht setzt dann erst die Verarbeitung des Geschehens ein. Sicher ist es keineswegs; wir erreichen die Schwelle des Raumes; aber unsere Lebens-

zeit verbietet uns, sie zu überschreiten. Im Augenblick des Startes müssen wir sterben, im Angesicht der Unmöglichkeit. Forschung im heute gültigen Sinn wurde vor etwa dreihundertundfünfzig Jahren von Galilei und den großen Holländern eröffnet; wie sollte sie die Resultate von Jahrmilliarden einholen? Die Frage ist, ob die Raumschiffe, die das Schwerefeld der Erde für eine Weile überwinden, auch das bisheriger Geschichte durchbrechen können. Es ist die vom eben vergangenen Jahre aufgeworfene Frage, die fortan die Erde umkreisen wird, Sprache der Satelliten: sie sind Exponent der Geschichte, deren Sinn und Ergebnis es ist und bleibt, daß der Mensch sich selber ins Antlitz blickt; daß er sich, in unvorstellbarer Verlassenheit, ein Herz fassen soll zu seinem Menschentum. Wahrscheinlich wird er die Kraft dazu nur aufbringen im Namen Gottes, der Fleisch wurde, der einging in Kosmos und Menschheit; im Namen des Einen, den der Kosmos mit einem Rätselgestirn grüßte, als Er kam; der in Macht ist, Menschheit im All zu konstituieren.

UM DAS JAHR 1000

Im Juli des Jahres 998 wurde ganz Sachsen von einem furchtbaren Erdbeben erschüttert. Unter Donner fielen feurige Steine auf die Stadt Magdeburg, die Stiftung Ottos des Großen, wo der Kaiser im Dome begraben lag – als König und Christ, wie ihn die Grabschrift rühmte, und herrlichste Zierde der Heimat. Das folgende Jahr brachte drei das sächsische Kaiserhaus erschütternde Todesfälle: in Quedlinburg starb die Äbtissin Mathilde, Ottos I. Tochter, eine herrscherliche Frau, die für seinen Enkel, den jungen Otto III., während dieser in Italien weilte, dem Reiche vorgestanden war, im Kloster Selz bei Straßburg Ottos I. Witwe, die Kaiserin Adelheid, in Italien Papst Gregor V., der erste deutsche Papst, dem Otto III.

erst im Jahre zuvor gegen einen gefährlichen Aufstand rächend und richtend den Thron des Apostels wiedergewonnen hatte. Der junge Kaiser, der im Jahre 995 nach fränkischem Recht im Alter von fünfzehn Jahren für mündig erklärt worden war, stand wie vom Tode umschauert.

Ein Jahrtausend christlicher Zeitrechnung neigte sich. Was lag näher, als die Apokalypse aufzuschlagen und im zwanzigsten Kapitel zu lesen von den tausend Jahren, nach deren Vollendung der Satan für eine kurze Zeit losgelassen wird, von seiner Herrschaft bis in die vier Ecken der Erde, von Verführung und dem Ansturm auf die Stadt der Heiligen, vom Feuer des Himmels, das des Satans Heer verzehren wird, und von der Errichtung des weißen Thrones, der Auferstehung der Toten aus Meer und Erde zum Gericht, und vom neuen Himmel und der neuen Erde? Waren die Völker nicht schon in Bewegung? Die Türken hatten sich der Botschaft des Propheten unterworfen und drangen vor.

Was in den Menschen jener Zeit vorging, ist nicht leicht, nicht mit Sicherheit zu sagen. Dichter und dichtende Chronisten wissen weit mehr von den Schrecken des Jahres 999 und seines Silvestertages, von der Erwartung im Jahre 1000 zu berichten als verläßliche Dokumente und kritische Historiker, deren kaum einer davon spricht. Ältere, noch romantisierende Werke wie die einst in deutschen Familien viel gelesene dreibändige ›Illustrierte Geschichte des deutschen Volkes‹ des schwäbischen Gelehrten und Pfarrers Wilhelm Zimmermann schildern, wie die Menschen in erregten Gruppen zum Himmel starrten, das Zeichen erwartend, während Bußgesang aus den Kirchen schallte und Mönche, in himmlischem oder irdischem Eifer predigend, auf das Ende vorbereiteten oder die verschwenderischen Opfergaben der Angsterfüllten in ihre Säcke strichen. Auf eindringlich-großartige Weise hat Strindberg in den ›Historischen Miniaturen‹ den Silvestertag des Jahres 999 gestaltet. Chronisten späterer Zeit und dichterische Phantasie mögen dafür die Verantwortung tragen. Es ist in Rom. Das entsetzliche Gericht, das der junge Kaiser im Vorjahr (998) an den Aufrührern vollzog, ist noch nicht vergessen: der Konsul Crescentius, der Führer des Aufstandes, war auf der Engelsburg enthauptet worden, der griechische Gegenpapst ward unter Beschimpfungen auf einem Esel durch die Stadt geführt, das blutig verstümmelte, der Augen, der Nase und Ohren beraubte Gesicht war dem Schwanze zugekehrt.

Aber was sind alle Greuel der Erde gegen das Krachen des Himmels, die Erschütterung seiner Kräfte? Was ist Angst gegen religiöse Furcht? Die Menschen sind aus den Häusern auf die Hügel geflüchtet und starren zum Himmel. Ein Reicher besteigt einen brennenden Holzstoß. Er wirft seine Schuldscheine und dann sich selber ins Feuer. Niemand arbeitet mehr. Wozu? Verkaufsläden, Werkstätten, die Bänke der Wechsler stehen leer. Wozu noch Gefangene? Macht die Gefängnisse auf! Öffnet die Käfige der Vögel, die Ställe! In einem einzigen Augenblick wird alles Gottes sein, in dessen Hände zu fallen schrecklich ist. Ein junges Paar stürzt sich, fest umschlungen, in den Fluß.

Wenn auch eine Weltpanik nicht nachzuweisen ist, so ist es doch durchaus möglich, ja wahrscheinlich, daß sich an vielen Orten ähnliche Szenen abgespielt haben. Mit dem Lebensdrama Ottos III., des jungen Kaisers, erschließt sich uns vielleicht die Zeit – vielleicht mehr: christlich-geschichtliches Dasein überhaupt, in dem irdische und himmlische Schrecken und Hoffnungen auf unauflösliche Weise kämpfend ineinander verschlungen sind. Seine Gestalt wurde lange nicht richtig gesehen, wurde zu sehr ins Romantisch-Weiche verschoben. Er war kein ›tatenloser Mann‹, als welchen Platen ihn sich ausklagen ließ. Erst im neueren Schrifttum tritt er überzeugender hervor: in der Tatsache, daß er sofort nach seinem Regierungsantritt Kaiserin Adelheid vom Hofe verwies – die ›Herrin und immerdar Augusta‹, wie er sie als Kaiser und Augustus in einem Briefe anredete –, kann man doch wohl, mit dem kritischen Johannes Haller, ein Streben nach Selbständigkeit sehen. Das unbarmherzige Niedertreten des römischen Aufstandes hat mit Schwärmerei nichts zu tun: auch die große Idee seines Lebens, die Erneuerung des antiken Imperiums, die Verschmelzung von Byzanz und Rom in der Bindung an das Ottonische Reich, dessen welteinende Herrschaft unter der Krone solchen Erbes, ist doch wohl eher die Konzeption einer sich übersteigernden Cäsarennatur als Schwärmerei. Er residierte auf dem Aventin, der damals ein reich bebauter Stadtteil war, keine Parkidylle, Rom und Byzanz suchte er in seiner Kleidung, im Zeremoniell zu verschmelzen. Noch zu seinen Lebzeiten (1001) sandte Papst Silvester II., Gregors V. Nachfolger, Ottos Lehrer und Freund, dem Ungarnfürsten Stephan – einst, vor seiner Taufe, Waik – eine aus zwei Teilen gefügte Krone. Der eine stammte aus Rom, der andere aus Byzanz. Die Zeit hatte ein tiefes Bedürfnis, eine geniale Gabe, sich selber darzustellen – das war nicht Theatralik, sondern Ausdruck inneren Seins –, und so sendet die Stephanskrone, in der, durch alle Erniedrigung, die sie erlitt, auf geheimnisvolle Weise – wie in keiner anderen Krone – reale Hoheit beschlossen war, einen unheimlichen Blitz in eine Ära, die sehr arm an Bildern ist und auch diese kaum mehr begreift. Otto III. war, wie er sagte, indem er sich auf seine Mutter Theophano berief, von ›Abkunft Grieche, durch Herrschaft Römer‹: das war geschichtliches und geistiges Erbe, zu dessen Behauptung ihm die kriegerische Kraft der Franken und Deutschen dienen sollte. Von nationaler Seite ist ihm ein Vorwurf daraus gemacht worden, daß er der Kirche in Polen und Ungarn eine selbständige Bindung an Rom gewährte, aber Rom war ja für ihn die ›Hauptstadt der Welt‹. Und es mag richtig sein, daß es schon damals nicht gelungen wäre, die östlichen Reiche in Abhängigkeit zu halten. ›Dazu war‹, sagt Hans Delbrück, und wie sehr sind wir heute geneigt, dieses Wort zu bestätigen! – ›das Volkstum der Ungarn wie der Polen zu bedeutend.‹.

Der junge Kaiser – der gewiß vielfach irrte im Wollen und Erkennen, in der Einschätzung seiner Möglichkeiten und schon sich der Heimat entfremdend – war in vielem ein Vorläufer Friedrichs II., seine Vorgestalt: wer so stark das imperatorische Erbe Roms bejaht, ist fest an die Erde gebunden, und doch verzehrte sich seine Seele in religiöser Sehnsucht. Von Cluny, wo zu Anfang des Jahrhunderts ›ein Aufstand der Kirche gegen die Kirche‹ (Josef Bernhart) begonnen hatte, wehte der Geist der Entsagung, der Buße durch das Abendland. Abt Odo hatte im Traum eine schöne antike Vase gesehen, die mit eklem Gewürm erfüllt war, und trennte sich von Virgil. Diese beiden mächtigen Strebungen, zur Erde hin im Sinne der Herrschaft und zum Gesetz Christi, dem geheimnisvollen, unaussprechlichen in seiner Reinheit, kreuzten sich in der Zeit, und ohne diesen Widerspruch wären ihre Bangnisse nicht zu begreifen. Aber – das ist das Wunderbare – Widerspruch allein sind diese Strebungen im Raum der abendländischen Geschichte nicht: auch Buße, Einkehr, Entsagung sind Pfeiler der Herrschaft. Und wenn Otto III. nach Monte Cassino wallte und auf den Monte Gargano, wenn er sich vor Einsiedlern demütigte und einem solchen seine Krone in die Hände legte, so war das keineswegs eindeutige Weltflucht: es war vielmehr das leidenschaftliche Ringen um Gnade über seiner Herrschaft, das wenn vielleicht auch in befremdenden Formen sich ausdrückende Mühen, sie vom Letzten her zu befestigen und zu stärken, cäsarischen Stolz zu opfern, um christlicher Cäsar zu werden über Deutschland, Rom, Byzanz, oder ganz einfach das Unmögliche, das die Grabschrift seines Großvaters zusammenfaßte: König und Christ und Zierde der Heimat.

Diese einander widerstreitenden und zugleich unterstützenden Tendenzen erschienen in der Pilgerfahrt nach Gnesen, die Otto im Rätseljahr 1000 unternahm. Er kniete büßend am Grabe des Erzbischofs Adalbert von Prag, der als Missionar unter den Preußen an der Küste Samlands das Martyrium erlitten, stiftete das Erzbistum und erkannte Herzog Bolislav in fast königlicher Würde an. Dann, in der Absicht, nach Italien, in die Welthauptstadt Rom zurückzukehren, zog er über Magdeburg und Quedlinburg nach Aachen: er wollte gewissermaßen seinem Erbe, dem Reiche selbst ins Antlitz blicken, ließ im Dom zu Aachen Kalk und Marmor über der Gruft Karls des Großen entfernen und stieg hinab. Verwesungsgeruch schlug ihm entgegen. Die Leiche des gekrönten Kaisers saß fast unversehrten Gesichts auf einem Stuhle. Er ließ sie mit weißen Gewändern bekleiden und das Gemach vermauern. Vielen mag die Öffnung des geheiligten Grabes als eine Art Frevel erschienen sein. Der Kaiser, wurde erzählt, sei Otto im Traum erschienen und habe ihm seinen frühen Tod angesagt. Ein Schein von Dämonie umflimmerte den kaiserlichen Jüngling und seinen Freund, den jetzigen Papst: dieser hatte vor zwei Jahren in Magdeburg zur Verwunderung der Menschen durch ein Rohr den Polarstern beobachtet. Es hieß, daß er sich in Rom damit beschäftige, das Himmelsgewölbe in einem Globus abzubilden. Aber alsbald empörten sich die Römer wieder gegen den asketischen, griechisch-römischen Cäsaren auf dem Aventin; sie schlossen ihn in seinem Palaste ein. In bitterem Schmerze kämpfte er sich mit wenigen Getreuen aus der Stadt. Auch die Freunde fielen ab. In den Straßen floß Blut. Als bald darauf die griechische Prinzessin, um die der Kaiser hatte werben lassen, in Unteritalien landete, mußte sie erfahren, daß der Kaiser in Paterno unter dem Soracte gestorben war (1002). Rom und Byzanz sollten sich nicht mehr vereinen lassen, von Rom sollte die Weltordnung nicht ausgehen, Rußland folgte Byzanz. Otto III. blieb unvermählt, wie nach ihm unter den Kaisern nur Rudolf II., der an der Schwelle des Dreißigjährigen Krieges von der Prager Burg die Welt im apokalyptischen Lichte gesehen haben mag wie der geniale Jüngling, der zu Füßen Karls des Großen sein Grab fand.

In dem Lebensdrama Ottos III., soweit wir es uns einigermaßen vorzustellen vermögen, erscheint der bezeichnende abendländische Geschichtsgehalt: Untergang und Aufgang als Eines, wie ja auch tausend Jahre zuvor Endes-Schauer und Friedenshoffnung die Völker durchwehten: die Welt, sagt die berühmte in Priene aufgefundene Inschrift aus dem Jahre 9 *vor* Christi Geburt, wäre dem Untergang verfallen, wenn nicht in dem nun Geborenen für alle Menschen ein gemeinsames Glück aufgestrahlt wäre. Der nun Geborene ist Augustus – und die Völker sollten Jahrhunderte brauchen, bis sie zwischen dem Frieden des Augustus und dem Frieden Christi unterscheiden konnten. Daß die beiden Friedensreiche, das der staatlichen Ordnung und das von innen, sich vereinigen, daß das Innere das Äußere durchwirken sollte: daß dies niemals gelang, daß ein jedes ein Ende, jedes einen Anfang setzt, das gehört zum tragischen Fortgang unserer Geschichte. Es ist der Grund, warum sie nicht enden kann. Und dieses Nicht-Enden-Können – bis Gott das Ende setzt – ist ihre Größe.

Trotz des Zusammenbruches des ottonischen Reiches nach des jungen Kaisers Tod war die Welt reicher an tragfähigen Kräften, als die Menschen um das Jahr 1000 geglaubt hatten: Heinrich II., Konrad II. konnten unter wechselvollen Kämpfen Form und Grenzen wieder befestigen. Unter diesen, im Jahre 1033, verbreitete eine Sonnenfinsternis aufs neue apokalyptisches Entsetzen. In Wahrheit sind wohl in jedem Jahrhundert in einer jeden Generation Boten des Endes aufgetreten: sie sind Vorboten des Tages, der, auch dem Sohne verborgen, als unerschließbares Mysterium in den Tiefen des Himmels verschlossen ist.

Aber sonderbar ist es, wie in stark bewegten Zeiten Untergangsstimmung und universale Tendenzen zusammentreffen: so unter Augustus, unter Otto III., und wieder um 1800, zur Zeit der Auflösung des Alten Reiches. Abt Gerbert von Sankt Blasien, bedeutend als Bauherr, vielseitiger Gelehrter, Fürst, glaubte, daß mit dem Reiche Karls des Großen das tausendjährige Reich zu Ende sei, und er war gewiß nicht der einzige, der so dachte. Nun meldete sich der universale Anspruch Napoleons, und nach dessen Fall der der heiligen Allianz, die, von England wie vom Papste nicht bejaht, schon die Vereinigten Staaten einbeziehen wollte. Weltuntergang bedeutet ja Welteinheit. Und das Erlebnis der Einheit ist eine dem Untergang widerstreitende, das Untergangsgefühl verdrängende Kraft. Aber die Bedrängnis dieser unserer Stunde ist doch ganz anderer Art: die Menschen zittern nicht vor Gott, sie zittern vor sich selbst, den eigenen Erfindungen, nicht vor dem apokalyptischen, sondern vor dem technischen Untergang. Zwei höchst verschiedenartige Konzeptionen der Universalität stehen einander gegenüber, repräsentiert in Machtgestalten: Universalität im Namen der ausschließlich im Staat ihren Sinn findenden Existenz und Universalität im Namen der im Staat gebundenen Freiheit. Statt des leeren, allenfalls mit einem Fadenkreuz versehenen Rohres, das Erzbischof Gerbert im Jahre 998 in Magdeburg auf den Polarstern richtete, werden wir einen Trabanten in den Raum schleudern: ein die Erde ruhelos umkreisendes registrierendes Auge von höchst komplizierter Konstruktion. Es bleibe dahingestellt, ob seine Beobachtungen dem Frieden oder dem Kriege dienen werden, der Einheit des Lebens oder des Untergangs. In der Untergangsstimmung der Vergangenheit war eine religiöse Kraft, das Bangen vor dem schrecklichen Gott, der Entschluß zur Buße. Von ihr konnte eine Reinigung ausgehen. Die unsere ist anderer Art. Sie wirkt in den Untergang hinein. Es ist schwerlich zu erwarten, daß sie verhindert, was sie fürchtet. Hoffnung können wir nur auf Menschen setzen, die vor dem Zeichen am Himmel beben: die wenigen, die aufblicken für alle, unter allen verborgen. Aber das Klima wird bestimmt von den ziehenden Eisfeldern. Von ihnen dringt der Nebel ins Land. Wir leben längst bei künstlichem Licht. Aber im letzten Krieg sah eine Küstenwacht am Atlantik einen riesigen Dreimaster aus dem Nebel tauchen und unbekümmert um

Lichtsignale und Funkrufe in die Minenfelder jagen. Es erfolgte keine Detonation. So flieht das gespenstisch gewordene Bild des tausendjährigen Reiches durch das Minenfeld der Geschichte.

DAS DRAMA DES GEISTES IN DER GESCHICHTE

Das Denken, das Suchen nach der Wahrheit, erscheint mit dem, was ich den übergangenen Protest nenne, auf der Bühne der Geschichte in trauervoller Schönheit. Denken wir an Cicero, Erasmus, Hofmannsthal! Es gibt keine Katastrophe, der nicht ein verkannter Prophet vorausgegangen wäre. Der Genius der Geschichte, wenn wir ihn einmal supponieren wollen – um Gottes Namen nicht zu mißbrauchen –, spricht durch solche Männer seine Absicht offen aus und erreicht diese, indem er die Warner überspielt –, so wenig hat er die Wahrheit zu fürchten; wie ja auch gewisse Diktatoren unverblümt sagten, was sie vorhatten und, unter Berufung auf ihre Redlichkeit, es dann zuwege brachten.

Im Herbst des Jahres 1836 begann Donoso Cortés, früher Beamter im Justizministerium zu Madrid, jetzt Sekretär des Kabinetts und der Ministerpräsidentschaft, zugleich politischer Schriftsteller, seine Vorlesungen über Verfassungsrecht im ›Ateneo‹ in Madrid. Es ist der ehrwürdige Vortragssaal eines um 1820 gegründeten liberalen Diskussionsklubs, heute noch bestehend in altertümlicher Feierlichkeit, geschmückt mit den Porträts der Präsidenten und Mitglieder, wo die rhetorisch-politische Leidenschaft des spanischen Volkes Geschichte aufwühlte und weitertrieb. Von Cortés bis Unamuno haben wohl die meisten führenden Männer dort gesprochen. Cortés debütierte als Liberalist, gegen Gottesgnadentum und Volkssouveränität, im Namen der sich emanzipierenden Vernunft und des von ihr zu bewirkenden Fortschritts. Seit drei Jahren wütete einer der Bürgerkriege, in denen sich der Zusammenstoß Spaniens mit der modernen Welt auswirkt. Der absolutistisch gesonnene Don Carlos, Bruder des verstorbenen Königs Ferdinand VII., kämpfte mit dessen Witwe, Königin Christina, um den Thron. Auf ihrer Seite stand Cortés als gemäßigter Liberalist. Endlich, im Jahre 1839, siegte seine Partei. Er trat beratend in den persönlichen Dienst der Königin, die noch im Exil, in Paris, lebte. Erst die Revolutionen der Jahre 48/49 riefen ihn in die große Geschichte.

Schon in der letzten seiner zehn Vorlesungen im ›Ateneo‹ hatte sich der Zweifel angedeutet, daß die Vernunft als ›harmonisch-soziales Prinzip‹ ausreiche, um die Gesellschaft gegen anarchische Freiheitstendenzen zu verteidigen. Edmund Schramm, dem wir eine bahnbrechende Arbeit verdanken, hat darin ein frühes Zeichen charakteristischer Zwiespältigkeit gesehen. Die zwei parlamentarischen Reden vom 4. Januar 1849 über die Diktatur und vom 30. Januar 1850 über die soziale Frage in Spanien versetzten den spanischen Staatsmann in eine exzeptionelle Existenz: er war, wie er sagte, gegen alle, und alle waren gegen ihn. Ich will hier natürlich nicht von seiner Geschichtskonstruktion und Staatstheorie sprechen und mir ebensowenig seine Urteile und Fehlurteile, etwa über England und Preußen oder die Verkürzungen der Geschichte der sozialen Revolution, zu eigen machen, deren Ursprüngen und Motiven Cortés nie ganz gerecht geworden ist. In der Einschätzung Nordamerikas hat ihn Tocqueville (1835) übertroffen. Und damit steht auch seine Ankündigung des Untergangs an Westen und Osten, jenem durch die Niederlage, diesem durch den Sieg, in Frage. Ich will hier nur vergegenwärtigen das Paradoxon einer prophetisch-warnenden – im Gegensatz zur prophetisch-vorbereitenden – Existenz als eigentümliche tragische Phase des Gesprächs mit der Geschichte.

Cortés war auf fast zerstörende Weise erschüttert worden von der Einsicht in die Macht des Bösen. Eine entsetzliche

Angst, schrieb er dem preußischen Gesandten in Madrid, Grafen Raczinski, bedrücke ihm das Herz; daß die Katastrophe kommen werde, war für ihn gewiß, fraglich nur das Wann. Entschieden — das ist das Merkwürdige — verwahrte er sich gegen die Rolle des Propheten, die man ihm, wie er behauptete, ›andichten‹ wolle. Er protestierte dagegen ›in aller Form‹. Er habe seine Untergangsankündigung an ein ›Wenn‹ gebunden. Aber im April 1849 hatte er aus Dresden geschrieben: ›Wir werden dann (nach der ersten Niederlage der Revolution in Paris, den italienischen Städten, der Pfalz, Baden, Ungarn) mit ansehen müssen, wie es der Revolution über alle Hindernisse hinweg gelingen wird, über die Sieger von heute den endgültigen Sieg zu erringen. So wird es kommen, so wird es unweigerlich geschehen.‹ Er hatte der spanischen Gesellschaft verkündet, daß sie korrumpiert sei bis ins Mark, daß die Korruption in alle Poren dringe und die Luft vergiftet sei; viel mehr: daß alle Wege, die die Menschen einschlagen, in das Verderben führen werden. Wenn ein einziger Mann genügen würde, die Gesellschaft zu retten, so wird dieser fehlen. Wenn aber ein einziger Mann genügt, sie zu verderben, so wird dieser da sein. Er erblickte ›den Plebejer von satanischer Größe‹, die Diktatur ohne Beispiel, denen die Völker entgegentaumeln und -gejagt werden. Eben die Technik, von der seine berauschten Zeitgenossen Paradiese erwarteten, werde diese Tyrannis ermöglichen: Zukunft heiße technisierte Diktatur.

Es ist, als seien solche Sätze nicht von der Person des Redners gesprochen; als tönten sie durch ihn hindurch, gegen seinen Willen; seine Wünsche in ihm verbrennend.

Aber, wie unwahrscheinlich die Rettung auch ist, so muß er doch daran festhalten, daß sie möglich sei. Und doch hört er wieder das Tosen ›der größten Katastrophe der Weltgeschichte‹. Es ist die Barbarisierung Europas. Die Freiheit, versichert er, ist tot. Das ist eine Tatsache. Und vor ihr ruft der Todfeind der Diktatur die Diktatur zum Kampfe für die Ge-

sellschaft auf: die Diktatur des Säbels gegen die des Dolches, so wie Hegel auf der Gegenseite den preußischen Staat prästabilierte und die Lehre vom vernichtenden Prinzip, das einer jeden Manifestation eingeboren ist, auf ihn nicht mehr anwenden wollte. Vielleicht konnte Hegel dieses Prinzip an seinem Ort nicht erkennen – weil er es selbst gewesen ist.
Zwischen Gewißheit und versteckter Hoffnung, Androhung, die abschrecken soll, und todestrauriger Resignation schwankt die Aussage des Donoso Cortés in Reden und Briefen. Seine Zeit wird kommen, seine große Zeit. Aber das heißt doch: daß er recht bekommt. Und was ist diese Zeit wert? Alle Lehrmeinungen und Parteien und ihre Vertreter, sagt er voraus, werden von der Sintflut weggespült werden. Es ist Weltgesetz, daß das Böse siegt, unhaltbar der Trost, daß die Wahrheit das vermöchte. – Und doch sollen Gottes Gebote ›Brot des politischen Lebens‹ sein, – doch wäre die soziale Not zu heilen durch die Liebe der Reichen, die Geduld der Armen; durch Barmherzigkeit und tätigen und tragenden Glauben. Zwei Jahre, nachdem er das unaufhaltsame Verderben geschildert hatte, schreibt er der Königin-Mutter Christine, deren Tochter die Geburt eines Erben erwartet, ausführlich von der Krankheit Europas, die überall dieselbe, epidemische sei: ›Aufstand der Hungrigen gegen die Gesättigten.‹ Die Königin möge keine Feste vorbereiten, vielmehr alles tun, um schlecht verteilten Reichtum gerecht zu verteilen. Er glaubt noch an die Monarchien, vor allem an die Kraft der spanischen.
So wechselt er unablässig aus der prophetischen Existenz hinüber in die des im Tage stehenden Staatsmannes; aus der Schau der Zukunft in die scharfsichtig kritisierte Gegenwart. Als Politiker möchte er nicht recht haben mit dem, was er als Prophet gesagt hat: der Prophet konnte aber nur dadurch rehabilitiert werden, daß der Staatsmann scheiterte – die Menschen also nicht auf die Prophezeiung hörten. Der im Zwielicht der Zeit stehende französische Schriftsteller und Politi-

ker Montalembert berichtete, Cortés sei stets heiter und liebenswert in der Gesellschaft gewesen. Dieser selbst schwächt gegenüber dem Grafen Raczinski, den er nicht entmutigen will, seine Prophezeiungen damit ab, daß er von Traurigkeit beherrscht sei und darum alles traurig sehe. So durchleidet er die vielleicht schmerzhafteste Form der Auseinandersetzung mit der Geschichte. Ein jeder, der diese versucht, wird von der Geschichte engagiert. Cortés aber lähmt durch seine Vorschau sich selbst. Er weiß (und sagt) zu viel, als daß er mit frischer Tatkraft wirken – als daß er Beistand finden – könnte. Seine Vision fällt ihm in den Arm. Sein Wort verblüfft, fasziniert, erschreckt – und schreckt ab. Er reißt nicht fort zur bessernden Tat. Zu dunkel ist diese Resonanz. Den Untergang vor Augen, zieht er ihn herbei – wie wir eben heraufrufen, was wir denken – und von dem, was wir denken, heraufgerufen sind. Wer keine greifbare Hoffnung mitzuteilen vermag, wirkt nicht. Wer wirken möchte, ohne in den Stunden entscheidenden Einsatzes an die Wirkung zu glauben, gleitet aus der Geschichte. Er wird verlassen. Aber sollte der Christ nicht gerade darauf gefaßt sein? Ist ihm denn mehr versprochen? Ist es denn nicht seine geschichtliche Bestimmung, diese Vergeblichkeit wirkend auszuhalten?

In Berlin befaßte sich Cortés mit Hegels Philosophie, der er die Hauptschuld an der radikalen Strömung in Deutschland gab – Hegels, der doch Monarchist gewesen war wie er. Bestätigte die Lehre von der Übermacht des Weltgeistes, der temporären Notwendigkeit des Bestehenden, Kommenden sich nicht an ihm selbst?

Oder hatte er doch einen Ausweg gefunden? Nur Heilige, schrieb er in dem programmatischen Brief an die Königin-Mutter – die Mutter einer höchst fatalen Königin –, seien imstande, die Nationen von ihrer Krankheit zu heilen. Heilige: das heißt nicht mehr Staatsdiener, das bedeutet, daß irrationale Kraft allein den kausalen Geschichtszwang noch zu zerreißen vermag. In dieser Richtung bewegte sich der Wandel des Gesandten in Paris während der früh gekommenen letzten Jahre. Ergeben, gläubig, demütig, barmherzig, die Tugenden übend, die er den Zeitgenossen vergebens anempfohlen hatte; als ein sich heiligender Diplomat, der mit dem *vollen* Ernste seiner Existenz der Politik nicht mehr angehörte, hatte er sein Geschichtliches darin sehen gelernt, daß er Gnade herabzuflehen strebte. Doch ehe ich von der Lösung spreche, auf die er hinzuweisen scheint, möchte ich an das Drama erinnern, das zwischen den Vertretern der Naturwissenschaften und der Geschichte vor unseren Augen spielt.

Die Naturwissenschaften scheinen, seit dem Aufgang der Neuzeit, die Geschichte mit steigender Macht zu führen. Von ihnen gehen die Umgestaltungen der Lebensformen aus, die eine neue soziale und politische Ordnung fordern. Nie hat der Weltgeist, hat die ›Weltseele auf dem Pferde‹ über ein solches Gigantengeschlecht geboten. Louis de Broglie hat das uns bedrückende Problem mit den Worten ausgedrückt: es handle sich jetzt darum, ob der Mensch seine Erfindungen überlebe. Wer will es entscheiden, in welchem Verhältnis die Gedanken des Todes und die Gedanken des Lebens in diesem Vorgang stehen? Eine jede Entdeckung – Auffindung einer physikalischen oder chemischen Wahrheit – fällt in eine Strömung, in das Geschichtsgefälle, auf dessen Lauf der Forscher so gut wie keinen Einfluß hat. Macht und Unmacht sind nur zwei Aspekte seiner, derselben, Existenz. So erleben wir das Grotesk-Tragische, daß Gelehrte und Techniker, die kaum mehr voneinander zu unterscheiden sind, die Verantwortung für die Konsequenzen ihrer Entdeckungen und Konstruktionen den Staatsmännern zuschieben, – den Staatsmännern, die ja doch gewissermaßen aus ihren Händen, ihren Laboratorien, die Welt empfangen haben, die sie verantworten oder gar in Ordnung bringen sollen; die Forscher haben dort diese Wirklichkeit destilliert. Nachdem Berthold Schwarz seinen großen Schrecken in der Klosterküche erlebt hatte, mußten die Fürsten sich entschließen, auf Armbrüste, Widder und Stein-

schleudern zu verzichten. Entdeckungen, Erschrecknisse dieser Art werden unabänderlich offene Geheimnisse, und das Zeughaus einer jeden Epoche ist für eine jede wirkliche Macht geöffnet. Möglich, daß die eine noch über eine Geheimkammer verfügt. Morgen wird der Rivale den Geheimschlüssel finden – oder das Brecheisen. Eine Epoche ist ja ein Ganzes, ein Denkzusammenhang, eine Erkenntnisgemeinschaft, die von politischen Grenzen nicht abgeschnürt werden können.
Das sind nur Feststellungen hinsichtlich des Verhältnisses des Denkens zur Geschichte. Die Proteste der Forscher haben etwas Erschütterndes. Es sind Verwahrungen ohne Absolution, Schreie aus dem Triebwagen, dessen Notbremse gerissen oder abgestellt ist. Ein jedes geistige Ereignis, und das ist jede Entdeckung und Erfindung – taucht aus der Geschichte herauf und wird, aus dem Rechte solchen Ursprungs, von ihr reklamiert.
Ich will dennoch ausdrücklich sagen: es gibt eine sittliche und geistige Freiheit, erfahrbar in uns als Vollzug, und zwar: im religiösen Bereich des Opfers und in dem Mut, einen neuen, der erfahrenen Wirklichkeit entgegengesetzten Gedanken zu denken. Die Möglichkeit eines solchen Opferns und Denkens kann a priori nicht bestritten werden. Wir kommen damit dem Verständnis des Donoso Cortés etwas näher; was als Widerspruch erschien, ist der adäquate Ausdruck geschichtlicher Dialektik. Geschichte hat dieses Doppelantlitz der Kausalität und Freiheit, beobachteten Ablaufs und innerer Realität. Wird sie vom Geiste geführt, der sich, von ihr herausgefordert, aus ihr erhebt – so kann, gerade unter ihrer Herausforderung, unter der Wucht eines Übermaßes von Schuld, Leid, Gefahr, der bisherigen Stromrichtung entgegen der wahrhaftige Gedanke des Lebens gedacht werden – sei es nun des Lebens als Bruderschaft mit allem Lebendigen, sei es im Namen dessen, der als gottmenschliche Macht und Person das Leben selber ist. Wohin das führt, in welcher Gestalt sich diese Wendung gegen die Todesströmung, in der wir tatsächlich treiben, im

Geschehen realisieren wird, läßt sich nicht bestimmen. Denn Geschichte ist kein Fünfjahresplan. Geschichte ist nur erkennbar als kontinuierender Vollzug, als Geschehen in uns selbst und als Möglichkeit in uns. Und den konsequenten Vollzug der Gedanken des Friedens, den Vollzug von durchschlagender Kraft, haben weder Staatsmänner noch Völker bisher aufgenommen. Er steht aus. Und es ist ebenso gut möglich, daß er immer ausstehen wird, wie seine Unmöglichkeit nicht bewiesen werden kann. Wenn das Leben eine jede Grenze der Selbstvernichtung überflutet, wenn es nur noch Zug zum Tode ist – dann ist es ja möglich, daß die Felsen des Todesufers, das heißt unser Wissen von ihnen und unser Erschrecken, die Wellen zurückschleudern und daß sie ineinander münden und das Leben sich vereint. Diese Szene kann vorgesehen sein im Drama, um das es hier geht – vielleicht schon ganz nahe dem Ende. Für den Christen freilich liegt jegliche Erfüllung in apokalyptischem Aspekt. Denn der Friede ist innen, und zwar als Streit mit der Welt. Die geeinten Reiche der Welt aber gleißen unter den Zinnen des Tempels. Die Sanftmütigen werden das Erdreich besitzen; weil sie überall in Christo geborgen sind – wo sie um seinetwillen verfolgt werden. Mehr kann der Christ nach der Offenbarung nicht erwarten. Der Staatsmann und Prophet warf seine Existenz vor die Räder, die aufzuhalten er für unmöglich hielt, glaubend, daß die Heiligkeit als letzte Kraft Geschichte bestimmen könne.
Und das ist doch nicht der liberalisierte, der eigentliche Sinn des Wortes: Die Wahrheit wird euch frei machen, nämlich die Wahrheit als der Einzige, als Person, als der unvergleichlich Mächtige, der sich in die Geschichte gab: der so mächtig war, daß er sich die Hände, so frei, daß er sich die Füße durchbohren ließ. Er selbst – oder sein Zeichen – steht, unkörperlich schon, hinter dem ganzen Gespräche des Geistes mit der Geschichte. Die Existenz des die Wahrheit suchenden und in der Geschichte realisierenden Geistes ist in irgendeinem, wenn auch noch so geringen Grade ähnlich der seinen. Ich

zitiere zum letzten Mal Hegel: ›Es wird gesagt: Christus ist für alle gestorben. Das ist nicht etwas Einzelnes, sondern die ewige göttliche Geschichte; in der Natur Gottes selbst ist dies ein Moment, es ist in Gott selbst vorgegangen.‹ Aber auch empirisch ist das Opfer gewiß; die Freiheit, sich produktiv realisierend, dann, wenn wir dem Opfer zustimmen, sei es, indem wir Existenz und Arbeit in den Strom werfen, dem wir nicht gebieten können, – sei es, ihm entgegen, nicht wissend, was wir bewirken, aber erkennend, was in uns und durch uns geschehen soll. Hier ist kein Gesetz, so wenig wie ein Versprechen. Die sokratische Wissenschaft und Ironie als Verhältnis des Innern zur ›Wirklichkeit‹ vertieft sich in die christliche Ironie und Wissenschaft: Untersucht euch selbst. Vielleicht, in irgendeiner Gestalt, findet ihr Mich – Sokrates die Frage, Christus die Antwort als Wahrheit – in euch; jetzt, in dem euch von der Geschichte zugespielten Augenblick. Und diese Wahrheit, das wirkende Geheimnis zwischen eurer Personalität und der Wahrheit, ist euer Weg.

KONTINUITÄT ODER ENDE
EUROPÄISCHER GESCHICHTE

Ego sum radix (Apocalypsis 22, 16)

Die politischen und wirtschaftlichen Begründungen einer Vereinigung der noch vorhandenen oder sich wieder bildenden europäischen Kräfte bedürfen keiner Erörterung mehr. Die Traditionen könnten nur verschmolzen und aufgehoben werden, wenn wir europäisch reden würden, statt in zwanzig Sprachen; und eine solche Einheit – sei es nun Vormacht einer Sprache oder ein europäisches Esperanto – wäre der Tod. In der Sprache aber lebt Geschichte, leben die Volkspersönlichkeiten in ihrer hoffentlich unverwischbaren Prägung; wir müssen also die Kraft suchen, die sie bindet, ohne ihnen zu nehmen, was sie noch sind, was sie als Möglichkeit eigenständiger Entfaltung und Genesung noch in sich tragen. Es wird immer Trennendes da sein und sein müssen, aber das Vereinende wird und muß stärker sein. Das heißt: es werden Opfer gefordert werden. Und diese Opfer sind ein den geschichtlichen Ablauf erhöhender Wert.

Geschichte ist kein Kontinuum in physikalischem Sinne, kein in unendlich kleine gleiche Teile zerlegbares Ganzes; sie ist von immer anderer Intensität; eruptive Erscheinungen bewegen sie fort: Menschen, Ideen, Entdeckungen und Erfindungen treten auf, die nicht vorauszusehen waren. Eine jede Gliederung bleibt problematisch. Denn es erweist sich, daß auch das Bestürzende von Vergangenem mitbestimmt wird, selbst dann noch, wenn es die Zusammenhänge abzureißen scheint. Gerade die Auflehnung, das Nein an das Bisherige ist ja an dieses gebunden. Aber dieses Zwangsläufige, diese geschichtliche Kausalität reicht nicht aus. Kontinuität muß auch gewollt und geleistet werden aus dem Verständnis der die Geschichte regierenden Werte und Mächte, aus einem echten Verhältnis zu den Grundkräften, die unter dem Geschehen des Tages dahinfluten, den Spendern geschichtlichen Lebens.

Das erste Bild der Kontinuität ist Aeneas, der die Penaten tragende Flüchtling; Aeneas, der Gründer. Aber die Penaten ruhen nicht auf unseren Händen; sie können nur in uns selbst sein.

Damit mache ich allerdings die Voraussetzung einer bestimmten Geschichtsauffassung: der Einschätzung des Geistes, der Seele, der Gemütskräfte im Raum des Geschehens, des Ablaufs der Zeiten. Ich kann Geschichte nur verstehen als Auswirkung innerer Kräfte unter der Einwirkung äußerer Mächte, der politischen und wirtschaftlichen. Diese beiden Wirkungen sind nicht voneinander zu trennen. Es kann kein Volk auf ein Volk stoßen, kein Staatsmann einem andern entgegentreten, ohne daß der innere Besitz aufgerufen wird, mithandelt, mitentscheidet, nicht als ob der höhere oder stärkere innere Wert nun siegen müsse, aber er ist da und wirkt als gegenwärtiges Erbe, als Bewußtsein der Vergangenheiten. Auch wenn er unterliegt, sind die Fakten ohne ihn nicht zu verstehn. Vor genau hundert Jahren schrieb Theodor Mommsen über den König Mithridates von Pontus und die phantastischen Hoffnungen, die die Griechen Kleinasiens nach dem Untergang griechischer Freiheit auf ihn setzten: »Es war nach langer Waffenruhe ein neuer Gang in dem ungeheuern Zweikampf des Westens und des Ostens, welcher von den Kämpfen von Marathon auf die heutige Generation sich vererbt hat und vielleicht seine Zukunft ebenso nach Jahrtausenden zählen mag wie seine Vergangenheit.« Nach jedem Waffengang kommt das Gefühl auf, daß man, wie Mommsen an anderer Stelle sagt, »nicht am Ende, sondern am Anfang sei«. Darauf hat er ja seine scharfsichtige und auch scharf urteilende römische Geschichte aufgebaut, in der er, seltsam genug, dem »in der Geschichte mächtigen heiligen Geist« huldigt und opfert und als ein Priester dieses heiligen Geistes die an diesem verübten Frevel ahndet.

Hier nun möchte ich unter Anerkennung der geistigen Ereignisse und Veränderungen als echter Geschichtsmächte sprechen von der innern, von Menschen vollziehbaren Kontinuität. Und zwar meine ich etwas ganz Bestimmtes: die Einheit und Kontinuität, die sich aus dem Glauben an Jesus Christus ergibt. Er ist für den Christen die erste geschichtliche Person. Aber auch der nicht Glaubende müßte ihn als solche anerkennen, wenigstens bis an die Schwelle, an der wir stehn, oder die wir eben überschritten haben. Die Folgerungen und Erwartungen, die sich aus dieser Anerkennung ergeben, sind freilich ganz verschieden für Glauben oder Nicht-Glauben. Für den Christen ist die Menschwerdung ein unüberbietbares Ereignis, das in einer jeden Epoche, von einer jeden Generation aufs neue ergriffen, in das Geschichtliche umgesetzt werden muß, weil in ihm die Antwort an eine jede Epoche und eine jede Generation beschlossen ist. Denn mehr konnte und kann ja niemals geschehen als Gottes Geburt unter dem Kaiser Augustus, seine Passion unter Tiberius. Das muß für den nicht Glaubenden ganz unverständlich bleiben. Mit Bezug auf die Vergangenheit, von der ich zuerst sprechen möchte, ist vielleicht in gewissem Grade eine Einigung möglich. In dem, was ich zur Zeit sage, bitte ich ein Bekenntnis zu sehn, nichts weiter als das Bemühen, eine Kraft unter Kräften zu sein, das einzige mir eben Erreichbare zu tun. Warum überzeugen und wie? Das Zeugnis ist gerade genug.

Ich bin weder Theologe noch Historiker. Ich spreche aus einem bestimmten Geschichtsbewußtsein in der Meinung, daß das Geschichtsbewußtsein aus religiöser Erfahrung vertieft werden muß, wenn die echte Einigung Europas, das Bündnis der Volkspersönlichkeiten und Europas Sendung an die Welt wirklich geschehen sollen, das heißt eben nicht von den Kabinetten und Parlamenten aus Einsicht oder Furcht dekretiert, von den Syndikaten als Geschäftsbeschluß propagiert und gemacht, sondern von den Menschen aus Achtung der Freiheit vor der Freiheit gewollt und in Opfern getan werden soll. Es kann auch nicht übereilt werden. Was würden wir entbehren, wenn die bedenkenswerte Union der drei skandinavischen Reiche am Ausgang des 14. Jahrhunderts (1397, Kalmar) nicht wieder zerfallen wäre, wenn sich die Niederlande nicht losgerissen hätten von Habsburg, Portugal nicht wieder von Spanien! Nun habe ich die Wahl, einen Überblick europäischer Geschichte zu geben oder einige wenige bezeichnende Elemente herauszugreifen. Beides ist problematisch, das erste wohl in höherem Grade. Die Geschichte Europas läßt sich nicht in einem Epigramm unter christlicher Überschrift zusammenfassen. Sie alle könnten sofort auf entscheidungsschwere Tatsachen verweisen, die ich übergangen habe, und die selbst aus dem knappsten Rahmen nicht herausfallen dürften. Ich entschließe mich also dazu, wenige Momente, Geschehnisse, Werte herauszugreifen, um die Kontinuität des Innern zu vergegenwärtigen, gleichsam durch Zeichen zu umschreiben. Das ist sehr subjektiv. Aber der Umriß mit der berühmten »kühnen Kreide« wäre es auch. Ich komme auf die gewählte Art vielleicht zu einer gewissen Bestimmtheit, Ausschließlichkeit der Aussage. Und die erscheint mir erstrebenswert, notwendig. Ohne sie will und kann ich vom Heute nicht reden. Wir müssen unsere Überzeugungen rücksichtslos klären und aussprechen – im Respekt vor dem wahrhaftigen und verantworteten Widerspruch, auf den wir um so besser vorbereitet sind, je ernster wir an dem uns einmal zugewiesenen Ort Überpersönliches erstreben.

Ich will also sprechen von der inneren Kontinuität, die sich in der Geschichte erwiesen hat, von der bestehenden und der zu vollziehenden. Einzelnes soll für das Ganze stehen; ich habe keine neuen Thesen, es sind nur Erinnerungen aus dem Bewußtsein dieses von uns zu verwaltenden Augenblicks, da man, wie es im Bundesbrief von Brunnen (1315) heißt, der dinge diu langwirig und stete solden beliben, so lichte und so balde vergizzet. Übrigens: wie wird in den Bundesbriefen der Schweiz, noch unter kaiserlichem Schutz, Freiheit ohne Pathos und Ideologie begründet, allein aus der geschichtlichen Gegebenheit! Die Bundesbriefe zu Schwyz sind nüchtern wie Steine und darum unverrückbares Fundament.

Gegen Ende des 3. Jahrhunderts n. Chr. unter den illyrischen Kaisern erschien das Bild der Sonne auf den römischen Münzen, deren Silbergehalt von den vorüberwirbelnden Soldatenkaisern unaufhörlich vermindert worden war. Das erschlaffende, der Grenzwacht gegen Parther, Perser, Kelten, Goten, Alemannen, afrikanische Gebirgsvölker nicht mehr mächtige Reich hatte sich vollgesogen mit dem religiösen Erbe des Ostens: Isis und Mithras waren eingezogen; der Orient schickte seine Götter der Kriegsmacht voraus; ein Sonnenpriester aus Emesa, Heliogabalus, war Kaiser gewesen. Die Illyrer rissen noch einmal die Kräfte des Reiches zusammen; Aurelian, für fünf Jahre Restitutor orbis, baute dem Sonnengott einen Tempel am Hange des Quirinal; alle vier Jahre, am 25. Dezember, wurde der Deus Sol invictus mit Pracht gefeiert; Konstantin soll auch nach seiner Taufe, wenigstens in seinem Gemüte, wie Franz Altheim schreibt, die Sonne verehrt haben. Das Bild umfassender, überpolitischer Einheit war da. Dann, immer entschiedener wird Christus zur Sonne, kämpfend, oftmals verdunkelt, die Umrisse drohen mehr als einmal zu verschwimmen, während die großen Konzile des 4. und 5. Jahrhunderts das Gottesbild finden und damit Gehalt und Verlauf der Geschichte in hohem Grade entscheiden. Denn das Tun und Trachten der Menschen schließt sich dem Gott an, von dem sie sich angeblickt wissen. Wohl haben sie in heidnischer Zeit oftmals die Bilder angebetet, die sie gemacht haben. Aber sie haben die Bilder nur gemacht, weil sie Göttliches ahnten und fürchteten. Nun trägt Christus ein Erbe der alten Welt in die künftige hinüber mit den Kräften der Kirche, die Sprache und Formen des Imperiums übernimmt, aber auch mit den Kräften seiner Botschaft: der Wahrheit, als die er lebt. Nach der Überlieferung wurde Trajan auf das Gebet des Papstes Gregors d. Gr. erlöst.

Wer sollte die Klage um die alten Götter, der klassischen Antike wie des Nordens, nicht verstehn? Und wer von ihr nicht berührt wurde und nicht von denen, die über ihr zerbrachen, begreift Europa nicht. Sie gehört mit zum abendländischen Empfinden. Paulus, der Schuldner der Griechen, verbindet Vermächtnisse und Völker. Er spricht für das ganze Evangelium. Nach der Überlieferung wurde das Johannes-Evangelium in Ephesus geschrieben, der Stadt der Artemis und Heraklits, der das den Kosmos durchwirkende und tragende Weltgesetz, den kosmischen Logos, lehrte. Aber, wie viel auch einzelne Forscher und Theologen schon geleistet haben, wie viel näher uns als dem vergangenen Jahrhundert die Vollzieher des Übergangs: Plotin, Origenes, Tertullian und der tiefer verstandene Augustinus gekommen sind, so ist doch noch lange nicht das Ganze, was Griechen und Römer zu sagen haben, im christlichen Bewußtsein aufgegangen; ist, was Thomas für Aristoteles getan hat, mit Bezug auf das Ganze nicht durchgeführt worden. Gefahren sind überall. Es gibt kein Christentum, das nicht gefährdet ist. Und es gibt keine Gefahr, vor der es zurückweichen müßte. Unter dem Bruch mit der Götterwelt leben sehr tiefe Zusammenhänge nicht allein der Methode, sondern der Wahrheit, des Denkens, der Erfahrung von Mensch und Welt. Wer es etwa versucht, die Vorsokratiker herauszulösen und auf ihnen zu bauen, wird es vielleicht erleben, daß sein Werk in einer Strömung forttreibt, die er nicht will, zu einem Ziele, das er verneint. Und auf der Leiderfahrung der griechischen Tragödie, auf ihrer Feier menschlich-göttlichen Opfers ließe sich das Kreuz wohl errichten. Der Christ kann diese erschöpfende Aussage von einer Welt, die aus Menschenkräften nicht geheilt werden kann, nicht entbehren. Sie leuchtet von geheimnisvollen Voraussagen. Aber wir dürfen diese nicht von der Stelle rücken. Denn eben an ihrer Stelle, im großen Kunstgebilde, vor fremdem Altar, als unbeantwortete Fragen und Schreie, als Zeichen göttlicher Herabkunft, eines über Begreifen gehenden Leidens und Opferns sind sie von höchster Bedeutung. Wie nahe sind die römischen Geschichtsschreiber, Tacitus, der einzige kalte Zeuge Jesu Christi, als Tragiker der Geschichtsdarstellung wohl der erste von allen, griechischem Lebensempfinden der großen Zeit geblieben! *Principes mortales, rem publicam aeternam esse.* Männer des höchsten Ranges seien sterblich, ewig der Staat. Das sagt der Kaiser. Das glaubt das Volk – muß es glauben. Aber der Historiker weiß, daß der Staat erschüttert ist, stürzt. Was die Tragiker sagten, ist wahr. In eine tragische Welt ist Christus gekommen; in ihr lebt er fort; das Geschehen, das Empfinden des Tragischen ist eine tragende Konstante gewesen.

Philosophien, Verheißungen, politische Systeme und Träume, die unsere geschichtliche Existenz grundsätzlich für befriedbar halten, greifen, wie mir scheint, die Religion an der Wurzel an; sie eliminieren zum mindesten das Irrationale unseres Daseins in seiner stärksten Erscheinung. Sie werfen die Frage: wo ist das Reich Gottes?, diese erschütternde europäische Frage, ins Irdische zurück und sagen: in einem Staat, einem Denksystem, einer von uns abschließbaren Geschichtswelt. Und dieser Staat kann nur sein: Zwang, Gewalt, unter welcher Fahne und Ideologie auch immer. Diese Frage aber, auf die ich in anderem Zusammenhange noch einmal zurückkommen werde, geht an das Innere des Menschen und zugleich über alles in der Geschichte Mögliche hinaus: und gerade aus dieser Kraft und Richtung ist sie geschichtsbestimmend geblieben. Ich halte es für ein Verhängnis, daß christliches Denken, Lehren und Empfinden die Erfahrung des Tragischen dem Heidentum zuwies und auf einen Seinsbezirk verzichtete, der gar nicht aufgehoben werden kann; der vielmehr ein Fels ist der Religion und gemeinsamer Grund der Menschheit; auf den gerade die Persönlichkeit in einer jeden Etappe des Daseins stößt. Der Sohn, der sich den Geschöpfen des Vaters opfert, der Vater, der dieses Opfer annimmt, der Geist, der über Beiden schwebt, sind die einzige, die unfaßbare Antwort auf diese Erfahrung.

Das Tragische ist in der modernen Welt auf das engste mit dem Bewußtsein der Freiheit, mit ihrer Verwirklichung verknüpft; das ist ja Schillers großes Thema, daß wir Freiheit im Geschichtlichen nicht realisieren können, ohne fremde Freiheit zu verletzen. Es ist die Dialektik zwischen Freiheit und Macht, die einander bestreiten und einander nicht entbehren können; ohne Macht läßt sich Freiheit weder durchsetzen noch behaupten; Macht neigt immer dazu, Freiheit aufzuheben und sie durch den Schein der Freiheit zu ersetzen. Die Lösung kann nur ein Opfer sein: ein Opfer an Freiheit und ein Opfer an Macht; es ist eine immer neu und willentlich zu vollziehende, eine personale Entscheidung, wesenseigen der Geschichte, ausgetragen oder verfehlt in allen Revolutionen.

Und es ist Kontinuität, daß wir dieses Problem in seiner ganzen Schmerzhaftigkeit erleiden. Und es ist verhängnisvoll, es zu verschweigen. Wie sollten wir es ertragen, wenn nicht im Anblick der höchsten Freiheit, die sich ans Kreuz gegeben hat?
Die erste bedeutende Wiederkehr der alten Welt erlebte das Abendland unter Karl dem Großen: in der Ära also, da aus dem Zusammenwirken verschiedenartiger Kräfte eine durch tausend Jahre sich bewährende Gestalt erstanden ist. Byzanz hatte sich in schweren Kämpfen gegen fünf Angriffe der Araber behauptet und damit griechisches Erbe; aber zwischen Rom und Byzanz, den entzweiten Hauptstädten, vertiefte sich die Kluft. Gegen den über Spanien geführten Angriff des Islam hatte sich das Frankenreich erneuert, gefestigt, ausgebreitet, in fester Bindung an Rom; vom römisch-christlichen Frankenreich war das in weite Zukunft weisende Missionswerk des Bonifatius und seiner Gefährten getragen worden; er hatte es unfertig hinterlassen, als er in Mainz das Schiff bestieg nach Friesland, dem Missionsland der Angelsachsen, wo er sein Zeugnis, aber nicht sein Werk vollenden sollte. Karl der Große wurde fast gegen seinen Willen, aus den Notwendigkeiten der Geschichte, Kaiser des Okzidents; die östliche Grenze seines Reiches ist, nur um weniges abweichend, im Jahre 1945 wieder auf der Karte erschienen. In einer im Jahre 813 nach Byzanz gesandten Botschaft spricht er von den zwei Kaiserreichen, die die Christenheit darstellen; die Grundlage ist religiös; Gott, der sie beide regiere, werde sie einigen. Karl ließ sich in Mathematik unterrichten und forschte nach dem Lauf der Gestirne; er sprach lateinisch, betete in dieser Sprache und verstand griechisch; sein Lehrer Alkuin nannte sich Flaccus nach Horaz, der das Ethos des Augusteischen Imperiums in unzerstörbare Verse geschlossen hat. Ein Abtbischof von St. Peter in Salzburg des 8. Jahrhunderts hieß Virgil; sein Nachfolger auf diesem für den Südosten hochbedeutenden Sitz, Arno, gehörte zum engsten Kreise des Kaisers. Es ist erschütternd, daß vier Jahrhunderte nach Abzug

der römischen Legionäre und nach den Stürmen der Völkerwanderung die römische Überlieferung gerade hier wieder aufgenommen wird. Aber Karl wählte im Freundeskreise für sich keinen klassischen Namen, sondern den des Königs David.
Es ist ein Zug von großer Bedeutung. Wie soll der Christ herrschen? Gibt das Neue Testament darauf eine Antwort? Und welche? Was hätte Christus getan, wenn er als weltlicher König erschienen wäre; wie sein Reich verwaltet? Ließ er sich nicht gerade als König die Hände binden, verspotten, schlagen, kreuzigen? Die Herrscher des Abendlandes, die Kaiser und oft auch die Päpste, ich erinnere nur an Gregor IX. im Kampf mit den Häretikern, erkoren die streitbaren, prophetischen, grausamen Könige der Juden als Vorbild; diese ermächtigten zu dem, was die christlichen Fürsten glaubten tun zu müssen oder begehrten. Karl festigte den Anspruch der Christenheit in Spanien. Das eigentlich Große aber liegt im Ganzen der Erscheinung und Epoche. Als der Papst in Paderborn vor Karl erschien, als dieser sich in Rom die Krone aufnötigen ließ: da verband sich die über der alten Welt heraufgestiegene neue Macht unlösbar mit dem Heiligen; wie das römische Kaisertum des zweiten und dritten Jahrhunderts von den Mysterien des Ostens, wurde das fränkisch-germanische vom Christentum erfüllt, aber, dem Charakter des Christentums gemäß, auf eine viel mehr verpflichtende Weise.
Ein beunruhigendes Element wohnt fortan in der Macht. Sie kann es nicht mehr abwerfen. Immer steht der Herrscher vor dem Richter, arbeitet in seinem Herzen, seinem Gewissen die Frage: darfst du so sein, so tun vor Christus? Was kann *nicht* verantwortet werden unter Berufung auf das Alte Testament?!? Der Prophet zersägte die Feinde. Ehen können geschieden werden. Die Wiedertäufer in Münster konstituierten die Vielweiberei nach dem Beispiel der Patriarchen. Aber der Herrscher weiß ja, daß David nicht Christus ist. Er muß doch vor Ihn, durch den geheimen Gang seines Palastes in die Kapelle vor den gekreuzigten König; er muß mit ihm sprechen,

sich vor ihm verklagen, im voraus bereuen, was er tun wird, sobald er an seinen Schreibtisch zurückkehrt oder den Thronsaal betritt. Dieses Letzte, Innerste ereignet sich überall, in einer jeden Nation und Epoche, solange Christus König ist. Das war ja die Sendung, das heilige Drama der Elisabeth von Thüringen, »entgegengesetzte Welten«, büßend zu versöhnen, Fürstin zu sein als Schwester der Armen, immer wieder den Fürstenmantel an Bettler zu verlieren, am Vorwurf der Armen zu zerbrechen. Es ist eine verbindende Not, auf die der Herrscher den Herrscher, das Volk ein Volk ansprechen können, auch wenn sie Feinde sind. Sie können sich nicht versöhnen. Aber ein Ort bleibt erreichbar, wo sie sich vielleicht verstehen. Das ist das Gepräge christlicher Macht, eine streitende Einheit. Irdischen Frieden konnte die Christenheit nicht begründen. Denn das Christentum ist ja Freiheit: Gott zwingt nicht. Der von Christus durch sein Sakrament erbaute Leib zerfleischte sich selbst. Es bleibt, vom Orte eines gewissen Glaubensernstes, unbegreiflich, wie das geschehen konnte – da ja Christus nicht geteilt sein kann. Aber ohne Leiden, ohne Selbstvorwurf, ohne Selbstbetrug, der eben Folge solcher Erschütterung ist, konnte es nicht geschehen. Hinter der sich zerstörenden Christenheit lag – das ist ein Paradox unserer Geschichte – das zwar angefochtene und umkämpfte, von Häresien durchblitzte, aber sich wiederherstellende Reich des Glaubens, ein Ganzes. Die Städte erstrebten ihre Wahrzeichen in den Türmen der Kathedralen und Kirchen, bis die Paläste der Mächtigen und Regenten, etwa vom 16. und 17. Jahrhundert an, und dann die auf tönernen Füßen ruhenden Kolosse der Industrie und Technik sie überwuchsen. Ergreifender Ausdruck dieser Gestalt christlicher Geschichte ist die Stadt Augsburg, übrigens die erste Position der Franziskaner in Deutschland. Vom Dom zum Ulrichsmünster führt die lange breite Straße, auf der Kaiser, Bischöfe, Fürsten, Glaubensstreiter, Handelsherren kommen und gehen, an der das Gewerbe wohnt, die Fugger als Stadtherren ihren dem Zeughaus benachbarten Palast errichten, wo in Reichssachen über Krieg und Frieden, Gedeih und Verderb, über die Kaiserkrone selbst entschieden wird. Noch rauschen dort die drei großen Brunnen von so vielen Zerstörungen nicht verschütteten Lebens. Blicken wir noch einmal auf Karl zurück, den »Patriarchen des Kontinents«, Bereiter der Baustätte, auf der tausend Jahre zu tun hatten. Erlauben Sie mir, daß ich einige unvergängliche Sätze Rankes zitiere; sie sind auf dem noch nicht abgeschlossenen Weg zur Universalgeschichte gesprochen: »Die kirchlichen Institutionen waren eben dazu angetan, diese Beziehungen zu den Anfängen der Menschheitsgeschichte zu erhalten, in legitimer Folgerichtigkeit, welche in dem Islam abhanden gekommen war. In der Verbindung zwischen Kaisertum und Papsttum lag die Kontinuität der Weltgeschichte. Die feste Überzeugtheit von dem göttlichen Ursprung der Heiligen Schrift gehörte dazu, um die Gemüter mit Hingebung für diese Idee zu erfüllen.« Karls Sohn Ludwig der Fromme sandte den ersten Glaubensboten nach Schweden, in das Mälartal. Seither ist eine beispiellose Wandlung geschehen. Aus der Opposition der in Karls Reich vereinigten Stämme hat sich, nach Rankes Darstellung, Europa entwickelt; vermutlich wächst schon eine Generation heran, die von den inneren Kriegen Europas, wenigstens seines westlichen Teiles, kaum *mehr* berührt wird als von dem letzten Kampfe zwischen Sachsen-Gotha und Sachsen-Meiningen. Ehre den Toten Allen! Und Ehre auch dem armen Leutnant Zimmermann, der in jenem lächerlichen Feldzug zweier deutscher Potentaten gefallen ist! Auf dem letzten Zug der Zürcher gegen die Luzerner wurde wenigstens kein Blut vergossen und kein Pulver verschossen; die Flinten sollen nicht in Ordnung gewesen sein. Der vielhundertjährige Krieg zwischen Schweden und Dänemark ist ausgebrannt. Die Frage ist: was retten wir aus dem tausendjährigen Bau? Fast als einzige Institutionen lebendig geblieben sind die geistlichen Orden und die Universitäten; ich fühle mich nicht berechtigt, von der Krise zu sprechen, in der sie stehn; von den Reformen, die sie anstreben oder versuchen müßten. Doch beruhen sie auf dem Bewußtsein der Einheit in Christus und der einigenden Kraft der Wahrheit, tragen sie deutlich das Merkmal einer Welt, die das Glück hatte, trotz aller tragischen Gegensätzlichkeit einig zu sein vor Gott, und wenigstens in der Nachfolge des heiligen Franziskus scheint mir die Möglichkeit sich immer erneuernden Aufbruchs, in der Idee eines Ordens überhaupt als radikal christlichen, in eine bestimmte Zeit tretenden Lebens eine unabdingbare geschichtliche Berufung zu liegen. Von Franziskus geht eine neue Heiligung der Arbeit aus; sie ist religiöser Wert, unabhängig von ihrem Ertrag und Zweck; demütiges Tun vor Gott kann nicht abgestuft werden, eine Wertung, die Birgitta von Schweden in nordisch-ritterliche Vorstellungen übertrug.

Dante hat für jene im Glauben einige Welt gesprochen; gewiß ist er insofern streng geschichtlich, als mit ihm die italienische Nation erscheint, an ihm sich bildet und festigt, bedeutender aber doch darin, daß er das christliche Zeit- und Geschichtsgefühl ausdrückt, indem er Geschichte vom Jenseits her erblickt. Er hat auf den tieferen Stufen des Läuterungsweges seinen sehr persönlichen Zorn und Haß in diese Vision gemengt; er hat aber dann, von der Liebe geführt und hingerissen, das dreifaltige Licht geschaut wie schwerlich ein Zweiter, von dem wir wissen; und indem es seine fast unvergleichliche Kraft überforderte, hat er es bezeugt. Für uns, die wir in der Geschichte stehn, ist entscheidend und fortwirkend, daß er alles Geschichtliche sah in der Perspektive des Endes und des Gerichts; unter metaphysischer Endgültigkeit, in statischer Form, während Shakespeare das Gefälle der Zeit, in dem die Kronen aufleuchtend hintreiben, gestaltet hat. Aber der Aufbau des Danteschen Kosmos ist längst erschüttert, zerfallen. Nicht allein, daß er sich vor dem modernen naturwissenschaftlichen Weltbild nur als Symbol behaupten kann: auch Dantes eherne Gewißheit von Himmel und Hölle macht

ihn uns fremd, gerade das Bild der Hölle; wir sind in einem ganz anderen Sinne Fragende als er. Wenn wir innere, geschichtsbestimmende Kontinuität wirklich wollen, so müssen wir *suchen,* auf dem Wege, den unser Geschichtsgefühl uns andeutet; wir dürfen nicht wiederholen.
Ich möchte darum – es wird Sie vielleicht befremden – an das große deutsche Gedicht erinnern, das, hundert Jahre vor der »Göttlichen Komödie« entstanden, wohl als einziges neben und gegen sie gestellt werden darf: Wolframs »Parzival«. Sein Thema ist die Frage: »Weh, was ist Gott?« Sein Walten ist nicht zu begreifen. Des Helden Mutter ist eine ins Leid verwandelte, zum Leid selber gewordene Frau; unwissend versündigt sich der Knabe an der Kreatur. Hier – wie selten ist es doch geschehen! – ist das große Problem, an dem Franziskus unsäglich gelitten hat, dessen später erster Sprecher Schopenhauer wurde, angeschlagen:

> *Nur, daß er einen Bogen schnitzte,*
> *Im Wald die Vöglein zu bekriegen.*
> *Doch sah er tot nun vor sich liegen*
> *Den Sänger, der so lustig war,*
> *So rauft er weinend sich das Haar.*

Das ist genau dasselbe Empfinden, das in dem finnischen Nationalepos, dem Kalewala, die Bärenjäger den erlegten Bären, den geheimnisvollen König der Tiere und Wälder, um Verzeihung bitten läßt.
Und als Parzivals Mutter entdeckt, daß die Vögel ihn verstören, und alle Vögel töten läßt, und er für diese bittet, fragt auch sie:

> *Was frevl' ich nur*
> *An Gott in seiner Kreatur?*
> *Warum will ich ein Vöglein hassen?*
> *Soll es um mich sein Jubeln lassen?*

Und der Knabe darauf, an der entscheidenden Stelle die Daseinsfrage aufwerfend:

Gott, was ist Gott?

Das ist kein nebensächlich-idyllischer Zug. Es ist vielmehr die Frage aus dem kreatürlichen Leiden, dem Ganzen des Lebens, die christliche, ach, so wenig von Christen erlittene Frage. Am Ende des Markus-Evangeliums lautet ja der Missionsauftrag nicht an alle Menschen und Völker, sondern an alle Kreaturen (*Euntes in mundum universum praedicate Evangelium omni creaturae*). Wie an der Kreatur wird Parzival schuldig an der Mutter, die am Schmerz über seinen Ausritt stirbt, ohne daß er es weiß; um des Harnischs willen erschlägt er den Ritter Ither:

Der Tor mit unberatnem Sinn
Dreht den Gefallenen her und hin.

Er wird schuldig zum vierten Male, da er auf der Gralsburg die Frage nach dem Leiden des Amfortas versäumt. Und dies: daß er aus Gehorsam das Leiden nicht nach dem Leiden fragt, stürzt ihn aus der christlichen Welt; Parzival haßt Gott, der nicht hilft, »aus Herzensgrund«; er betritt die Kirche nicht mehr, vergißt umherirrend die Zeit, des Herrn Geburt, seinen Tod, den Karfreitag, den entscheidenden Tag, der ganz ohne Zauber, von herber Wahrheit ist: »bösen Wetters«.

Einst fiel ein dünner Schnee bei Nacht,
Doch dick [dicht] genug, dabei zu frieren.

Und nun die Erinnerung, tief in den Waldrevieren, in der Begegnung mit dem zur Buße fahrenden Ritter und seinem Gefolge:

Einst dient' ich einem, der heißt Gott.

Das ist die Schwelle, vor der wir stehen, jedenfalls stehen sollten. Wir haben gelitten und vielleicht doch die Frage versäumt nach dem Leid. Und es ist diese Frage allein, die zum Gekreuzigten, immerfort Sterbenden und Auferstehenden führt, dem Vereiner des Abendlandes, der Welt, des Menschen mit Kreatur und Kosmos.

Mit dem »Parzival« komme ich auf das Rittertum, ein scheinbar zeitfernes Phänomen. Aber was das Rittertum als verbindende Form, als Saatfeld führender Menschen, geleistet hat, brauche ich kaum zu streifen. Es war übernational. Noch im 18. Jahrhundert konnte es geschehen, daß ein Feldherr seinem Gegner seinen Leibarzt durch die Linien schickte, als er von der Erkrankung seines Feindes hörte. Sollte es in der unserer Zeit gemäßen Form nicht wieder auftreten? Wir müssen vom Ideal ausgehen, von der höchsten Idee. Für den Dichter des »Parzival« ist es streng an die religiösen Werte gebunden. Da Parzival dem ersten Ritter begegnet, meint er, seine Frage: »Was ist Gott?« sei beantwortet: so herrlich ist dieser Ritter; er ist »Ritter Gott«. Nach der von Wolfram übernommenen Legende wurden die Engel, die bei Luzifers Empörung beiseitestanden, auf die Erde verwiesen und zu Gralshütern bestellt; die Ritter sind also überpersönlich, zum Dienste geschaffen, verbannte Engel, in einem eigenen distanzierenden Verhältnis zu den Gütern der Erde. Der Auftrag der Engel aber ist nach Thomas Vollzug der Weltordnung. Der Ritter will den Ruhm des rechten Streites und zugleich die Seligkeit, also im Geschichtlichen wirkend die Seele retten, und zwar in Demut; er ist erlesen zum Schutze der »unbewehrten Hand«, der Frauen und Priester, jederzeit bereit, der Armut und Entbehrung sich zu fügen wie der Ordensmann. Das ist schon ganz nahe beim ignatianischen und franziskanischen Ideal; es ist ein Menschenbild, das nicht untergehen darf. In schwersten Jahren hat es vor unseren Augen seine Berufung neu erwiesen, nicht durch Namen und Schwert, sondern durch die innere Form, im wesentlichen durch Leiden. Und eine durch die Völker sich

ausbreitende verborgene, also glanzlose Gemeinschaft ritterlicher Menschen wäre, ganz im Sinne der europäischen Geschichte, eine bindende und formende Macht: Menschen, die einander erkennen an Art und Prägung und darauf vertrauen. Die Ritterschaft geht in unserer Stunde in die Verborgenheit ein; sie ist wieder in die Geschichte gerufen.
Eng mit diesem Werte verbunden ist die religiöse Einschätzung der Krankheit, der ritterliche Dienst am Kranken. Ein Ritterorden, der von einem aussätzigen Großmeister befehligt wurde, pflegte die Aussätzigen. Der Kranke leidet stellvertretend; er ist, wie es in einem rheinischen Dokument des 16. Jahrhunderts heißt, »mit dem Aussatz von Gott dem Allmächtigen begabt«. Es ist Vorzug, gerade des Adels, dem Kranken die niedrigsten Dienste zu leisten, ebenso wie es seine Berufung ist, Gefangene zu besuchen – ungeachtet der Schuld oder Unschuld –, für sie zu beten, sie als stellvertretende Sünder in der Gemeinschaft zu behalten. So übten es Elisabeth, Hedwig von Schlesien, die fürstlichen heiligen Frauen des 14. Jahrhunderts, die französischen Aristokratinnen aus der Umgebung der Frau von Chantal, die Zaren. Die *Separatio leprosorum,* die der Priester vollzog, den Kranken einsegnend für seine Einsamkeit, die Geräte weihend, Friedhofserde auf das Dach seiner Hütte legend, bedeutete die Einpflanzung leidender Existenz in das unzerstörbare Ganze. Auch hier müssen wir fragen, ob und in welchem Grade diese Geschichte tragende Gemeinschaft mit den Ausgestoßenen noch verstanden und vollbracht wird. Ich halte sie für eine Lebensfrage der Menschheit.
Die Kreuzfahrer brachen ohne Zweifel auf aus einer mächtigen, Frankreich und Flandern, die normannischen Länder, England, dann Deutschland, in schwächeren Wellen den Norden durchwogenden religiösen Glut, einer verschmelzenden christlichen Erschütterung und Sehnsucht; sie behalten etwas Irrationales, Wider-Politisches, obwohl sie von Parteiung und Neid zerrissen wurden, rheinauf und rheinab unter geistlichen

Eiferern in Judenverfolgungen sich entehrten, von Raub- und Handelsgier getrieben wurden und Jerusalem und Byzanz mit Blut überschwemmten. Peter von Cluny berief sich in seinem Briefe an den König von Frankreich auf die »Wunder des alten Bundesvolkes«. Moses, schreibt er, vertilgte die Könige der Amorräer mit ihren Völkern, Josua warf die Könige der Kananäer mit zahllosen Völkern auf dem Schlachtfeld nieder und verteilte nach der Vertilgung der Gottlosen das Land unter das Volk Gottes. Uns berührt das nicht mehr. Wir haben vergangene Zeiten nicht zu richten. Die Aspekte des Christentums wandeln sich von Epoche zu Epoche. Der geschichtliche Zusammenhang vollzieht sich nicht als Nachahmung, sondern als fortschreitende Ausgestaltung unverrückbarer Werte, als Akzentverschiebung über dem feststehenden Wort. Dieses Wort war den Kreuzfahrern, den Besten unter ihnen, einem Gottfried oder Raimund von Toulouse wohl bewußt. Auch den geistlichen Erweckern und Führern. In dem zitierten Briefe preist Peter von Cluny das Opfer: das ist das Wesentliche, daß der Kreuzfahrer seine Güter, sein Reich, selbst seine Ehre hingibt, sein Leben; nicht also, daß er tötet, sondern daß er stirbt. Ludwig von Thüringen, der Gemahl der hl. Elisabeth, starb als Jüngling vor Otranto, den Tod ersehnend, ohne daß er uns ein Wort der Klage um Weib, Kinder, Herrschaft hinterlassen hat. Schon in Bernhard von Clairvaux ereignete sich unter der Katastrophe des von ihm entfachten Kreuzzugs eine gewaltige Umwertung hochmittelalterlicher Wertungen, eine Wendung zum radikalen Christentum, die bis heute Weisung geblieben ist. Anfang des 14. Jahrhunderts schmolz der seltsame Franziskaner-Tertiar Raymundus Lull die Kreuzzugsidee ins Religiös-Universale um: als Vereinigung der griechischen und lateinischen Kirche, getragen vom Rittertum; das Missionsland jenseits des Atlantik soll er geahnt haben, als er, ein achtzigjähriger todwunder Märtyrer, heimkehrend seine Insel Mallorca aus der Flut tauchen sah. Es bleibt die Tragik und die Kraft der christlichen Botschaft in der Geschichte, daß sie in ausreichendem Grade gar nicht erfüllt werden kann; daß sie das Gewissen niemals ruhen läßt; daß sich alle, die sich zu ihr bekennen, im geistlichen wie im weltlichen Stande, Tag und Nacht von Christus verklagt fühlen. Die Kirche hält die Mitte zwischen dem Möglichen und dem Unerreichbaren; sie muß, menschlich gesprochen, wohl diese Mitte halten und kann nur dadurch den Menschen helfen: es ist ein von der Liebe zugewiesenes Amt. Aber sie muß zugleich der Ort sein, wo sich diese Anklage Jesu Christi ereignet; wo unter der Unmöglichkeit gelitten wird; und diejenigen eine Stätte haben, die an ihr leiden oder zerbrechen. In dieser Gestalt ist die Kirche der Fels der Kontinuität.

Der Abt von Clairvaux hatte tief in das Wesen der Geschichte geblickt und handelnd und planend und wieder vom Verlangen nach Einsamkeit verzehrt, ein volles Maß ihrer Schuld auf sich genommen; er hatte im Kreuzzugseifer selbst das Wort mißdeutet, verbogen. In seiner letzten Schrift verlangte er das Unmögliche, das unabweisbar Notwendige vom Papst. Er greift das furchtbare Wort des Herrn an Jeremias auf [Jerem. 1, 10]: »Daß du ausreißen, zerbrechen, verstören und verderben sollst und bauen und pflanzen«, und fragt Eugen III.: »Welcher dieser Ausdrücke deutet auf weltliche Pracht?« ... »Willst du mehr als der Prophet sein? ... Wisse, daß du das Messer des Winzers brauchst, kein Szepter!« Und weiter, anschließend an das Wort Christi: »Tu aber nicht also«. »Es ist klar, den Aposteln wird die Herrschaft untersagt. Gehe also und wage entweder, wenn du herrschest, die Apostelbotschaft oder als Nachfolger des Apostels die Herrschaft dir anzueignen. Das Eine oder das Andere ist dir untersagt ... Kein Gift, kein Schwert fürchte ich mehr für dich als Herrschsucht.« Er verdammt leidenschaftlich das »sklavische Leben« des in Rechtshändel verstrickten Papstes und seiner Priester: »Wann beten wir denn? Wann sinnen wir über das Gesetz? Täglich erschallen wohl Gesetze in deinem Palast; aber die Gesetze Justinians, nicht des Herrn.« Er erinnert an die Welt-

sendung: »Warum bleibt der Lauf des Evangeliums stehn? Mit welchem Gewissen unterlassen wir es, Christus denen anzubieten, die ihn nicht haben?«
Das Wort hat für uns einen zweifachen Sinn: bieten wir Christus wirklich denen an, die ihn nicht haben? Und wenn nicht: wird dann nicht unsere wesensgemäße Geschichte von einer anderen überfremdet? Und Christus ist ja Leben. Man kann ihn nicht anbieten wie eine Sache. Aber Bernhards Frage hat auch einen historischen Sinn. Ich komme damit auf die europäische Expansion, deren Drama in unseren Tagen Paul Claudel gedichtet hat: sie endet in seiner Sicht, scheiternd und sich befreiend, am Berge Karmel, in der Auflösung weltlicher Macht. Auch in ihr wie in den Kreuzzügen war eine christliche verbindende Kraft. Nicht um Christi willen sind die Entdecker ausgefahren, aber die meisten doch mit Christus. Kein Verbrechen der Conquistadoren soll beschönigt werden. Aber der Dominikaner Las Casas, ihr Ankläger, war nicht allein. Er wurde ja selber aus seiner Schuldbefangenheit von dem Ordensmann Pedro von Cordoba erweckt. Seine Erklärung, daß es keinen andern Rechtsgrund der Expansion gebe als Predigt und Verkündung des Erlösers, wurde von den Königen gebilligt. Die Indianer sind freie Menschen, keine Hörigen, schrieb die Königin Isabella an den Gouverneur von Espaniola im Jahre 1503, ein Jahr vor ihrem Tode; und noch in ihrem Testament gebot sie, in den neuentdeckten Ländern nichts zu tun, was den Bewohnern zum Nachteil wäre: »Ich befehle vielmehr, daß sie gut und gerecht zu behandeln sind.« Das war auch der Wille Ferdinands von Kastilien, Karls v., Philipps II.
Ich behaupte gar nicht, daß die christliche Forderung sich durchgesetzt hat. Aber das christliche Gewissen war nicht tot. Es hat gelitten. Es war auch in den Conquistadoren, wenigstens in den bedeutenden. Wohl will es nicht viel sagen, daß Cortez sich stets von zwei Franziskanern begleiten ließ und vor Priestern vom Pferde sprang. Was er aber – etwa im vier-

ten Bericht an Karl v. – über das Missionswerk schreibt, ist sehr ernst zu nehmen. Er fordert Bischöfe, Ordensleute von untadelhafter Ehrenhaftigkeit und Lebensführung, unter strengster Zucht; es ist des Kaisers Wunsch, daß die Völker der Neuen Indien sich bekehren, und er, Cortez, erwartet davon sein ewiges Leben; der Kaiser möge den Papst um die nötige besondere Vollmacht für die ausgesendeten Bischöfe und Prälaten bitten. Inzwischen starben die Völker hin, ob getauft, ob nicht getauft, als Sklaven und lebende Ware. Aber das Gewissen meldete sich wieder. Ich erinnere nur an den Iren Berkeley, der im 18. Jahrhundert für Westindien, an den Holländer Dekker, Multatuli, der im 19. Jahrhundert in Java protestierte: »Ich habe viel getragen.« Ein moderner Historiker, Salvador de Madariaga, hat vielleicht damit recht: daß die ganze Problemstellung des Las Casas sich auf die eine Frage reduzieren lasse, ob das Gesetz Christi im praktischen Leben anwendbar sei. »Einzelne Menschen«, fährt er fort, »haben das versucht ... aber keine Gesellschaft hat das je vermocht.« Eben das, möchte ich hinzusetzen, ist der Grund, warum die christliche Geschichte nicht enden kann – ehe Gott sie beendet.

Heute schlägt die Welle der Expansion zurück. Das Kreuz wird nicht mehr der Macht vorangetragen. Es ist nicht mehr Feldzeichen. Es ist nur noch Kreuz. Die in China, in den abgleitenden letzten Kolonien schmachtenden, gemarterten, ermordeten Missionare und Missionarinnen sind Träger unserer sich fortsetzenden Geschichte. Kierkegaard hat vor hundert Jahren gesagt: »Die Wahrheit siegt nur durch Leiden.« Wir sagen heute: ja, wenn sie siegt. Aber das ist ganz ungewiß, ist auch nicht entscheidend. Wichtig allein ist, daß sie da ist, im Menschen; daß sie eben leidet. Als Paulus und Timotheus durch Phrygien und Galatien gezogen waren, verbot es ihnen der Geist, das Wort Gottes zu verkünden in Asien [Apostelgeschichte 16, 6]. Und als sie von Mysien nach Bithynien vordringen wollten, erlaubte es ihnen der Geist Jesu nicht. Der

Westen war erwählt, aber um aller willen, zum Dienste am Ganzen der Welt, der Kreaturen. Heute, so scheint es, ist alles offen und das Gespräch der Christen mit Asien hat noch kaum begonnen; wenige Vorboten haben es gewagt und haben sich in der Einsamkeit verloren. Denn die, für die sie es getan haben, folgten ihnen nicht – oder sie wehrten sich gegen sie mit dem Banne der Häresie. Es ist sehr schwer, so einsam zu sein und nicht Häretiker zu werden. Ich denke in Verehrung an Albert Schweitzer, den Missionar Andrews, an Guénon und Leopold Ziegler. Heute – ich möchte es wiederholen dürfen – ist alles offen: für so arme Männer, wie Paulus und Timotheus waren. Andrews sah, als er den Boden Indiens betreten hatte, den Widerschein des Antlitzes Christi auf dem Antlitz eines jeden, der ihm begegnete. Und darum geht es ja wohl: nicht um das Bild Christi, das wir mitbringen, sondern um Christus, der uns dort erwartet, für den wir endlich, aus unserer Geschichts- und Welterfahrung, bereit geworden sind.

Die Tragödie der Expansion, die in eine ganz neue, in eine vielleicht wirklich sakrale Sphäre eintritt, verschlingt sich mit der Reformation, die Erasmus einfach »die Tragödie« zu nennen pflegte. Die Reformation ist keine vereinzelte Erscheinung; sie trat auf in einem unaufhaltsamen Prozeß, dem Trachten nach dem wahrhaftigen Reich Gottes, das, wie die schmerzliche Frage Parzivals, der Adel europäischer Geschichte ist. Als die europäischen Völker die Wahrheit in die Welt tragen sollten, sie ihnen widerwillig die Tore öffnete, zerfielen sie im Streite um die Wahrheit: sie waren also nicht bereit. Und doch muß von den Besten gesagt werden, daß ihr Herz brannte.

Und nur das bewegt mich hier. Denn welches gültigere Zeugnis könnten wir immer an der Wahrheit Versagenden erbringen, als das unsagbare Leid, die Schuld, die Versäumnis, die wir im Streit um das, was Christus in Wahrheit gewollt und gestiftet hat, auf uns geladen haben! Das gehört ja ganz zu uns, das ist ja der Pulsschlag unserer Geschichte, daß wir nicht enden können, von Christus zu reden, darin Petrus nacheifernd von ferne; daß wir nicht über seinem Worte ruhig werden. Keine Verwischung der Grenzen! Was wir nicht glauben, können wir nicht bekennen. Aber wenn man schon den Menschen nicht begrenzen kann, wie viel weniger Christus! Niemand hat das lebendige Wort ausgeschöpft. In diesem Sinne stehen alle, die im Ernst nach Ihm fragten, in unserer Geschichte, sind alle, die weiter fragen werden, auch wenn sie irren, in echter Kontinuität.

Freilich: wenn die Katharer gesiegt hätten, wäre die Dominante unserer Geschichte mit der Wahrheit von der Menschwerdung gebrochen worden; die Gnosis ist bis heute, zum mindesten in der Philosophie, eine europäische Geistesmacht, ihre sichtbar-unsichtbare Tragödie nicht aus dem Zusammenhang zu lösen. Gerade aber gegenüber der Möglichkeit eines Sieges zeigt sich die Abhängigkeit des Geschichtsverlaufes vom Gottesbild; die Gestalt Europas hätte sich verändert bis in ihre innerste Struktur. In Luther ist das Kontinuierende viel stärker als das Neue; neu ist wohl auch die Theologie des Kreuzes nicht gewesen, nur die Leidenschaft, mit der Luther die »Theologie der Herrlichkeit« vernichten wollte, eine Gerechtigkeit suchte, die »ganz und gar von außen kommt«, nämlich von Gott, und uns »völlig fremd« ist; neu die Radikalität, mit der er, durch die Einsicht in die menschliche Nichtigkeit, den Menschen ändern wollte, damit dessen Werke sich ändern; die Ausschließlichkeit, mit der er lehrte, nicht daß der Gerechte nichts wirken solle, sondern daß seine Werke ihm keine Gerechtigkeit verschaffen; neu, daß es ihm bei seinem Aufbruch einzig ging um den »im Leiden verborgenen Gott«. Die Disputation mit den Ketzern aller Jahrhunderte und damit diese selbst fallen in die christliche Existenz; seit Luther aber auch das Gespräch zwischen den Bekenntnissen. Je weniger Katholiken, Lutheraner, Kalvinisten einander ausweichen, um so tiefer werden sie in die Geschichte dringen; es ist wahrhaftig um das Gottesreich gegangen in jenem erschütternden Jahrhundert in Wittenberg wie in Rom und in Genf; und in Genf in äußerster Strenge um den religiösen Staat. Daß die Streiter in allen Lagern von politischen und sozialen Mächten in Anspruch genommen und abgelenkt wurden, war unabwendbar. Mit welcher Oberflächlichkeit werden noch immer die Religionskriege verdammt! Ganz gewiß widersprechen sie dem Wesen des Christentums, das allein mit der unbewaffneten Wahrheit kämpfen kann, aber es hat doch etwas Großes, daß Fürsten und Völker in höherem oder geringerem Grade Reich, Leben, Wohlstand einsetzten für die Wahrheit; daß das Gewissen sich nicht vergewaltigen ließ und innerhalb der einmal bestehenden politischen Konstellation auch in dreißigjährigem Kampfe kein Bekenntnis zusammenbrach. Mir ist es immer wie eine furchtbare Auszeichnung erschienen, eine Heimsuchung im doppelten Sinne, daß Deutschland fast daran verblutete. Der Glaube zerfleischte sich und die Völker. Aber es war dasselbe Kreuz über allen. Was in den Kriegen gar nicht ausgetragen werden konnte: das ist heute dem Geiste überantwortet, unserer ganzen christlichen Existenz, rastlosem Beten und Opfern, Hören, Forschen und Verstehen, starker Geduld, noch stärkerer Hoffnung. Ja, die Bereitschaft, den Andern zu hören, scheint mir das Wichtigste zu sein. Sie ist auch Ausdruck der Sicherheit. Denn hier können nicht Menschen siegen, nur die Wahrheit. Wo die Heere einander vernichtend begegneten, sollten wir wenigstens dieses Opfer der Sühne bringen, daß *wir* nicht siegen wollen.

Die Frage nach dem Reich Gottes wird im Evangelium nicht allein von den Jüngern, sie wird auch von den Pharisäern gestellt, mit deren Namen wir allzuviel Mißbrauch treiben: *Quando venit regnum Dei?* [Lukas 17, 20.] Es ist eine verwirrende Frage, denn mit der Antwort: *intra vos est* beschwichtigen wir uns nicht. Die Menschen wollen seine geschichtliche Gestalt. Die Welt soll zum Gottesreich werden. Aber nicht einmal die Kirche ist es, trotz Augustinus, geworden, kann es wirklich werden: sie vermittelt zwischen der Erde und dem

Reich Gottes. Alle großen Revolutionen und Aufstände sind, wenn nicht religiösen Ursprungs, so doch von der Ungeduld nach dem Reiche durchglüht; der Mensch kann es nicht erwarten; er zwingt es herab. Aber jeder Zwang ist Aufhebung des Reiches. Die englische Revolution verschmolz alttestamentarisch-kriegerische Formen mit apokalyptischer Erwartung, reformatorischen Eifer mit Jakob Böhmescher Mystik und krasser Machtpolitik; sie konstituierte ein allerdings höchst flüchtiges Parlament der Heiligen. Wie sollen wir uns die Männer vorstellen, die etwa Cromwells Rede oder vielmehr politische Predigt zur Eröffnung des Parlaments vom Jahre 1653 anhörten? Alles, was in England, Schottland, Irland geschah, hat Gott getan. Das 41. Kapitel Jesaias, das den Sprecher und seine Freunde auf ihren Wanderschaften gestärkt hat, ist erfüllt; es ist das Wort von den Inseln, die sich fürchteten, und den Enden der Erde, die erschrecken, vom Auserwählten: »Die Leute, die mit dir zanken, sollen werden wie nichts.« Aber in der Wüste werden Zedern, Akazien, Myrten gepflanzt. Gott hat die Schlachten geschlagen; was der Geist gebietet, geschieht; er regiert durch Cromwell. Wie Gott seinen Sohn bezeugte, so hat er das von Cromwell geführte Volk bezeugt. Und wenn sie im Dunkel gehn, so ist es Gottes Dunkel, in dem sein Ziel verborgen ist. »Etwas ist vor der Tür; wir sind auf der Schwelle. Ihr seid auf der Messerschneide der Verheißungen und Prophezeiungen« (*at the edge of the Promises and Prophecies*). Welche Tragik der Sehnsucht und des Wahns, sich betrügenden Machtverlangens, und welcher Glaube!

Alle Revolutionen gleiten von ihren religiösen Zielen ab, doch sind sie nicht ohne diese zu verstehn; alle bestätigen die geheimnisvolle Antwort an die Pharisäer: in euch. Aber wenn das Reich wirklich in uns wäre, in uns allen, wäre es in der Geschichte. – Ich kann die gegenwärtige Gestalt Rußlands nur verstehen als den verwirklichten Entschluß, jeglicher über die Erde hinausgehenden Erwartung und Frage abzusagen und zu erklären: das Reich ist da, nämlich das einzige überhaupt denkbare und mögliche Ziel; es wird dadurch wirklich, daß es gar nicht mehr in Frage gestellt werden kann, wenn es freilich rastloser Arbeit bedarf, es auszugestalten und zu erhalten; das ist der Bienenstock, in dem ein jedes Wesen seine Bestimmung hat; auf ihn ist alles bezogen, und außerhalb ist nichts; es kann gar nicht darüber hinaus gefragt werden. Es ist also ein positives Nein; und eben als solches, als tätige Verneinung tausendjähriger Erwartungen, als der Versuch zu erweisen, daß ein gewisser Menschentyp auf diese Art glücklich sein kann – ein Versuch, der, unter Ausrottung der Untauglichen, wahrscheinlich gelungen ist –, steht dieses scheinbar Konsolidierte im Fluß; es ist durch die Herkunft von Feuerbach, dem vergewaltigten und beschnittenen Hegel und Karl Marx an die Geistes- und Glaubenstragödie des Abendlandes gekettet, aus der sich in gewissem Grade nur Schopenhauer auf den asiatischen Kontinent, ich meine das echte Asien, aber gestützt auf den Spazierstock Kants, herausgeflüchtet hat.

Aber damit verbindet sich ein Phänomen, das, wenn auch aus langer Vorbereitung, doch nie in solcher Stärke aufgetreten ist; das diese Epoche macht und offenbar unser geschichtliches Schicksal ist: die Umgestaltung aller Lebensformen und in einem bedeutenden Grade der Natur durch die Technik. Rußland ist nicht mehr, was es war, und kann es nicht mehr werden. Zwei Antlitze blicken einander an: das immer mehr sich verdunkelnde, sich entziehende des heiligen Rußland der Bekenner und Märtyrer, wahnwitziger oder heiligmäßiger Zaren, der Bettler, Wanderer, und Chiliasten, Eremiten und gescheiterten Propheten und das entschlossene und verschlossene Gesicht des sich leidenschaftlich technisierenden Volkes. Ohne Zweifel ist es von einer geschichtlichen Notwendigkeit geprägt. Die beiden Antlitze antworten einander nicht. Was an verborgenem Glauben, an Opfern, an Stellvertretung, Verlassenheit etwa gelebt wird, entzieht sich jedem Ermessen. Und ich weiß auch nicht, welchen religiösen Anteil wir an diesem geschichtlichen Sieg und religiösen Untergang nehmen. Es müßte ein verzehrender sein, ganz von innen, höchster Einsatz der Geistes- und Glaubensmacht, radikale Umkehr der Kreuzfahrt und ihre Erfüllung. Denn der Feuerbach, der, wenn nicht alle, so doch unzählige Heiligtümer verbrannte, ist in Deutschland entsprungen, in der Zeit der Klassik; Ludwigs Vater, Anselm, war neben Schiller Professor in Jena; es war dem Bahnbrecher des Atheismus vergönnt, den Übersetzer seiner Werke ins Russische noch kennenzulernen; bezeichnenderweise war es ein Fürst; 20 000 Menschen geleiten seinen Sarg im Siegesherbst des Jahres 70 auf den Nürnberger Johannesfriedhof, zur Ruhestätte Dürers und Pirkheimers, ins Heiligtum unseres Erbes. Auch in den USA wurde eine Ortschaft nach ihm benannt. Gerade jetzt – im Jahre des Heils 1955 – denkt man daran, in Nürnberg Ludwig Feuerbachs Denkmal mit der seine Lehre vortrefflich zusammenfassenden Inschrift »Der Mensch schuf Gott nach seinem Bilde« vom Bannstrahl des Dritten Reiches zu befreien und wiederaufzustellen. Ich spreche hier nur von inneren Entwicklungen; das Politische ist Folge und entzieht sich ganz meinem Bestreben; ich spreche nur von den Zusammenhängen des Ja und Nein, die die gegenwärtige Welt trotz heftigster Gegensätze und brennender Gefahren zusammenschließen. Geistesleben und Geistesschuld der Menschheit sind eins: auch in diesem Augenblick, und wir verlieren die Kontinuität, wenn wir uns diese Wahrheit von leichtfertiger Propaganda übertäuben lassen.

Ich komme zu dem letzten Problem der Kontinuität, an das ich in diesen Andeutungen erinnern möchte: es ist das Verhältnis des Christen zur modernen Forschung, zu dem von ihr entfalteten Weltbild. Wohl ist es veränderlich. Aber die aufgebrochenen Dimensionen, die entbundenen Kräfte sind da. Die Forschung ist geschichtsbestimmende Macht. Das ist paradox. Ich brauche nur Einsteins bittere Klage über die Unfreiheit des Geistes zu zitieren, über die Abhängigkeit der

Forschung vom Staat. Der Staat ist nicht gesonnen, diejenigen zu bezahlen, die ihm das Wasser abgraben. Aber ohne Hilfe des Staates ist moderne Forschung nicht möglich. Der moderne Forscher ist also der mächtigste und unmächtigste Mann; die Grenze zwischen Forschung und Technik haben die Wissenschaftler selbst überschritten, aufgehoben. Erkenntnis bedeutet heute Anwendung. Es ist unmöglich, die Anwendung, das heißt politische Auswirkung der Erkenntnis zu verhindern. Gott hat auch jetzt die *military-ways*, denen Cromwell folgte. Für den Anfang dieser Epoche sollen drei Namen und Schicksale stehen – man könnte deren viel mehr nennen: Giordano Bruno, der, wie Cusanus, in die Unendlichkeit blickte und den Angriff auf die Welt, die sich begrenzt wissen wollte, auf dem Scheiterhaufen bezahlte; Galilei, der den Schleier von den Himmeln riß und bereit gewesen wäre, sein Augenlicht zu geben für die Erkenntnis der Geheimnisse des Lichts; Galilei, ein tief frommer Mann, der ohne Kirche und Sakrament nicht leben konnte und gezwungenermaßen ihnen die Wahrheit opferte, aber dieses Opfer nicht verschmerzen konnte; ein durchaus metaphysisches Schicksal, kein Martyrium des Fortschritts; und, als Dritter, Pascal. Ihm hat die Nachwelt vorgeworfen, daß er seine immense Forschergabe nicht für die Menschheit ausgewertet habe – ein Blättchen mit einer Zeichnung aus seinem Nachlaß brachte Leibniz zur Aufstellung der Infinitesimalrechnung –: wahrscheinlich hat er, wie der große David Friedrich Gauß, gewußt, was er nicht sagen wollte; wahrscheinlich traute er der Menschheit die Fähigkeit, seine Einsichten zu verarbeiten, nicht zu. Er verstummte. Er entsagte der Mathematik. Er legte sich einen Kalender der Festtage und Andachten in den Pariser Kirchen an und verschwand, ein Beter unter den Betern. Selbst die grandiose Verteidigung Jesu Christi gegen die moderne Welt, die er entworfen hatte, war nicht mehr wichtig. Das Gebet, das Leiden und wahrscheinlich die verborgene Freude des Kaufmanns, der die Perle gefunden hat, waren mehr, waren das einzige.

Das sind nur Konflikte und Zeichen. Das sind keine Lösungen. Ich komme noch einmal auf Albert Einstein zurück, eine geschichtliche Gestalt in der Hinwendung zur Zeit, im Streit mit der Zeit, der einzige, der – natürlich in Amerika – sein eigenes Standbild an einer Kirche hätte sehen können, wenn er sich darum gekümmert hätte. Er bekannte sich zu einer »kosmischen Religion«, der Unterwerfung unter strenge Kausalität, die die freie Person Gottes und folgerichtig des Menschen ausschloß. Ohne Zweifel war Einstein von echter Ehrfurcht vor den »höheren Denkgesetzen« erfüllt. Aber vielleicht hängt der berühmte Brief, den er im Jahre 39 an Präsident Roosevelt schrieb, mit dieser kosmischen Religion, der Überzeugung zusammen, daß getan werden muß, was gar nicht ausbleiben kann. Er forderte den Einsatz der Atomkräfte im Kampf gegen die Tyrannei, das Verbrechen. Sicherlich hat er das als eine Notwendigkeit empfunden, und wahrscheinlich hat er bis zum Tode daran gelitten: es hat sich dann eine Notwendigkeit in ihm erhoben, die der zuerst ergriffenen widersprach. Das liegt schon außerhalb meines Themas. Ich möchte nur die Frage stellen: Hätte auch ein christlicher Forscher diesen Brief schreiben können? Ganz gewiß hätte es einer vermocht, der sich der mehr und mehr sich politisierenden christlichen Konvention bequemt hat und in ihr zu Hause ist. Das bedeutet ja nichts. Aber nun wirklich ein Christ?
Ich lasse die Frage ganz offen. Denn das Christentum ist Freiheit. Und kein moraltheologisches Lehrbuch wird uns retten vor dem Zorn Gottes. Es ist ja auch gar nicht so wichtig, ob ein solcher Brief geschrieben wird oder nicht; viel wichtiger, daß dem Staatsmann die darin empfohlene Chance überhaupt geboten wird. Die Staatsmänner wissen dann schon, was ihnen zu frommen scheint, und müssen es wissen. Vielleicht sollten sie ein wenig mehr auf der Hut sein vor satanischer Inspiration. Aber das setzt schon echtes Christentum voraus. Wenn Christus die erste Person der europäischen Geschichte ist, wenn Wissenschaft die führende Macht dieser Stunde, wenig-

stens die gestaltgebende, so hängt die Kontinuität unserer Geschichte davon ab: ob Wissen und Anwendung, die zusammenfallen, verantwortet werden vom christlichen Gewissen. Ist das nicht der Fall, so steigt eine Geschichtswelt herauf, die nicht mehr kontinuiert. Sie ist für diejenigen, die im bisherigen geschichtlichen Zusammenhang weben und atmen und sind: das Nichts. Die Nicht-Glaubenden sind gegenüber dieser Position in der Übermacht. Sie haben sich ja nur vor dem Tyrannenstaat des auf die Erde herabgezwungenen Gottesreiches zu verantworten, eines Staates, der sich so weit vervollkommnen kann, daß er gar nicht mehr als Zwang, vielmehr als höchstes Glück empfunden wird. Aber nun muß es sich zeigen, daß das Gottesreich nicht von dieser Welt ist und doch sich herabneigt in sie, daß es eine beunruhigende Hoffnung ist, die alle Verwirklichungen übersteigt, Anspruch auf eine unerträgliche Freiheit; ein Feuer, das nicht erlischt; Erwartung, geboren aus unsäglichem, uranfänglichem Leid, das nicht verebbt, bis der bespiene, zu Tode gemarterte, auferstandene Gott ihm die Hand auflegt. Wir stehen, wir fallen hier: wo das Reich Christi auf das verweltlichte Gottesreich trifft. Das ist unsere Kontinuität, Faktum und Problem, rastlos variiertes Thema der europäischen Geschichte. Das ist die Einheit, die nicht nur die mit unterschiedlicher Glaubwürdigkeit sich zu Christus bekennenden Nationen oder Staaten verbindet: das ist auch das unzerreißbare Band zwischen Glauben und Unglauben. Denn der Christ steht für alle. Aber er steht vor allem für die Brüder in der Finsternis, das echte Gottesreich für das travestierte. Wir können uns nicht damit beruhigen, daß die Forschung den Glauben nicht aufheben kann; das versteht sich von selbst. Aber wir sollten doch ersehnen und erflehen im Laboratorium, am Katheder das christliche Gewissen. Nicht das Kausalitätsgesetz, sondern das Christentum müßte die kosmische Religion werden. So hat es Birgitta von Schweden verstanden. Als das Brot geweiht wurde, schien es ihr, »daß der Mond und alle Sterne mit allen Planeten und alle Himmel mit ihrem Gang und ihrer Bewegung in wechselnden Stimmen und lieblich klingenden Tönen und Gesängen erklängen«. Diese seltsame Frau, die, wie Hildegard von Bingen, im Anfang des 14. Jahrhunderts im Norden unbefangenen Blicks das Geheimnis der Tiere und Steine wahrnahm, von der Kraft des Wachstums wie der Magnetnadel und des Pulvers wußte, erlebte die Messe im Kosmos. Wir verfehlen diese unsere Stunde, wenn wir Christus nicht vor den Räumen, Zeiten und Kräften sehn, die zu entdecken, denen sich zu stellen, das an uns ergangene Gebot der Geschichte ist. Es fehlt nicht mehr an Forschern, die das erkennen; in ihrem Denken wage ich das Zukünftige zu sehn; Viktor von Weizsäcker hat es ausgesprochen, daß das ewige Geheimnis der Geschichte kein anderes ist als das »Mysterium der Inkarnation; seine Offenbarung«, fährt er fort, »offenbart die Trinität, welche die Welt zum Untergang, zur Apokalypse verurteilt« [Begegnungen und Entscheidungen]. So ist die Welt; wir haben sie nicht gemacht. Das – und das allein – ist abendländisches Geschichtsgefühl. Und es ist eine eigene Tragik, daß so viele und bedeutende Forscher am Vollzuge eines Prozesses mitarbeiten, von dem sie nichts wissen.

Entschuldigen Sie das Fragmentarische meiner Ausführungen. Ich möchte mit allen Details ein einziges vergegenwärtigen: den unzerreißbaren geschichtlich-metaphysischen Zusammenhang der Völker und der Welt, mit dem das eigentliche Wesen unserer Geschichte da ist oder schwindet; ich wollte es tun im Widerspruch zu der allzu handgreiflichen, wenn auch dann und wann philosophisch sich gebärdenden Pragmatik, die uns zu übermächtigen droht; im Widerspruch auch zu einem Christentum, das allen Ernstes meint, im Erfolg seine Legitimation zu erkennen. Ich möchte nur sagen, daß Christus, und zwar der lebendige, der erste Träger unserer Kontinuität und Einheit ist; er hat die lebenskräftigen Vermächtnisse der alten Welt herübergerettet, und es war wohl eine der größten Gefahren der Reformation, daß die Bibel ihr Alles war, sie der alten Welt nicht mehr bedurfte; verständlich ist das nur aus dem apokalyptischen Bewußtsein Luthers: es hat keinen Sinn mehr zu überliefern, denn das Ende ist da. Er ist der letzte Prophet. Doch soll der bedeutende Humanismus, der sich gerade im Protestantismus entfaltet hat, nachdem die Existenz einmal gesichert war, nicht übersehen werden. Christus hat auch die Antike, gerade ihre Tragödie, in einem bestimmten Sinne beantwortet als der den Geschöpfen sich opfernde Gott, und damit die tiefste Aussage vom Wesen der Geschichte gelebt; er hat mit der rätselvollen Verheißung des Gottesreiches das Ferment in unsere Geschichte geworfen; er hat die Geister zu einem Kampfe von solcher Leidenschaft entfacht, daß sie, ihn suchend, sich im Streite von ihm entfernten und wahrhaftig Gott um Gottes willen verlassen haben; seine Macht, die Unabdingbarkeit seiner Gegenwart erweist sich in wachsendem Maße an seiner Abwesenheit, an unserem Unvermögen, unseren Geschichtsraum, unsere Erkenntnis, unsere Macht mit seiner Botschaft zu durchdringen. Bisher haben sich Herrscher, Staatsmänner und Parlamente, Revolutionäre und erst recht Forscher, Staatslehrer und Theologen, sofern sie Christen sein wollten, damit geholfen, daß sie unablässig herüber und hinüber wechselten vom Alten zum Neuen Testament, von David zum Gekreuzigten. Selbst Columbus, mit dem die Weltgeschichte nach Westen segelte, hat sich in einem Briefe [an den Prinzen Johann] mit König David verglichen, so auch Gustav Vasa, sicher einer der stärksten, ursprünglichsten Königsgestalten Europas, auf seinem letzten Reichstag (1560). Die Frage, ob dem Christen solche Ausflucht noch möglich ist, wurde in unserer Zeit ganz neu gestellt. Denn der Abfall vor unseren Augen fordert ein Christentum heraus, der ihn wirklich ins Herz trifft. »Einst dient' ich einem, der heißt Gott.« Ist dies ein Bekenntnis des modernen Europa? Freilich: was geschehen würde, wenn wir wirklich das Reich suchen würden, so wie unser Gewissen das will, wissen wir nicht. Aber dieser Aufbruch läge im Zuge unserer Geschichte. Einige müssen ihn wagen, haben es getan, gerade jetzt, als geheime Ritterschaft, ohne Waffenschimmer, unter den Bergarbeitern Frankreichs, im Elend Deutschlands, überall, in den Missionsländern. Vergessen wir doch nicht den unerhörten, fast frühchristlichen Reichtum unseres Jahrhunderts an Märtyrern und Zeugen! Die Frage Parzivals wird nur mit einem Leben beantwortet. Was ist Gott? Der, dem wir folgen in seine Todesnacht. Wenn aber an der äußersten Spitze, dort, wo das Denken, Forschen, Erfinden dieser Zeit die Felsen aufsprengt, Brücken baut, den Plan unserer Städte, Fabriken, Rüstungswerke, Kasernen und Schulen entwirft, nicht geglaubt wird, so bleibt den Christen nichts anderes übrig, als sich unter die rasenden Räder zu werfen, mit einem Gebet für Alle.

Das ist keine tröstliche Botschaft. Und doch haben wir Grund zu grenzenloser Zuversicht. Die Kraft unserer Geschichte – nicht die der Völker, aber die geistige Kraft – ist ganz unverbraucht. Auch nach zweitausend Jahren ehrwürdiger Tradition ist es, als ob das Christentum kaum begonnen habe. Seine Verheißungen liegen in spiegelnder Ferne. Sie sind eine unzerstörbare verjüngende Kraft. Unsere Raumschiffe werden uns berichten von der Größe der uns umgebenden, von Gott geschaffenen Nacht. Aber von dem zerberstenden Schiff, auf dem Paulus gefangen war, warfen die Seeleute Gerät und Weizen in die Wellen; und Paulus wurde frei und schwamm an Land. Die brüchigen Fahrzeuge, die wir nach der christlichen *Terra incognita* aussenden, kehren vielleicht heim mit noch nie erblickten Schätzen. Christus, die erste Person der Geschichte, will die Person; er will die Freiheit, die sich in der Geschichtswelt im wesentlichen als Opfer realisiert; er will die Volkspersönlichkeit, das Ganze und Eigene eines Volkes in seiner Beziehung zu Gott. »Er ließ«, wie es in der Apostelgeschichte heißt, »von einem Menschen das ganze Menschengeschlecht abstammen, daß es wohne auf der ganzen Erde« [17, 26]. Dieser Eine ist der Gegenwärtige und Kommende. Er ist die Wurzel. *Ego sum radix,* wie es in der Apokalypse heißt

[22, 16]. Unsere Geschichte bezeugt ihn. Aber wir müssen ihn suchen in der schonungslosen Begegnung mit dieser unserer Welt, dem Kosmos der vierten Dimension, der unendlich vielen Räume und Geometrien, der ihn unter den Freveln des Geistes zersprengenden Kräfte: es ist *doch* der Kosmos, den der Sänger von Portiunkula gemeint hat; geheiligte Welt. Hier allein kämpft sich Geschichte in unserer Stunde fort. Und sie ist unser Leben in seiner Überfülle, Zusammenströmen aller Vergangenheiten, Europas und Asiens. Denn Christi doppeltes Antlitz blickt nach Aufgang und Untergang. Es ist nicht zu erwarten, daß die Gesamtheit Geschichte in diesem Sinne vollzieht. Aber Sie möchte ich bitten, einen jeden einzelnen unter Ihnen, denn der einzelne trägt die Kontinuität, möchte ich inständig bitten, sich zu fragen und sich Rechenschaft darüber zu geben, ob er Geschichte in diesem Sinne vollziehen, ob er dieses Geschichtsbewußtsein handelnd und leidend in die Zeit tragen will.

LANDSCHAFT

SPANIEN

Die Glocken von Ávila · Der Montserrat · Toledo
Córdoba · Madrid 1956

DIE GLOCKEN VON ÁVILA

Unter einem grauen Himmel, den ein paar violette Wolkenstreifen zerteilen, liegt Ávila. Die Stadtmauer zieht ein Stück dem Fluß entlang, dann steigt sie langsam auf die Höhe eines Plateaus; in sicheren Abständen folgt Turm auf Turm, achtundachtzig im ganzen, und auf dem Kamm der Mauer Zinne um Zinne. Es ist ein Bild von römischer Geschlossenheit, und dennoch spanisch-finster.

Ein Bündel Türme und bewehrter Dächer wird fest zusammengeschnürt von dieser Mauer: die Turmspitze der Kathedrale stößt, aus einem Zinnenkranz hervor, am tiefsten in den Himmel, um sie herum die stumpfen, viereckigen Türme der Adelspaläste und die Kuppeln der Kirchen. Jedes Haus ist bewaffnet vom Keller bis auf das Dach; die Fenster sind vorsichtig, sehr hoch und sehr sparsam eingelassen; am liebsten ließ man große Wandflächen und begnügte sich mit dem Licht des Hofs. Vor den Fenstern sind armdicke Eisenstangen ineinandergeflochten wie Seile: sie werden sich nicht lösen, wenn selbst die riesigen Quader der Fundamente einmal aus dem Gefüge brechen.

Feindschaft bis in die Tiefen der Erde: Mauer steht gegen Mauer, Turm gegen Turm, als habe innen in den Straßen der Kampf fortgetobt, wenn er draußen verstummte, Partei von Partei abspaltend im Haß, Sippe aufschürend gegen Sippe. Diese Stadt steht in ihrer ungeheuren Mauer gegen die Welt, feindlich jedem, der sich ihr von außen naht, und kehrt sich, unersättlich an Feindschaft, im Innern gegen sich selbst, den Kampf zu verdoppeln, den Haß neu zu nähren. So ist jedes Haus eine Festung in der Festung, und nicht nur jedes Haus: ein jedes Fenster muß erobert werden.

Hier sollte der Krieg erschöpft werden in seiner Totalität, sollte er in allen seinen Möglichkeiten sich entfalten. Zwölfhundert Meter hoch, im Angesicht der Schneegipfel von Gredos, lauert dieses Ungeheuer von einer Stadt; eine riesige Fläche überschauend, aus der sich nichts erhebt als kahler Stein. Dies ist das Mittelalter in seiner wahren Gestalt, ohne jede Konzession an das Idyll.

Die Heraldik feiert Triumphe: es gibt hier Wappen aus der frühesten Zeit des Rittertums, die mit jener unendlichen Mühe in den Stein gegraben sind, mit der eine völlig ungeübte Hand das erste Zeichen ihres Daseins auf ein Papier zu ritzen versucht; grotesk-primitive Tiere glotzen ernsthaft aus verbogenen Schildern hervor; breite steinerne Tafeln können sich nicht genugtun mit den Emblemen erworbenen Ruhms. Kein Haus und an manchen Häusern kein Fenster ohne Wappen: ein jeder hielt das seine dem andern entgegen, um zu trumpfen und zu übertrumpfen, zu reizen und herauszufordern, bis ein neuer Kampf entbrannte, der das Wappen erhöhte oder verdarb.

Welcher Stolz, welcher Trotz in der Erhöhung und Betonung des Eigentums und der Eigenart; welches tiefe Glück der Feindschaft und der Gefahr!

Es ist ein Allerseelentag, und über Ávila braust ein Glockensturm, der tief in der Nacht begann und nun fortdauert bis zum Abend. Niemals noch habe ich einen so abgründigen Glockenschlag gehört wie vor dieser Kathedrale, um die granitene Löwen gelagert sind, Eisenketten in den Mäulern haltend, und deren Tor die steinernen Gestalten zweier Barbaren bewachen. Der erste Schlag ist die Ankündigung eines unsagbar-furchtbaren Geschehens, doch noch gemildert durch die weiche Tiefe des Tons; der zweite Schlag ist die Klage der Kreatur, der dritte das Gericht. Es gibt nichts Erschütternderes als diese Dreiheit, in der alle Stimmen der Gestorbenen und alle Stimmen derer, die sterben werden, über die eisige Hochebene rufen bis zu den schneebedeckten Bergen der Ferne. Die vielen Glocken der Kirchen und Kapellen in der Stadt und der Klöster vor den Mauern läuten mit: sie sind nicht mehr als der Hintergrund dieses in langen Abständen sich wiederholenden Dreiklangs, dessen Monotonie großartig ist wie die Kahlheit der Hochebene von Kastilien und das Steinmeer der Estremadura. Nichts hat vor diesen Glocken Bestand, keine Gründe, kein Gefühl; sie läuten nicht, sondern sie schlagen; sie ermahnen nicht, sondern sie überwältigen, und unter dem donnernden Sturze der Schallwellen, auf den alten, ausgetretenen Steinen der engen Straßen wird jene furchtbare Fabel real: das Letzte Gericht. Dunkel ballt es sich in den Lüften, während der Boden erbebt; es flügelt mit ungeheuren Schwingen, und aus der letzten Tiefe des Himmels blitzt der Strahl.

Ávila, Markstein verlorener Tage, unendliches Gebet über herbstkahlem Land, drohende Stimme der Berge, der Steine und der Toten!

Hier, wo Feindschaft und Haß ihre tiefsten Wurzeln schlugen, reicht auch die Frömmigkeit am tiefsten; in dieser Kathedrale, deren Apsis ausgebaut ist zu einem furchtbaren Verteidigungsturm, wurde am inbrünstigsten gebetet. Vielleicht wurde Christus nie leidenschaftlicher verehrt als in diesen Mauern, wo der Tod lauerte hinter jeder Zinne; wo auf den Verteidigungsgängen die Waffen der Kriegsknechte rasselten, während der Priester das Opfer brachte. Unzerstörbarer Friede im verfließenden Dämmer schmaler Bogen, im Zypressenschatten der Kreuzgänge: unversöhnlicher Krieg auf den Türmen, in den Straßen. Dies ist die äußere, dies ist die innere Welt: Schwert, Harnisch und Herrschaft; Kreuz, Glaube und Unendlichkeit; dies ist Spanien: je tiefer die Feindschaft und der Haß, um so tiefer die Frömmigkeit.

Durch diese Tore, zwischen deren erdrückenden Bastionen hoch oben sich eine Brücke von Zinne zu Zinne schwingt, um dem Eindringenden das letzte tödliche Geschoß aufs Haupt zu schleudern, wandelte die heiligste und männlichste Frau,

die heilige Teresa von Ávila. Beschirmt von diesen vernichtenden Mauern, gemessen von diesem Glockenschlag, vollzog sich ein Leben der tiefsten Innerlichkeit, das ganz sich verbrauchte im heroischen Kampf um die himmlischen Dinge. Diese Religion, die leidenschaftlichste vielleicht, die erlebt wurde in christlicher Zeit, hat eine rein tragische Form: ewiger Sturz, ewiger Flug; unbeherrschbar sind beide: Zweifel und Blitz. Und seltsam: bedarf es solcher Bastionen, solcher Waffen und Verliese, damit ein Leben erwachse und sich abspiele wie dieses? Ist im erdgebundensten Dasein – das Jenseits am nächsten? Und sind wir nur deshalb dem Jenseits so fern, weil wir dem Diesseits nie ganz gehören? – Wo verscholl die Frömmigkeit der Ritter und Kriegsknechte von Ávila, die unter sich eine Heilige wandeln sahen?
Die Glocken dröhnen fort, in gleichen Intervallen, ewig sich wiederholend wie die Schläge eines Schwertes auf einen ungeheuren Schild.
Ich gehe ein Stück des Weges, den die heilige Teresa unzählige Male ging: aus dem Stadttor hinaus, an der Basilika vorbei, durch die elende Vorstadt mit ihrer kleinen Kapelle »Unserer Frau von den Kühen« bis zum Kloster Santo Tomás, dem Kloster der »katholischen Könige«, das sie stifteten, um für die Eroberung Granadas zu danken. Dort vor dem Hochaltar schläft der einzige frühverstorbene Sohn des Paares, der Erbe so vieler Reiche, deren Herrschaften er nicht antrat, um sie zu vertauschen gegen die Unendlichkeit des Traums. Ein Pater führt durch die breiten Gänge und Hallen; für ein paar Stunden genieße ich die Stille eines Kreuzgangs, spüre ich etwas von dem Frieden, der wohl verlockend, aber immer unerreichbar ist. Der Führer zeigt mir die Stelle, wo die Heilige zu beichten pflegte: der Sitz des Priesters ist in die mächtigen Steine eingelassen, wie ein Schrank, wie ein Geheimnis selbst; und wenn nun auch alles erneuert ist mit armem Holz und längst das Gitter vermorschte, vor dem sich das Gesicht der Heiligen neigte, als sie die letzten Tiefen ihrer Seele verriet:

so ist doch noch etwas von ihrer himmlischen Glut in diesem Raum, der schmal ist wie ein Sarg: ein Hauch des Feuerstromes, der sich hier ergossen. – Am Tore bietet der Führer seine Hand aus einem unerreichbaren Bezirk, und eine Stimme, die eindringt aus einer großen Ferne, sagt leise und erratend: »Que no será la última vez.« (Möge es nicht das letzte Mal gewesen sein.)
Aber das Erz wiederholt noch immer seinen furchtbaren Gesang. Was bleibt zu erwidern auf die fortdröhnende Stimme einer längst vergangenen Generation: auf das Zeugnis einer erlebten Wahrheit, das nicht schweigen will? Und sollten wir die Zeiten und ihren Reichtum nicht messen an ihren Stimmen? – Und wenn es das letzte Mal war: was liegt an einem Lebenstag, der sich löst und verweht? Für diese Stimme aber und die unbekannte Generation, der sie noch immer gehört, gibt es kein letztes Mal: dies ist eine Welt, die nie überwunden wurde, doch fast immer gemieden und geflohen; sie steht im Schutz einer vollkommenen Form, die deshalb am strengsten sich schließen mußte, weil sie das reichste und leidenschaftlichste Leben enthielt.

1928

DER MONTSERRAT

Bevor er in schon übersteigerter, nach hinten gebogener Steigung seine letzte Höhe erreicht, hat der ungeheure Fels einer Kirche und einem Kloster noch Raum gewährt. Innen in der Halle, in die unablässig die Menschen strömen durch den streng geschlossenen Hof, spielt die Orgel. Mit umgehängten Bändern und Medaillen, eine brennende Kerze in der Hand, gehen die Männer dem schimmernden Thronhimmel voraus, der langsam zwischen den überfüllten Bänken auf und nieder schwankt. Auf dem Altar steht, von Licht umdrängt, das uralte wundertätige Bild. Am Eingang, sehr einsam in einer kahlen Kapelle, blutet Christus neben der wehenden Flamme einer hohen Kerze auf einem schräg liegenden Kreuz. Ein Mädchen kommt, kniet nieder, küßt die spitzen Knie und die Wunden – wirft eine Münze in einen bereitstehenden Teller. Immer mehr Wagen keuchen den Berg hinauf, auch der Hof ist nun voll. Noch immer schreitet die Prozession, hallen die Gebete. Sie kommen dieses Bildes, ihres Glaubens wegen; sie finden einen Trost, eine Beglückung. Es ist viel und ist doch nichts.

Viel höher noch in den Felsen, dort, wo die Orgel nicht mehr zu hören ist und Kloster und Kirche machtlos im Schatten der gewaltigen Masse liegen, findet man die verstreuten Höhlen der Einsiedler im Stein. Sie öffnen sich wie Muscheln gegen die Tiefe, den unbegrenzten Raum, um aufzufangen, zu fassen, was keiner hört. In ihnen brach sich vielleicht der Schall der Unendlichkeit. Die Männer, die sie in den Stein schlugen, brauchten keine andere Halle als den Raum. Sie hatten genug an sich selbst und waren dem Ewigen um so näher, je einsamer sie waren.

Tut man ihnen Unrecht, wenn man ihren heiligen Berg mit einer Pagode vergleicht, die geschlossen und unzugänglich aus der Fläche in den Raum hinaufsteigt? Ihr Inneres ist nicht zu betreten, es ist unwichtig und unbeabsichtigt; denn der Raum ist außerhalb, sie ragt nur gestaltend in ihn hinein. So, wie ein Pagode, greift der Montserrat in das Unendliche und gibt ihm seine Form. Oben auf der Höhe der tragenden Säule wohnten die großen Verächter der Welt. Kaum reichte die steinerne Muschel aus, daß sie in ihr kauern konnten – stehen konnten sie nicht; vielleicht flackerte nachts in der kleinen Vertiefung noch eine Lampe, die für Entfernte schon einen Stern bedeutete. Die Männer, die sich hier an der äußersten Grenze, an steilen unwegsamen Wänden behaupteten, lauschten begierig über die Welt hinaus. Ihr Ohr suchte unbeirrt nach einer andern Tonhöhe, als alle Klänge hatten, die von unten kamen, und mußte sie finden. Der Drang zur Grenze, zu den Schranken, der im tiefsten Sinne christlich ist, hatte sie hierhergetrieben; sie hätten noch andere Höhen erstiegen, wenn sich hier oben ein neuer Weg aus der Welt geöffnet hätte.

Aber die Ewigkeit ist stumm; Töne können nicht zu Worten werden, am wenigsten die Töne, die im absoluten Schweigen im Innern brausend erklingen. Stumm ist der Montserrat, die höchste Zinne des Diesseits, auf der schon die Wächter des neuen Reiches stehen.

Neben seiner Zelle hat sich ein Einsiedler ein Becken in den Stein gehauen, in dem sich noch immer das Wasser sammelt, ob man es auch nicht mehr schöpft. Hier hält der Besitzer eines kleinen Gasthauses die Fische, die er für die Tafel braucht. Nur ein einziger Fisch schwebt in dem überschatteten Wasser. Ganz in der Ferne und in riesenhafter Tiefe leuchtet das Meer; über dem kleinen See lasten die Felsen. Ohne sich zu bewegen, hält sich der Fisch in der Mitte zwischen Grund und Spiegel. Das Geheimnis des Felsens, der alles überragenden Höhe ist offenbar, aber das Leben, das noch an ihm teilhat, ist stumm. Auch die Einsiedler, die hier oben beteten, schliefen, lauschten, waren stumm. Sie hörten und konnten nicht sagen was. Denn für das Letzte bleiben uns nur Gleichnisse, und die Gleichnisse sind immer aus demselben Stoff wie wir. Sie sind aus der Erde geformt, und wenn nun wirklich etwas besteht, das aller, aber auch aller Erfahrung widerspricht – und wie sonst sollte dieses Jenseits sein –, so kann kein Gleichnis daran rühren. Das Gleichnis öffnet den Weg, es zieht den Vorhang hinter den Dingen weg; den Hintergrund, der nun offen daliegt, kann es nicht erhellen; es zeigt nur, daß er ist.

Auch ihr Grab fanden die Einsiedler hier; wenn sie es auch mühsam in den Felsen schlugen. Denn der Berg ließ keinem mehr Platz, als er brauchte, um zu knien, zu kauern und um einmal sich flach auszustrecken, wenn die Nacht ohne Morgen gekommen war. Er gestattet das Leben nur auf seiner äußersten Fläche; im Innern bleibt er finster und stumm.

Auf dem Weg zur letzten Kuppe blühen noch einmal hohe, weiße Eriken; ein paar blaue Lilien streuen ihre Blätter aus, eh der Sommer kommt. Dann liegt das Land offen da vom Meer bis zu den Schneegipfeln der Pyrenäen, vielgestaltig, steigend, sinkend, in klaren, kantigen Wellen und von einem tiefen rötlichen Braun durchzogen; doch ohne Spiegelung, vollkommen für sich allein stehen die Formen des Montserrat. Sie haben kein Vorspiel, kein Nachspiel. Ringsum ist große erhabene Landschaft; hier aber ist eine außerordentliche, eine nicht zu enträtselnde Form.

Einzelne Gestalten lösen sich aus dem ungeheuren Massiv los und finden ihre Geste; schon scheinen sie etwas Menschliches ausdrücken zu wollen, aber Ausbuchtungen, hervorwachsende Kuppeln ersticken wieder das Wort. Wie ein Stern strahlt der Berg seine Zackenlinien in die Ebene hinaus. Doch ist es kein Zug von Gestalten, sondern reiner Stillstand, Erstarrung. Fern steigen Tropfsteinsäulen hintereinander auf, als seien sie, in der unermeßlichen Höhle des Raums, aus dem Himmel niedergetropft. Wenn in jedem Jahrtausend ein Tropfen niedergefallen und so der Berg langsam emporgewachsen wäre, die Zeit wäre nicht im Übergewicht zur Größe der Form.

Schweigen, Stille, jede Frage bleibt ohne Antwort. Die Plastik, die Rundung sind so eindringlich, als sei jeder Felsturm gebildet von einer modellierenden Hand. Daß diese Steine, aus denen die Masse zusammengebacken ist, in Flüssen rollten, vom Meere hergeschoben wurden, was liegt daran. Berge, Länder gaben sich hin, Ströme schafften herbei im Dienst der unnennbaren gestaltenden Kraft. Alles kommt aus der Erde; alles wächst über sie hinaus. Auch die Einsiedler, die hier hausten in den Schallmuscheln der Unendlichkeit, kamen einmal herauf und verloren ihren Teil an der Erde.

Wo der Stein sich zu Kolossen zusammenballt, das Gewicht bis zum Erdrücken sich mehrt, wo die Leidenschaft sich verdichtet zu Gewittern, da werden die Konturen und Wolkenränder der Gestaltung rätselhaft umsäumt. Um die zum Höchsten getürmte, schwere, lastende Masse spielen die Lichter der andern Welt. Wenn die Erde sich erfüllt, wenn das physische Gesetz sich erfüllt, so ist der Brückenbogen ins Überirdische geschlagen.

Der Montserrat ist der große Verwandler. Er ist wirklich die Burg Montsalvatsch. In ihm sammeln sich die Wünsche, die Hoffnungen, die rollenden Steine aus fremden Ländern und Gebirgen, um beizutragen zur Gestaltung und durch sie hinüberzuwachsen. Denn nur in der Form ist ein Versprechen. Er steht einsam, er hat nicht seinesgleichen; die Gebirge, die Hügel um ihn sind ihm verwandt und doch von anderm Geschlechte.

Wie eine einzige, nicht zu erschöpfende Idee ist der Berg. Er könnte tausend Gedanken, Ahnungen, Gewißheit erwecken, die doch alle nur variierter Ausdruck der einen Erkenntnis wären: daß alle irdische Masse sich sammelt, steigert, gestaltet, um hinüberzuwachsen in endgültige Bedeutsamkeit. Ist es die Ewigkeit, die erreicht wird? Es genügt der helle Saum um die grauen Kugeln und Kuppen, das unwirkliche Licht. Alles ist doppelt. Hinter dem Montserrat steht wieder ein Felsenberg mit allen Zacken und Zinnen, die dieser hat, aber ohne Gewicht: ein durchsichtiges Traumschloß, in dem wir einkehren, wenn wir unseres eigenen Doppelwesens bewußt geworden sind.

Der Montserrat nahm, um zu verwandeln. Die Steine, aus denen sein Konglomerat besteht, sind nicht mehr dieselben, die in den Flüssen rollten, vom Meer hin und her getragen wurden: sie helfen mit an der Form und haben ihren neuen, ihren zweiten Sinn.

Die Burg, die alte Zeiten hier gesehen, steht wirklich da: sie ist der zweite Montserrat oder vielmehr der Montserrat selbst im hellen Saum des unwirklichen Lichts. Als die Einsiedler an der Felswand schliefen und die Ritter in ferne Länder hinausgingen oder wieder aus ihnen zurückkamen – alle Länder hatten teil an der Verwandlung –, wußte es jeder: daß wir von Gleichnissen umgeben und selbst wieder Gleichnisse sind; daß alles hinüberdrängt aus Heimatlosigkeit und Vergänglichkeit in ein anderes, vollkommen neues Reich. Leidenschaftlich, in schon übersteigerter Steigung wie der Montserrat türmen sich die Dinge hinauf; oben aber, wo die alle Täler ausfüllende Zeit die Kuppeln nicht mehr ganz überdeckt, ist niemals zu lösendes Schweigen. Madrid, 24. Mai 1930

TOLEDO

Spät in der Nacht komme ich an; zwei ungeheure Schatten teilen die Herrschaft über die Stadt: der Alcázar und die Kathedrale. Dazwischen winden sich die Gassen in maurischer Enge und Verschlungenheit, aufsteigend auf holprigem Boden und dunkel und rasch sich hinabsenkend, begrenzt von gewaltigen Mauern, wieder und wieder sich wendend an großen offenen Hoftoren vorbei, die schwärzeste Finsternis erfüllt, schnell entfliehend vor dem trüben Licht einer Laterne, das an einer Kreuzung hereinfällt, und irgendwo endend auf einem engen unbekannten Platz zwischen dunklen Fenstern und schweigenden Häusern. Oft kann man in diesen Gassen kaum die Arme ausstrecken, ohne die Wände zu berühren, sie ziehen sich wie Laufgräben zwischen gehäuften Steinmassen hin; halb ist es maurische Liebe zum Kleinen, Engen, Geschützten, halb mittelalterliche Verwandtschaft mit der Tiefe der Dämmerung und der Nacht; hinter allem aber steht, gefürchtet und gesucht, drohend und verlangt, der Krieg.
In gleichgehauenen Blöcken, aufwachsend wie ein Fels, Schicht über Schicht lastend und gefügt, steigt das Fundament des Alcázar aus der Nacht. Ein mächtiges Plateau in der Schräge des Berges aus Stein, um noch größere Massen von

Stein zu tragen; breit und in gemessener Steigung führt die Auffahrtsstraße der Könige hinauf. Darüber baut es sich übermächtig auf: die verdämmernde Fläche einer fensterlosen Wand und viereckige Türme an den Ecken. Man fühlt die unermeßlichen, finstern Räume innerhalb dieser Mauern, die Leere der Keller, die Kälte der sich teilenden und wiedervereinigenden Treppen, die Stummheit des Hofes. Ein Stück Nacht, ausgeschnitten und gefangen vom Stein, der steil, fast zurückgeneigt, aus der Erde wächst; angesammelte Finsternis der Zeiten, die nicht mehr sind. Hier ist die Feindschaft von Generationen zusammengedrängt und entgegengesetzt der immer bereiten Feindschaft der Welt; ein Kastell, ein hoher quadratischer Turm, über einem Fluß und einer schlafversunkenen Stadt, Sitz des fünften Karl, der hier seine Nächte verwachte, den ewig rollenden Donner kommender Gefahren aus allen Teilen des Reiches in seinen Ohren. Ein dunkel drohendes Wahrzeichen der immerwährenden Spaltung im menschlichen Geschlecht, das sich, wie jenes Untier der Tiefsee teilt, um sich zu verschlingen, mit hellhörigen Wächtern besetzt, lauernd und kampfbereit, angefüllt mit allen Schrecken des Todes, der Marter und der Gefangenschaft, um sie auszuspeien beim ersten Nahen eines feindseligen Trittes. Schwarz und gefährlich, erdrückend fast und doch nicht der Mittelpunkt, sondern nur ein Pol von Toledo; ihm entgegen steht die Kathedrale.

Flüchtig nahm ich noch in der Nacht einzelne Umrisse auf, ohne doch den Koloß zu erfassen, um den Straßen biegen, auf den andere Straßen münden, der Plätze begrenzt, Häuser und Paläste in seinem Schatten begräbt und, mitten im Lebensnetze der Stadt, die Richtung aller Schritte bestimmt; denn es gibt keinen Abstand, der groß genug wäre, um einen Überblick zuzulassen über die Wölbung der Dächer, über die Kuppeln und Türme.

Am anderen Morgen trete ich ein im ersten Dämmer des Frühlichtes aus den schmalen Schächten der Straßen in einen in mystischen Regionen sich schließenden Raum. Der fünffache Rhythmus seiner Schiffe hallt durch seine Weiten wie ein erzener Glockenschlag, der die Unermeßlichkeit der Zeit zerteilt; unermeßlich wie die Zeit scheint dieser Raum, und doch ist er, wie die Zeit, steinern begrenzt, von jenem Maß, ohne das es kein Leben gibt und keine Kraft. Groß, erfaßbar groß ist nur das irgendwann einmal Begrenzte: daß dieser Raum unendlich scheint und doch in jedem Ausschnitt Maß ist, das Prinzip des Zusammenschlusses aller seiner Dimensionen enthält, macht ihn überwältigend. Die Bogen müssen sich treffen, die Säulen der Wölbung des Daches begegnen, die Tore und Fenster können sich nur weiten, weil sie sich schließen, jede Steinplatte des Bodens ist gemessen, die Summe ihrer Flächen auf das sicherste begrenzt, und in letzter Vollkommenheit rundet sich die Rosette: ein Kreis, der nicht enden kann in ewiger Drehung und Wiederholung und doch zum Ende strebt in jedem Segment, der Strom des Lichtes in unergründliche Farben geteilt, die streng sich ablösen im vorbestimmten Rund, die Unerschöpflichkeit überirdischen Reichtums eingefangen von einem Rahmen aus Stein.

In der unbegrenzten Begrenztheit dieses Raumes mußte das Gefühl sich entfalten, das, dunkel wogend, sich findend und verlierend, die Tiefen aller Geheimnisse erfüllt und die fernsten Weiten des Lebens erschließt. Um seinetwillen wurden diese Säulen errichtet, diese Bogen gewölbt, als Schutz und Heimat einer fast verfließenden inneren Welt, die vor den Gefahren des Ungemessenen, das hinter allen Grenzen unseres Tages lauert, diese starken Wände als Rettung empfand. Es wurde gewiß kein Stein gesetzt ohne Notwendigkeit, kein Ornament ohne Inbrunst gemeißelt, die schaffen wollte, statt zu verbrennen, und fortdauern, nachdem sie sich mit dem Gestaltlosen vereinigt.

Was ist die Kathedrale jetzt? Vielleicht steht man zu fern, um diese Frage zu beantworten, und hat kein Recht, nur oberflächlich erfaßte Bilder zu deuten. Der Eindruck, den diese

Bilder hinterlassen haben, ist freilich tief und verwischt sich nicht so leicht: es bleibt das Gefühl der Unzulänglichkeit einer späten Zeit, der Hilflosigkeit vor einem langsam sich entfernenden Vermächtnis, das hinunter will, wie ein Baumstamm in den ziehenden Sumpf. Eine Gruppe von etwa sechs Priestern, gefolgt von einer Anzahl Meßknaben, erscheint vor dem Hauptaltar, die große Messe zu zelebrieren. Glocken tönen, Gebete, die beiden Kanzeln werden abwechselnd bestiegen, das Evangelium wird in lateinischer Sprache verlesen, das Opfer wird dargebracht, aber kein Gläubiger ist anwesend, nur ein paar Fremdenführer lungern hinter den Säulen herum. Der Zug der Priester wendet sich zu einem Seitenaltar, geführt von dem Zeremonienmeister, einem kleinen, krummen Männchen mit weißer Perücke und gelangweiltem Gesicht; Kniebeugen, Gebete, sie kehren zurück zum Hauptaltar, beugen wiederum die Knie, dann, während die Orgel dröhnt, führt der Zeremonienmeister die Prozession an.

In den gewaltigen Hallen bewegt sich, verloren, unscheinbar wie Ameisen in einem leeren Raum, der kleine Zug: der Zeremonienmeister, beflissen, wichtig erstarrten Gesichts, mit seinem purpurnen Mantel über die Steinplatten streichend, dahinter die kleine Schar von Männern und Knaben im Ornat. Sie verschwinden hinter den Säulen, tauchen wieder auf, verweilen vor einem Altar, beten, knien, setzen sich wieder in Bewegung, niemand folgt ihnen, niemand beachtet sie. Die Orgel erschüttert die letzten Tiefen des Raumes, während sie eifrig bemüht sind, einmal wenigstens seinen Umfang zu durchmessen, verschwindend in seinen Weiten wie die Hüte der verstorbenen Kardinäle, die hoch im Dämmer über den Grabplatten schaukeln. Mühselig bewegen sie sich vorwärts auf dem langen Weg, in gemessenem Schritt unter der Aufsicht des zusammengeschrumpften Männchens mit seiner verschobenen Perücke.

Inzwischen singen in der »mozarabischen« Kapelle Priester eine Messe nach uraltem Ritus aus der Zeit, da arabisches Zeremoniell sich mit christlichem verschmolz: Totenmesse für einen verstorbenen Kardinal; Priester für Priester, kein Gläubiger tritt über die Schwelle.

Freilich in der Semana santa sind diese Räume vielleicht gefüllt, man darf sie nicht vergessen, diese einzige Woche im Jahr.

Ungeheuer erhebt sich die Kathedrale: in ihr versinkt das Leben ihrer Priester wie ein Tropfen im Meer; Gebete, Schicksale, Opfer, Verzicht und die große Gewöhnung, die wieder aussöhnt mit allen diesen Dingen und ihnen eine gewisse Behaglichkeit nicht versagt, was bedeutet das alles für diesen Raum, diesen Stein?

Ungeheuer einsam ist die Kathedrale; sie versteht nur die Stimme von tausend Stimmen, den Gesang und das Gebet einer Stadt; sie hört diese Stimme nicht mehr; sie hat nichts zu antworten, nichts zu geben.

Zweihunderttausend Menschen lebten einst in Toledo; heute ist es der zehnte Teil, auch sie könnten sie füllen, aber nicht das äußere, das innere Maß der Kathedrale ist zu groß. Es gibt kein Leben mehr für eine solche Form. Es gibt kein Leben mehr, das in gleichem Maße verlangt nach Alcázar und Kathedrale, nach Feindschaft und Frömmigkeit.

Cascaes, 23. November 1928

CÓRDOBA

Aus der geschlossenen Strenge Toledos, das sich schmal und hoch auf Berggipfeln zusammendrängt, wo das Mittelalter maurische Heiterkeit endlich bezwang, nach Córdoba, in die weißschimmernde Hauptstadt des Kalifats. Es ist die Stadt der Orangen: kleine dunkle Bäume, an denen die goldenen Kugeln in dicken Bündeln hängen, säumen die Straßen ein, überschatten das Farbenspiel der Blumen auf den engen, sau-

ber bepflanzten Plätzen, heben sich über die Mauern der verborgenen Gärten.
Sie sind eine leise Vorbereitung für jenen wunderbaren Platz im Schatten des Glockenturmes, der, viereckig umrahmt, den Vorhof der Kathedrale bildet, den »patio de los naranjos« (Orangenhof). Hier runden sich, während der Strahl eines Springbrunnens zerstäubt und Goldfische in einem Becken spielen, die Kugeln in immer gleicher Vollkommenheit im dunklen Laub: sich vollendende Reife in der geschützten Stille der Zeit. Grün schimmernd hängen die Glocken im Turm; wenn der Flügelschlag des Verfließens sie streift, so tönen sie leise, unmerklich, wie der Ton einer Harfe, den man halb nur vernimmt; es ist kein Maß in ihrem Gesang, keine Unerbittlichkeit. Sie künden nicht an, sie begleiten nur: den langsamen Wandel des Traums auf seiner unendlichen Bahn.
Über die Orangenbäume steigen ein paar Palmen empor; es ist immer etwas Ewiges um eine Palme, als könne sie sich nicht verwandeln, nicht wachsen, nicht sterben; als müsse ein unveränderlicher Himmel hinter ihr glühen und unter ihr der Boden beharren mit der erzenen Monotonie einer Wüste. Ich könnte mir denken, daß diese Palmen schon hier standen in der maurischen Zeit, als die Kathedrale, oder besser die Moschee, denn das ist sie heute noch, gebaut wurde, und daß sie dauern werden, wenn sich längst der letzte Stein vom andern gelöst hat.
Aber warum und wann soll dies geschehen? War die Moschee jemals wirklich eingespannt in die Begrenztheit und Gemessenheit irdischer Dinge, deren Geburt das Prinzip ihres Untergangs enthält? Hat sie nicht durch alle Zeiten für sich das Recht der Unvergänglichkeit des Traums, der sich mit dem Stoffe nicht mischt und deshalb den Gesetzen des Stoffes nicht unterliegt?
Es ist kein Traum, der unerreichbar schwebt in den Höhen des Himmels und dessen übermächtige Ferne die Seele verzehrt; er ist wohltuend nah, er streift die Oberfläche unserer Erde.

Nicht die Ferne macht das Wesen des Traumes aus, sondern dies, daß er nichts gemeinsam hat mit irdischem Stoff. Er schwebt mitten unter uns, wie eine Seifenblase, die fast unsere Hände streift und doch nicht streifen darf, alltäglich nah, aber ewig frei, rasch entfliehend vor jedem Griff.
Die Bogenwölbungen der Moschee von Córdoba steigen nicht empor in jene letzte Dämmerung, wo, wie in der Kathedrale von Toledo, über Altar und Kerzenschein das Bild der Gottheit im farbigen Lichte unsichtbarer Fenster schwebt, sie bleiben dem Haupt des Gläubigen nah; das Dämmer vertieft sich nicht in der Höhe, sondern in der Weite. Es ist kein nordischgotischer Wald, sondern ein Palmenhain; die Gottheit wandelt auf der Erde und wird auf der Erde, in der Fläche, verehrt. Die Fläche ist das Große an diesem Bau: gehend wird man der Ewigkeit bewußt. Dieser Raum strebt nicht, sehnsüchtig drängend nach einem Ziel, nach der Vereinigung hochschießender Bogen, die höher und höher steigen, um sich endlich, und sei es noch so ferne, zu erreichen, dieser Raum will nicht enden in der ehernen Ruhe des Altars; er will sich wiederholen im ewigen Gleichklang der Bogen und schlanken Säulen, ruhend will er sich entfalten.
Es ist eine große Offenheit, kein Schließen wie in gotischen Hallen, wo jede Säule zurückweicht, um die nächste wieder zu treffen, wo kein Bogen sich auftut, ohne daß ein anderer sich schließt. Stetigkeit des wandernden Verweilens; die Bogen verlassend und unter neue Bogen tretend, bietet sich immer dasselbe Bild, wie die Säulenstämme sich wechselnd gruppieren, mündet der Anfang in das Ende ein; offenbart sich das Beharren im unversieglichen Strom der Verwandlungen. Immer nehmen neue Wölbungen den Schreitenden auf, der kein Ende zu befürchten braucht und langsam etwas von der Geborgenheit derer genießt, die sich diese Sicherheit zu errichten wußten mitten in der irdischen Gefahr.
Einstmals gab es keine Scheidewand zwischen dem Patio de los naranjos und der Moschee; das grüne Licht der Orangen-

bäume fiel in den roten Palmenwald der Bogengänge, und von innen sah man die Früchte reifen beim Spiel der Brunnen. Es war nicht nötig, den Traum zu umgrenzen, noch das Reich der Gottheit abzuschließen vom weltlichen Licht; beider Strahlen vereinigten sich in der unzerstörbaren Stille von Tempel und Hof, langsam spannen sich die Fäden der Ewigkeit um die Dinge der Welt.

Diese Moschee bedeutet vielleicht die größte Ferne Europas von der Tragödie. Das Begrenzte versöhnt sich mit dem Unbegrenzten, das nicht mehr unerreichbar erhoben ist, noch feindlich droht, sondern willig sich öffnet, nicht als ein Gegensatz, sondern als eine langsam wachsende Erweiterung der Welt. Der Wille spannt sich nicht an vor verschlossenen Toren, die er nur aufstößt, indem er zerbricht; der Wille schweigt; denn es wird ihm gegeben, was er verlangt. Noch besteht jene Feindschaft nicht zwischen der Erde und ihrem Gott, der einen ruhigen Wandel erlaubt auf der breiten Oberfläche seiner Schöpfung; im Gleichmaß der Stille, in umfriedetem Vergessen wird der Antrieb zu allen Tragödien überwunden: die Zeit.

Dieser Traum, so fremd er ist auf spanischem Grund, ist unvergänglich; denn noch immer überwältigt er die finster kämpfende christliche Welt. Niemals ward die Moschee zur Kathedrale. Heiligenbilder drängten sich unter die Bogen, Märtyrer verbluten zwischen den zierlichen Säulen, ein christlicher Heiliger schläft in maurischem Grab, und ein riesenhafter Altar, ein gewaltiger Chor zerbrachen das Gleichmaß der auf- und absteigenden Wölbungen und trieben sie ins ungemessene hinauf; aber der Gesang der Priester scheint sich zu verwandeln in die fremden Laute des zuerst hier gesprochenen Gebets; der Schmerz der Heiligen erschüttert hier nicht; unbegreiflich bleibt das Kreuz. Die Flamme der Inbrunst verlischt, schattenhaft wird der Altar, ärmlich sein Prunk; an dieser Stille scheiterte die Gewalt der Eroberer, die den Ort wohl gewannen, aber nicht den Raum, und, mitten im Fremdgebliebenen lebend, verlieren müssen, statt zu gewinnen.

In diesem Stein liegt es nicht, im Boden liegt es nicht, die alles hinnehmen und allen Formen sich fügen nach dem Willen irgendeiner Hand; es ist etwas Unsichtbares, an dem das Schwert der Eroberer zerbrach, die ganze gesammelte Macht der christlich-tragischen Welt.   Cascaes, 24. November 1928

MADRID 1956

Der Schatten eines Möwenschwarms wirbelt über die Felder. Wie ein Meeresarm greift der Tejo in das Land. Er ermüdet. Sandbänke, die noch unter der Wasserfläche liegen, zeichnen sich im Flutgekräusel ab. Am südlichen Ufer dehnen sich flache Seen, sie münden in schwarzbraune Äcker, in deren Furchen das Wasser steht; nördlich wellt sich das Land in warmen, braunen roten Tönen, Siedlungen und Gärten in den Mulden und hinab an das Ufer tragend. Gen Westen geht alles unter in Licht, Strom, Ufer, Land. Es ist ein Ineinanderfließen und Verschwimmen, in dem die Fischerboote mit kahlen Masten unbeweglich stehn. Schwer scheidet das Land vom Meer, endlich reißt es sich los, beginnt zu steigen, die Farben ermatten, sinken in Graugrün und stumpfes Braun; über einsamer Brücke hält totes Mauerwerk auf kahler Höhe aus. Da und dort behaupten sich Olivenhaine, Gevierte aus dunklen Flecken, zwischen denen die Erde schimmert. Das Gebirge kündigt sich an, in wilder Bewegung Bogen hinter Bogen aufwerfend, gegen Norden, dann sinkt es in parallelen Zügen ab, die in scharfen gezackten Felsenkämmen auslaufen. Aber die Ebene überwindet diesen leidenschaftlichen Aufbruch; draußen, wie ein steinerner See, aus dem Türme starren, liegt Madrid. Da ist nichts von der irisierenden Farbenfülle Lissabons, nichts von der flutumschmeichelten weichen Bewegung stei-

genden, abgleitenden Häusergeschiebes, in dem Palmwipfel, Denksäulen, Kirchtürme und Kuppeln treiben; kein Angebot der Natur hat die Menschen hierhergerufen; der Ursprung ist ein Entschluß, dazusein, auszuharren, gerade hier.
Wenn aber vor der Höhe am Ende der Avenida in Lissabon Pombal steht, schwarze Gestalt auf hoher weißer Säule, und tief unten Pedro IV. auf dem Rossio, und gewittriger Wolkendunst wölkt über dem Tejo und schon das Licht des Stromes verschluckt, um die Zinnen des Kastells treibt zur Linken und schwere Schatten wirft auf die Ruinen des Karmoklosters zur Rechten, das wie ein Wrack über den Dächern der Stadt liegt, so fällt die Stadt einer furchtbaren Bedrohung anheim. Das Unglück steigt aus dem Meer und zieht herauf.
Madrid hat seine Gefahr in sich selbst, in der Reizbarkeit raschen, starken, lauten Lebens. Die Sonne in letzter dunkelster Glut befreit sich aus einem schwarzen Wolkenstreifen und sinkt in das unerbittliche Gebirge, während die Stadt aufbrennt, flackernd und sprühend in Grün und Rot. Die Häuser leeren sich. Wie kalt es auch sein mag, um diese Stunden kann niemand zu Hause sein. Die strengen, auf Arkaden ruhenden Fronten der Plaza Mayor blicken einander an über das riesige Geviert, in dessen Mitte der von Dunkel umhüllte König reitet. Unten in den Kellern fließt der Wein über die Tische, auf denen sich Köpfe und Schwänze der Gambas häufen – die schwarzen Augen wie Stecknadelköpfe starren böse, und in die Wand gerammte Hörner besiegter Stiere und ihre Köpfe drohen in die verschmachtenden Gespräche der Liebenden und reizen die Lebensfreude auf. In erstarrtem Zorn, auf dem Rücken liegend, krümmen die Krabben die bewehrten Arme, bis sie die Begierde eines Gastes erregen und ihre Leiber mit dem Hammer aufgebrochen werden. Vergnügte Zeichnungen und Verse machen sich lustig über Stiere und Toreros, über den alten Mann der jungen Frau. Heißer Atem des Lebens, das Leben verzehrt, steigt aus dem Wein.
Den Pardo bewachen zwei marokkanische Reiter auf leichten

Pferden. Sie tragen geschmückte weiße Turbane und bewimpelte Speere. Eisig fegt der Wind über die Sandfläche, die niedern Ölbäume. Das Jagdschloß Karls v. und seiner Erben birgt sich hinter den Mauern, unter Hügeln. Die Standarte des Staatschefs schlägt im Wind, als wollte sie sich losreißen. Was gilt die Macht, die sie anzeigt – heute, morgen? Steht sie in Frage, kommt das Spiel wieder in Gang? Bleibt es noch still? Vom Hügel über dem Schlosse wird Madrid am Saum der Ebene sichtbar, unter stürmischem Himmel, von später Sonne wie mit Scheinwerferlicht aus der Monotonie gehoben, breit hingelagert wie ausgeschüttete Schottersteine, nichts von dem heißen gärenden Leben in seinen Straßen und Häusern verratend. Was haben sie einander zu sagen, die Standarte und die Stadt, der Pardo und Madrid? Wie nah, wie fern ist der Tag, da die Ebene wieder brennt, die Reiter hinfliehn – für wen? gegen wen? –, die Steinmasse sich bewegt, durcheinanderrollt, in Rauch sich hüllt, aus dem Blitze schießen? In der Kapelle auf der Höhe liegt Christus – Werk eines Meisters aus Valladolid vom Anfang des 17. Jahrhunderts – in gläsernem Sarg, gestorben für die Ewigkeit, für diese Erde. Die Tränen sind erstarrt auf seinem Antlitz, der dunkle edle Leib ist Schmerz und Tod zugleich, die Unsterblichkeit des Leidens und des Todes, der Agonie. Soldaten in dicken Mänteln fallen schwer davor nieder; ein Mädelchen steigt auf den Betstuhl und küßt das Glas. So ist Gottes Antlitz, Schmerz und Trauer ohne Ende, so liegt er im gläsernen Schrein dieser Seele, umtobt vom Wind, ausgeliefert dem schroffen Wechsel von schneidender Kälte und Sommerglut.

Von den klaren Kämmen der Guadarrama breitet sich der Schnee wie ein steinerner Mantel gegen den Wald herab; der Escorial beherrscht das Land mit der monotonen Macht seiner graugelben Fronten, den kristallischen, mit Speeren bewehrten Türmen, der Kuppel in ihrem Schutz, tönendem Stein. Von den wilddurcheinandergeworfenen Felsbrocken der Straße grüßen ihn hochaufgerichtete Kreuze aus Granit.

In den Höfen liegt Schnee, nur auf den Sonnenseiten tropft es von den Simsen, und schon schleiert der Berg sich ein, und unter tödlichem Wind treibt das Flockengewirbel über die Türme, die Kuppel. Ein Doppelbogen aus Granit wölbt sich über dem Einlaß, und nun gebieten Stein und Maß, stumm und kalt, Todeskälte atmend, unbewohnbar. Nur einer wohnt hier: der stumme, früh ergreiste Bauherr mit schleppendem Bein, der mit stummem, wissendem Blick einen jeden vernichten würde, der sich ihm zu nahen wagte. Er ist, auf höllischem Schmerzenslager, hineingestorben in seinen Bau. Er hat seine Seele, seinen Geist, seine Majestät ausgehaucht in den Stein und ist da und gegenwärtig wie die Könige der Vorzeit in den ungeheuren Gräbern, die aufzutürmen ihre Bestimmung war. Er bedurfte keiner Erhöhung, solange er herrschte. Sein Thron, bescheiden wie ein Feldstuhl, steht auf niederm Postament, und die Sänfte, auf der er sich durch sieben lange, schwere Tage zum letztenmal hierhertragen ließ, ist nicht kostbarer als irgendein Stuhl in einem schlichten Hause. Es ist kein bequemer Sitz, und die Plane, die ihn einst umspannte, hat viel Leiden verdeckt.

Unverändert ist alles. Es hat den Anschein der Unveränderbarkeit. Wohl können die Steine der Macht nachstürzen, aber eher wird der Granit zerfallen als die geistige Form, die Aussage von Herrschaft und Glaube. Das Monument von Mafra bei Lissabon, das sie wiederholen sollte, ist gegen das Meer gewendet. Aus den Schätzen, die es herübertrug, ist es aufgestiegen. Seine gewaltigen Glocken sind Stimmen der Küste, und dem Wechselgeschick, das die Fluten bereiten, war es ausgeliefert. Sie brachten und nahmen ihm seine Könige. Der Escorial ist Mitte, das Innerste, Wille und Überwindung, nicht Schloß, sondern Burg der Wächter am Altar. Er ist das Gebet über dem Lande, Opferschale aus Granit. Die Pfeiler der Basilika sind für Himmelslasten gebaut – und nicht zu schwach für sie. Der König, der unter der Kuppel der kleinen marmornen Kapelle neben seinem Bett auf den Altar blickt, trägt ein Gewicht, das kaum ein zweiter auf den Schultern fühlte — ebendiese Erfahrung hat er ja dargestellt in seinem Bau, nicht allein das Gewicht der Herrschaft, sondern der Verantwortung für das Heil, für die Wissenschaft, für die Kunst als Dienerin am Altare, als Zeugin des Glaubens, für die gesamte in das Transzendentale hinüberwogende, hier gefaßte, von hier in die Ewigkeit aufsteigende Geschichtswelt.

Und nun sind Jahre vorübergetost seit der ersten Begegnung, fünfundzwanzig Jahre. Auf ihren Wellen trieben Millionen von Toten vorüber, Gemarterte gingen in ihnen unter, Verfolgte wollten sie überqueren, vermochten es nicht und warfen sich verzweifelt hinein. Trümmer der Städte, Bilder, Heiligtümer wälzten sie mit sich fort, Kronen, Fahnen, Wappen, alle Zeichen irdischer Ehre; hinter ihnen liegt nackte Schuld, lastender Fels, den nur das Kreuz zu ehren vermag. Die Wogen bedrohten Philipps Werk, aber sie wendeten sich und besprühten kaum das Fundament, da sie vorüberschossen. Fremder denn jemals steht es da, unwiderlegt, vielmehr: bestätigt. Die Toten in seiner Tiefe, der Dienst am Altar, der König behielten recht gegen alle Greuel des Widerspruchs. Sie halten das Wechselgeschick nicht auf, aber sie sind Zeichen von festem Ufer, und wer von ihnen durchschauert wurde, der wird sich verwandeln und ausgeliefert und zugleich sicher dem Strom sich anvertraun. Als die innerste Einheit der Welt, die Einheit unter allem Streit, zerbrach, wurde der Escorial gebaut. Im Augenblick, da Europa unter schwerster Bedrohung sich sucht, um sich zu behaupten, verkündet er die universale Idee, die Ordnung aller Kreise, der Macht, des Geistes um den Altar und die Gegenwart fromm geborgener Toter, Pietas, Kontinuität. Über den Särgen der Väter wurde er errichtet; der Wunsch, sie zu ehren, heimzukehren, zu bestehen vor ihnen, hat ihn erdacht. Geschichte empfängt ihren Tiefgang von den Toten. Aber alle Kreuze an den Ufern sind nur Vorzeichen des herabkommenden Kreuzes, das sie beenden wird. Hierin allein liegt Kontinuität. Der Escorial ist der vollkom-

mene Ausdruck einer bestimmten Konzeption der Geschichte, deren Bedeutung ihre Einfachheit, deren Kraft die Intensität der Erfahrung, des durchlebten Zeugnisses ist.
Aber dann, von der bewaldeten Höhe darüber, lösen sich die Strenge, der Todesernst. Die Ebene verschwimmt, blaudunkel im Schneetreiben, das fahles Sonnenlicht durchirrt. Türme und Kuppel, die Fronten, über die parallele Fensterreihen fliehen, werden zum Traum. Es ist der Traum des Mannes, der träumte, ein König zu sein – und das Volk träumte ihm nach und baute mit an seinem Traum, Reiche errichtend, die ihm wieder entglitten, Paläste, Festungen, Wappenpfeiler hinter den Meeren, und Volk und König verstanden sich gut, und Heilige zogen auf schlechter Straße vorüber und segneten ihren Bau und wanderten weiter, um den gläsernen Sarg des toten Herrn zu küssen. Denn der tote Gott in der Seele – der für die irdische Ewigkeit gestorbene Gott – ist die Wahrheit, an der die Reiche zerschäumen. Und längst hat der Lebendige, Auferstandene, über allen Grenzen dem König den Traum von den Lidern genommen und allen, die mit ihm träumten. Aber hier auf der Erde bleibt und muß bleiben, was er geträumt: die Wache am Grab, die Wache am Altar, Wille zur Herrschaft, der nur Annahme der Notwendigkeit ist. Die große Ebene der Schlachtfelder und Wanderstraßen, das Volk, das Erbe in ihm sprechen ein einziges Mal. Aber damit ist Geschichte bestimmt, ist das Land beseelt. Aufgabe der zur Herrschaft Berufenen ist es, dieses Wort aufzunehmen und zu übertragen in ihre Zeit. Übersetzung ist nicht Wiederholung. Sie ist Akt. Aber unausweichlich einem jeden Geschlechte ist dieses Königswort aus Granit, Last, heilige Notwendigkeit.
Türme, Kuppeln, Fronten grüßen aufleuchtend aus weiter Ferne den Felsen, wo der König in Betrachtung seines Werkes saß, umschart von unheimlichen Felsbrocken, versteinerten Gewalten. Der Bau ist aus dem Gebirge gewachsen und übergegangen in das Land. Die Gipfel, die Weiten wären nicht, was sie sind ohne ihn. Nun lassen die Berge den Schnee-

mantel niedergleiten, und fest und fester hüllt sich der Escorial in ihn ein – längst werden die Tore geschlossen sein, die das Ungemach kläglicher Besucher einschließen. Welches Schweigen nun unter den Arkaden der Höfe, den Gängen, um das Sterbebett, dessen Vorhänge sich nicht regen, um den Altar, in der Gruft. Einst drang das Arbeitslicht des Königs in die Nacht. Nun leuchtet kein Licht mehr außer dem Ewigen vor dem Altar, das doch nur zitterndes Zeichen ist. Dauer ist alles, Dauer unbeirrbar behaupteter Form.

Aber die Hauptstadt zerrinnt, versickert in der Ebene mit Baugerüsten, Fronten ohne Haus, öden Stätten, weit vorgeschobenen Repräsentationen, leeren Anfängen. Und nun, in der Nacht und im Laternenschein, vor einer kalkigen Böschung, konnte wieder geschehen, was Goya gesehen hat: ein Verzweifelter in weißem Hemd wirft die Arme auf, vor langgestreckten mit Bajonetten besetzten Flintenläufen, ein anderer bricht in die Knie; Irrsinn starrt in den letzten Augenblick, dumpfe Angst läßt sich in langen Kolonnen heranführen in das mechanische Knattern der Gewehre. Hier ist kein Ausweg, im Rücken der Stein, im Antlitz die Phalanx des Todes, zu Füßen zerschmetterte, ihr Blut ausgießende Leiber. Das ist ganz nah wie der heiße Atem aus den Tavernen. Der Escorial ist fern, in Nacht und Schnee; die Standarte schlägt noch immer im eisigen Wind; der Herr liegt verlassen im gläsernen Sarg, und die Marokkaner unter dem Parktor warten, mit eingelegter Lanze, auf den Befehl – oder auf das Feuerzeichen aus Madrid.   Madrid, 21. Februar 1956

ITALIEN

San Fruttuoso oder Von der Einsamkeit des Grabes · Pisa
Die vollkommene Stadt · San Gimignano · Bologna · Anagni
Assisi · Cefalù · Die Piazza von Capri

SAN FRUTTUOSO ODER
VON DER EINSAMKEIT DES GRABES

Meine Reise ist eine Reise zu den Toten, deren Bedeutung um so viel größer ist als die der Lebenden, als ihre Zahl die der Lebenden übersteigt; ein unermeßlich Großes steht also gegen ein allzu Begrenztes, und es kann nicht mehr zweifelhaft sein, wohin unser Weg sich wenden muß, wenn die Welt mehr in uns erwecken soll als den Widerhall eines überkurzen Tages. Im Grunde sind es fast immer nur Grabmäler, die uns antreiben, fremde Städte und Länder zu sehen, und die Übermacht der Vergangenheit ist so außer allem Verhältnis, daß die Gegenwart, in der wir zu leben meinen, für uns nicht mehr und weniger bedeutet als die Luft, in die manche Fische in langen Abständen sich flüchtig hinauftreiben lassen, um sofort wieder hinabzusinken in die Flut, die ihre ganze ungezählte Zeit, ja die Unendlichkeit ihres durch endlose Geschlechterreihen sich fortsetzenden Lebens umschließt und erhält. Jedes Haus ist ein Grabmal, sobald der nicht mehr darin lebt, der es erbaut hat; denn es paßte nur für ihn, und in der Reihenfolge und Größe der Zimmer, im Maß der Gänge und der Treppen muß irgendwo der Schlüssel zu seinem Leben eingemauert sein, der kein anderes Geheimnis erschließt als dieses eine, nach dem freilich niemand fragt. Kirchen sind Grabmäler eines vergangenen Glaubens und eines vergangenen Gottes, die wie jener verschwundene Erbauer des Hauses allein unter ungezählten darin hausen konnten, nur daß sie zweier Wohnungen bedürfen: einer menschlichen und einer steinernen, das heißt des Baumeisters und seines Werkes, und daß sie mit dem Baumeister oder bestenfalls mit seiner Generation Halle und Kuppel verlassen müssen, um sie einem anderen Glauben und einem anderen Gotte zu räumen, die ihnen zwar ähnlich, niemals aber ihnen gleich sein können. Ebenso sind Straßen Grabmäler, Städte oder auch ganze Länder, wie Portugal und Griechenland; die Kunstwerke sind es und sind vielleicht auch als solche gewollt, sofern wir sie von der menschlichen Seite, nicht unter dem Betrachte ihrer Zugehörigkeit zu den ewigen Gesetzen verstehen wollen. Alle sind Gräber: Wohnhäuser von Gestorbenen.

Und doch: ist es nicht mit jedem Grabe so wie mit dem des Königs Sebastian von Portugal, auf dem sein Name steht und ein Lobgedicht, dessen Inneres aber leer ist oder die Reste eines Unbekannten, gewiß aber nicht den letzten Staub jener Masse enthält, die die Erscheinung des Königs ausgemacht hat? Haben wir, wenn wir vor einem Grabe stehen, mehr als eine Idee? Die Idee des Gestorbenen und die Idee des Todes selbst? In welcher Einsamkeit ist aber dann der Tote, wenn wir ihn auch am Grabe nicht mehr spüren, wenn auch die letzte Tür, die er hinter sich schloß, keine Spur seiner Tritte, keinen Abdruck seiner Finger aufzuweisen hat? Und in welcher Einsamkeit sind wir selbst?

San Fruttuoso ist der Ort, wo die Dorias, zwischen 1275 und 1325, lange bevor sie das wurden, was sie heute durch die Erinnerung noch sind, ihre Toten versteckten. Es ist auf eine erschütternde Weise allen Straßen entrückt, auf denen das Leben zieht. Aus dem geschwungenen Hafen von Portofino, das selbst schon wie eine Zuflucht in die letzte Verborgenheit erscheinen mußte, biegt das Boot um den Felsen, der das Schloß Paraggi trägt, und um jenen letzten spitzen Kegel, wo die Sarazenen sich das Grabmal zweier Türme errichtet haben, ins Meer, um dem kahlen Absturz des Berges von Portofino zu folgen. Die Zypressen schließen sich wie Nadeln zusammen gleich einem Schmerze, der schmal und scharf alles durchdringt, die dünnen Pinien werfen einen durchsichtigen, unzureichenden Schatten auf das nackte Gestein. Das Meer schiebt die grauschwarzen Kiesel ein kleines Stück die steile Höhe hinauf und läßt sie dann überdrüssig herunterrollen, daß es in der Ferne knattert wie Salven. Oben weichen ein paar Häuser zurück in den zerklüfteten Berg; unten wagt sich kein Weg der schwankenden Schaumlinie entlang, nicht eines Fußes Breite gewährt das Gestein.

Die Einfahrt nach San Fruttuoso ist so schmal, daß man sie erst bemerkt, wenn das Boot zu ihr hinwendet; vorher scheinen die Felsen ohne Einschnitt sich fortzusetzen, scheint die Linie des Berges nicht gestört. Es bleibt nur ein ganz enges Tor und hinter ihm ein winziger See, in den der Felsenschatten fällt, daß er von unten dunkel erschimmert. Man mußte dem Wasser gestatten, durch Bogen unter das kleine Gebäude zu treten, das die Abtei San Fruttuoso heißt; denn es war kein Raum, um die Vorderwand anders zu gründen als auf Pfeiler; nur die Hinterwand steht auf dem feuchten Felsengrund. Zwischen diesen Wohnbau und den Berg ist die Kirche eingedrängt, ein achteckiges Türmchen steigt aus ihr hervor, von einer verborgenen schuppigen Kuppel geschlossen. Es ist klar und hell wie ein Prisma, das die dunkle Farbenglut des Mittelmeers auffängt und teilt.

Dennoch ist noch Raum genug für einen zweistöckigen Kreuzgang, der ein Quadrat umfriedet, das nicht größer ist als ein mäßiges Zimmer, und nach diesem eng gemessenen Bezirke feiernder Bewegung öffnet sich das schmale Gewölbe feiernder Ruhe, die Grabstelle der Dorias. Es sind völlig schmucklose Truhen aus Stein, nicht mehr als kubische Körper, die an die Wand sich lehnen und von kleinen säulengetragenen Nischen überwölbt sind; vier stehen rechts vom Eingang, eine an der Schmalwand und die sechste den ersten gegenüber. Der Raum ist ganz ohne Ornament; die Inschriften weichen langsam wieder zurück in den Stein, in die Luft, wie die Wandmalereien an den alten Genueser Palästen, die in jedem Jahrhundert blasser werden, bis endlich ein Jahrhundert kommt, das auch ihre Konturen verzehrt und das in ihnen gefangene Leben spurlos macht. Nichts als Stein in den grauen Modulationen der Dämmerung von dem quadratischen Himmelsstück im Kreuzgang bis zu dem verhüllten Denkmal an der nur noch geahnten Rückwand; Licht und Begrenzungen draußen in der Einförmigkeit kurzer Wölbungen, wo das Leben sich versenkend widerfindet; Dunkel und Freiheit innen hinter den Gitterstäben, wo das Leben untersinkend sich verliert.

Denn der Boden der Truhen ist nicht sichtbar; man könnte sich denken, daß sie offen sind, aber nach unten, und in das Grundlose sich ergießen, so wie jene Konturen, die als letztes vorübergehend noch stehenbleiben, während Farbe und Schatten ausgegossen sind. Bricht das Meer von unten herein, um eine Straße auszuwaschen in seine schwankende, mattschimmernde Undurchdringlichkeit? Aber was ist das Meer vor solchen steinernen Falltüren in das Nichts? Diese Truhen, die nicht mehr als Körper sind, eröffnen die Bahn der Gestaltlosigkeit, beharrend verdecken sie die tobenden Wirbel der Verwandlung und werden so zum letzten Denkmal unserer Täuschung. Diese Dorias, die vielleicht vor sechshundert Jahren einmal unter der kleinen schiefen Kuppel von San Fruttuoso lagen und noch immer die Besuche Träumender empfangen, die an die Festigkeit der Steine glauben, haben sich, wie die Gestalten der Fabeln, längst bei verschlossenen Türen entfernt, und ihr Gewölbe ist so leer wie eine Schale ohne Frucht. Wir wissen es wohl, und dennoch glauben wir trotz aller Schrecken vielleicht gerne daran, daß sie noch da sind und daß wir sie gefunden haben in ihrer Einsamkeit zwischen den kahlen Steinen und dem Meer; aber nicht nur die Pforte ist versteckt, und wie wir sie endlich erreichen und durchschritten finden, trifft uns der Eishauch des Ewig-Verloren-Habens und des Ewig-Verloren-Seins. 12. März 1929

PISA

Der Turm von Pisa verdankt seinen Ruhm dem Umstand, daß er mißlungen ist, aber er ist mehr als ein Kuriosum: das Symbol von der Dauer des immerfort Stürzenden. Wenn die tadelsfreie Vertikale einer Säule des Domes die Richtung angibt, in der allein irdische Bauwerke scheinen bestehen zu können, und, an der Peripherie des unteren Kreisrundes des Turmes beginnend, ihn oben bis in die Mitte seiner letzten Säulenreihe zerteilt, die es freilich schon nicht mehr wagt, dem kühnen Sturz der übrigen zu folgen, so scheint in der Tat die Ordnung des Strebenden und Tragenden schon verwirrt und die ganze Wucht der vereinigten Gewichte der Erde entgegenzudrängen. Mitten unter Gebäuden, wo, wie überall, der rechte Winkel zwischen dem Grunde und seiner Last regiert, neigt sich dieser Turm als ein entschiedener Widerspruch herab, ohne doch gefährdet zu sein; gebeugt von einer sonderbaren, unerwarteten Veränderung in seinem Fundament, stellt er sich in besorgniserregender Schräge seiner Umwelt entgegen, die ihn erst vielleicht für verloren gab und nun von seiner unerschütterlichen und eigentlich unverständlichen Dauer noch mehr beunruhigt wird als von seinem scheinbar bevorstehenden Sturz. Es ist merkwürdig, daß ein Ding auf der Erde bestehen kann, ohne neunzig Grad von ihr entfernt zu sein, daß es ein Gleichgewicht gibt innerhalb der Sphäre des Übergewichtes, daß wir auf dieser Plattform stehen können, immer im Gefühle, auszugleiten, hinuntergerissen zu werden, und daß dennoch dort die ganze schnell durchmessene Unendlichkeit unseres Lebens ablaufen könnte, ohne daß wir für den Boden zu befürchten hätten, der uns in unbehaglicher Neigung trägt. – Haben wir nicht gar zu viel Vertrauen zum rechten Winkel, zu jener einzigen Sicherheit, in der wir uns im Grunde ebenso unsicher fühlen wie auf dem schiefen Turm? Sollte es sich nicht auch stürzend leben lassen und ebenso lebendig wie ruhend und stehend, da wir doch einen ungeheuren Raum im Sturze zu durchmessen hätten, in dem unser Leben zehnmal verlöschen kann? Denn wenn der Turm nun wirklich sich senkt, wenn er tatsächlich stürzt um ein Fünftel eines Meters im Jahrhundert, wie man gemessen haben will, wie viele Generationen könnte er noch tragen, bis endlich die Erdmasse ihn überwältigt und zerschlägt? Ob dann eines der Häuser von Pisa noch steht, jener vielen kleinen, unbekannten Häuser, die niemand verzeichnet, deren sich niemand erinnert und auf die alle der Blick nur fällt, weil der Glockenturm schief geraten ist, weil von der Höhe dieses Sturzes noch immer am besten das Land übersehen werden kann bis zum fernen blitzenden Widerschein des Meeres? Welche Unendlichkeit der Zeit umspannt dieser Sturz, der einen Galilei schon trug, der seit fast dreihundert Jahren vom Marmor umschlossen ist in Santa Croce in Florenz, ihn, der den Fall zu messen und zu ergründen suchte, den ewigen Fall und sein ewiges Gesetz! Haben wir nicht Fallhöhe genug von der Geburt bis zum Tode, vorher und nachher in den großen Dunkelheiten außerhalb des engen belichteten Raums; wenn ein Lichtstrahl von Stern zu Stern, vom Festen zum Festen schon Jahrtausende braucht? Nicht dieser Turm gerät ins Wanken, wohl aber die Welt um ihn herum, deren Grundlagen sich plötzlich als verdächtig erweisen, die auch anders sein könnte, ohne deshalb in einem höheren Maße flüchtiger zu werden, als sie schon ist, und die anders sein muß für den Stürzenden, für den von großen Gewichten Entführten, der nur das Leben, nicht die Fundamente mit ihr gemeinsam hat.

Ein großer Zweifel an der Festigkeit der Welt, eine mahnende Erschütterung, ein nicht zu übersehender Wegweiser zum Ungewissen, Überdeckten, Treibenden, Stürzenden, ein erstes Wetterzeichen der Auflösung nahe den Vollkommenheiten von Dom und Baptisterium – jenem unvergleichlichen Rund, das wie eine Glocke aus Marmor tönt und schwebt –, steht der Turm am Eingangstor zum Campo Santo von Pisa, der großen heilenden Stille, wo das Pandämonium von Tod und Hölle an den Wänden tobt. Eine Jagdgesellschaft findet drei offene Särge, in deren erstem ein eben Gestorbener, im zweiten ein Verwesender, im dritten ein Verwester, das heißt ein Gerippe, liegen, und erlebt vor ihnen jene endgültige Erschütterung, die dem Menschen erst seinen Platz anweist in der vorher von ihm noch nicht gesichteten Welt: den Einbruch des Todes in die Sphäre des Lebens. Nicht ein Tag im künftigen Leben dieser arglos Überraschten wird dem Vergangenen gleichen; so wie ihre Pferde in grausenvollem Schreck ihre Hälse zu steiler Rundung krümmen, während ihre Augen erstarren, und sich weigern, vorwärts zu gehen, so können auch sie keinen Schritt weiter tun auf ihrer bisherigen Bahn: es gibt keinen Weg, der über die Särge führt; hier gebietet ein steinernes Halt, und die innerliche Welt tut sich auf. Nur eines der Pferde strebt mit dem langgestreckten Hals, den witternden Nüstern der Verwesung entgegen, während seine Beine gleichzeitig zurück und vorwärts wollen; es ist das Tier des Herzogs selbst, der, die Nase zwischen Zeigefinger und Daumen klemmend, dem zerstörenden Geruche wehrt und sich dennoch vorwärts beugt, um zu sehen, wie die Schlange der fressenden Verwandlung eindringt in den ersten Sarg zu einem gedunsenen Leib, wie sie im zweiten kriecht über eine schon eingesunkene Gestalt, auf deren zersetztem Haupte die Krone nicht mehr haften will, und wie sie den dritten verläßt, weil es nichts mehr zu verzehren gibt. Sehend und doch nicht sehen wollend, vom Entsetzen verlockt, vom Reiz der Vernichtung gefangen, sieht der Fürst der Erde sein eigenes Schicksal, das ihm sonst die Erde gütig verbarg; aber die Jagd ist zu Ende: seine Hunde werden nicht mehr suchen, seine Falken nicht mehr fliegen, seine Burschen werden keine Beute mehr tragen; denn sie stehen vor dem Ziele alles Jagens, sie haben die Beute jeder Jagd erspürt: den unüberwindlichen, grauenvollen Tod. Im Gesicht der Herzogin ist vielleicht mehr als die Empörung des eigenen Fleisches gegen seine Bestimmung: Mitleid mit dem Lose aller und mit jenen drei Unglücklichen, deren schmachvolles Geheimnis nichts überdeckt. Hinter ihnen brechen schon die Flammen der Hölle aus dem Gestein, und eilfertige Dämonen stoßen Menschenleiber in die aufschießende Glut, aber friedlich und sanft lagern die Tiere davor, die der

Jagdpfeil nicht erreichte, unberührbar weit vom Schicksal des Menschen, vom Schicksal der Seele. Dann tobt sich der Tod aus in Weibesgestalt, Krallen statt der Nägel an den Füßen und Krallen an den Flügeln, die sich schwarz und hautig spannen, wie die einer riesigen Fledermaus. Vergeblich flehen ihn die Verkrüppelten, die Aussätzigen und Bettler mit Armstümpfen, blinden Augen und zerfressenen Nasen um Erlösung an: seine Sense, die breit ist wie ein Beil, kehrt sich von ihnen ab. Unter ihm reißen seine Dämonen die Seelen, die als unfertige, widerstrebende Kinder gebildet sind, aus den blassen Mündern der aufgehäuften Leichen; es ist eine schmerzhafte, unbarmherzige Geburt, von der die Kiefern berstend auseinandergetrieben werden, die leblose Wangen zusammenfaltet wie ein Tuch: ein neues Ans-Licht-Müssen dessen, was verborgen war und verborgen sein will. In den Lüften geht der ruhige sichere Flug der kreuzbewehrten Engel gegen das irre Flattern der Höllengeister, und dann tönen Harfen und Geigen unter fruchttragenden Bäumen hervor, wo die Seligen verzückt der Zeitlosigkeit genießen, schweigend und versunken, mit Falken und Hunden in den Händen, die nichts mehr zu jagen, nichts mehr zu suchen haben und sich spielend liebkosen lassen unter der jenseitigen Süße des Harfentons und der großen Feierlichkeit der Geige. Das ungeheure Temperament jenes Unbekannten, den einige für jenen Orcagna halten, der im vierzehnten Jahrhundert im Toskanischen lebte, wirft, nachdem das Drama schon zu Ende scheint, noch einmal den Feuerschein der Tragödie auf zwei riesige Wände: nach dem Schicksal des Fleisches, dem Tod, der Todesfurcht und ihrer Überwindung, deren Erschütterungen auch die Heiligen nicht entgehen, hebt das Schicksal der Seele an: das Weltgericht und die Hölle. Das erste ist groß und mächtig; ein Gott mit der Zorngebärde Michelangelos, aber noch einfacher und strenger, schleudert die Verdammung über die von Entsetzen geschlagenen Sünder und Sünderinnen, in deren Gewändern und Haaren sich schon die Zangen und Fänge der Dämonen festkrallen, um sie in den Höllenschlund zu reißen, während neben ihm Maria abgewandt thront, den Schein der Seligkeit auf ihrem Gesicht, den kein Schatten des Zornes trüben oder erreichen kann. Unter ihr fühlen die Seligen das glückbringende Licht der Gottheit in ihren emporgerichteten Augen. Auch hier offenbart sich in der Kreuzung der Fäden und Konflikte der große Dramatiker der Jagd: ein auf der Seite der Verdammten Erstandener wird hinübergeführt zu den Seligen, eine Frau, die zur Rechten des Richters ihr Grab verließ, muß in den Höllenschein und die verzweifelte Angst zu seiner Linken. Auf der nächsten Wand sucht eine Sinnlichkeit ohnegleichen die Vision der Hölle der Gestaltung zu unterwerfen; denn nur eine Sinnlichkeit, die jede Tiefe erfahren haben muß, gleichgültig, ob in der Phantasie, im Geist oder in der Tat, konnte diese Martern ersinnen oder vielmehr gezwungen sein, sie zu überwinden. Um die hochsitzende Gestalt des Teufels quillen Eingeweide aus aufgeschlitzten Leibern, brennt das rohe Fleisch von Armen und Beinen, von denen die Dämonen gemächlich die Haut abziehen, wird durch Beinstümpfe der Spieß gebohrt, an dem die Leiber geröstet werden; in der Fratze des Teufels selbst schwelt alle Fäulnis, alle stinkende Verderbtheit des Fleisches, alle Abgelebtheit, die verfallend noch existiert und, halb schon vergangen, die größere Lust nicht mehr im Handeln, sondern im Ansehn findet; es ist die animalische Geistigkeit der Sinne. Unmittelbar neben diesem Vulkanausbruch unterster Instinkte, die dennoch die zweite Hälfte des mittelalterlichen Lebens – und welcher späteren Zeit nicht auch? – erfüllten, feiern auf dem vierten Fresko die Einsiedler ihr heiliges Leben: Fische drängen sich in ihr Netz, Hindinnen lassen sich von ihnen melken, sie sterben unsagbar beglückt, als schritten sie auf weichen Teppichen fort, und Löwen scharren ihnen das Grab.

Aus allem formt sich das Antlitz eines Mannes, der in beiden Reichen lebte, der wie auf dem Fresko vom Weltgericht in Santa Maria Novella in Florenz, links als Seliger gläubig aus seinem Grabe steigt, von einem Engel empfangen, und rechts vom Teufel herausgezerrt wird zu ewiger Marter; so lebte Dante auch, der auf dem gleichen Bilde darüber links die Seligkeit genießt und rechts mit weitgeöffnetem Mund schreiend das Entsetzen erduldet, so steht selbst Beatrice links in Schönheit und Ruhe und rechts verkrampft, von Schrecken geschüttelt. Denn dem Mittelalter gehörten beide, Himmel und Hölle, und nur in der Einheit dieser immer gegenwärtigen Widersprüche, dieser stets bestehenden Möglichkeiten, fand es sein Leben, erfüllte es die weitesten Tiefen und Höhen der Welt. Nicht die Wirklichkeiten, die Möglichkeiten sind es, die den Reichtum des Daseins unendlich machen; auch sie gehören dem Universum an, das in seinem ganzen Umfang umspannt werden will, wie der größte Dichter des Mittelalters Erde, Himmel und Hölle durchschritt.

Der Campo Santo ist das letzte der großen Bauwerke der Pisaner; sie begannen ihn 1270, etwa fünfzig Jahre, nachdem sie von den Florentinern geschlagen wurden, und erlitten, lange bevor sie ihn vollendet hatten, 1284 die große entscheidende Niederlage durch Genua. Er ist das große, unsterbliche Grab neben der hellen, klaren Vollkommenheit des Domes, neben dem makellosen Rund des Baptisteriums und der rätselhaften Schiefe des Turms; ein rechteckiges Rasenstück, auf dem vier Zypressen wehen und das der Kreuzgang umfriedet, an dessen Wänden das Vermächtnis der mittelalterlichen Seele lebt. Vor der dem Tode begegnenden Jagd verlieren alle Gräber und Inschriften ihre Sprache; aber sonderbar und unvergeßlich klingt das Schicksal Pisas auf vor der Statue Heinrichs des Siebten, des Deutschen Kaisers von des Unglücks Gnaden, der mit vergrämtem Gesicht zwischen seinen stummen Räten sitzt und die Arme erhebt mit herrschender Gebärde; indessen, die Hände sind ihm abgeschlagen, und so vermag er nicht mehr zu handeln. *Florenz, 16. März 1920*

DIE VOLLKOMMENE STADT

Erst wer Florenz gesehen, weiß den Sinn des Reisens zu erfassen. Denn hier ist das Ewige näher als irgendwo sonst; die Vollkommenheit spricht eine fast überdeutliche Sprache; jede Form ist fertig, und so baut sich über der Stadt eine Verheißung auf, eine Brücke hinüber, auf die wir nur den Fuß zu setzen brauchen, um die Erde zu verlassen. In jedem Stein klingt das Künftige an; alle Formen nehmen es auf, die Straßen leiten darauf hin: was immer der Mensch getan, ist ein Anfang; schon flimmert es in der Luft und über den rätselhaft blauen Bergen: nicht als etwas Erreichtes, doch als etwas Erreichbares, dem wir von nun an gehören müssen.

So erlebte ich vor zwei Jahren San Miniato: eine der großen Entscheidungen; dort wurde der Glaube an etwas Unermeßliches, Bevorstehendes in mir zum fortwirkenden Ereignis. Ich sah die Vollkommenheit, ich begriff das Versprechen, das im Leben und in aller Unerfüllbarkeit liegt. Vieles wurde mir leicht; ich sah, daß es gilt, alle Versprechungen aufzugreifen und zu sammeln; wenn aber endlich der Wind allzu mächtig unter die Flügel greift: wer mag dann noch warten? Näher traten die Menschen nie an die Pforte des Übergangs: alles ist ewig, soweit es nur der Stoff erlaubt. Das Ewige aber ist unendlich bewegt.

Auf den Stufen der Klostertreppe zu Fiesole vor dem eben ergrünten Rasen, löffelten die Armen klappernd die Suppe aus, die der barfüßige Mönch ihnen auf die Fliesen stellte. Ein altes Weib packte unter heimlichem Lachen noch ein paar Brocken in ein frisches weißes Tuch und wickelte sorgfältig eine rote Schnur darum; dann kroch es unendlich langsam an zwei Stöcken den überwachsenen Weg hinunter, vor sich zwischen Zypressen im blauen Dunst des sommerlichen Frühjahrs das Bild der herrlichsten, der verheißungsvollsten Stadt. Inzwischen stiegen die Wolken langsam über das niedere rote Klosterdach; aus den kleinen offenen Fenstern floß eine wunderbare Stille auf den Rasenplatz und in den Garten; in unendlicher Ferne schlug eine Glocke an, aber die Mönche von Fiesole zogen das Seil ihres leichten Schlagwerks noch nicht.

Es ist Abend; über den verbuckelten Dächern steht die Kuppel vom Campanile bewacht; die Kugel auf der Laterne, in der das Licht noch lange hing, ist schon erloschen. Durch die Luft orgeln die Glocken auch jetzt den ewigen Abschiedsgesang von der Erde. Du schweigsame Zeder von San Marco, die du kaum Platz hast für deine wehenden Zweige in dem breiten Kreuzgang vertriebener Mönche; du stöhnende Brükke unter der Doppellast der Menschen und Häuser und kantiger, mit steinernen Zähnen bewaffneter Turm: was sind euch die Tritte der Eiligen? Ihr habt alles gehört; alles vergessen; ihr habt jedem gedient und wart doch nicht eines einzigen Freund. Ohne Beziehung zum Leben, standet ihr doch mitten in seinen Wirbeln; ohne Beziehung bin ich vielleicht auch, obwohl ich das Leben tausendfach fühle. Der Turm, die Zeder, die Brücke waren immer bei sich selbst, ob Unzählige sie umdrängten; sie ließen das Leben geschehen, fanden sich in allen Verwandlungen zurecht, büßten deshalb den Wechsel nicht schwer und retteten ihre Form. So wie sie leben alle großen Dinge der Stadt ihr eigenes Sein: die Kuppel, die Kirchen und die Gemälde; sie lassen sich jede Deutung gefallen, einfach weil keine Deutung sie berührt.

Von der Kirchhofsmauer von San Miniato hatte ich wieder den unbeschreiblichen Blick. In den Lampen der Toten brannten elektrische Birnen, aber diese armen Funken gingen unter in der übermächtigen Sonne von Florenz. Die Berge stiegen kühl und klar in die oberste Höhe, schon nicht mehr beschreitbar; alle Formen der Stadt blühten auf; und die Zypressen des Ehrenhains, deren jede den Namen eines Toten trägt, schauerten an der Wand. Die tiefe Gleichgültigkeit aller Dauer offenbarte sich wieder: denn der Spiegel ist wohl vergänglich, aber nicht das Gespiegelte; und diese Stadt ist der reinste Spiegel des Unaussprechlichen.

Innen in der Kirche durchdrang das Licht leise das graue Gewölk des Steins, und die Madonna blickte inniger als je auf den Schläfer herab aus dem blauen Grunde des Traums. In all diesen Dingen liegt ein Glück, das ein zweites Mal nicht mehr erreichbar ist; diese Gelöstheit, dieser fliegende Drang nach oben macht alle Schmerzen leicht. San Miniato ist der Berg des Abschieds; man könnte hier oben stehen, noch einmal, und dann sich wenden aus dem Bereiche jeden Blicks. Und vielleicht gibt es in der Tat für den, der San Miniato ganz erlebt, kein Zurück.

Der Schritt auf den Straßen wird leicht; die Dinge des Tages zeigen sich freundlicher und werden unbedenklicher empfangen; die völlige Freiheit ist wieder versöhnlich, weil sie nicht mehr verwundet werden kann. 1931

SAN GIMIGNANO

Wie eine zerbrochene Krone liegt San Gimignano auf dem Berg. Das Auto taucht in den Staub der toskanischen Landstraße. Über die langsam ansteigenden Felder, über die runden Hügel und ihre Hänge sind wie ein gleichmäßig gespanntes Netz, in dessen Knoten die Maulbeerbäume stehen, die Weinanpflanzungen gebreitet; jeder Maulbeerbaum trägt drei oder vier Rebenstämme und hält mit seinen Ästen das krumme Geschling weit über den schweren, glänzenden Ackerboden. Ein unerbittlicher Eigenwille treibt in dem verkrüppelten Geäst, das immer wieder zurück will zu seinem Stamm, an seinen Biegungen sich verdickt, ein Stück vorwärtsgeht, nur um umzukehren, sich empört und in einer harten Kurve gegen den Boden oder in den Himmel schießt, sich ineinanderwindet, um sich an sich selbst zu halten und dem Ansturm in seinem Innern zu widerstehen, endlich doch weiter muß und so in stetigem Widerspruch mit sich selbst immer mehr sich mit

Säften erfüllt und immer härtere Rinden um seinen Überfluß schließt. Dazwischen stehen ein paar Zypressen eng zusammengeschlossen, ganz einig mit sich selbst, biegsam und sicher, sacht vom Winde bewegt. Große weiße Ochsen, deren Hörner in herrlicher Schwingung weit in den Himmel greifen, schreiten königlich vor ihrem Pflug, als gingen sie über das Feld, ohne eine Arbeit zu verrichten. Aus einem noch schattenlosen Tal steigt eine Schafherde herauf. Obwohl es Frühjahr ist, sind die Büsche noch kahl; in manchen hängt noch das Herbstlaub des vergangenen Jahres; toter Stoff an starrem Geäst, der sich, nicht stark genug zum Sterben, dem Kreislauf entzieht und, noch festhängend an den Stützen seines vergangenen Lebens, keinen Saft mehr empfangen, keine Verwandlung erfahren kann. Die Gehöfte liegen breit auf der Erde wie ruhende Rinder; ihre Dächer sind niedrig, aber die Räume sind weit, um eine möglichst große Fläche zu bedecken. In weitem Umkreis sind sie von Strohmieten umstellt wie eine Festung von Türmen. Der Himmel ist hell, und es sind keine Wolken zu sehen als der Streifen hinter dem Auto, der sich endlich hilflos ballt und, immer durchsichtiger werdend, über die Felder entflieht. Kein Blatt, keine Knospe, nur das Weidengeäst verfärbt sich zu einem warmen goldenen Ton und schimmert lebendig über der noch nicht erweckten Erde.
Deutlicher wird jetzt die sonderbare Stadt auf dem spitzen Berge: zusammengezwungen von einem Mauerring, starren viereckige Türme in die helle Luft, alle von der gleichen Form, alle ohne Schmuck und ohne Fenster; es ist, als ob ein einziger Felsblock senkrecht zerspalten worden wäre. – Die Straßen sind so eng, daß die Stadt sich nicht aufzutun, sondern zu verschließen scheint, wenn man in sie eindringen will. Ein scharfer Bogen schiebt die gegenüberliegende Häuserwand vor, und der Blick bleibt vor den dunklen Mauern stehen. Dann droht wieder ein Tor, unter dem die Straße unvermittelt steigt. Zu allen Seiten fühlt man die Türme, deren Höhe das Auge in der Enge des Blickfeldes nicht mehr erklimmen

kann. Man spürt über sich die geschichtete Steinmasse und die ungeheure Wucht, die sie in sich gesammelt hat im jahrhundertelangen Widerstand gegen die Verlockung, zu fallen. — Die alte, ahnungsvolle Furcht des Lebendigen, daß zu irgendeiner Stunde einmal etwas ganz Entsetzliches geschehen müsse, ein Einsturz in das Gewebe unseres Daseins, der alle Fasern zerreißt, scheint unmittelbar am Orte ihrer Bestätigung zu stehen; wenn diese Türme stürzten, wäre das nicht die große Katastrophe, die nachts sich ankündet oder auch am hellen Mittag an irgendeinem verlassenen Platz, die eigentlich immer gegenwärtig ist, nicht als ein Erinnern, sondern als das Bewußtsein von der Übermacht der Kräfte, die über unserer ohnmächtigen Vereinzelung spielen und zerschmettern können, wann es ihnen beliebt? Die Feindschaft über uns wird erfaßbar in der irdisch-sinnlichen Sphäre unter diesen Türmen, die eine in schwindelnder Höhe bewehrte Plattform, einen Hohlraum voll Finsternis tragen über den dünnen, brüchigen Ziegeldächern unseres täglichen Seins.

Dennoch öffnet sich ein Platz, der freilich von Türmen umstellt ist, aber doch Raum läßt für eine breite Freitreppe vor dem Dom. Ein paar Fresken des Ghirlandaio lassen unter der ruhigen Wölbung den Gesang der Seelen ertönen, jenseits von der hartbegrenzten Herrschsucht der Türme; der Tod einer Heiligen, die erste Ahnung von der Schwermut der Schwangerschaft auf dem Gesicht der vom Engel überraschten Jungfrau. Die Florentiner Fresken erwachen und klingen mit: der Stolz der Jünglinge, die in selbstbewußter Reihe breit über die Straße gehen oder überlegen aus dem Bilde treten und auf den Beschauer herabblicken, ohne sich die Mühe zu nehmen, ihn zu erforschen, die Üppigkeit eines Mahles, das frei schreitende Dienerinnen kredenzen, die Freude einer Mutter, alles von innen durchglüht und doch mit einer großen Verachtung des Details entworfen. Aus allem aber kehren als das ultimum moriens die blassen Gesichter erkennender Frauen wieder, die die wachsende Reife verändert: ihre Lider sinken in einer unerklärbaren Müdigkeit über die Augen, ihre Züge werden scharf, sie fühlen, daß der Schleier der Schönheit von ihren Schultern fällt, weil eine größere Würde sie bekleiden soll. Hinter ihnen, den Müttern des Täufers und des Erlösers, erdämmert eine unendliche Perspektive: das Weltschicksal. So ist alles groß in diesem Werk; die feinsten Geheimnisse der Seele rühren an Gott und seine Gesetze.

Hinter der Kirche führt der Weg zur Festung, von der nur noch ein zerfallener, überwachsener Mauerring steht, in dessen Innern ein paar Feigenbäume auf den ersten Regen warten. Von der Höhe der Mauer aus entschleiert sich die ganze Ungeheuerlichkeit der alten Stadt. Zwei Türme stehen sich so nahe gegenüber, daß sich die Schwerter hätten treffen können, wenn genug Freiheit gewesen wäre, sie zu schwingen; aber in die einander zugekehrten Wände sind nur schmale Ritzen mit Vorsicht gebrochen, nicht breiter, als ein lauernder Blick sie bedarf, um die schleichende Bewegung im Nachbarturm zu erspüren, oder als ein Pfeil sie braucht, um hindurchzugleiten. Dreizehn Türme stehen noch; in der Zeit der größten Macht von San Gimignano waren es zweiundsiebzig. Jeder ist der Feind des andern, jeder bereit, sich zu verbünden, wenn es einen andern zu zerschmettern gilt, jeder bereit, zu verraten. Denn es ist das Sonderbare, daß die Stadt ganz unwesentlich wird vor den Türmen, daß man auch der Menschen nicht mehr gedenkt und endlich glaubt, die Türme hätten San Gimignano gebaut, hätten wie ein Geschlecht von Giganten diesen Berg besetzt, um sich auf ihm zu vernichten. Aber der Kampf ist vorüber, und die wenigen, die noch übriggeblieben sind, bedrohen sich nur mit erstarrter Gebärde; um das dünne Gras, das von ihren Häuptern weht, ächzt Dohlengekreisch.

Es gehört zu dem wenigen, das wir mit einiger Sicherheit aus Dantes Leben wissen, daß der Dichter im Jahre 1300 im Saal des nuovo Palazzo di Podestà von San Gimignano als Gesandter von Florenz empfangen wurde. Er kam in ghibellinischer Sache (a rinnovare la taglia guelfa di Toscana), als Angehöri-

ger einer Partei, als ein Mann, der von der Feindschaft zerspalten war, wie die Türme von San Gimignano; und in der Tat ist der Blick, der sich von der alten Festungsmauer bietet, der einzige Hintergrund, den wir noch finden können für sein Profil. Es ist freilich nicht das Profil, das Giotto gezeichnet hat und in dem bei aller Kühnheit der Geistigkeit der Widerschein von der unendlichen zärtlichen Harmonie des Malers leuchtet, sondern das vom doppelten, innern und äußern Konflikt zerstörte und erhobene Antlitz; das Gesicht des Florentiners, der leidenschaftlich seine Heimat schmäht, des strebenden Anbeters der göttlichen Einzigen, der nach den vielen seine Arme streckt, dem Hölle, Fegefeuer und Paradies im selben Busen brannten. So kommt er nah, dessen bald darauf unstet gewordener Fuß nur ein einziges Mal die Treppe berührte, die vom Platze hinauf zum Saale führt, und der doch als der Einzig-Lebendige Mauern und Türme nichtig macht, weil in seinem Werke alle die Kräfte noch wirken, die diese Steine hoben und die Linien der Grundrisse beschrieben.
Die toskanische Landschaft breitet sich wieder aus, und San Gimignano bleibt zurück in unwiderruflicher Verlorenheit wie das Gerippe eines vorweltlichen Ungetüms, das ein Zufall der deckenden Erdschicht entkleidete und das nun, halbzerbrochen und unverständlich, mitten im Lichte des Tages liegt. Seine Tragödie ist zu Ende, die Wehmut und der Klagegesang heben an; auf der Straße Dantes, die sich am Abend öffnet, dauern die Tragödien fort und wachsen aufs neue unerbittlich und unerschöpflich hervor. Mailand, 31. März 1929

BOLOGNA

Der Reisende, der von Stadt zu Stadt getrieben wird und die immer neue Fremdheit der Lebenskreise und ihrer Schicksale endlich als eine nicht mehr zu leugnende Traurigkeit in sich wachsen fühlt, der, immer und überall als Fremder betrachtet, durch Gassen und Straßen geht und in Kammern schläft, von denen er niemals etwas ahnte und in denen er ausgelöscht sein wird, als habe niemals sein Herz in ihnen gepocht, als sei niemals sein Atem in ihnen gegangen, der mit Menschen spricht, mit denen er nie wieder sprechen wird, und so mitten im Einmaligen, im Fliehenden selbst als ein Fliehender steht, als der unglückliche Träger der Melancholie der Städte, hat nichts zur Verteidigung gegen seine Verlassenheit als das Maß der Gebäude, die Formen der Dächer, Fenster und Türme. Denn aus ihnen könnte ihn etwas Seelisches berühren, etwas unmittelbar Lebendiges, das nicht erst der Übersetzung bedarf und den Hunger seiner Einsamkeit stillt.

Bologna überwindet auf eine überraschende Art dieses Gefühl der Feindlichkeit, das die Furcht vor neuer Trauer und Fremdheit im Ankömmling erweckt. Mit sicherer Ruhe nehmen ihn Bogengänge auf, die unter allen Häusern, durch alle Straßen laufen und, gegen das Zentrum des alten Teils immer vollkommener werdend, ihm rasch seine Sicherheit wiedergeben und ihn vom witternden und krittelnden Fremdling zum Vertrauten werden lassen. Denn halb gehört er ja schon den Häusern an, er schreitet schon unter ihrem Dach, auch ihre Wände umschließen ihn schon, nur sind sie noch durchbrochen, um ihm die Wahl zu lassen, ob er sich ganz ihnen übergeben, ob er ins Freie will. Die Bogen spannen sich fort, ohne abzusetzen, alle Häuser sind verbunden; wie ungleich auch ihre Dächer, ihre Grundrisse sein mögen, sie schließen sich zusammen zu dieser weiten und fast festlichen Perspektive, die unwiderstehlich weiterlockt und in allen ihren Entfernungen durchlaufen sein will. Jedes Haus gewährt Eintritt, jedes Haus gibt wieder frei; man durchschreitet sie alle und wird für einen Augenblick von ihrer Atmosphäre gestreift, ohne daß man sich entschließen muß, zu verweilen und mehr zu fordern als die Flüchtigkeit dieses Durchgangs durch wechselnde Lebenskreise, die alle ein Gemeinsames verbindet. Der Fremde wird zum Gaste aller, zum Gast der Unbekannten, die ihn aufnehmen, ohne es zu wissen, und genießt die seltenste Kostbarkeit, die einem Gaste geschenkt wird: er ist frei. Das Schreiten wird zur Lust in diesen Wandelgängen, wo tausend Türen offen sind, tausend Möglichkeiten winken – Türen, die nicht durchschritten werden, Möglichkeiten, die bestehenbleiben.

Etwas Unendliches und Unergründliches ist an diesen Bogenstraßen, deren Schwingung sich unaufhörlich wiederholt; sie scheinen viel weiter zu gehen, als irgendein Auge reicht, von Ferne zu Ferne, bis die Tritte unhörbar werden, die Gestalten entschwinden und nur noch ein Schatten die Pfeiler streift, der endlich zerrinnt. Die Menschen verblassen in dieser leichten Dämmerung, die Bogen schwingen sich fort ins Grau, in das aufgeteilte Licht; das Rückwärts und Vorwärts, das Rechts und Links sind gleich; Spiegel scheinen uns zu umzaubern mit einer zweifelhaften Wirklichkeit, von der wir uns doch nicht befreien können. Die Straße, die wir kamen, ist auch die Straße, die wir gehen; unsere Erlebnisse und Erfahrungen wiederholen sich wie diese Bogen, die immer die gleichen Pfeiler verbinden und nur von leicht sich verändernden Friesen begleitet werden.

Es ist die Monotonie, die unendlich macht. Die Wechselfälle unseres Lebens sind immer dieselben; das Problem, an dem unser Verstand sich ungelenk übt, wird auch das Problem sein, an dem er ermattet; unsere Feinde treten auf, sobald wir imstande sind, sie wahrzunehmen, sie widerstreiten uns immer aus demselben Prinzip, wie sie im Grunde alle nicht mehr sind als eine einzige Person, die ihre Gesten und ihre Stimme wechselt, wie diese Bogen ihre launigen spielerischen Friese. Haben wir einmal die Grundmelodie erhört, so haben wir auch unsere einzige Sicherheit, nämlich die, daß diese Melodie nicht aufhören kann, zu klingen, und nicht fähig ist, zu modulieren. Mit unserer Kindheit haben wir alles Neue erlebt; aber es erfordert ein ganzes Leben, bis wir das wissen. So gehen und entschwinden wir auf der unendlich scheinenden

Straße der Wiederholungen; wir glauben an eine andere Biegung, eine verblüffende Wendung und durchmessen sie deshalb eiliger, als wir sollten; spät erkennen wir das Gesetz und das Gleichmaß; unser Schritt wird ernst, unser Auge dringt tiefer ein und mißt die Gewölbe noch sorgfältiger nach, um nun erst etwas von ihrer Struktur zu ergründen; ganz am Ende bemerken wir das mystische Licht, das um die mißachtete Gleichförmigkeit spielt, und wir gehen die alte Straße als eine neue bis zum letzten verschleierten Wunder ihrer Mündung.

So lösen sich die Bogengänge von Bologna aus der Bilderflucht der Reise und bleiben bestehen in unvergeßlicher Eindringlichkeit. Sie laden ein zu einem ruhigen Gang, sie beginnen zu schwanken in ihrer nicht mehr ganz glaubhaft erscheinenden Gleichmäßigkeit und führen endlich in den Bereich von Gesetzen, vor denen die Reise stocken und sich nach innen wenden muß. Denn der künftige Weg wird dem vergangenen gleichen; er könnte ihn wiederholend erhellen, aber es ist besser, zu warten und sich zu erinnern.

Dennoch ist es ein eigentümliches Gefühl, stehenzubleiben, wo alle gehen, wo alles zum Schreiten verlockt, und als einziger seinen Schritt der Bewegung nicht mehr anzupassen, die ohne Besinnen durch die Hallen flutet. Es ist das große Halt, das uns mit Gewißheit einmal überrascht wie den Drusus die germanische Seherin.

Die Häuser von Bologna leuchten in einem warmen Rot und Rotgelb; wie sie dem Lebendigen auf eine seltene Weise nahe sind durch ihren Bau, so sind sie es auch durch die Farbe, die das Auge sättigt und mit ihm das Herz. Es wäre töricht, zu glauben, daß die Bürger von Bologna nur deshalb mit den fortlaufenden Bogengängen ihre Feindschaft überbrückt hätten, weil sie vor den häufigen Schneestürmen, denen ihre Stadt ausgesetzt ist, eines Schutzes bedurften. Die Zwecke der praktischen Sphäre dienen, ohne es zu wissen, der Seele; sie offenbart sich ein zweites Mal in der Farbe, so wie sie auch die Formen bestimmt hat. Welches Glück, täglich von seinem Fenster

solche Rundungen, solche Farben zu genießen! Statt einem kalten Grau diese Wärme zu fühlen, vom Zusammenklang dieser zwei Harmonien unablässig erquickt zu werden! Ich will den gefährlichen Palast nicht übersehen, wo Enzio, Friedrichs des Zweiten schöner und geliebter·Sohn, über zwanzig Jahre gefangen saß und endlich verwelkte; nicht das traurige Relief aus Gips, mit dem eine leere Zeit sein Grab bezeichnete, noch auch die beiden harten, eckigen Türme, die mitten in der Harmonie schief wie Felszacken aus der Erde wachsen und aufeinanderzustürzen scheinen – über alles schwingen die Bogen fort, leuchtet die Farbe des Lebens. Bologna ist die Stadt der Einkehr, in der es der inneren Stimme wieder gelingt zu sprechen; die Stadt des Besinnens und Stehenbleibens, gerade weil sie am meisten zum Wandeln verlockt. Im Fremden kündigt sich der Weg zur Heimat an, zu der endlich der Weg führen muß, der unablässig nach innen geht. Häuser und Straßen sinken in die Seele ein und mehren ihr Übergewicht, bis alle Erscheinung durchglüht und verwirklicht wird; immer doppelsinniger oder vielmehr einfacher, immer jenseitiger werden die Bilder, die uns der Lichtschein von Mond und Sonne vermittelt; völlig verwandelt werden sie das, was sie sind. Es ist Zeit, zu verweilen im unendlichen Bogengang, bevor wir ganz darin verschwinden wie Wallenstein an seinem letzten Abend, als er nur ging, um zu schlafen; die größte Tiefe des Meeres, die Höhe der obersten Erdzacke über seinem Spiegel werden leicht bedeckt von dem Abgrund in uns; die inneren Landschaften wollen durchfahren sein.
Als ein Ende und als ein Anfang schimmert die rötliche Stadt, und wieder bauen sich die Bogen fort, deren Anblick das äußere Auge nicht mehr bedarf; der Schatten der Tagwelt streift ihre Pfeiler und zerrinnt, als schwebte er hinter einer zergehenden Gestalt, und Ferne knüpft sich an Ferne, nicht mehr gleichförmig wie unter den Bogen aus Stein, deren wiederkehrendes Maß dennoch das erweckende Gleichnis dieser Unendlichkeit war. *Tremezzo, 1. April 1929*

ANAGNI

Die Orte großer Entscheidungen, die Heimatstädte meiner Gestalten, zeigen sich mir alle im selben Licht: über Coimbra und dem Escorial, über Ávila und nun über Anagni hingen die grauen Wolken, aus denen grelle transzendente Lichter fielen. Immer war der Himmel schwer von Geburten, wenn ich mich dem Ursprung der Quellen näherte, und die große Schwermut des Entstehens lag auf mir und dem Land.

Die Volskerberge steigen langsam in weit ausgedehntem konsequentem Anlauf; eine solche nur leicht gewellte Linie steht vor, eine andere hinter der Stadt im bewegten Himmel. Dann, aus großer Höhe, fallen die Gipfel rasch, wie Wasserfälle. Dahinter gruppieren sich Kuppen, steigend und sinkend; Zacken und Spitzen fehlen fast ganz. Das Tal des Sacco ist weit und jetzt, im Frühjahr, überschwänglich grün; die Sonne weckt die Farbe zu greller stechender Gewalt zwischen dem dunklen Gewände und läßt sie wieder verlöschen; im Weideland wandern die Herden, oder sie ruhen zwischen den Steinen, und die ergebene Zufriedenheit der grasenden oder kauenden Schafe läßt für die Eiligen keinen Unterschied mehr zu zwischen Tier und Stein: unter den Trümmern liegen die Herden im weitesten schon lautlosen Lebenskreise gefangen.

Dann, wie der von der Stadt gekrönte Gipfel leise steigt, schießen auch die Halme unter wild verknoteten Weinstöcken auf; wie in der Toscana stützt der Maulbeerbaum die Rebe, die sich ihrem Helfer immer von neuem entziehen will, fortstrebt und wieder zurück muß, sich windet, bäumt und verschlingt und endlich doch ihren Erzieher mit ihrem Laube und ihren Früchten schmückt. Der Ölbaum zittert in dunklerem, matterem Grün; dann schütten Blumen ihre Farben und ihr Leben in den Gärten vor den Mauern aus: sie finden innen in dem Häusergedränge und den grauen Schattenschluchten keinen Raum. Aber die Landschaft ruft noch einmal zurück: unter den lang hinwallenden Zügen über eine ferne, nur dünn übergrünte Höhe geht ein weißes Licht; ein schon nicht mehr irdischer Schein. Die Überklarheit eines plötzlich geschauten Jenseits ist darin.

Hohe braune Frauen gehen durch die Straßen; an ihren Ohren schaukelt schweres goldenes Gehäng. Geheime Unsterblichkeit der Formen! Welche alten Dinge sind in diesen Bergen lebendig! Denn auch die Schuhe der Bergbewohner sind als lederne Sohlen mit Schnüren an die Füße geknüpft; so mögen sie seit Jahrtausenden schreiten, und sie haben in ihrer Haltung den ganzen Stolz uralter Rechte. Die Blusen und Röcke spielen in seltsamen Nuancen; Tücher schimmern in sehr verhaltenem Orange; in mattem Weinrot leuchtet der Sammet. Als Alba die Stadt belagerte, sollen diese Frauen auf ihren Zinnen gestanden sein, wie die Männer gewaffnet und entschlossen; und als Alba die Stadt dennoch nahm, erlitten sie ihr Schicksal mit bis zum Tod und zur letzten Schmach der Besiegten.

Einst waren diese Straßen für große Szenen gebaut; Bogenhallen folgten ihnen zu beiden Seiten, und wenn die Gesandtschaften hinaufzogen in die Burg der Päpste, so ritt nur der Führer in der Mitte der Straßen, das Geleite folgte unter den Galerien. Aber die Bogen sind längst gefüllt mit wahllos errafftem Gestein; und wo die Gefolgschaften der Großen zogen, die Trabanten der Schicksalsbringer und das prunkende Heergefolge der Entschlossenen, fanden die Kleinen noch Raum für alle Hoffnungen und alle Träume.

Heute stehen die Spitzbogen der Wandelhallen wie Ornamente in den Wänden, und aus der Enge der grauen Straßenschluchten kann der Blick die Höhe alter Firste nicht mehr erfliegen.

Anagni ward verflucht; es sah den Gipfel der päpstlichen Macht; es sah ihren Fall; und ob es erhöht wurde vom Glanz, so wurde es dennoch mitschuldig am Untergang; denn es lebte seine Tragödie ganz, ohne zurückzuweichen, es genoß die Trunkenheit der Macht und entzog sich auch jener tragischen

Freude nicht, die uns verlockt, uns und unsere Macht zu brechen.

Hier herrschte Innozenz III., der Kaiser einsetzte und verwarf und so zum Herrn der Herren wurde. Die Kathedrale auf der äußersten Spitze des Berges, zu der sich der Ort hinzieht wie eine einzige schmale Straße, von der sich nach allen Seiten überwölbte Abstürze öffnen, erlebte es zweimal, wie die Kleriker ihre Fackel verlöschten beim Bannspruch des Papstes. Von hier wurde Friedrich Barbarossa, wurde Friedrich II. gebannt.

Es ist eine mächtige Halle gotischen Stils, aber ohne einen Ansatz gotischer Geistigkeit, gotischen Strebens; sie ist viel zu irdisch und gesättigt, als daß sie bereit wäre zur Gefahr der Höhe, der Übersteigerung, zu dem geringsten Versuch, sich zu verfeinern, Blitze niederzulocken. Steinerne Trommeln tragen die Wölbungen; das Licht fällt wie durch Schießscharten ein. Eine kühle Marmorschranke trennt die Empore vom Volk; bunte mosaizierte Bänder umranden die grünen und roten Scheiben seltenen Gesteins, die Tüchern und Teppichen gleich die Marmorwände zieren; und im selben Blitz und Flimmer golddurchwirkten Mosaiks windet sich der Osterleuchter empor, um seine Kerzenflamme wie einen Stern zu halten.

Hinter dem Hochaltar steht der marmorweiße Thron des Papstes. Löwen wachen zu beiden Seiten des Gewaltigen; lehnte er das Haupt zurück auf die kreisrunde Scheibe, die ihm als Stütze diente, so umfunkelte es ein Stern aus Gold und buntem Gestein. Er duldete nur diesen Schmuck und die ergrimmte Drohung der beiden Wächter: der Thron ist von härtester Strenge der Form; kalt und vollkommen wie ein marmorner Block.

In der Unterkirche aber wölben sich in phantastischer Buntheit die Bogen eines östlichen Traums. Diese drei Hallen scheinen die Last nicht zu spüren, die auf ihnen ruht; die Bogen schwingen sich leicht auf einfachen Säulen fort; und Wände und Wölbungen verzaubern die Wunder frühchristlicher Zeit.

Groß aber ist Christus, der zwischen Heiligen thront. Er hebt die Hand: der Ringfinger rührt an den Daumen; und wie diese Geste einen Augenblick höchster geistiger Spannung zur Ewigkeit bannt, so blicken die Augen auf eine plötzlich und nun für immer erstrahlte Erkenntnis hin; so sind sie die Dienenden und Verehrenden von der Plötzlichkeit des Geistes fast schreckhaft angeweht.

Tiefer noch reichen die Gewölbe in die Fundamente und die Nacht; vielleicht ist es für immer ein Geheimnis, auf welchen Heiligtümern diese Kirche steht, welche Götter sich hier in der Erde begegnen oder bestreiten. Welcher Opfer Blut floß in der langen Halle, von deren Wänden die Zeichen christlicher Mysterien fast wieder gewichen sind? Welches Leiden oder welche Lust zückte hier über zitterndem Leben das Messer? Die Kathedrale von Anagni hat ihren Tiefgang wie ein wohlgebautes Schiff; sie ist von vielen Dingen schwer; vielleicht ist dies das Geheimnis ihrer Größe, daß sie teilhat am Unergründlichen und auf dem Grabe vieler Götter steht.

Außen, hoch über dem kleinen Platz, fast schon unterm First, thront Bonifaz VIII., der letzte der Päpste von Anagni. Ihm gegenüber steigt das ernste Gebirge an, vor ihm breitet sich die Ebene, und nah, unter dem Mauerwall, drängen sich die Dächer, deren Ziegel grüngolden schimmern, wie Goldkäfer. Es ist still; nur der Wolkenzug geht über den Herrschersitz und die kleinen Orte des Volskergebirges, die sich an die steilen Hänge klammern. Die Steine aller Häuser wurden aus den Bergen geschlagen; so blieb den Ortschaften die Farbe des Gebirges, und das Gebirge nimmt den heimkehrenden Stein wieder auf.

Anagni zerfällt. Im Palast des letzten Papstes siedelte sich jene Leere an, die erfüllten Schicksalen nachzieht und keine Bewohner neben sich duldet. Es blieb nichts als der Raum, weite gotische Gemächer und zinnengeschmückte Terrassen, vor denen, in transzendentem Licht, das ewige Bild der Landschaft steht. Ein Hügel vor den Bergen blitzt auf; die verstreuten Steine erschimmern weiß. Konnten auf einer Höhe wie dieser nicht die drei Kreuze stehen, den Gewaltigen gegenüber, eine Drohung aus frühester Zeit; eine Antwort am Ende?

Da die Herrschaft unerläßlich ist: wie soll die Herrschaft geschehen? Brechen alle ihre Formen, ohne daß die Forderung verstummt? Papst und Kaiser trafen sich wie Wolken auf dieser Höhe; der graue Turm steht vor der Kathedrale wie ein vom Blitz versengter Baum. Ist auch, was in Anagni geschah, nur ein Versuch? Ein Versuch zu herrschen? Der Glaube sollte die Macht begründen; selbst die Verheißungen dieses Glaubens wurden der Welt zuliebe – und aus Sorge um die Welt – geopfert, aber wie die Kaiserkrone von den Burgen aller Geschlechter, so rollte auch das Zepter von dem Berge von Anagni. Ward auch dem größten aller Päpste, Innozenz, dem schmalen, schweigenden, vorsichtig alle Kräfte überrechnenden Herrn von Anagni, nur ein Versuch erlaubt?

Wie die Schicksalsträger selbst, so werden auch ihre Häuser verzehrt, so wird alles betroffen, was sie berühren. Das Schicksal brennt jede Herdstelle aus, die sich ihm bietet; und es ist dennoch nichts Größeres, als sich ihm zu bieten. Anagni hörte den Bannfluch über die Kaiser und erlebte die Erschütterung ihrer Throne; es machte sich endlich zum Richter über seine Herren, in jener Nacht, da es den Papst Bonifaz VIII. an seine Feinde verriet. Es bereute schon nach drei Tagen; allein, die Schmach war geschehen: ein Papst, der Herr aller Herren, war ein Gefangener; wenige Jahre darauf gingen die Päpste, die ihrer nächsten Untertanen nicht mehr sicher waren, nach Avignon ins Exil; die höchsten Ansprüche des Papsttums erloschen für immer.

Anagni büßte seinen Verrat mit dem päpstlichen Fluch. Weder Tau noch Regen sollten die Stadt benetzen; der Segen des Himmels sollte auf die andern Berge regnen, hier ewige Dürre herrschen. Und wie die Not von Jahrhunderten klein und kleiner macht, weil sie den Menschen Tag und Nacht bekriegt und auch die geringsten Geschosse nicht verschmäht, so fühlten die stolzen Bewohner von Anagni diesen Fluch als ein Verhängnis. Sie schrieben ihm alles Elend der Kriege, alle Zerstörungen und Mißgeschicke zu; sie fühlten, daß mit ihm ein Schicksal abgelaufen war, das sich nicht wieder anknüpfen ließ. Und wie sollte Leben sein, wenn nicht im Schicksal? Heute hängt der Herrschermantel Innozenzens feierlich gebreitet in der Sakristei. Der Doppeladler der Grafen Conti steht auf Purpur in goldenen Kreisen; der Greif hebt die Pranken. Da aber Späteren der Mantel des Großen zu weit war, so ließen sie ihn beschneiden und kürzen; denn kein Werkzeug eines Fertigen und Gewaltigen taugt für einen zweiten; und auch sein Haus und seine Stadt müssen, nachdem er sie lange schon verlassen hat, ihm noch angehören oder zertrümmern.

Rom/Palermo, 5. Mai 1931

ASSISI

Die Südlichkeit der Landschaft, in der die Stadt des Heiligen liegt, verzichtet auf alle starken Akzente; die schwere Üppigkeit römischer Gärten und ihrer aufrauschenden Lorbeerhaine sind ihr so fern wie der sizilische Farbenbrand und die steinernen Massive des Nordens; fast allein in der Schwellung und Schwingung der Hügelketten, die sich von der Stadt in ein bewegtes Tal heruntersenken, um gegenüber, wo Perugia auf der Höhe schimmert, wieder aufzusteigen, scheint der Süden sich auszudrücken. Aber so wellen sich auch die Rebenhügel zwischen Schwarzwald und Rhein. Und wie dort grünen auch um Assisi Eichen und großblättrige Linden; flammt der Mohn im hohen Korne auf, wiegt sich die Kornblume, noch tiefer zwischen den Halmen verborgen; umkränzen die Reben zerfallene Burgen. Die Form der Türme ist freilich härter; sie sind geschliffene Steine, an denen das Licht zersplittert; und das Licht entrückt die ganze Landschaft in die südliche Ferne. Denn sobald die Bäume des Tals mittags still in ihm stehen, schmalen, unbeweglichen Felsnadeln in einem Strome gleich, umschleiert von einer grellen Helligkeit, schwindet die Illusion der Heimat; und nun reden auch die spärlich verstreuten Zypressen ihre fremde Sprache; wirft der Ölbaum seinen matten Glanz.

Im Frühjahr freilich, wenn die dünnen Zweige der Pappeln erst sanft begrünt sind und die Vögel unter noch blasserem Himmel auf zierlich gebogenen Ästen ruhen, mag das Bild noch näher rücken; so sahen die Meister der umbrischen Schule die Heimat ihrer blonden Gestalten; jener Gemessenen, lächelnd Beherrschten; anmutig Starken, die mit leiser Wehmut niederblicken auf ihre gewaffneten Glieder; aber nun bestreicht die Sonne mittags die Straßen mit ihrem tödlichen Feuer, so daß niemand wagt, sie zu beschreiten.

Um diese Zeit sind die Mönche in San Damiano wieder allein; es sei denn, daß einige Besucher in dieser innigen Fremde sich verspätet hätten und nun den Mittag abwarten in dem kleinen Kloster der heiligen Klara. Wie die Burgfrauen von Hohenbaden hatte die Heilige sich ein kleines Gärtchen auf einem Balkone gepflanzt; in einem winzigen Becken unter den weißen Rosen spielen goldene Fische. Leis, wie die Zeit, blättern die Blüten ab. Unten, neben dem Kreuzgang, ist schon die einfache Tafel der Mönche gerichtet, die zwei Weinkaraffen sind halb, die Wasserkaraffen in ihrer Mitte ganz gefüllt: an der Stelle, wo die Heilige aß, steht ein Rosenstrauß; oben aber, wo sie starb, duftet ein noch üppigerer Strauß; und die Schwalben fliegen aus der offenen umbrischen Landschaft herein und besuchen ihre Nester im Gebälk. Dann geht die Glocke am Tor, das verschlossen wurde vor dem Ansturm des Mittags; draußen stehen die Gäste der Mönche: gebückte Bettler, die jeden Tag im Schattenwinkel neben dem Kloster ihre Suppe verzehren.

An dieser Stelle richtete der Erlöser an den armen Heiligen das Schicksalswort: »Stelle meine Kirche wieder her.« San Damiano war damals halb zerfallen; der Heilige begann mit dem nächsten und baute die kleine Kapelle wieder auf, mit eigenen Händen, indem er Stein auf Stein setzte, im unmittelbaren Umkreis des Wunders begann er mit dem ungeheuren Werk. Der erste Schritt zum Großen, zum Unerfüllbaren selbst ist eine in der nächsten, engsten Wirklichkeit des Tages geschehende Tat.

Dieses Wort des Erlösers, wie immer es verstanden werden mochte, richtete sich gegen Rom. Es wurde gesprochen zur Zeit Innozenzens III., während der Kulmination der kirchlichen Macht. Und wie der Heilige, so verstand es die Legende, verstand es die Kunst: in San Francesco malte Giotto den großen Papst, gekrönt in schwerem Schlafe auf sein Ruhebett gestreckt, zwei wachende Diener zu Füßen, unter prächtigem Baldachin; draußen aber neigt sich der Glockenturm des Lateran zum Sturze, und der Heilige schiebt mit jugendlicher Kraft seine Schulter unter das Gebälk des wankenden Atriums. Innozenz III., der größte aller Päpste, der die stolzesten Könige sich lehnspflichtig machte und Kaiser einsetzte und verwarf, der Repräsentant des Papsttums, schläft; aber der arme, schmach- und spottbeladene Büßer von Assisi rettet indessen die wankende Pracht seines Thrones.

Der lebendige Geist des Christentums erkannte die ungeheure Gefahr, die in der Vollendung der päpstlichen Weltherrschaft lag. Als das Papsttum sich eben seinem Ziele näherte, erscholl aus Assisi ein Nein. Dieses Nein war von der leisesten und der eindringlichsten Art; es bedurfte keiner Stimme, keiner Schrift; keiner Rechtfertigung; es wurde nicht vom stolzen Podium der Autorität gesprochen, noch durch einen Namen verstärkt; es war viel mächtiger und viel stiller als jedes Gebot aus dem Schalltrichter der Welt; einfach: ein Leben.

Die größte menschliche Wirkung wird ewig einem ohne jede Rücksicht, bis auf das letzte Zucken seines Herzens eingesetzten Leben vorbehalten sein. Ein solches Leben wird sich nicht umsehen müssen nach Hilfe; diese wird ihm von selbst kommen; seine Konsequenz zieht die Hilfe herbei, zwingt die Jüngerschaft unwiderstehlich in seinen magischen Kreis. Seine Wirkung ist Naturgesetz.

Für den Christen kann es nur eine Lebensform geben: die Christi; durch das Gebot der Nachfolge ist sein Leben eindeutig bestimmt. Ob Christus auch unerreichbar bleibt: dem Versuch, zu leben, was er gelebt hat, müssen alle Kräfte gehören. Auch die Religion gehört in ihrer Entfaltung wie in ihrem Schwinden mit dem ganzen Bereiche ihres Seins und Wirkens der Geschichte an; Geschichte aber ist die Auffindung von Lebensformen und die Wiederholung dieser Formen; Schicksal zu finden und zu leben ist ihr eigentliches Gebot. War zur Zeit des Franziskus, zur Zeit höchstkirchlicher Macht die von Christus vererbte Lebensform bedroht? Erkannte man damals zum erstenmal, daß Christi Bild langsam zurückwich unter den immer dichter werdenden Schatten ablaufender Zeit?

Franziskus erneuerte das Gebot; der Vieldeutigkeit grübelnder Ausleger, der Verfälschung der Mächtigen stellte er das wahrhaft christliche Leben entgegen; einer offenen Lossage bedurfte es nicht; es war kein heftigerer Angriff gegen Rom denkbar als dieses stumme, ergebene, unaufhaltsam wirkende Dasein des Einsiedlers von Portiuncula. Christus wurde über mehr als ein Jahrtausend hinweg in die Gegenwart getragen; denn auch für das Christentum liegt die größte Gefahr in der Zeit, in dem Wechsel des Blickpunktes, der alle Linien verschiebt. Als für die Fortgetriebenen das Licht des Vorbildes schwächer und schwächer wurde, eilte Franziskus zurück, es zu holen und in nächster Nähe der Schreitenden wieder aufzupflanzen. Nun war die Wirkung des Vorbildes für eine neue Wegstrecke gesichert.

Ein Leben gehörte dazu; bedingungslose Konsequenz. Als dem Heiligen endlich das Zeichen wurde und er die Wundmale Christi empfing, war die Nachfolge zum letzten Ziele gelangt:

zur Identifikation. Die Göttlichkeit Christi blendete ihn auch jetzt; dem Menschen wurde er gleich. Denn das mit Begier ergriffene Schicksal tritt zuletzt aus allen Geschehnissen und Begegnungen, aus dem Antlitz und der gesamten Körperlichkeit des Nachfolgenden hervor; es wird in vollem Umfange zum zweitenmal Realität.

Assisi wurde für viele mehr als Jerusalem. Denn während die Legende wucherte im Heiligen Land, der Zweifel vieles verdarb, in der wachsenden Entfernung Stimmen laut wurden, die im Umkreis des Wunders kein Ohr vernahm, stehen hier die Zellen des Heiligen noch offen; und derselbe Dämmer der kleinen Räume umfängt uns wie ihn. Alle diese schmalen steilen Wege zwischen dem Korn, unter frisch ergrünten Bäumen sind durch seine Füße geweiht; er genoß den Schatten mancher noch heute rauschenden Krone und trank von so manchem Brunnen, der auch uns beschenkt. Die Glocke seiner großen Schülerin gehorcht auch uns mit demselben leise durchdringenden Ton, den ihre Hand erweckte; noch immer, auf geheiligter Erde, grünen und blühen die schlanken Rosenstauden, denen Franziskus die Dornen nahm. Ja, die ganze Landschaft, die frische Lieblichkeit der Hügel und die Schweigsamkeit des Tals bis zu dem Ernste ferner Gipfelzüge und der vertraulichen Nähe der Rosenranken vor den Fenstern, der glückliche Flug der Schwalben und der emsige, ernsthafte Gang der Käfer auf sonnenheißem Platz scheinen von ihm erweckt und ihn zu verkünden; und während Zweifel das Bildnis des großen Schöpfers und Meisters zerstören, wagt niemand Franziskus zweifelnd zu entfliehn.

Vielleicht gibt es nur eine Stadt in Europa, die in eben solchem Maße wie Assisi vom religiösen Erlebnis geformt worden ist: Ávila. Hier wie dort ist die Atmosphäre des Wunders natürlich; mit ruhiger Sicherheit erzählt der Mönch von San Damiano von den Mirakeln, die sich im Refektorium ereigneten, an eben der Stelle, wo Wein- und Wasserkaraffen heute noch stehen und eben, um zwölf Uhr, die Mönche ihr Brot brechen, während draußen die Bettler klappern mit Löffeln und Tellern; und hinter dem vergitterten Fenster der spanischen Heiligen schweigt noch immer das Dunkel der Engel und Dämonen. Beide Städte, die höchsten Warttürme der Christenheit, lockten die Blitze des Jenseitigen herab und wurden von ihnen versengt. (Rom ist kein Turm: ein Koloß.) Aber Assisi wurde, als der Heilige mit seiner Schülerin in Portiuncula von dem Tisch und seinen armen Speisen und Geschirren entrückt wurde, von einer furchtbaren Flamme überblitzt; Ávila hörte, während Teresa niederstürzte in ihrer Zelle, den Gesang der Engel und das Kreischen ihrer Feinde.

Ávila ist die Heimat tragischer Religion, Assisi die Heimat gläubiger Innigkeit. In Ávila ward keine Bruderschaft erlaubt zwischen Mensch und Mensch; keine mit den Tieren; keine mit den Dingen. Jeder, den der Weckruf des Herrn tödlich traf, der die furchtbare Wunde irdischer Heimatlosigkeit empfing, geht allein seinen Weg durch die spanische Steinwüste menschlichen Seins. Keine Hand darf sich ihm reichen als die des Herrn; kein Wort soll ihn finden als das der Engel; seine Feinde aber sind schlimmer, als die teuflischsten Menschen sind: Satan und seine Diener tanzen ihre scheußlichsten Tänze vor seinen Augen; lauern ihm selbst in der Zelle des Gebetes noch auf.

Dennoch wurde in Assisi wie in Ávila dasselbe erlebt: dasselbe Leiden; dasselbe Glück; dasselbe unermeßliche Glück des Leids.

Steine in Spanien; schon im Mai ist das Gras verdorrt, und doch ist der Schnee kaum gewichen, leuchtet er noch überall auf der Guadarrama und der Sierra von Gredos; die Kirchen drohen wie Festungen und verwunden selbst den Himmel mit Spitzen, zackenbewehrten Türmen; das Geläut ruft die Toten an und treibt die Lebenden aus der Welt; aber Assisi, in seine Wiesen geschmiegt, hört den Gesang der Vögel auch unter südlicher Sonne. Dennoch: ob es den aus der Ferne Kommenden beglückt, ob es das Herz anruft; ob die furchtbare Feindschaft des Christentums gegen die Natur hier überwunden scheint, selbst bis zu einem irdisch-himmlischen Glück: einem Glücke fast des Nordens oder arabischen Ostens: die beiden Heiligen, wären sie sich je begegnet, hätten die Preise ihres Glückes erkannt: Teresas Herz durchstieß der Engel mit dem glühenden Pfeil; von Franziskus' Händen und Füßen rann das Blut vorbehaltlos geopferten Lebens.

Aber auch jenseits von dieser Verschwisterung des Glückes mit der Qual hat Assisi seine Tragik, die nicht geringer ist als die Tragik von Ávila; sie ist geheim. Der allein Christi Schicksal suchte, wurde zum Gründer; erst folgten wenige, dann folgten tausend; und den tausend erlag sein Werk. Denn das Christentum geht nur den einzelnen an. Nur der Einsame ist Christ. Die tausend können nicht besitzlos sein. Der eine findet seine Speise, ohne sich zu verkaufen; aber die tausend müssen dienen, um zu leben. Unwiderstehlich gebraucht die Welt die Masse als Instrumente der Macht.
Noch sträubte sich der Heilige. Er wollte eine Besitzlosigkeit wenigstens zum Schein; wenn auch die Jünger wohnen mußten in Klöstern, so sollten doch diese Klöster ihnen nicht gehören, sondern einem Dritten, dem sie überschrieben wurden. Aber schon spürten die Dinge die dargebotene Hand; das Verhängnis der Institution zerbröckelte die Konsequenz. Häuser machen zu Knechten; Massen, Vereinigungen müssen immer zu Mitteln werden. Nur der einzelne ist frei.
Dieses langsame Zurückweichenmüssen vom Werk, dieses Überwältigtwerden von einer nicht aufzuhaltenden Entwicklung ist das letzte und tiefste Martyrium des heiligen Franz. Er gibt Schritt um Schritt seine Errungenschaft auf; endlich überläßt er andern den Orden. Zuletzt lockt ihn das Glück seiner ersten Einsamkeit, das Bethaus in Portiuncula, wo er die Macht des Geistes am gewaltigsten spürte. Aber war sein Werk nicht vollendet? Er gab den Menschen das Bild Christi zurück; er verwirklichte das schon aus großer Ferne entrückte

Gebot mitten in der Zeit; wie Christus zu dem Einsamen sprach in Damiano, so suchen auch sein umdunkeltes Auge, sein leise, erwartungsvoll geöffneter Mund und seine verwundeten Hände den einzelnen unter den tausend, der ihm folgt.
Der Papst, der im Schlafe das jugendliche Bild des Helfers sah, konnte und durfte ihn wachend nicht verstehen. Es gibt keine Brücke zwischen dem Heiligen und dem Papst; zwischen Assisi oder Ávila und Rom. Denn des Papstes Amt ist die Sorge für das Haus, in dem die Tausend wohnen; unter den Tausend wird der Vollender erstehen, der das Haus verläßt.
So wurden Häuser und Hallen gebaut in Assisi; ungeheure, von Gestalten bedeckte Gewölbe größter christlicher Architektur; so schallt der Gesang der tausend in den Chören, auf den Feldern; der Orden diente dem dreifach Gekrönten an seinem unvollendbaren Werk. Über dem armen Bethaus des Heiligen wölbte sich endlich die päpstliche Kuppel. Rom siegte über Assisi.
Es besiegte den Heiligen nicht. Ruhig, unüberwindlich steht er vor dem Papst; so, wie er einstmals, in siegreicher Demut, die Verachtung Innozenzens III. ertragen haben mochte in einem römischen Garten. Das Zepter sucht sich gesunde Hände; die von göttlicher Schicksalsgemeinschaft verletzten Hände halten das Zepter nicht. Die ganze Stadt wurde umgestaltet unter der Wirkung seines Lebens; aber sie ist ihm längst entglitten, während sie ihm zu dienen meinte. Auch der Blick des Gewaltigen, der einstmals, in der Stunde der Vollendung, schlief und träumte und tiefer sah, ist verwirrt; seine Stimme findet kein Echo mehr; seine Krone kaum noch Gehorsam. Aber an allen Wänden der goldenen Tempel, und draußen, in noch größerer Nähe, auf den Wegen zwischen dem Korn, schreitet des Heiligen unsterbliche Gestalt; er geht leise gebückt; er blickt sehr fragend, sehr nachdenklich; es ist nicht gewiß, ob die Nachfolge noch einmal zündet und lockt und das große Schicksal noch einmal Wirklichkeit wird.

Florenz, 28. Mai 1931

CEFALÙ

Der Fels bedroht die Stadt; das Meer rauscht vor ihr auf; sie senkt sich mit schmalen Straßen hinab und fängt mit ihren vordersten Häuserreihen die Brandung auf. Im Hafen liegt ein Segler, bebend und zitternd wie ein gefangener Vogel; denn die Flut ist im Steigen: dumpf von unten erzittert der Damm. Stark grenzt sich das Meer vom Himmel ab; von der Überfülle ausgegossenen Lichts ist die Luft fast weiß; Wolken zerlösen sich in weitester Ferne widerstandslos wie Staub; aber das Meer wallt von unten auf, sicher sich steigernd, als spürte es schon den Abend, der ihm erst den letzten Glanz gewährt.

Die Fischer schütteln die Algen aus den sprühenden Netzen und häufen sie auf den Steinplatten auf; knapp hinter ihnen steigen in kurzen niedern Stufen die Häuser an; es rollt gegen sie her: Licht, nur Licht, das blau anwächst und weiß zerstäubt, in sich zurückfällt, um wieder vorzubrechen, und sein zitterndes Strahlengewölbe hoch über den mächtigen Felsen spannt.

Nur die Kathedrale verteidigt sich eine enge Freiheit in diesem Gedränge; sie blickt noch immer mit den kantigen Turmspitzen über die Dächer aufs Meer. Aber hinter ihr ist die Stadt schon zu Ende; dort öffnet sich ein Brettertor auf einen steilen Hang, den dünner Weizen übergrünt. Unter dem Schattenbogen des Feigenbaums schimmert die Apsis: hohe, schlanke Säulen gleich gläsernen Röhren stützen den Bogenkranz; mächtig lädt das Querschiff aus; und wie unten die gehäuften Blöcke in der weißen Brandung, so steht hier oben der gigantische Block des Bauwerks im anstürmenden Licht.

Ungeheuer breitet sich das Meer; es durchdringt in weitester Ferne in der Bucht von Palermo den Monte Pellegrino mit seinem Strahlengewirk, daß er über dem Spiegel schwebt wie der Schatten einer Krone; es wallt im Angesicht der Türme ziellos hinaus, kehrt dann zurück und schließt zur Linken im Zusammenstoß mit dem niederstürzenden Felsen den Horizont. Es ist, als sei am hellen Mittag die Sonne in seiner Tiefe versunken und das Gestirn am Himmel sei nur ihr blasses Schattenbild oder ein leerer Stern, der seine ganze blaue Glut verschenkt hat und eilig hinunterstrebt.

Den Felsen über der Stadt kränzen alte Mauern und Zinnen, Brücken gleich, auf denen eilige Läufer am Mittag hasten, wenn der Hirt seine Ziegen zurücktreibt in die Stadt und sie in den engen Straßen oder auf der Piazza rasten läßt, bis das Licht wieder barmherziger wird. Nicht die Nacht: der Mittag ist die Geisterstunde des Südens, die unheimlichste Zeit. Welche Geister eilen dort oben, verwirrt und flüchtig, die Füße spurlos auf die zweigeteilten Zinnen setzend: Sarazenen in weißen Mänteln, blitzend wie die Vögel, die sich lichttrunken vom Gesteine niederstürzen, oder, unersättlich im Verlangen nach Gefahren, es flach überschießen? Finden sich die frühern Herrn auf ihren alten Pfaden nicht mehr zurecht?

Unter der grauen Schale, die den Felsenrücken deckt, leuchtet es in allen Mischungen von Gold und Braun; wo aber die Kakteen die starren Arme heben, einer Schar Erregter gleich, die plötzlich der Zauberspruch traf, öffnet sich's schwarz. Dort, unter der Zackenkrone des verlassenen Kastells, gähnen Höhlungen; und die Vögel, die vom Meere kommen, plötzlich überdrüssig des Tages, tauchen schweigend in sie ein. Was tragen sie aus dem Licht herüber in die Nacht ihrer Höhle? Und welche Geheimnisse bringen sie auf ihren Flügeln wieder hervor, um sie vergehen zu lassen im Licht?

Stumpf, ohne Hall schlägt eine Glocke herauf; ein Wort ohne Schwingung, ohne Ton; ein unausdeutbares Wort. Tiefer in der Weite der Bucht, halb schon vom Felsen verdeckt, grünt es noch auf den Bergen bis hoch in den Himmel, und die Gärten sinken gegen das Meer; dort mag sich das Glück im Schatten stiller Häuser gefallen; hier gebietet der Fels. Cefalù, seltsamer, tonloser Ton wie der Schlag jener Glocke; einer satten Frucht gleich, deren Schale niemals weicht.

Diese schmale Spitze, den äußersten Vorstoß des Landes,

wählten sich die Normannen als Sitz. In diesen Glanz bauten sie, als Wächter ihrer Kathedrale, als drohende Warttürme vor der See, ihre nordischen Türme. Innen aber, im Chor und in der Tribuna, wölbten sich jene goldenen Himmel aus Mosaik, die noch einmal, betörender, phantastischer noch das Strahlengefüge spiegeln über dem abendlichen Meer. Sie, die eben dem Norden entronnen waren, die der Süden schon verzehrend besaß, konnten sich nicht genugtun an Glanz, an Licht. Sie wählten ein tiefes, ein unvergängliches Gold, das leuchtender noch ist als der Fels, ein Grün von verwirrender Vieldeutigkeit für die Rahmen arabischer Fenster, ein unergründliches Blau für die Säulen und Ornamente: Grenzfarben, letzte Wagnisse.

Im Golde dieses Himmels erscheint Christus, schmalen Hauptes, blonden fließenden Haars, dunklen, dennoch hell durchsonnten Blicks. Er weist die Schrift; er hebt, noch vom Mantel umfaßt, bedeutsam den Arm: Herrscher und Richter, nicht mehr mit dem Ernste des Leidens, sondern mit dem Ernst der Gewalt. Er ist Schöpfer und Erlöser zugleich, Vater und Sohn; Erlöser vielleicht nur, weil er schuf. In seiner Geste, in seinem Blick ist eine gnadenlose Forderung, der die Liebe nicht genügt, vielleicht sogar gleichgültig ist. Er kam, um zu zwingen, Gefolgschaft zu gebieten. Indem er die Schrift aufblättert und weist, den Mantel nur leicht entfaltet: allein indem er sich offenbart, bringt er die Entscheidung herauf, der niemand entrinnen kann. Er ist Herr; es gibt nur einen Weg.

So, wenn auch nicht mehr in derselben Strenge, derselben Reinheit, nicht mehr mit dieser selben schneidenden Linie des dennoch vollen Mundes, sahen die Normannen, nach östlichem Vorbild, Christus wieder und wieder: auf dem Grunde aller jener goldenen Himmelsgewölbe in Palermo und Monreale; das Leiden weicht, das Führertum tritt vor: noch umglänzt Jugend das blonde Haupt, aber aus den Zügen spricht allein der Mann. – Hier auch erscheint Paulus in der eindringlichsten Prägung, die er je erfuhr: als ein östlicher Weiser mit überhoher Stirn, mächtiger noch als auf den frühchristlichen Mosaiken in Rom, weil die noch ausgewogenere, noch überlegenere und gefährlichere Geistigkeit Arabiens in ihm lebt. Noch ahnt man, daß ihn ein Glaube treibt; aber mit der Kühle eines unbeirrbaren Rechners scheint er unbemerkt die Welt zu lenken.

Doch wie die Altäre, so schmückten die Normannen auch ihre Zimmer mit dem südlich-östlichen Gold. König Roger sah in seinem Gemach zu Palermo schillernde Pfauen aus üppigen Vasen trinken; der arabische Purpur, in den sich die nordischen Eroberer kleideten, fiel, unverblaßt, noch den Staufern als Erbe zu. Ihre Beute: die Beute all derer, die Sizilien gewannen, war zu groß: sie eroberten nicht nur Erde, Äcker und Gartenland, sie eroberten Gestaltungen und Kulturen mit; und wenn ihr Herrscherwort auch dem Lande gebot, so doch nicht den Formen, die es trieb. Sie gaben sich dem arabischen Märchen hin und unterlagen so der letzten Rache der Besiegten: ihrer Kultur. Die Normannen fügten die breiten Spitzbogen ihrer Knechte, wölbten ihre roten kugeligen Kuppeln; sie suchten den arabischen Raum.

Welches Extrem, dieses Land zu erobern, ihres Ursprungs äußersten Gegensatz! Und doch sagt Cefalù schon genug: diese goldenen Hallen über dem Meer, diese äußerste Kühnheit der Landschaft, diese vielfache Schwere der Frucht zwangen die Schiffe heran. Die größte Macht ist im Extrem, im Fernsten; vielleicht selbst in dem, was uns von uns entfernt.

Roger, der mit dem Bau der Kathedrale begann, starb jung; und so wurden kaum die ersten schimmernden Teppiche über die Wände gebreitet. Die langen Schiffe blieben kahl, der nordischen Halle ähnlicher als südlicher Pracht. Die großen Kaiser, deren Tragödie die Normannen vorausgelebt hatten, schliefen eine Weile hier; dann überführte man ihre Särge nach Palermo, und Cefalù wurde vergessen. Nachdem auch die Toten es wieder verlassen hatten, blieb die Landschaft die einzige Größe von Cefalù.

Die Häuserzeile biegt sich unter dem Andrang des Meeres und leitet die volle Gewalt des Angriffs geschickt auf den Sand der unbebauten Bucht. Nur die Mole, gleich der eisernen Spitze eines vorgehaltenen Speers, bricht unermüdlich Welle um Welle. Selbst im Sternenlicht leuchtet der Fels, jenen geheimnisvollen indischen Steinen verwandt, die tags das Licht der Sonne in sich trinken, um nachts in den Augenhöhlen heiliger Bilder zu glühn. Wenn aber der Morgen sein Licht im Rücken des Gesteins auf das Meer herabschleudert und über den Hängen und Wänden noch graue Dämmerung webt, enthüllt der Koloß die ganze Tiefe seiner Szenerie. Eine waagrechte Schranke teilt sein oberes Drittel ab; auf ihr steht die Zinnenkrone; dahinter, weit zurückgelehnt, steigen die Blöcke und Kuppen noch einmal in herrlicher Schwingung an bis zu den Trümmern der Burg. Noch heute wissen die Bewohner von Cefalù, daß Diana dort oben in einem zerstörten Heiligtum wohnte und morgens die gewaltigen Stufen herabstieg zum Meer, um zu baden. Aber Seefahrer aus Messina, gewandter und schlauer als die armen Fischer, über deren Häuptern die Göttin schritt, überraschten diese in den Wellen und nahmen sie fort. So wurde den Bewohnern von Cefalù alles Göttliche geraubt: Diana ward nach Messina verschleppt; die Normannen vergaßen ihre Kathedrale und bauten eine neue in Monreale; endlich nahm sich Palermo die Porphyrsärge der Staufer.

Die Glocke schlägt wieder, tonlos und hart; sie schlug die ganze Nacht so, jedem Viertel den Schlag der vollen Stunde nachschickend, als könnte sie sich nicht genugtun an der Zeit; so fällt ein Hammer auf Eisen, und die Mächtigsten vergingen in diesem Taktschlag: Meerfahrer und Kaiser; die Härtesten wurden schlaff unter diesem verzehrenden Himmel. Aber einmal betraten doch alle, die auf Sizilien herrschten und verdarben, im Schatten des Schicksalsfelsens die äußerste Landspitze des Glücks: dieses gewagten, blitzenden, unwiderstehlichen Glücks von Cefalù.   Cefalù, 12. Mai 1931

DIE PIAZZA ZU CAPRI

Unter der arabischen Kuppel des kleinen viereckigen Campanile schlägt das Glöckchen hart und bestimmt; über dem Zifferblatt aus gelben und blauen Fliesen rückt der Zeiger. Erwartungsvoll sitzen die Zuschauer auf ihren Plätzen: unter dem gelben Sonnenstore des Cafés in der Tiefe des kleinen Raumes die Abonnenten der ersten Klasse; zur Rechten auf den unbequemen Eisenhockern der Bar die der zweiten. Stehplätze sind auf der ganzen Piazza frei; sie werden von Fischern und Weibern beansprucht. Frei sind auch die Plätze in den Läden und Buden: der Apotheker teilt den arabischen Vorhang vor der Apotheke; der Provisor lehnt sich vorsichtig in die Ecke; unter einer schweren Girlande von Zitronen, um die sich noch die Blätter biegen, wartet der Fruchthändler; in der Höhlung, aus der sich der Chic parisien über die Insel verbreitet, lauern die Verkäuferinnen; durch die Bücherreihen und Tapeten aus Postkarten fällt ein kühler prüfender Blick. Den Schauspielern stehen acht Zugänge, Fenster, Treppen, Übergänge und Dächer frei, und sie wissen sich ihrer zu bedienen. Einige haben große Rollen; anderen fielen nur Episoden zu; fast jeder hat eine Reihe von Auftritten zu bestehen; doch es gibt selbst solche, die während der ganzen von morgens bis abends währenden Spielzeit die Bühne nicht verlassen dürfen. Schon bei Beginn des Stücks, um zehn Uhr, ist der Löwe auf seinem Platz. In weißem Anzug schreitet er feierlich vom Campanile zur Bar; unter dem Arm trägt er stets eine amerikanische Zeitung, die ihn jedoch nicht zu interessieren scheint. Seine Aufgabe ist es, das Monokel wie ein lässig weggeworfenes Goldstück aus dem Auge fallen zu lassen, und es dann noch verachtungsvoller wieder aufzunehmen und einzuklemmen. Obwohl amerikanischer Herkunft, spricht er doch so gut Italienisch, daß er sich von Zeit zu Zeit in der Bar einen Kaffee bestellen kann. Auch dann läßt er die Piazza nicht aus dem Auge; denn eben geht die Mexikanerin, sich graziös in den Hüften wiegend, vorüber. Ihr riesiger Strohhut nickt bis auf die gelbe Weste herab, und ihre langen blauen Hosen flattern lustig im Wind. Die Französin kann auch die Fußbekleidung entbehren; denn sie hat ihre Nägel rubinrot poliert.

Wie es schon fast zu einem gewohnten Raffinement geworden ist, hat der Habicht, der Träger der zweiten Hauptrolle, seinen Platz unter den Zuschauern eingenommen, und zwar im Winkel der ersten Klasse, unter dem Sonnenzelt des Cafés. Von dort blickt er scharf über den Platz, auf der Suche nach Strandgut. Denn welche Wunderdinge kann man nicht finden auf diesem Felsen, an dem so manches schöne Schiff zerschellt. Hier gibt es Tränen und Schicksale, Perlen und Geheimnisse; vielleicht auch, und dieser Gedanke blitzt nur auf, wenn der Habicht aus seiner Rolle fällt, einfach: Brot. Zwei kluge Fischerinnen blühen an seiner Seite; ihre Hände sind schön gepflegt, die Nägel spitz geschnitten: man muß die Wunderdinge halten können, ehe sie die Welle zurücknimmt.

Der Habicht hat die bequemste Rolle; nur wenige Male überschreitet er mit den Seinen den Platz; gegen zwei Uhr bezieht er das Café hinter dem Campanile: dies ist sein feierlicher Abgang; gegen fünf Uhr tritt er wieder auf in der Bar.

Um so anstrengender ist der Dienst des wahrhaft schönen Mannes: jenes Repräsentanten capresischen Volkstums, dessen Bild auf Millionen Postkarten in alle Welt verstreut ist; man begegnet diesem Anblick ungesuchter Ursprünglichkeit schon bei der Landung, wo die ersten bunten Karten angeboten werden. Man sieht diese Naturgestalt mit wallendem Barte, roter Mütze, breiter roter Leibbinde über blauen Hosen und gelben Socken wieder als Tonfigur in den kleinen Läden; als Aquarell und Ölbild; vor Kakteen und in Kreuzgängen, unter Zitronenbäumen; auf dem Hintergrund ausbrechender Vulkane; drohend, wie eine letzte Mahnung der mit Füßen getretenen Natur vor dem Katastrophenhimmel der Zeit; und dann wieder friedlich, im Rauch der langen Pfeife, vor

einem sanften Sonnenuntergang unter weidenden Ziegen; oben aber, auf der Piazza, steht das leibhaftige Original. Welch eine Überraschung, daß die Postkarten nicht lügen, daß in Capri noch solche Bodenständigkeit zu finden ist.
Die Amerikaner, unter Führung des Reverend, erkennen sofort die unschätzbare, nie wiederkehrende Gelegenheit. Nur wenige Sekunden putzen und richten sie die Augengläser; dann springen sie aus dem Auto. Der wetterharte Seemann, der so unnahbar schien auf den Postkarten, lächelt freundlich; es ist kein Traum: er lebt. Die Kodak ist gerichtet. Schon steht die Gruppe. Arm in Arm halten sie sich umschlungen, die sich vor einer Stunde noch nicht kannten; schon sind sie verbrüdert durch den Anblick unverfälschter Natur. Der Repräsentant des Volkstums steht in der Mitte und läßt behaglich den Rauch aufwölken aus seiner Pfeife; er sieht nun gar nicht mehr furchterregend aus; die Kinder legen sich traulich vor seine Füße. Später ist er auch bereit, Postkarten zu unterschreiben, während die Ladies es sich mit gespreizten Beinen bequem machen auf der Treppe. Schwermütigen Blicks, das Einglas fallen lassend, schätzt der Löwe die Gruppe ab.
Fast träte vor diesem Hauptereignis ein Stillstand ein, führte nicht eben zur guten Stunde ein barfüßiger Junge einen Esel quer über die Piazza. Aber auch dies, wie alles, geschieht nur auf die weise Anordnung des unsichtbaren Regisseurs. Da er die Mitte des Platzes erreicht, brüllt der Esel gewaltig; dreimal setzt er an; dreimal gelingt ihm die Steigerung; es ist, als sei eine Herde Löwen plötzlich unter den Durchgängen hervorgebrochen und auf die Bühne gestürzt; aber dieser Drohung schickt das Grautier einen dreifach gestaffelten herzerschütternden Seufzer nach, als wolle es seine gequälte Seele für immer entlassen. Dieser Schrei war das Stichwort für den Campanile; denn auch die Dinge spielen mit. Er bricht in ein wütendes Geläute aus, daß die Zuschauerinnen der ersten Klasse beleidigten Ausdrucks die Hände vor die feinen Ohren halten.

Die Figuren kommen und gehn. Eine Dame, die sich von ihrem Begleiter herzlich verabschiedete und eilig den Weg in die untere Stadt einschlug, erscheint in neuer Begleitung in dem schmalen Durchgang neben dem Municipio, ruhigen Schritts. Ein bärtiger Herr eilt die Treppe bei der Kirche herab und verschwindet im Posthof. Vielen ist nur eine einzige Gebärde erlaubt, mit der sie alles sagen müssen; so wie oft in einem ganzen Leben nur eine einzige Szene wirklich aus dem Herzen ihres Spielers kam; vielleicht, und dann war dennoch Glück darin, als Entscheidung; vielleicht nur als Episode und Namenszug unter einem Bild von fremder Hand. Und wie der Unbekannte sich überhastete, die Stufe fehlte und dann nahm, scheu dem Gedränge auf dem Platze ausweichen wollte und doch alle Blicke auf sich zog; wie er die Karte ungeschickt in den Kasten steckte und dann erschöpft und ärgerlich zurückkehrte, als sei nun alles entschieden, nichts mehr zu ändern: da spielte er seine Rolle gut. Denn jeder wußte, daß er in ewig sich vergreifender Hast alle Maschen verwirrte im Netz seines Schicksals und mit eigener Stimme die ungewollten Entscheidungen rief.

Türen und Fenster gehen auf; der Habicht mit seinen Begleiterinnen erscheint plötzlich in den offnen Fenstern des Municipios; mit pathetischer Gebärde weist er auf die Piazza, als sei sie sein Königreich. Drüben, auf dem flachen Dache des Klubhauses, promeniert der Löwe, nun in dunklem Anzug. Das fallende Monokel blitzt wie ein Wassertropfen in der Sonne. Und nun wird auch seine Geste deutlich: so sah er durch alle Dinge, bis er sie gelangweilt wegwarf und aus noch größerer Langeweile wieder aufnahm. So geht er Tag für Tag, Stunde um Stunde, auf der Piazza auf und ab, immer wieder denselben Anblick aufnehmend und verwerfend, weil für ihn nichts mehr in den Dingen ist. Alle Dinge sind farbloses Glas; alle Dinge sind leer. – Der schöne Mann stellt sich vorteilhaft in den Abendhimmel; er zählt die Lirestücke der Amerikaner. Und dann, nachdem er einen Tag lang spielte, findet er seine echte Geste: er stützt sich, schleppenden Schrittes, auf seinen Bambusstock. Er ist alt. — »Von Katzenstein«, stellt sich eine deutsche Dame vor, der es gelang, auf der Höhe ihres Haargewirres doch noch einen Hut anzubringen; freilich von antiquarischer Form. »So, Sie schreiben auch? Ich habe viel über Italien geschrieben. Wie ist Ihr Name? Woher kommen Sie? Wo reisen Sie hin? Ach, Sie reisen schon morgen? Wie schade! Ich wollte mit Ihnen zusammensein.« — »C'est très amusant«, sagt eine Französin zur andern. »Where is the marina grande?« fragt schon zum drittenmal eine Amerikanerin einen Italiener. — Warum verfolgen wir noch immer den hübschen Mann mit einem spitzen Zweifel an seiner Intelligenz? Können wir niemals Griechen werden? Diese beiden Italiener, die lachend unter den Zuschauern im Cafézelt sitzen, sind so hübsch. Sie buchstabieren einen deutschen Brief: »Ugo!! Grausamer Mann!! Hast Du noch immer im Sinn, mich umzubringen, oder hast Du mich vergessen?« (Die Worte verraten die Schrift, die Schrift den Menschen: sehr jung, sehr eckig; so zärtlich wie naiv.) — Aber nun, wie am Ende einer Komödie von Molière, erscheint die Gerichtsperson, und zwar an der für diesen höchsten Effekt aufgesparten Stelle. Ein Carabiniero, eine unversehrt erhaltene Gestalt aus Napoleons Zeiten, steigt die kleine Treppe zum Campanile hinauf; Säbel und Silberaufschläge blitzen; der Zweispitz wirft einen breiten Schatten. Er steht oben über den besetzten Fenstern, den Torbogen, den Treppen, dem Stimmengewirr; wie eine Drohung; dann, wie es im Glockenstuhl sich regt, verschwindet er im Haus. — Und die kleine Glocke schlägt; die Klänge springen über die langen gekuppelten Dächer und die engen Straßen hinunter ins Meer, bis die ganze Torheit dieses Daseins wie eine närrisch bemalte gläserne Kugel unter dem Schlag eines silbernen Hammers zerspringt. Und von allen Worten und Schicksalen, täuschenden Eitelkeiten und der geheimen Not haftet nichts an der immer bereiten herrenlosen Kulisse dieses müßigen Lebens.

Capri, 21. Mai 1931

FRANKREICH

Lyon · Vaison la Romaine · Arles · Beauvais
Tours · Rouen

LYON

Unvergeßlich wirst du mir sein, Bellecour, schönster aller Plätze, wo ich ruhen und phantasieren durfte! Deine Kastanien standen frisch, mit kaum noch entfaltetem Laub und doch schon erschlossenen Blüten am Ende der großen Freiheit deines Raumes. In langen, leise zitternden Becken spiegelt sich das Geäst. Aus den Glashäusern der Blumenverkäuferinnen grüßt mit traumhaft geschwungenem Stengel die Kalla, ein Zauberohr, durch das man in die Tiefe der Erde lauschen kann. Die rot und gelb geflammten Tulpen quellen über die Kübel. Ihre Blätter sind übersensibel gezackt, zu fein, um nicht zu verderben, zu schön, als daß man sie beklagen könnte.

Wer würde es heute wagen, einen Platz zu entwerfen wie die Bellecour, und dazu noch auf einer Insel, die eben groß genug ist, um eine kleine Stadt zu tragen. Aber der Platz wurde geschaffen, mochten die Häuser sich ansiedeln, wo sie wollten. Unüberschreitbar liegt dieses Geviert seit Ludwigs des Vierzehnten Zeit inmitten der Stadt. Rücksichtslos räumte man dem freien Raume sein Recht ein. Nun sieht man den Himmel, die wandernden Gestirne, die Hügel und die Kirchen auf ihnen mitten in der Stadt, man vergißt die Jahreszeiten nicht. Immer wieder sind die Bäume bereit, den aus dem Offenen Kommenden aufzunehmen; ihre Reihen entfalten sich breit und nehmen doch nicht ein Drittel des Raumes weg. Die Springbrunnen zerstäuben sanft und bewegen die Spiegelbilder, die in den Teichen ruhen. Auch wenn der Wind nicht geht, so zittern die gespiegelten Äste. Das Grün wölbt sich von oben, von unten, es schließt tief niederhängend den Schatten von der Lichtfülle ab.

Plötzlich lockt der grüne Dämmer aus dem Gedränge der

Straßen heraus. Noch kreischen die Stimmen der Zeitungsverkäufer in den Ohren, noch tanzen die bunten Verkaufstische der Warenhäuser mit ihren Preistafeln vor den Augen, da finden wir vor dem dünnen gebogenen Strahl eines Springbrunnens und den Kreisen, die er auf ein flaches Becken zeichnet, ein reinstes Glück. Der Spiegel, der ruhig die Dinge in sich sammelt und bewahrt, ist endlich doch mehr als die Hast und die lärmende Realität dieser Dinge selbst.

Man wird nicht müde in Lyon. Denn immer wieder spannt sich eine Brücke über einen Strom. Vor der Stadt strömen Rhône und Saône zusammen. Le Rhône, la Saône, diese Vereinigung ist ein Vorgang, den man sich in Frankreich nicht anders denn als Hochzeit vorstellen kann. Es ist groß, wie die beiden Ströme aus weiter Ferne einander zueilen, wie auf der letzten Strecke, die sie trennt, noch eine Stadt Zeit findet, sich zwischen sie zu drängen, und wie sie dann ineinander übergehen, enden, um zugleich umgewandelt wieder zu entstehen. Über der Flut strömt die Luft frisch und rein in die Stadt; man muß über die Bellecour, man muß über die Brükken; immer wieder geben einen die Häuser frei an den Himmel.

Langsam, in breiten Stufen heben sich die Häuserblöcke über die Ufer. Etwas ist an diesem Aufstieg, das an Lissabon erinnert, aber Lyon ist doch noch schwerer, geformter, in größere Blöcke zusammengefaßt. Es ist dem Norden doch noch nah und hat nicht die gelöste Traumhaftigkeit des Südens. Dafür hat es die Alpen im Hintergrund, ist es von Fluten durchströmt, von Grün umlaubt. Im Frühling ist alles grün um die Stadt, und so, in dem Licht, das durch eben entfaltetes Laub fällt, werde ich sie immer sehen.

Hier zeigt die Republik, was sie einsetzt, was sie zu geben hat. Der Eintritt in den großzügigen Park »tête d'or« ist frei, und damit ist auch der Zoo frei, der in diesem Park untergebracht ist. Die Kahnfahrten, das Angeln sind so billig, daß keiner davon ausgeschlossen ist. Immer wieder versichern Schilder und Plakate den concitoyens, daß sie Mitbesitzer dieser Rasenflächen, Blumenhäuser, Türme, Terrassen, Bauwerke sind, daß sie also selbst sie schützen sollen. Und wirklich ist alles in schönster Ordnung.

Aber was ist das alles? In der Kathedrale hat im Ausgang der Renaissance ein alter Meister ein Gleichnis des Weltalls erbaut. Es ist eine astronomische Uhr, eine Spielerei mit allem Tiefsinn des Spiels. Im Dunkel der Bogenhallen, durch die aus alten Fenstern fremde Lichter fallen, tickt leise die Uhr der Welt. Die Sonne sieht aus den schwarzen Kreisen, die Sternbilder lagern sich um das Rad der Zeit, ernst zeigt ein goldener Finger auf den Tag, der endlich, für ein einziges Mal, heraufgekommen ist. Die Scheibe wird sich weiterdrehen; der Finger mag den Tag nicht halten, nur auf ihn weisen und auf das Unwiederbringliche, das mit ihm kommt und geht. Mit zehn Ziffern, zwölf Monatsnamen ist alle Zeit ausgedrückt, die noch ablaufen kann; sie sind eine Unendlichkeit, in die alle Endlichkeit fällt, und sind doch, jede für sich, Ausdruck der Endlichkeit. Monoton tickt die Uhr im Dämmer fort, so scheint die Welt zu laufen, unerschütterlich und schon von Ewigkeit umspielt.

Da nähert sich der Zeiger der Zwölf, und oben in schwindliger Höhe auf der Kuppel des kleinen Renaissancepavillons beginnt ein Hahn zu krähen und mit seinen Flügeln zu schlagen. Er bewegt sich starr und mühsam, als sei er aus einem tiefen Schlaf erwacht und erinnere sich nun, daß er fliegen kann. Da breitet Gott Vater, der über all den Kreisen der Vergänglichkeit thront, segnend die Arme aus; da senkt sich eine weiße Taube zu ihm herab; da tut sich eine Tür auf, und ein Engel erscheint vor Maria; da dreht sich in einer tieferen Region ein anderer Engel auf seinem Postament und schlägt mit einem Stocke den Takt zu einer aufklingenden Melodie. Die Töne sind ganz einfach und naiv und doch so, daß man sie immer wieder hören möchte in unendlicher Wiederholung, so wie man den Tag, der eben auf seiner Höhe steht und anfängt zu verblassen, bitten möchte, immer wiederzukehren. Es ist das Lied von der Zeit, das ganz klar und rein erklingt und mit ein paar Tönen uns hoffnungslos macht. Die kleinen Türen schließen sich, die Taube entschwindet, der Engel steht wieder starr; einmal am Mittag, im Brennpunkt der Vergänglichkeit, wird die Gottheit offenbar. Wenn der Schein der Ewigkeit verlöscht und der Glockenschlag der Vergänglichkeit den ewigen Fortgang unterbricht, erklingt die Welt. Sie ist ganz sichtbar mit ihren Geheimnissen, er selbst hebt die Arme, der ihre Räder stellte, aber dies alles geschieht für den Sterblichen; in der Sekunde, die uns überzeugt, daß wir enden werden, während die unermüdlichen Zahlen sich wieder neu vereinigen und gruppieren und das Rad sich spielend unter dem ewig mahnenden Finger dreht.

Viele Kirchen stehen noch wartend in Lyon. Unter ihnen die schönste ist St. Martin d'Ainay, die unter steigenden und fallenden Dächern noch etwas vom Dämmer früher Zeit bewahrt. Dort ist, um die Reinheit der Wölbung nicht zu stören, der Kronleuchter unter der alten Kuppel an mächtige, an den Seitenwänden befestigte Kettenstränge geknüpft, ein erdrückendes Gewicht, das frei unter seinem Himmel schwebt. Aber der Schatten unter den Kastanien auf der Bellecour wird nun tiefer, ich will sein Dunkelwerden genießen und noch einmal die Freiheit zwischen den Häusern fühlen. Indessen tickt die alte Weltuhr in der ganz verfinsterten Kirche drüben über dem Strome weiter. Mitten zwischen die Menschen tritt die Zeit und reißt sie auseinander, ob sie sich auch halten. Stehen zwei, die sich lieben, ein paar Schritt weit getrennt auf dem Rad, so werden die Arme, die sie ausstrecken, nichts vermögen, bald können sie sich auch mit den Augen nicht mehr halten: sie müssen auseinander, und wenn dann die Stunde schlägt und die Welt ertönt, so werden sie sich und die Welt begreifen im Augenblick, da sie sich verlieren. Der Glockenschlag der Vergänglichkeit ist die Offenbarung. Arles, 30. April 1930

VAISON LA ROMAINE

Wie ein Schiff auf einem kühn sich auftürmenden Wellenberg stand das Schloß der Grafen von Toulouse über Vaison la Romaine. Der Felsenteller, der es trägt, ragt schräg aus der Erde heraus; nur von der Stadtseite über den grauen Steinrücken konnte das Schloß betreten werden. So wie dieses Schloß auf seinem gewölbten Fundamente sitzt, stellten die Maler der alten Zeit in ihren Chroniken ein Schiff im Sturme dar: noch ist es getragen, aber im nächsten Augenblick kann es in der Tiefe, die vor ihm, ja schon unter ihm gähnt, zerschmettern. Denn es ist ja nur ein kühner, aus dem Element herausragender, von diesem unsichern Element selbst gebildeter Zacken, der es trägt.

Das Schloß ist zerschmettert und mit ihm die Stadt, die es schützte. Niemand findet den Weg hinauf, und es wird niemand erwartet. Den Häusern fehlen die Dächer, Flieder wächst aus den Fenstern heraus, unter einem Haufen von Schutt öffnet sich ein Keller. Müde quält sich die Straße aus buckligen Steinen fort, vorbei an einstmals festlichen Portalen. Die Kapitäle sind verwischt, die Rinnen in den Säulen wieder ausgeglichen. Kein Kopf, keine Figur ragt mehr hervor: Wind, Regen, Verfall gleichen alles aus.

Aber es lebt doch noch, tief unter Trümmern. Durch die Ruinenstadt geht der Briefträger; er hat die Tasche, in der die Briefe sortiert liegen, aufgeklappt vor sich hängen, bleibt stehen, klopft an den morschen Toren, ruft, geht wieder weiter. Hände greifen heraus und empfangen die beschriebenen Blätter; dann drehen sich die schweren, reichen geschnitzten Türen, denen oft schon das untere Drittel fehlt, widerspenstig wieder zu. Wer empfängt diese Briefe? Kommt an die Toten noch Botschaft?

Der Himmel ist grau; in weitester Ferne streifen die spitzen Berge an tiefziehende Wolken. Alle Straßen sind offen und leer. Vielleicht geschieht es nur in Wochen, daß ein Fremder durch diese Ruinen geht, vielleicht noch seltener, und da sonst doch immer das gleiche Elend vor den Fenstern liegt und nur noch mehr Steine und Ziegel niederbröckeln, so mag man auch nach dem einen Fremden nicht mehr sehn. Hier hat es keinen Sinn, wartend am Fenster, an der Türe zu stehen, auf ein Klingelzeichen, etwas Außerordentliches zu hoffen, das doch einmal bestimmt geschehen muß, um das Dasein von Grund aus zu wandeln: hier wird sich in Ewigkeit nichts anderes ereignen als fortschreitender Verfall.

Denn diese uralte Stadt steht auf verlorenem Posten. Niemand wird sich mehr die Mühe nehmen, auf diesen Berg zu steigen, um gesichert zu wohnen; niemand gibt auch nur einen Pfennig dafür, daß der mächtige Graf von Toulouse da oben sein Schloß hatte. Man braucht keine Schlösser und keine Berge mehr; lieber wohnt man unten in der Ebene, wo die Städte sich chaotisch erstrecken, ohne Grenzen, ohne Form. »Maison à vendre«, die Tafeln, die immer und immer wieder dies verkünden, scheinen selbst schon uralt zu sein. Niemand wird diese Häuser kaufen, und so werden auch sie verfallen, werden ihre Dächer einstürzen und die schönen vollen Bogen der Portale zerbrechen.

Niemals mehr wird das Leben wieder diesen Felsen überspülen; er ist zu hoch und läßt sich nicht mehr zurückgewinnen. Hier stirbt noch immer das Mittelalter, das schon seit Jahrhunderten stirbt und Formen schuf, die vielleicht Jahrtausende der Verwesung brauchen, um ganz zu verschwinden. Wozu hier bauen, aufräumen, den Schutt wegschaffen, die Straßen in Ordnung bringen? Diese Stadt gehört dem Tode der alten Zeit. Und die Menschen, die hier wohnen, haben das Schicksal, mit ihrem ganzen Leben diesem Tode verfallen zu sein.

Es ist Mittag, eine Frau schließt die Kirche auf, um zu läuten. Noch ist es ein vollkommener gotischer Raum. Wie eine Frucht von einer organisch gebildeten Kapsel ist der Hochaltar vom Chorgewölbe umschlossen. Aber die Altarstufen

VAISON LA ROMAINE 313

sind verunreinigt; durch das bunte Fenster darüber drängen sich erstorbene Ranken und Äste; vollkommen zerfetzt hängen die roten Vorhänge über halboffenen, zersplitterten Läden. Ein Baldachin hat nichts mehr zu beschützen, weil der Stuhl fehlt, der unter ihm stand; die Wandbekleidung ist abgeschlagen, so daß der Fels wieder hervorsieht. Zerfressene Teppiche liegen in den Nischen; von den Kreuzwegbildern weht die Leinwand herab. Noch liegt ein aufgeschlagenes Meßbuch auf dem Altar, aber man liest hier keine Messe mehr. Nur wenn jemand stirbt in der oberen Stadt, so spricht man hier die Totengebete. Den Toten gehört das alles; die Lebenden, die sich auf diesem Felsen halten, haben kein anderes Amt, als zu klagen, zu bestatten, zu sterben. Alles, was hier noch existiert, soll hinübergehen in die Auflösung, in das Nicht-mehr-Sein.

Dünn schallt das Geläut über die Dächer: wieder ist ein Mittag da, ist die Höhe eines Tages erreicht. Wieder ist die Stadt ihrem Ende näher. Jeden Tag löschen Spuren aus. Von den Kapitälen rinnt wieder der Staub, vom Torbogen fiel ein Stein, der Regen der vergangenen Nacht spülte ein paar Ziegel fort. Einmal wird der Kalk auf diesen Bänken liegenbleiben, weil man den letzten Toten aus der alten Stadt hinaustrug und niemand mehr kommen wird, um zu beten. Einmal zeigt die Glocke den Mittag nicht mehr an, weil das Ende da ist und die Zeit nicht mehr gilt.

Dann wird immer noch etwas von dem Schloß übrig sein, mag auch der Efeu noch so ungestüm an seinen Mauern rütteln. Es wird von seinem gefährlichen Felsen nicht lassen. Allen Stürmen offen steht es da; drüben leuchtet der Schnee von der Chaîne des Alpines, eilig wellen sich die Berge der Provence; das ganze Gebiet der verlorenen Herrschaft unter ihnen blüht. Davor, im Boden, tun sich unter gelben Blüten Höhlen und Keller auf; der Schritt geht unsicher über die Gewölbe der alten Zeit, die immer einzustürzen bereit sind. Auch hier ist keine Hoffnung, aber dieser Tod wird fortdauern, wenn auch von dem Leben, das uns umgibt, keine Spur mehr zu finden sein wird. Die Dauer der Auflösung ist die letzte Probe auf die Kraft, die erschuf. Avignon, 29. April 1930

ARLES

Das Zimmer ist hell und liegt schon über den Dächern. Drei oben gerundete Fenster, die vom Fußboden bis zur Decke reichen, öffnen sich gegen die Stadt. Im Rahmen des einen steht der Rathausturm mit seinem fahnengekrönten Pavillon und der graue stumme Turm von St. Trophime. Das Zimmer wäre wie eine Laterne, hätte man das vierte Fenster nicht vermauert. Bis in die Höhe der Geländer reichen die frischen Platanenwipfel; wenn der Wind über sie streift, so entsteht ein Geräusch, als ob ein leichter Regen niederginge. Aber der Himmel ist fast immer hell; nur manchmal zieht ein flüchtiges Gewitter hinter dem luftigen Steinpavillon herauf.
Arles ist ein Trümmerhaufen, durch den eine breite beschattete Avenida führt, in dem man noch ein paar Plätze notdürftig von festen Häusern umschlossen hat. Hier wurde Rom in gewaltigen Bauten von der Zeit besiegt; wer kann es späteren Jahrhunderten und gar dem unsern verübeln, wenn sie sich hier nicht schützen können gegen den Verfall!
Auch aus Trümmern können noch einmal Trümmer werden; auch aus den Häusern der Verstorbenen werden noch Ruinen. »Dios mio, que solos se quedan los muertos!« rief Bécquer erschreckt aus, der so jung starb. Aber die Toten sehen den Verfall ihrer Häuser nicht mehr an – sie sind längst entschwunden – und sind vielleicht nicht mehr allein. Wenn aber ein Lebender unten in den Alyscamps, die im Mittelalter der berühmteste Friedhof von Europa waren und heute zusammengeschmolzen sind zu einer einzigen Doppelreihe leerer Steinsärge, auf einem solchen Sarkophagdeckel sitzt und den

Schatten der Pappeln unendlich langsam und doch rastlos die Allee hinabwandern sieht, so ist er wirklich allein. Ich saß dort in der Kapelle auf einem Kindersarg, der aus dem ersten Jahrhundert stammen soll. Er war leer und offen wie alle Särge hier, aber daneben in einem Bleisarg lagen ein paar Knochen. Ich nahm sie in die Hand, sie waren nicht schwerer als dünnes Holz. Mein Gott, Bécquer, du längst schon Vergangener, wie leicht ist der Tod!
So schwer diese Deckel sind, die über den Toten lagen – oft sind es ganze Felsbrocken, die man kaum in Form zu bringen vermochte –, den Lebenden waren sie nicht zu schwer. Denn zu leben ist härter, als zu sterben; man muß hundertmal dem Tod entgegentreten, ihn anblicken, packen und überwinden; dort, dieses eine Mal auf den weißen feuchten Kissen darf man sich ihm ergeben. Niemals vorher, und wenn man rauben und Verbrechen begehen müßte, auch dann noch nicht. Leben ist viel härter, als zu sterben; wenn die Not oder die Gier nach dem Leben es wollen, so muß man Heiligtümer schänden, Friedhoftore zerschmettern und die schweren Steinplatten niederwerfen, unter denen die Toten sicher zu sein glaubten. Noch ist die Zeit nicht da, da man das Gold unter die Erde versenken, Perlen und blitzende Steine in kalte Hände legen darf, die nicht mehr greifen können. Alles, was des Begehrens wert ist, muß wieder herauf in den Tanz der Leidenschaften; es muß locken, reizen, verderben, das Leben in seiner ganzen Wildheit zur Entfaltung bringen, bis das Leben endlich tödlich über die alten Steine stürzt. Was für ein törichter Irrtum derer, die in der römischen Zeit, unter den Karolingern oder während der Kreuzzüge starben, daß nun der große Feiertag gekommen sei und sie die Schätze, um die sie sich ein Leben lang quälten, mit hinunternehmen durften. Als ob andere sich nicht wieder um diese Perlen, um dieses Gold quälen müßten und wollten! Hatten doch nicht einmal ihre Gebeine das Recht, sich in Blei und Stein zu legen und der Erde zu entziehen. Denn die Erde brauchte sie wieder. Heute

ist keiner mehr von den Tausenden und Hunderttausenden, die sich im Lauf von anderthalb Jahrtausenden auf den Alyscamps in festverschlossene Schreine legen ließen, an seinem Platz. Sie kreisen durch die Erde, die Luft, das Wasser; noch ist kein Feiertag.

Wenn aber eine von den geraubten Perlen oder eine goldene Kette aus dem Grabe heraus durch schmutzige Räuberfinger endlich einmal in die Hand eines Liebenden gelangte und als Geschenk zum letzten Zeichen der Hingabe und Treue wurde; oder wenn eine solche Kostbarkeit auf den Tisch eines andern geriet, der sie verzichtend beiseite schob und damit einen Schritt mehr zu sich selber machte; wenn sie einmal am Hals einer Frau einen Künstler hinriß zu einem Gleichnis: hatten dann jene Räuber, sosehr sie sich verirrten, nicht recht? Die Schuld ist notwendig; und doch sollte sie keiner begehen. Hinter dem Widerspruch, den niemand löst, steigt die Tragik herauf. Sie bewegt die, die sie nicht fürchten, zum unwiderruflichen Ja an die Welt.

Nun warten die letzten Särge, die sinnlos wären, wenn sie nicht zum Gleichnis werden könnten, zusammengedrängt in eine kurze Reihe auf dem Weg zur Kirche St. Honorat, auf ihre nächste Verwandlung. Einige unter ihnen sind sehr breit und im Innern der Länge nach durch eine Steinwand geteilt: hier glaubten Mann und Weib, durch den Stein getrennt und doch verbunden, rein und friedlich schlafen zu können, bis die Posaunen erschallten. Inzwischen sind aus ihren Knochen vielleicht schon oft wieder Mann und Weib geworden, ohne daß diesen oder den früheren die Posaune tönte. Im Stoff liegt der nicht zu ertötende Reiz, der schafft und teilt.

Dies ist das Furchtbare an den Alyscamps, daß hier eine auf das Höchste gerichtete, sicher gegründete Hoffnung verwelkte und endlich vergessen wurde. Die Alyscamps waren eines der größten Heiligtümer des Mittelalters: Christus selbst sollte hier erschienen sein, auf dem Boden gekniet und seine Spur zurückgelassen haben. Auch die Apostel segneten diese Erde.

Hier auch wurden die Helden bestattet, die im Tal von Ronceval im Kampf gegen die Mauren fielen. Wer sich hier begraben ließ, der durfte die sichere Hoffnung haben, ja es war ihm gleichsam schon versprochen, daß er in die Seligkeit eingehen werde. Wer es irgend konnte, der suchte sich seinen letzten Ruheplatz auf den Alyscamps von Arles, in geheiligter Erde.

Die Rhône herab ließ man die Särge treiben, ohne Führer; denn die Toten finden ihren Weg. Was für eine stille Fahrt muß es gewesen sein, wenn die schwarzen Kähne den breiten Strom hinabglitten, den umbüschten Ufern folgten oder von der vollen Strömung sich fortreißen ließen! Wenn sie unter den Brückenpfeilern von Avignon hinschossen, unter jener Brücke, wo man tanzte; oder wenn sie bei Nacht an die Pfeiler pochten, daß die Wache oben auf dem Turm Philipps des Schönen sie hören mußte! Mancher rastete vielleicht einen Tag unter einer Weide vor der Stadt; es galt keine Eile, und das Ziel war nicht zu verfehlen. Andere, deren stumme Fahrgäste als Freunde oder Feinde sich im Leben gekreuzt hatten, stießen vielleicht aneinander an einer einsamen Stelle ihres Weges, um sich noch ein letztes Zeichen zu geben und jenes einzige Wort der Feindschaft, der Liebe oder der Versöhnung zu sprechen, das uns niemals erlaubt wird, solange wir leben. Vielleicht fanden sich auch ein paar aus verschiedenen Ländern zusammen, deren Insassen niemals etwas miteinander zu tun hatten und sich auf der großen einzigen Straße recht gut verstanden. Die Schweren, mit Gold und gestickten Stoffen Bepackten kamen nun schneller voran als die Leichten, weil ihr Gewicht sie hinuntertrieb. Und vielleicht hat einer, der sein Leben lang nur auf dem breiten Stuhl seiner Pfründe saß, so manchen Tänzer und Botenreiter überholt, die sich von jedem niederhängenden Aste wieder abhalten ließen. Die Berge der Provence schwebten in langem, bewegtem Zuge vorüber, die Türme von Montfaucon und das schweigsame, an Fenstern arme Schloß des Königs René in Tarascon; der Mohn glühte, und die Lilien leuchteten dunkel aus seinem hellen Feuer. Abends schimmerte der Schnee auf den kahlen Hängen der Chaîne des Alpines hell auf und lockte noch schneller hinunter; morgens verkündete der viereckige Turm des Forums von Arles schon das erreichte Ziel. Sie stießen sanft an einer Strombiegung ans Land; man hob sie auf und trug sie hinüber in die weiße, schimmernde Totenstadt, in der von all den verschiedenen Sprachen keine mehr galt, nur noch das Schweigen. Pilger gehen durch die Gräberreihen und knien in den Kapellen; sie kommen von Rom, sie gehen nach Rom. Sie wallen zum Grab des heiligen Jakobus nach Santiago de Compostela in Nordspanien und kommen elend, krank, schmutzig, aber durchglüht und unbesiegbar wieder zurück. Jeder findet eine Grabschrift in der Sprache seines Landes, jeder einen Namen, den er kennt. Auf dem Grabfeld eines Jahrtausends hat sich Jesus geoffenbart. Unter Gräbern, im Sammelpunkt der Vergänglichkeit, wird die Ewigkeit am heftigsten verlangt, ist sie wirklich am nächsten.

Aber man vergißt das alles. In der Renaissance, da die religiöse Welle zum erstenmal tief und plötzlich sank, fängt man an, nach den Schätzen zu suchen, nicht mehr das Grabmal, sondern das Kunstwerk zu sehen. Man verschleppt, plündert, erbricht; jeder, der durch Arles kommt, nimmt etwas mit. Die Totenstadt hat keinen Hüter mehr. Endlich zerstören sie die Bahnschienen und Kanäle des neunzehnten Jahrhunderts vollkommen.

Und doch kniete hier Christus, erschienen hier die Apostel, birgt diese Erde den Staub der heiligen Kämpfer aus dem Tal von Ronceval! Man sah die Stelle, wo Christi Knie sich eindrückte in den Boden, die Heiligkeit des Ortes war verbürgt, und nun will man das nicht mehr sehen, will nichts mehr von all diesen Verheißungen wissen! Was ist nun aus der Hoffnung dieser unzähligen Toten geworden, die sich hier fest umschlossen in die Erde legen ließen, um am großen Tage gewappnet zu sein und Christus selbst zu erblicken? Ist er erschienen? Ist er es nicht? Wenn er erschienen ist, wie konnte man das so völlig mißachten, daß man wagte, den heiligen Boden zu verwüsten, nicht eine Kapelle unversehrt zu lassen, in der man ihn noch verehren könnte! Ist er aber nicht erschienen, worauf hoffte man dann, als man die Särge der Rhône übergab, aus allen Teilen Europas staubig und elend pilgerte auf die Alyscamps bei Arles?

Diese Särge sind die Trümmer eines Glaubens, die Trümmer der großen christlichen Zeit. Die Epoche der Wunder war vorbei, als man sie zerschlug. Furchtbarer als der Untergang von Menschen und ihren letzten Spuren ist dieses Ende eines Glaubens. Endlich kommt eine Zeit, wo die Götter vergeblich erschienen sind, und auch die einstmals heiligsten Orte nichts mehr von ihnen wissen. Der Sarg steht ohne Gebein; die Kirche steht ohne Gott; der Tod muß erlitten werden ohne Hoffnung.

Auf den Alyscamps spiegelt sich das Schicksal des Christentums von seinem Anfang bis zu seinem Gipfel und seiner Zersplitterung und mit der ganzen Tragik seiner Grundlagen. Es beginnt in Höhlen, in tiefen, fensterlosen Kapellen; es wölbt endlich Hallen und feierliche Portale; vom dumpfen Gebet wird es zum hallenden Pilgergesang und Glockendröhnen; von einem Geheimnis, das man verschweigen mußte, wird es zum Weltdogma, dessen geringste Verletzung tödlich bestraft wird. Dann aber gehen seine Verheißungen, seine Kräfte langsam verloren, wie das Wasser eines Sees, in dessen Grund sich ein Abfluß gebildet hat. Auf eine rätselhafte, aber unaufhaltsame Weise entschwinden den Menschen die christlichen Werte. Hinter St. Trophime, wo am Portal das christliche Weltgefühl seinen mächtigsten und geschlossensten Ausdruck fand, stehen die Bogen des römischen Forums; sie dienten als Festungen, sie beherbergten Häuser, aber sie ließen sich nicht zerstören. Heute, im Zeitalter tatenloser Gerechtigkeit, behaupten sie sich gleichbewundert und gleichberechtigt zwischen Klöstern und Kirchen. Was die in Not und Jammer durch Europa getriebenen Pilgerzüge glaubten, hat sich nicht erfüllt; was die Sterbenden eines Jahrtausends erwarteten, kam nicht. Wenn die Sonne auf den zerschmetterten Grabsteinen liegt, spielen Eidechsen in den Ritzen; drunten, in der Krypta von St. Honorat hausen die Frösche. Nachts, wenn der Mond ganz dünn hinter den Pappeln steht, schimmern die Steine grau an der Straße gänzlicher Hoffnungslosigkeit, die uns zu gehen bestimmt ist. In einem einzigen kurzen Ton, den sie unzählige Male wiederholen, rufen und antworten sich die Nachtvögel; es ist wenig mehr zu sagen von der Welt; vom Diesseits nichts und vom Jenseits nichts.

Mit der Geschichte der Alyscamps ließe sich alles ausdrücken, was im Christentum trieb, siegte, verlor. Denn das wichtigste aller Bauwerke ist das Grab, weil es, an der äußersten Grenze stehend, schon den Widerschein der Ewigkeit und ihrer Rätsel auf seinen Steinen trägt. Das Haus zeigt Leben und Zeit an, das Grab die Ewigkeit. Noch größer aber als das Schicksal von Geschlechtern und Nationen ist das Schicksal eines Glaubens, weil von ihm die Geschlechter und Nationen getragen werden. Der Friedhof, wo Christus erschien, wurde zerstört; wir müssen bereit sein, ohne Verheißung zu sterben.

Was aber geschieht mit jenen, die in Sicherheit starben und nun, wie wir glauben, doch nicht gerufen werden? Ihre Gebeine würden sich nicht mehr zusammenfinden, auch wenn die Posaune schallte. Ihre Erwartung ist leer wie ihr Sarg, der schon heute ihren Glauben überdauerte und doch auch morgen nicht mehr sein wird.

Bald müssen wir einsehen, daß es kein Land gibt, das wir tragisch nennen können, weil jedes Land diese Bezeichnung verlangt. Für eine gewisse Tiefe des Blicks enthüllt sich in jedem Ereignis das tragische Gesetz. In allem Wachstum liegt die Notwendigkeit der Vernichtung; beide Kräfte entwickeln sich zugleich, entwickeln sich aneinander. Je größer und breiter der Baum wird, um so sicherer wird er fallen. So fällt der

Mensch, so fällt der Glaube der Menschen. Was treibt, das stürzt; und es treibt, weil es stürzt.

In dem Felsenberge, den man heute Montmajour nennt, grub sich ein Einsiedler eine Höhle. Er hatte nicht viel mehr Platz, als daß er sich umdrehen, vielleicht auch einmal ausstrecken konnte. Das Licht floß ihm zu durch einen Spalt, der kaum so breit war wie eine Hand. In die Felsendecke hatte er sich noch ein Loch gehöhlt, wo er schlief oder wohin er sich flüchtete, wenn er verfolgt wurde. In diesen Raum führte ein noch viel schmalerer zweiter, den die ersten Christen der Gegend betraten, wenn sie beichten wollten. Sie konnten sich gerade auf einen eingehauenen Felsenstuhl setzen, drüben in seinem Wohnraum saß der Eremit und hörte sie durch ein Loch im Felsen an. Neben dem Sitz des Beichtenden konnte ein Öllämpchen in eine ausgemeißelte Nische gestellt werden. Davor, am eigentlichen Eingang in den Fels, schaukelte ein Boot; denn der Fels ragte als eine Insel aus sumpfigen Gewässern auf. Die Felsenlöcher, die noch kein Raum waren, sondern nur ein Unterschlupf, in dem man zur Not existieren und sich schützen konnte, waren der Keim der gewaltigen Abtei von Montmajour. Unwiderstehlich trieb er fort. Bald schloß sich eine Kapelle an die Einsiedelei, deren Decke noch von ausgehöhltem Fels gebildet wurde, aus deren Seitenwänden aber schon Säulen und Kapitäle heraustraten. Noch setzte man sich auf ein ausgehauenes Steinsims, das an den Seitenwänden hinlief. Aber der Anfang zum Raum war gemacht. Der gehöhlte Fels, den man kaum bemerkte, genügte nicht mehr. Das Christentum wollte und konnte sich nicht verbergen. Nun besetzt es die Höhe des Felsens selbst, und fast ein Jahrtausend lang wachsen die Kirchen und Kapellen, die Kreuzgänge, Wälle, Schlösser, Türme in allen Formen und Verwandlungen, die sich das wechselnde Lebensgefühl erschuf, empor. Endlich leitet man auch die Sümpfe ab, kultiviert den Boden; dort, wo früher die rohe Barke des Einsiedlers dahinglitt, zwischen dem langgestreckten, steinigen Sarazenenberg und dem

Fels, gedeiht das Korn. Montmajour ist Montmajeur, der mächtigste Berg.

Da tritt, vom Idealismus gepredigt, vom Enthusiasmus reißend schnell fortgetragen, von der Zerstörungswut ins Werk gesetzt, das Dogma der Ernüchterung mit der Französischen Revolution seine Herrschaft an. Montmajour ist zu gewaltig geworden, als daß es nicht fallen sollte. Nur der Turm widersteht, vom Wohnbau bleibt ein Teil der Fassade, die Kirche wird völlig ausgeraubt. Aus dem Refektorium wird ein Schafstall; wie aus einem Steinbruch schleppt man die Quader fort, um jene häßlichen Häuser und Brücken zu bauen, die von einem einzigen Bogen in der alten Abtei beschämt werden. Doch jenes Felsenloch, das der Einsiedler sich aushöhlte, ehe noch eine Säule stand, ist heute wie damals. Es ist wie eine Samenkapsel, die zurückbleibt, nachdem der Halm aufgeschossen und wieder verwelkt ist; nie mehr wird etwas aus ihr treiben. Die Größe, zu der die Abtei sich entwickeln mußte, hat sie auch wieder gestürzt. An dem Felsenloch war nichts zu zerstören; aber einmal enthielt es die Kraft des Glaubens, dessen Bauwerke rätselhaft aus der Erde brachen wie Ähren aus verstecktem Korn.

Der Stein will weiter in andere Hände; niemand hat ein Recht, ihn für die Ewigkeit zu fügen, und jeder muß es doch wollen. Die Welt ist Ausdruck. Alle ihre Elemente dienen der Form, und keine Form darf bestehen. Hat sich der Stein verbunden, so wird er sich auch wieder lösen. Unsere Aufgabe ist es, ihn zu binden. Andere Kräfte wieder machen ihn frei. Wir müssen, wenn wir Vollender sein wollen, an die Ewigkeit glauben, wie die Toten von Alyscamps, wie die Mönche von Montmajour, auch wenn die Welt diesem Glauben unausgesetzt widerspricht.

Auf dem letzten Felsenhügel, der nun zum wilden, phantastischen Garten wurde, sind die Trümmer der Mauern und Terrassen schon fast ganz überwuchert. Im Bogen eines üppigen, niederhängenden Zweiges steht noch der Bellefroi; über den

Pinien und Oliven schimmern die leeren Fensterbogen, aber das ist schon sehr fern. Hier glüht der Stein. Der Ginster steigt in goldenen Fontänen auf; Lilien stehen stumm; große violette Sterne tanzen über dem stumpfen Grün ihres Blätterwerks. Unter dem undurchdringlichen Gerank hasten die Kaninchen über polternde Steine. Der Sommer kommt, das Jahr rollt; die wilden Feigen werden voll und platzen bald auf. In der Ebene, hinter den hohen grellgelben Wiesen liegt Arles. Deutlich wie alles Jenseitige in einer so wunderbaren Stunde ragt der Turm von St. Trophime ins Licht. Ich sehe ihn vor mir, wie ich ihn manchmal von meinem Fenster aus sehe. Geisterhaft hell ist der Stein, tiefdunkel sind die leeren Bogen. Er ist wie ein Wartturm der Toten. Von seiner Höhe, aus dem Schatten der Fenster sehen sie nach den Heeren, die ihnen den Fluß hinab entgegenwallen, wie damals, als man noch daran glaubte, daß Christus gekniet habe auf den Alyscamps. Einmal hatte der Kaiser Konstantin in Arles seinen Palast; einmal war Arles Königreich und gebot vom Rhein über die Saône, Rhône und die Alpen bis zum Mittelmeer, dann wieder war es Republik. Tausend Schiffe treiben auf dem Strom, nicht eines wird sein Ziel verfehlen. Wenn sie angekommen sind, bedarf es keines Signals. Nichts ist selbstverständlicher, als daß sie ankommen werden. Man errichtet Brücken und läßt sie wieder einstürzen, baut Häuser und reißt sie wieder nieder. Die Stadt wird sich noch oft verwandeln, aber in ihrer Mitte steht der Wartturm, der ihre ganze Vergangenheit sammelnd übersieht. Das Gewesene wächst ungeheuer an. Zeitlos scheint der Turm von St. Trophime; er ist die oberste Stufe der Sichtbarkeit, zu der die Stadt aufsteigt, von der sie hinüberfließt. An der Schwelle seiner Bogenfenster beginnt das Grenzenlose, zu dem alle Häuser, Landschaften, Formen und Gestalten fortgedrängt werden. Arles, 3. Mai 1930

BEAUVAIS

Über den niederen Dächern von Beauvais schwebt die Kathedrale, vom Morgenlichte umleuchtet, wie ein Traumbild, das sich auf die Erde herabgesenkt hat und sich wieder lösen wird; nicht der flache Hügel, auf dem sie steht, läßt sie so groß und fern erscheinen; sie hat ihr eigenes Maß und scheint von einem fremden Geschlechte erbaut worden zu sein, das vor langer Zeit vorübergewandert ist und sich in den Zeiten verlor. Tief unter ihr steht das wuchtige Tor der Bischofsburg mit ihren kegelförmigen Turmhelmen und dahinter das von Wipfeln umdrängte gotische Schloß in seinem Park; und auch der stumpfe, absonderliche Turm von St. Étienne reicht nicht zu ihrer Höhe und Größe hinauf; in Unscheinbarem verlieren sich die schmalen, unruhigen Dächer der alten Stadt und die leicht bewaldeten Hügel, die sie umkränzen. Die Kathedrale ist freilich nur ein Anfang, ein Chor, den das Querschiff abriegelt; nie wurden Längsschiff und Seitenschiffe gewölbt, und nur für wenige Jahre und schon in einem fremden Jahrhundert, als es im Grunde zu spät war für den großen Raum des Gebetes, stieg der Tempel empor; er erreichte eine wunderbare Höhe, doch bald stürzte er wieder ein; zu Anfang des 17. Jahrhunderts, nachdem die Stadt so beharrlich ihrem Traume und Plane, die edelste und größte Kathedrale Frankreichs zu errichten, nachgehangen hatte, mußte sie sich endlich entschließen, das Querschiff zu vermauern und die Kathedrale für alle Zeiten unvollendet zu lassen.

Niemand vermag vielleicht zu ahnen, was die kleine Stadt gewollt und erträumt hat mit ihrer Kathedrale und was sie erlitten hat für sie. Schon in der glücklichsten Bauzeit des 13. Jahrhunderts brachen die überkühnen Gewölbe ein; erst rasch, dann immer langsamer wuchs das Riesenwerk fort, fast durch das ganze 14. Jahrhundert schleppte die Vollendung des Chores sich hin; als man endlich Hand an die Vierung legte, da war es sehr spät geworden; eben hatte das 16. Jahrhundert begonnen; die Zeit hatte sich im geheimen gewendet, wenngleich die Bauleute das noch nicht spüren mochten; und noch waren die nördliche und südliche Fassade nicht errichtet. So blieben die eigensinnigen Bauleute von Beauvais Gotiker, wie ja auch in der Hauptstadt Frankreichs inmitten einer feindlichen Umwelt noch lange Gotiker lebten und bauten. Endlich behielt das trotzige, von Zwillingstürmen beschützte Tor der Bischofsburg recht; es hätte fallen müssen, wenn das Längsschiff gebaut worden wäre; aber es bewegte sich nicht vom Platze und sah gelassen der Arbeit an der unvollendbaren Kathedrale zu. Und auch die kleine uralte Kirche zu Füßen der Kathedrale, die, zur kränkenden Unterscheidung von dem über ihr sich emportürmenden Werke, Basse Œuvre genannt wurde, sollte recht behalten und ihren Platz behaupten. Sie war einst würdig befunden worden, zwei Konzilien in ihren Mauern aufzunehmen; unter ihrem Dache betete der heilige Bernhard von Clairvaux, der unter dem Undank der Welt das Amt eines Friedensstifters versah, und der ruhmvolle Abt Suger von St. Denis, der Papst Calixt II. und Innozenz II., der einem langen und wenig glücklichen Kampf gegen den düstern Anaklet entgegenging. Die uralte Basilika hatte viel Weisheit und Erfahrung vor der gotischen Kathedrale voraus; sie strebte nicht in den Himmel empor, sondern begnügte sich mit starken Mauern, das Gebet der Frommen zu schützen, und so wird noch heute gebetet in ihr wie vor mehr denn 1000 Jahren. Sie sah das große Werk beginnen; sie sah es ein Ende nehmen; die Kathedrale glaubte, Jahrhunderte in Anspruch nehmen zu dürfen, und verstand sich somit nicht auf den Wandel der Zeit und nicht der Menschenkraft, die unaufhaltsame Gewalt der Geschichte, der nicht das Werk von Menschenhand, sondern allein das vom Herrn in die Zeitlichkeit eingesenkte Ewige: das Kreuz über den Menschen und im Menschen, widersteht.

Aber ist nicht die Kathedrale von Beauvais, eben weil sie nicht vollendet wurde, die Sprecherin der Zeit, da ein heiliger König das Volk lenkte und die höchste und reinste, von oben befeuerte Kraft des Volkes der Verherrlichung des Heiligen diente? Was jene Menschen wirklich erfüllte und antrieb, das Gebet, das über dem Äußersten und Reinsten immer noch ein Reineres, Höheres ahnte, einen Raum, der noch weiter hinaufreichte, eine Verehrung, die des Herrn noch würdiger war, ein Licht, das mit noch wunderbarerem Scheine das Irdische verklärte; dieses innere Leben und Beten konnte endlich nur seinen Ausdruck finden im Unvollendeten und Unvollendbaren, im Anstimmen einer Melodie, die sich im Grenzenlosen verlor, so klar und vollkommen auch ihre ersten Takte waren. Und ist nicht das von doppeltem Streben gestützte Traumgefüge der Kathedrale einer Orgel gleich, die hoch über der Stadt, zwischen der Erde und dem Himmel, errichtet wurde und von unhörbaren Stimmen tönt? Sie sendet ein Lied hinauf, das der Herr allein vernehmen mag; das Licht spielt auf ihr, wenn es am frühen Morgen sich über die Ebene, ihre gewundenen Flüsse, die Laubwälder und mit Schlössern geschmückten Hügel ergießt; die dunklen, vielgestaltigen Dächer sind nur die Tastatur der Orgel, so wie es auch die Menschenherzen sind, die das Licht bewegt. Und das Licht erweckt nicht allein den Klang; es baut selber einen jeden Tag an diesem Chore mit, dessen Gesang sich über das Land und in den Himmel schwingt; denn erst wenn das Licht durch die Fenster dringt und die farbigen Teppiche ihres Widerscheins über die grauen Wände breitet und sie langsam weiter und weiter über die Wände zieht, so schließt sich der Raum zusammen zu jener wunderbaren Einheit von strebendem Stein und Licht, die das Wesen der Kathedrale ist. Das Licht baut den Raum am frühen Morgen, und es verwandelt ihn gegen Mittag und verwandelt ihn gegen Abend mit seinem Dämmerschein; und das Licht wartet darauf, daß das Gebet der Menschen diesen Wandel begleite und der Ablauf eines jeden Tages sie zu immer reinerem Danke stimme. So wird die Zeit verklärt in der Kathedrale, wie der Stoff verklärt wird, der dem Heiligen dient, und alles Leben der Menschen verklärt wird zu ihren Füßen; vielleicht ward hier in Beauvais der Raum ersonnen und so lange angestrebt, der das denkbar Äußerste an Verklärung umschließen sollte. Doch diese Kühnheit wurde zum Schicksal; der dem Anscheine nach fast völlig entschwerte Stoff bedurfte doch der Stütze, und das Gewicht der Erde forderte das Gewölbe wieder ein; wie ein Klang stieg der Turm in die Luft; nur für wenige Jahre glänzte seine Spitze über dem Lande, und unsichtbar blieb für immer das Bild der Kathedrale, das die Baumeister von Beauvais im Herzen trugen. So schufen sie nur den Chor eines unsichtbaren Heiligtums, und dann und wann wohl mögen dessen Umrisse vor den Augen der Hinaufschauenden erdämmern; vielleicht hätte hier die Gotik ihr letztes Wort gesprochen; aber die letzten Worte der Menschen wie der Zeiten sind unsagbar auf Erden; eben darum ist des Sagens, des Schaffens und Planens kein Ende, während doch das Schweigen des Unvollendeten viel beredter ist als alles Tun und der große Feiertag über dem unfertigen Werke frömmer ist als der Werktag ohne Ende.

Unter diesem Traume der Größe führte die kleine Stadt ihr eigenes und enges erfülltes Leben, das in die Geschichte wohl einströmte und von der Geschichte wieder bewegt wurde und dessen innerster Gehalt wohl nicht mehr geschichtlich war. Wie hätte sie sonst so lange auf ihrem Werke bestanden? Aus dem Opfer des Herrn und zur Feier dieses Opfers stiegen alle Kathedralen empor; und wieder bedurfte es fast an einem jeden Orte eines besonderen Opfers, das als Abbild des größten, göttlichen, dessen Andenken erneuerte. Gleich dem heiligen Denis ward der heilige Lucien von Beauvais zum Märtyrer; er fing zum Entsetzen der Frevler das abgeschlagene Haupt mit den Händen auf und trug es zum Grabe; sein Name und Beispiel heiligten den Bischofssitz. Freilich, die Bischöfe, die zugleich Diener des Herrn und des Königs, Seelenhirten und Grafen waren, und die Bürger vertrugen sich oft schlecht; das Schloß, das sich außerhalb der Stadt, zwischen Fluß und

Mauern barg, wurde geplündert; aus Beauvais kam der Hauptmann Jacques, der den großen frühen Aufstand gegen den Adel führte und ihm den Namen gab. Aber die Bürger von Beauvais konnten sich auch ihrer Treue rühmen und sie lange noch feiern unter dem Namen ihrer Heldin Jeanne Hachette, die, auf einer Bresche der Stadtmauer stehend, einem Soldaten Karls des Kühnen die Standarte entriß und den Stürmenden von der Mauer warf. Und der König Ludwig XI., sonst unseligen Andenkens, erwies sich gnädig und dankbar; er verfügte, daß in der Prozession, die fortan zum Dank für die Aufhebung der Belagerung gehalten werden sollte, die Frauen den Männern vorangehen durften; er gewährte auch der Heldin, als sie sich mit einem gewissen Collin Pillon vermählte, in einem besonderen Briefe Steuerfreiheit zum Zeichen seiner Gunst. Und tapferer als Jeanne war vielleicht noch der wackere Hauptmann Philippe de Crèvecœur, der versicherte, er wolle ein Jahr oder zwei in der Hölle auf sich nehmen, wenn er die Engländer aus Calais verjagen könne; auch einen solchen Krieger wußte Ludwig XI. zu schätzen; er empfahl ihn seinem Sohne als einen tapferen und weisen Mann. Freilich mit den Namen der Gerühmten haftet auch der des Pierre Cauchon an der Stadt, des Bischofs von Beauvais, der Jeanne d'Arc mit seinen Fragen peinigte und sie auf den Scheiterhaufen lieferte; die Bürger verjagten ihn später aus seinem Schlosse, und so hat er, wie es scheint, für Zeit und Ewigkeit verspielt. Und doch, während wir solchen Worten nachsinnen, befällt uns ein Schaudern; war Pierre Cauchon nicht vielleicht nach einem undurchdringlichen Plane nötig, so, wie in einem viel erhabeneren, geheimnisvollen Sinne auch Judas nötig war, dem Worte gemäß, das dieser Welt Ärgernis anzeigt und doch den verwirft, durch den es kommt? Denn das Dunkle und Niedere dient dem Reinen zur Entfaltung; längst hat die Stadt der heiligen Befreierin Denkmäler errichtet in ihren Kirchen; sollten wir nicht vor einem solchen Denkmal die Kraft finden, für den armen Pierre Cauchon zu beten, der in

diesem Leben schon erniedrigt war durch den Klang seines
Namens? Oder sollten wir nicht wenigstens die Kraft finden,
um diese Kraft zu bitten?

Aber neben der großen Geschichte, die doch glimpflich mit
der Stadt verfuhr und selbst die Gefürchteten ihr gnädig
stimmte, feierten die Bürger von Beauvais ihre Feste. Sie wollten die Gestalten der Glaubenswelt leibhaftig sehen auf ihren
Straßen, und so sahen sie die drei Könige des Morgenlandes
am Feste der Erscheinung durch die Stadt wandern und am
Ostertage die drei Marien; am Tage der Unschuldigen Kinder
durften die Chorknaben in den Stühlen der Chorherren sitzen; und am Tage Petri, des Schutzherrn der Kathedrale, erscholl die hohe Halle von Musik, und das Volk umdrängte
die Mysterienbühne auf dem Platze vor den Stufen. Das
schönste Fest wurde vielleicht zu Ehren des Esels gefeiert, der
den Herrn in die Heilige Stadt getragen; der Esel war ja, nach
frommer Überlieferung, erst durch Palästina und dann über
das Meer gewandert, von Cypern über Rhodos, Malta und
Sizilien; er war eine Weile in Aquileja geblieben und dann in
der Gegend von Verona gestorben. Zu seinem Andenken wird
alljährlich am 14. Januar ein Esel, der an diesem Tage »sire
asnes« genannt wird, vor die Kathedrale geführt; eine Jungfrau bestieg ihn, ein Kind haltend und umhüllt von einem
reich geschmückten Mantel. An der Spitze eines langen Zuges
ritt sie durch die Stadt über den großen Platz nach St. Étienne; sie ritt durch das Kirchenportal, und nun durfte der Esel
mit seiner Last auf der Seite des Evangeliums neben dem Altar stehen, während die Messe gelesen wurde; so wurde in ihm
der Esel geehrt, den der Herr eines Dienstes gewürdigt. Nach
der Epistel wurden die Taten des Esels in einem langen lateinischen Gedichte besungen; das Volk stimmte in den französischen Kehrreim ein, der dem Esel Belohnung verhieß:

Hez, sire asnes, car chantez,
Belle bouche rechignez

On aura du foin assez
Et de l'avoine à planté.

Und wie nah ist das Gewesene noch immer! Denn die kleinen Häuser von Beauvais stehen wie ungeduldige Zuschauer in den leicht geschwungenen Straßen; einige beugen sich vor oder stützen sich gar auf ein paar Säulen, um besser sehen zu können, andere lehnen sich – hochmütig oder des Wartens ein wenig müde – zurück. Sie sind geschmückt mit Schnitzwerk und gutmütigen oder schreckhaften Fratzen, andere prunken mit buntglasierten Ziegeln, die zwischen dem Fachwerk schimmern. Klein ist die Stadt noch immer; am nahen Ende der Straße erscheinen die Hügel, wo Bäume und Buschwerk über dem sanften Fluß auf das Frühjahr warten. Wenn der Mond sich färbt über dem stumpfen, mit Flammenvasen gezierten Turm von St. Étienne, mögen auch die armen Engel im Portalbogen ihre Wunden verschmerzen; sie erduldeten nur, was der fromme Bischof Lucien erlitt; alles Heilige leidet, und noch seine Bilder leiden; alles Heilige siegt. Denn die Frevler gingen dahin wie Schatten; ein Schatten ist auch der Bischof Cauchon gewesen, über den die Heilige herrlich triumphierte im Tode; ein Schatten ist der Böse, dessen grüne Gestalt auf einem der Kirchenfenster im letzten verirrten Zwielicht unheimlich aufleuchtet. Getraute sich nicht der Ritter Philippe Crèvecoeur zwei Jahre in seinem Reich zu verbringen? Aber die Stunde, da die Jungfrau einziehen kann in ein von Engeln behütetes Menschenherz, währt noch immer. Und nur noch größer als am Tage und völlig traumhaft schwebt die Kathedrale über der Stadt als der sichtbare Chor des unsichtbaren Heiligtums, an dem die Zeiten in der Stille weiterbauen bis zum Jüngsten Tage; und vielleicht auch als das Gleichnis einer Seele, die in Maß und Form vollendete, was vollendbar war, und dann die Menschen hilflos stehenließ auf dem Werkplatz und dem Unvollendbaren entgegenstrebte.

Paris, 2. Februar 1939

TOURS

Neben der Kathedrale, in einem Hofe, breitet sich eine Libanonzeder dem Lichte entgegen; die mächtigen unteren Äste, die sich weit über den Rasenplatz strecken, ruhen auf Stützen, aber die anderen streben über die Höhe der Mauern und des Tores empor, und der breite Wipfel sonnt sich in freiem Raume. Moos überkleidet den schwarzen Stamm, wunderbar aufschimmernd in den durch das Schattengewölbe dringenden Strahlen; der Hof scheint nur gebaut zu sein, um den Baum zu beschützen und sich entfalten zu lassen; von den benachbarten Türmen hallen die Stundenschläge nieder, aber das Leben des Baumes wird nicht von der Zeit gemessen, die für Menschen gilt. Und wenn es noch einen Platz geben mag, wo wir nachsinnen können über das Gesetz und den Gehalt der Geschichte, so ist es dieser stille Garten in der von der Geschichte heimgesuchten Stadt, die so viel Geschichte wieder vergessen hat. Denn die einstigen Sitze der Herren und Großen von Tours können kaum einen Turm oder Giebel über das Gewimmel kleiner Häuser emporheben, das sie gleichsam erstickt hat; noch wird der Stadtteil, der früher den Namen des heiligen Martin trug und lange Zeit als die Stadt des Heiligen von eigenen Mauern umschlossen war, von den wuchtigen Türmen einer verschwundenen Basilika überragt. Aber auch diese Türme scheinen des Wächterdienstes müde zu werden; der eine, der den Menschen so ehrwürdig war, daß sie ihn den Turm Karls des Großen nannten, schüttete seine Trümmer auf die Straße nieder wie ein verwitterter Fels.
Hierher, auf den langgestreckten Hügel über der Loire, zogen die Frankenkönige, um am Grabe des glaubensmächtigen Bischofs Martin zu beten, Martins, der seinen Mantel geteilt hatte vor den Toren von Amiens, der einen Toten zum Leben erweckt hatte auf dem Wege nach Chartres, der die Geister unerbittlich zu prüfen wußte, ob sie aus Gott waren, und durch das Frankenland und weit darüber hinaus bis nach Ir-

land und Schottland wirkte. Hier, am Grabe des heiligen Martin, warf sich der Bischof Germain von Paris dem Frankenkönig Chlotar zu Füßen und bewegte ihn unter Tränen, nicht weiter zu ziehen nach Poitiers und die fromme Königin Radegunde endlich ihrem Klosterfrieden zu lassen; hier erschien die Heilige vor den Vätern des Konzils mit der Bitte, ihre Gründung zu bestätigen; hier waltete Gregor von Tours seines bischöflichen Amtes, der, wie Beda der Ehrwürdige in Schottland, die greuelvolle Geschichte der Mächtigen schrieb, um das verborgen wirkende Heilige und Gottes unabwendbares Gericht im Leben der Könige aufzuzeigen. Sie alle wußten wohl, was Geschichte war, und hatten es in den Schrecknissen ihrer Zeiten mehr als einmal erfahren, daß es um nichts anderes ging als um den Anspruch des Bösen, anstelle des Herrn über die Welt und die Menschen zu gebieten. Denn der Böse umlauert die Welt, und es ist die Sache der Frommen, sie zu schützen durch ihr Gebet; wo aber die Wände dünn werden, da bricht der Böse ein, um sich des Menschen zu bemächtigen und durch ihn in der Geschichte zu handeln. Mit einer wunderbaren, ihnen von oben geschenkten Stärke, einem Opfermut ohnegleichen gewannen die Heiligen und Beter von Tours das Land den dunklen Mächten ab, seit der heilige Martin gebetet hatte in seiner Felsenzelle an der Loire; aber nur der Herr siegt endgültig, ein jeder Sieg des Menschen will wieder und wieder gewonnen werden, wenngleich es die späteren leichter haben an der Stelle, wo die ersten Helden die Götzenbilder stürzten und Gottes Segen herabflehten.

Die Kathedrale hütet den Schlaf zweier Königskinder: die kleinen Söhne Karls VIII. ruhen brüderlich nebeneinander; ihnen wurde die große Probe der Geschichte erlassen; der Herr rief sie wieder heim, lang eh die schwere Aufgabe auf ihre Schultern fallen konnte. So mochten das Königshaus und das Land Fürsprecher finden, deren sie mehr denn je bedurften. Am frühen Morgen, noch eh die Sonne das Wolkengewölbe über der Stromebene zerteilt, schimmern die Chorfenster im eigenen dunkel purpurnen Licht über den Betern während der Frühmesse; das Licht, das die fernen, glaubensstarken Zeiten eingeschlossen haben im Glase, ist noch immer rein und mächtig; es kann sich wohl wieder befreien aus dem Glase, aber es kann nicht getrübt werden. Dann ist es, als schmölze die Sonne die aus Edelsteinen zusammengefügten Wände; die Farben strömen ineinander, und die Schatten der Strebebogen spannen sich über das Fließen und Strömen wie die Bogen einer traumhaften Brücke; immer stärker wird die Seele des alten heiligen Raumes, als sollte sich dieser noch einmal, und nun ganz von innen, zusammenschließen. Was wäre dieser Raum auch den Erbauern gewesen, wenn nicht die Gestalt der betenden, verehrenden Seele? Diese Seele will sich verhüllen in der Nacht, und sie will am Morgen wieder erwachen; an einem jeden Tage werden die Seelen der Kathedralen wieder geboren; ein jeder Tag ist auch ein Tag im Leben der Kathedrale, das so viel stiller ist als das Leben der Menschen, wenngleich es seit langem aus tausend Wunden blutet, verletzt vom Tageslicht und noch tiefer verletzt vom trügerischen Lichte leerer bunter Scheiben, von all den Bildern, die Heiliges abbilden ohne die Kraft der Ehrfurcht. Aber im Chor ist die heilige Seele fast noch unverletzt geblieben, und sie drängt hinüber in den Raum und erfüllt ihn; die Königskinder schlafen noch immer unter dem Gewölbe der alten Zeit, die von so vielen Freveln belastet war und doch so viel Hochsinn und Größe sah, als habe damals der Mensch in gleicher Weise teilgehabt an Hölle, Erde und Himmel.

Die Kathedrale liegt in einsamem Frieden, fast schon außerhalb der Stadt; für eine Weile ist der gewaltige Baum neben ihr emporgesprossen, aber sie wird vielleicht auch ihn überdauern, wie sie schon Schlösser, Mauern und Türme überdauert hat und all die Mächtigen der Erde. Der Baum mag ihr als ein flüchtiger Trost erscheinen in ihrer Einsamkeit; die großen Erscheinungen grüßen einander nur in den ihnen zugemessenen Zeiten und müssen einander wieder verlassen; in ihnen allen ist ein Geheimnis beschlossen, das sich auf Erden nicht lösen wird. Drüben, in der Stadt des heiligen Martin, hat sich das Leben selbst des Platzes bemächtigt, wo das alte Gotteshaus stand; Häuser mögen auf geweihtem Grunde stehen, die Wege der Menschen ihn täglich überschreiten; nur die morschen Türme deuten seine Grenzen noch an. In der Umgegend des Marktes aber haben sich die Zeugen vergangener Zeiten behauptet; Häuser, deren Fachwerk von Schindeln geschützt ist, lehnen sich auf ihre Stützbalken und reichgeschmückten Pfeiler; zuweilen müssen sie auch die gegenüberstehende Hauswand zu Hilfe nehmen; vermauerte Säulen und Bogengänge zeichnen sich noch in der Straße ab, die den schönen Namen »du petit soleil« führt und auf einen Turm der fernen Kathedrale gerichtet ist; und in der kurzen Gasse der Goldschmiede schieben und drängen sich die Häuser, so daß ein jedes in einem besonderen Winkel zu der sich verengenden und wieder erweiternden Gasse steht. Nicht weit davon, hinter einem angelehnten Tor, steht das Schlößchen eines hohen Staatsdieners Karls VII., contrôleur général des finances Xaincoings, in dem engen, hochummauerten Hof. Das Haus ist schmal, aber die breiten Fenster, die Galerien und Lauben sind dem Lichte geöffnet, und die letzten Formen der Gotik, die noch die Ziergiebel umspielen, stehen ihm so wohl wie ein vererbter edler Schmuck. Hier klingen die Zeiten und Stile noch zusammen, und wer mag sagen, wann die gotische Melodie wirklich austönte und wie lange sie noch in den Ohren der Menschen lag, die kaum mehr von ihr wußten! Unter all den altersgrauen Wänden hat sich das Haus eine wundersame Jugend bewahrt, als sei es unversehrt geblieben, während die Kirchen fielen in der Stadt und das unruhige Leben immer wieder andere Schauplätze suchte. Verschwunden ist sogar die Kirche, in der Jeanne d'Arc betete, eh sie nach Orléans zog; sie ließ sich in Tours Krone, Lilien und Schwert und die Initialen der heiligen Namen auf ihre Standarte malen, und noch erinnert sich die Stadt mit Stolz jenes kurzen Tages.

Aber der geheimnisvollste Ort, Ludwigs XI. Schloß Plessis-les-Tours, liegt vor der Stadt auf einer flachen Höhe in der Stromebene. Der Schloßbezirk ist zu einem umfriedeten Garten geworden; hohe Bäume geleiten zum Schloß, das nur ein Flügel des entschwundenen Baues ist; die Mauern der Hofseite haben ihren Schmuck verloren, und der achteckige Treppenturm, der den Ziegelbau schützt, trägt einen flachen Helm statt des hohen, der ihn einstmals zierte; das sonderbar heitere Schloß ist ernst und düster geworden, so wie das Bild des Königs, der hier lebte und starb, immer düsterer geworden ist vor den Augen der Nachwelt. Noch bezeichnen die halb von Rasen überdeckten Grundmauern das weite Geviert des Königssitzes; noch führt ein Weg zu den von Efeu überdeckten Verliesen, in denen die Gefangenen schmachteten; aber der Weg führt durch einen Garten, dessen aufatmende Erde eben vom Frühling berührt wurde; und selbst in das getäfelte Zimmer, wo der König starb, fällt der rote, milde Schein der sinkenden Sonne. Draußen dehnt sich die Stromebene, von deren Rändern die Schlösser grüßen auf ihren Hügeln; durch die nach Osten gewendeten Fenster erreicht der Blick die hohen Türme, die der Stadt den Namen gegeben haben; noch ist der einfache, von Säulen getragene Kamin erhalten, vor dem der König auf seinem Stuhle starb.

Vielleicht hat Ludwig die Stadt geliebt, so wie er Frankreich liebte; vielleicht wußte er nur nicht zu unterscheiden zwischen dieser Liebe und der Liebe zu seiner Macht, zwischen der Forderung der Zeit und dem Gebot des Herrn. Er rief die Seidenarbeiter aus Lyon nach Tours und verfügte, daß der Gewinn für die Stadt sei, der etwaige Verlust auf ihn fallen solle – und lange Jahrhunderte noch nach des Gewaltherrn Tod sollten in Tours die reichen Gewänder der Könige und Königinnen gewirkt werden. Vielleicht hat Ludwig doch auf seine Weise eine reine Freude empfunden am Leben, das sich vor seinen Augen regte, an den stolzen Häusern, die sich drüben auf dem Hügel emportürmten. Freilich, die Macht forderte ihm keinen Preis ab, den er nicht bereit war zu bezahlen, und so mußte wohl einmal die Stunde für ihn kommen, da seine Seele erschauerte, weil die Macht, deren Knecht er gewesen, ihn wider seinen Willen freigab und seine Seele unbeschützt der letzten Stunde überließ. Aber die Wege der Gnade sind unerforschlich; und eine Gnade ist es doch wohl gewesen, daß der einzige Mann, der stark genug war, um diese Seele zu ringen, an das Lager des Sterbenden gelangte: Franz von Paula. Noch mochte der König das irdische Leben von dem wundertätigen Manne erhoffen; der strenge Franziskaner jedoch, der erst auf das Gebot des Papstes nach Plessis gekommen war, dachte allein an das ewige Leben, und so hat sich vielleicht in dem Sterbezimmer einer jener erschütternden Kämpfe abgespielt, von denen die Geschichte fast immer schweigt, obgleich sie oft genug in sie mündet. Denn nun erst wurde die Geschichte dieses Königs ausgetragen, der irdischen Gewinn und vielleicht nur den Gehorsam gegen irdische Notwendigkeiten mit der Mißachtung seiner Seele bezahlt hatte und ihr zurückgeben sollte, was er ihr schuldig war. Aber unter Menschen ist nicht der Ankläger, sondern der Barmherzige berufen, das letzte Wort über die Schuld zu sagen; und wer forderte wohl größere Barmherzigkeit als der Mächtige, der nicht mehr Verwalter der Macht ist in eines Höheren Namen, sondern ihr leibeigener Knecht? Vielleicht ist der König hier in dem düstern Zimmer in den Armen dieser starken Barmherzigkeit entschlafen. Und als er gestorben war, da konnten die Glocken von Tours wohl eine Antwort geben auf diesen Kampf; wie der glaubensstarke Bischof Martin, so hatte der ernste, demütige Franziskaner mit den Gewalten gerungen und über sie gesiegt. Franz von Paula blieb an dem Orte, wo der König gestorben war; in dem Kloster, das er unter dem stark bewehrten Schloß in der Ebene gründete, mag er, wachend und betend über sein neunzigstes Jahr hinaus, noch immer mit dem Bösen gekämpft haben um das furchtbar gefährdete Seelenheil der Menschen seiner Zeit und um das Heil jener einen, vom Bösen, von der Schuld, vom Gewissen grausam heimgesuchten Seele.

Das Schloß ist gebrochen, und die wenigen erhaltenen Räume sind verwaist; von der Klosterkirche in der Ebene steht nur noch der Chor – auch der Ordenszweig des Franz von Paula starb ab, weil er den Menschen zu strenge war; durch die Efeuranken, die den unterirdischen Kerkerraum von Plessis überwuchern, sickern das Zwielicht und die erste, leise Wärme des Frühlings. Hier ist alles getan, alles gelöst; unausdenkbares Menschenleid ist überwunden, und über seine Stätte breitet sich ein stiller Garten, in dem der späte schüchterne Gesang der Vögel nur um so tröstlicher ist.

Tours, 21. Februar 1939

ROUEN

Über den Türmen der Kathedrale kämpft das Licht mit dem Nebel, der nachts mit dem Fluß in die Stadt strömte und sie bis zu den höchsten Giebeln und Zinnen überschwemmte; wenn ein Strahl das Gewoge zerteilt, wirft er eine breite Lichtbahn von den Türmen herab, und dann und wann ist der hochragende Bau von einer Strahlenkrone umleuchtet, als wolle das Heilige, das er bewahrt, sich offenbaren. Aber dann wälzen sich Nebelwolken zwischen den Vierungsturm und die Westtürme; sie sinken bis auf das Kreuz in der Mitte nieder, und es scheint, das Licht habe den Kampf für diesen Tag verloren. Es dunkelt auf dem Platz und den Gassen; aus ferner Höhe, wie aus dem Unsichtbaren, schwebt der Stundenschlag herab; die Orgel tönt geheimnisvoll wie in einem verschlossenen Berg, und das eine oder andere Fenster, hinter dem die Kerzen vor einem Seitenaltar brennen mögen, gewinnt einen helleren Schein. Die Feuchtigkeit beschlägt die Steine, und die Häuser und von farbigem Dämmer erfüllten Höfe erdulden

das gewohnte Rinnen und Tropfen. Es ist, als spähten und lauschten die Drachen und Greife an den Türmen und Ecken mit weit vorgereckten, gebogenen Hälsen auf den Regen; all dem absonderlichen Getier, das an den Türmchen und Ziergiebeln des Palais de Justice niedergleitet, scheint nur wohl zu sein, wenn ihm der Regen über den Rücken fließt.
Die Mächte der Tiefe haben ihren Anspruch auf die Stadt nicht so bald aufgegeben, wenngleich der durch die Gnade mächtige Bischof Saint Romain den Drachen, der hier hauste, mit seiner Stola fesselte; damit hat wohl die eigentliche Geschichte Rouens begonnen, nachdem schon die Römer von hier eine Provinz beherrschten und frühe, verschollene Heilige auf den Hügeln über der Seine dem Herrn dienten und für ihn litten und ihm die ersten schüchternen Kirchen bauten. Das Ende der Römerherrschaft zeigte sich an, als ein Soldat, von der Friedensbotschaft des Erlösers ergriffen, seine Waffen vor dem Tribun niederlegte und der Henker, der den Abtrünnigen enthaupten sollte, erblindete; damals wechselten die Gestirne, wurde das Neue, das bisher undenkbar gewesen, mit einem Male möglich. Aber der Kampf des Heiligen mit dem Unheiligen, des Bischofs mit dem Drachen, der Erwählten mit dem Bösen, des Menschen mit dem Versucher, ist doch der wahre Inhalt der Geschichte Rouens; und darum ist sie ein Sinnbild aller Geschichte, die in immer größeren, in das Jenseits hinüberschwingenden Kreisen im Schicksal der Menschen, der Städte, Länder und Völker diesen Kampf wiederholt. Alle Kreise sind, nach einem Plan, den kein Mensch ermißt, für einander geordnet, bis mit der Vollendung des letzten, größten Kreises der Völkergeschichte der Kampf beschlossen wird und das Heilige siegt. Doch triumphiert es nicht nur in denen, die auf sichtbare Weise das Ungetüm bezwingen; es siegt auch in denen, die das verborgene Opfer bringen in der Geschichte, sein Reich bereitend in Seelen, deren Licht nicht leuchten wird vor dem Jüngsten Tag.
So würden wir der Stadt Unrecht tun, wenn wir derer nur

gedächten, deren Lohn Ruhm oder Schande war; was sie erfahren haben, das haben sehr viele Unbekannte erfahren, indem sie mit den Helden der Geschichte oder gegen sie handelten, mit ihnen hofften oder sich von ihnen abwendeten; die Schicksale der Großen stehen für die Schicksale der namenlosen Einwohner von Rouen, die zwischen den herrischen Schlössern und hochgetürmten Gotteshäusern, den Bastionen und Abteien von ihrer Zeit auf die Probe gestellt wurden und diese in Furcht und Zittern bestanden haben oder an ihr versagten. Wievielen mochte es ergangen sein wie dem Bischof Pretextat, der den Zorn des Frankenkönigs Chilperich erregte und in der Hoffnung, des Königs Verzeihung zu erlangen, einem falschen Ratgeber folgte und eine Schuld auf sich nahm, die er nicht begangen hatte! Der Bischof wurde verbannt; in der Einsamkeit einer kleinen Insel bei Coutances mag er bereut und sich gewandelt haben. Nach des Königs Tode kehrte der Verbannte nach Rouen zurück, wo Fredegunde, Chilperichs Witwe und Mörderin, herrschte; der Seelenhirte mahnte sie, ihren Wandel zu ändern, und zog sich ihren tödlichen Haß zu. So traf ihn der Dolch eines gedungenen Mörders an einem Februarmorgen, als er mit seinen Geistlichen in der Kirche sang; und da die Königin es wagte, an das Lager des Sterbenden zu treten, kündigte ihr Pretextat das Gericht an für all das Blut, das sie vergossen. Er hatte sich aus Schwäche an der Wahrheit versündigt und sich für schuldig bekannt, ohne es zu sein; aber dann verstand er die Gnade, die der Herr ihm erwies, als er ihn noch einmal auf den Schauplatz der Geschichte rief; er unterstellte sich der Wahrheit und starb für sie.

Der Strom fließt breit und silbrig unter den hohen, im Dunst schimmernden Uferhügeln dahin; er ernährte die Stadt und trug ihre Schiffe dem Meere zu; er mußte sich auch den Ruderschlag der Normannen gefallen lassen, die in ihren flachen, schwarzen Booten die Seine hinauffuhren. Als Rollo, der sie führte, ans Land sprang, hatte Rouen Herren gefunden, die es nicht mehr sollte abschütteln können; der Eroberer errichtete seine Türme am Strom und riegelte ihn ab; doch Stadt und Land nahmen ihn in Pflicht: langsam erzogen sie das wilde Herrschergeschlecht und seine Untertanen. Die Normannen mußten es lernen, zu verwalten, statt zu rauben, zu dienen statt zu schweifen, zu verteidigen statt zu verheeren; sie lernten beten und bauen, bis Kraft und Kühnheit, die ihr Erbe waren, die Stadt veränderten und ihr Türme und Hallen schenkten. Nun wuchsen die großen Formen empor. Zweihundert Jahre, nachdem die Nordmänner das Land in Besitz genommen und seiner schweren Schule sich unterworfen hatten, fuhren sie aus, um endlich wieder zu wagen und zu streiten; und vielleicht waren sie doch dieselben geblieben in dieser langen Zeit. Wohl waren sie listiger und klüger geworden; wohl wußten sie sich den Formen der Welt zu bequemen; wohl richteten sie das Steuer auf das nächste Ziel – nicht mehr auf ein fernes, ungewisses –: auf den hellen Strand Englands. Aber Wilhelm der Eroberer war von Rollos Art, wenngleich es vielleicht einen größeren Sinn erforderte, ein Stück Land zu ergreifen und ihm zu dienen, als ein neues Reich zu gewinnen: Rollo unterwarf sich einer Ordnung, die dem Stamme fehlte; Herzog Wilhelm machte sich, kraft der erworbenen Zucht, wenigstens für einen Augenblick frei.

Aber wie fern ist der Stadt diese Geschichte der Macht! Lang ist das Normannenreich versunken, dessen Hauptstadt sie war; sie hat keine andere Stimme mehr als die mächtige, dunkle der Glocken, die durch den Nebel hallen; ihr höchster Ruhm ist doch der Ruhm des Heiligen geblieben, das sich in ihr vollendete, und des in ihr beheimateten Geistes. Die Geschichte der Macht ist nur der Schauplatz der Selengeschichte; was mochte es endlich für die Seele des kühnen und listigen Herzogs Wilhelm bedeuten, daß nach langem Harren seine ungeduldigen Schiffe hinübergetrieben wurden an Englands Küste? Ob dieses Glück nicht nur Probe war? Ob es nicht doch der Versucher war, der ihm zuflüsterte, er solle

England gewinnen – auf das er kein Recht hatte? Ob der Versucher nicht neben ihm stand auf dem Schiff und der Herzog somit in seinem höchsten, kühnsten Augenblick unterlag? Am Ende verdroß ihn selbst die lärmende Geschäftigkeit im Hafen zu Rouen, die er einstmals gewiß geliebt und gefördert hatte; er ließ sich aus dem Schloß in ein Kloster auf der Höhe bringen und starb hilflos, der Macht entkleidet, verlassen von seinen Dienern und seinen Erben.

In einem jeden Stundenschlag ist der Vorklang des Gerichts; alle Zeit erschauert; ein jeder Augenblick fordert das Leben der Seele für sich. Über die altersgebeugten Dächer hinweg antworten die Glocken von St. Ouen den Glocken der Kathedrale; dort, in der langen, hochstrebenden Abteikirche, die der stumme Gesang des Steins, der Bogen und ineinanderhallenden Gewölbe erfüllt, flügelt ein Taubenpaar zwischen den Pfeilern; die Tauben lassen sich zu Füßen des heiligen Bischofs Remigius nieder, auf dessen Schulter eine steinerne Taube sitzt; sie hat ihm das heilige Öl aus der Himmelshöhe gebracht, das die Könige Frankreichs heiligen sollte bis in die fernste Zeit; dieses Öl, das Frankreich selber heiligte und seine Geschichte und endlich von der Blindheit der Aufrührer verunehrt ward. Und vielleicht warten die Tauben der Höhe seit langem wieder auf den heiligen Mann, auf dessen Schulter sie sich setzen dürfen.

Einst mußte der Erzbischof von Rouen die Nacht vor seiner Thronbesteigung in St. Ouen verbringen; am andern Morgen geleiteten ihn die Mönche zur Kathedrale. Er ging barfuß; vor dem Ziel erwartete ihn die Geistlichkeit, und nun wurde er an seinen Tod erinnert und an die Hinfälligkeit des ihm anvertrauten Amtes: »Nous vous le donnons vivant; vous nous le rendrez mort«, sagte der Abt zu den Priestern. Und später, wenn des Bischofs Lebenszeit abgelaufen war, brachten ihn die Priester den Mönchen von St. Ouen zurück; sie trugen dem Toten so viele Kerzen voraus als seine Amtswaltung Jahre zählte. Nun ward der Kreis geschlossen, das gegebene Versprechen eingelöst, und der Tote durfte dort eine Nacht wieder ruhen, wo er als Lebender einst die letzte, vom Hirtenamt noch nicht beschwerte Nacht verbracht hatte: »Vous nous l'avez donné vivant; nous vous le rendrons mort.« Der Fluß hatte die Eroberer gebracht, und er hatte Herzog Wilhelms Leichnam auf dürftiger, gemieteter Barke wieder fortgetragen; er wußte auch von der verborgenen Schuld des ungebändigten englischen Königs Johann, der den jungen Thronerben Arthur, nachdem er ihn vergeblich wegen des Verzichtes auf den Thron bedrängt hatte, nachts aus seinem Verlies an der Seine auf ein Boot schleppte und dort mit dem Schwerte tötete. Wohl strudelte der Strom des Gemordeten Leichnam dem Meere zu; aber die Schuld wirkte fort; Johann verspielte sein Reich und sein Ansehen, und der französische König Philippe Auguste machte sich zum Anwalt des Ermordeten, berannte die Stadt und nahm sie endlich. Er schleifte die Burgen der Normannen und türmte sein eigenes Schloß auf, nicht mehr am Fluß, der den Fremden gedient, sondern auf der Uferhöhe hinter der Stadt; hier konnte er Strom und Stadt überschauen und beherrschen und sie mit seinem Reich verbinden. Aber auch dieser Sieg der Könige Frankreichs war nur eine Probe; würden sie Recht tun mit ihrem Gewinn? Und vielleicht ist die Antwort auf diese Frage weit furchtbarer als die Geschichte der Normannen: von dem Schloß Philippe Augustes steht nichts mehr als der wuchtige, lichtlose Turm, in dem Jeanne d'Arc gefangen war.

Mit ihr ist das vollkommen Reine einmal eingetreten in die Geschichte, um in der Geschichte zu wirken und in ihr sein Schicksal zu erleiden. Wer unter allen, die in Jahrhunderten mächtig waren, kann es wagen, ihr dieses Bekenntnis nachzusprechen?: »Dieu a toujours été le maître en ce que j'ai fait, le diable n'a jamais eu puissance en moi.« Jeanne lebte nicht wie andere Menschen auf der Erde; sie war gesendet und begehrte wieder heim: »Je viens de par Dieu, je n'ai que faire ici, renvoyez moi à Dieu, dont je suis venue.« Aber einst hatte der Bischof Saint Romain den Drachen besiegt; nun siegte der Drache über Pierre Cauchon, den Bischof von Beauvais. Denn nicht um die erklügelten Fragen ging es ja endlich in dem tragischen Verhör in dem Bischofsschloß, dessen lange finstere Mauer noch immer die Nordseite der Kathedrale wie ein Schild bedeckt; es ging um den heimlichen unerbittlichen Kampf des Unheiligen gegen das Heilige, der endlich, im Tode, mit dem Siege des Heiligen entschieden wird. In dem Augenblick, da das Unheilige triumphiert, hat sich das Heilige leidend vollendet; und sein sachte ausstrahlendes, immer mächtiger werdendes Licht kann nicht verborgen bleiben. So hat die Stadt einen Tag erlebt, der in seinem furchtbaren Doppelsinn als Tag des Frevels und des Heils fast ohne Beispiel ist; auf dem alten Markt, hinter den Hallen waren die drei Gerüste aufgebaut für den Kardinal von England, den Prediger, die Richter und die Verurteilte und für den Scheiterhaufen, dessen Höhe erschreckte. Jeanne d'Arc verfluchte die Stadt nicht, als sie dahin gefahren ward; sie beklagte sie nur: »O Rouen! Rouen! Dois-je donc mourir ici?« Und als sie das Kreuz ergriffen hatte, das ein Engländer aus einem Stocke gefertigt, und die ungeduldigen Soldaten auf die Hinrichtung drängten, klagte sie noch einmal: »O Rouen! tu seras donc ma dernière demeure!« Ihr Herz freilich, so berichtet der Chronist, konnten die Engländer nicht verbrennen; sie warfen es in den Fluß, der so viel Schuld schon verborgen, so viele Frevler und Richter schon herangetragen hatte. Und nur dieses Herz hätte uns das Letzte sagen können von der an Jeanne d'Arc ergangenen Sendung, die sie zur Geißel und zum Zeichen machte. Eine jede Sendung ist eingeschlossen in ihre Stunde und kann in keine andere übertragen werden. Sie kann nur vom Ursprung hereinbrechen in die Zeit, nur von ihm her ist sie in ihrem unangreifbaren Recht.

Vor diesem Tage, an dem eine Sendung vollzogen wurde und das Zeichen des Reiches aufflammte, wird alles klein, was die Stadt schon erlebt hatte, was sie noch erleben sollte; vergeblich hatte der stolze englische König Heinrich v. aufs neue Schlösser an der Seine gebaut, mit normannischer Beharrlichkeit an den Ort zurückkehrend, wo die Ahnen gelandet waren; seine Nachkommen mußten die Mauern verlassen, die endlich wieder gebrochen wurden. Der kluge Henri iv. hielt nach seinem Sieg eine Rede im Stadthaus und ließ Gabrielle d'Estrées sich hinter dem Vorhang verstecken, damit er nicht für die steifen Väter der Stadt, sondern für Gabrielle spreche und damit so gut als er nur vermöchte. Noch immer wechselten, stritten sich die Herren; die Herzogin von Longueville sammelte die Macht der Fronde in Rouen; aber von Mazarin und seiner Mutter geführt, zog der zwölfjährige Ludwig der Vierzehnte in die Stadt und verpflichtete sie sich aufs neue mit der geheimnisvollen Macht ererbten Königtums.

Gesichte und Schatten leben in den Straßen und Häusern, und so könnte der Dichter selbst zum Gesicht werden, der hier geboren wurde und zwei Menschenalter verbrachte. Noch steht die dunkle Marmortafel in der gewaltigen gotischen Halle des Palais de Justice, an der Pierre Corneille saß als avocat du roi; noch wendet sich die königliche Treppe, die er beschritt, hinab in den weiten offenen Hof. Und wenn es dunkelt und die müden Häuser sich noch fester in den Nebel hüllen; wenn die Stundenschläge einander rufen und antworten, wie einstmals die Wächter auf den Mauern es getan: dann sind die unfaßbare Stille und der Ernst erfüllten, streng geordneten Lebens vielleicht wieder spürbar, aus denen sich das Gedicht erhob. Der Dichter ging an den Hallen vorbei über den alten Markt, vorüber an der Stelle, wo der Normanne Richard, Rollos Enkel, ein Schloß erbaut hatte, das wieder verschwand, an der Pfarrkirche St. Sauveur vorüber, die gleichfalls nicht dauern sollte, und an dem Ort, wo Jeanne d'Arc in den Flammen ihr Haupt senkte und den Namen des Herrn zum letzten Male rief; er schritt in der schmalen Straße hinter dem Platze an der Mauer seines Grundstücks hin, vorüber an dem Hause seines Bruders Thomas, das sich an das seine lehnte, und stieg die enge gewundene Treppe hinauf; hier oben, hinter der doppelten Reihe geschlossener Läden, am glosenden Feuer war er allein mit den großen, unsagbar fremden Gestalten seines Gedichts. Denn was hatte dieser Traum gemein mit der hochgebauten Stadt draußen, den strebenden Hallen der Kirchen und mit der Geschichte dieser Stadt, in der das Heilige mit dem Unheiligen kämpfte? Die Gestalten des Dichters liebten die Klarheit bewußten Willens; nicht vom Traum, dem Jenseits und der Tiefe waren sie gefangen, und sie beteten auch nicht, wie der Dichter betete in seiner nahen Pfarrkirche; sie unterstanden der Pflicht und kannten kein größeres Leid, als der Pflicht nicht gehorchen zu können, kein größeres Bangen, als sie zu versäumen; sie litten nicht eigentlich an sich selbst, sondern allein am Gesetz, und suchten ihren Ruhm in der Hingabe an das schwerste Gebot, das überpersönliche Leben. Aber die mächtige, nie wieder gesprochene Sprache, die den Dichter in dem engen Haus der Rue de la Pie überfiel, war doch eine Antwort auf das, was draußen geschehen war: sie kündete die Not des Menschen, der in der Geschichte, und das heißt zwischen unausweichlichen Entscheidungen steht; sie erweckte die Bereitschaft, in dieser Not die letzten Wünsche des Herzens zu opfern und unter zwei Entscheidungen die schwerste zu treffen.

So wird auch Corneilles Stimme zur Stimme der Stadt mit den Glocken und Gebeten, die freilich in höhere Räume dringen; auch ihn hat die Geschichte gerufen, daß er sich bewähre. Und wie der Dichter, so waren die Heiligen und Mächtigen der Stadt von einem Drama eingefordert, das ihnen in erhabenem Ernste die Freiheit des Handelns ließ und doch die eine, gläubige Entscheidung von ihnen erwartete für alle Ewigkeit. Die Bischöfe und Bekehrer und die von Grauen beschattete merovingische Königin, Herzog Rollo, der im Südturm der Kathedrale schläft, und sein Sohn Wilhelm Langschwert, der ihm gegenüber im Nordturm ruht, der Eroberer, dessen armen Leichnam die Diener plünderten, Richard von England, das Löwenherz, dessen ungestümes Herz ein Schrein in der Kathedrale bewahrt, sein Bruder und der wehrlose, gemordete Königsknabe, die Kaiserin Mathilde, Heinrichs v. Witwe, die eine Brücke über die Seine baute, Pierre Cauchon und die Prälaten und Gelehrten, die im Bischofspalast zu Gericht saßen über die Heilige, der englische Gouverneur und die Wächter, die Kirchenfürsten und großen Herren, deren Denksteine der Chor der Kathedrale birgt, und all die unbekannten Toten, die hinter St. Maclau und vor den Mauern von St. Vincent und unter den Türmen von St. Ouen schlafen: sie alle waren zwischen den Herrn und den Versucher gestellt, der nur über das Mädchen von Domrémy keine Gewalt hatte. Und wie wäre der Dichter auszunehmen, dessen Wort mitbildet an den Schicksalen? Aber um der Einzigen willen wurde die Stadt des Frevels zur heiligen Stadt; wohl klagte Jeanne auf ihrem letzten Wege darüber, daß sie in Rouen sterben müsse; vielleicht aber bedurfte Rouen mehr als andere Städte des Gebetes der Heiligen, ihres Leidens und ihrer Schutzherrschaft. Und wie das Ringen des Lichtes mit dem Nebelgewoge über den Türmen an einem jeden Tage wieder beginnt, so mag das Gebet der Schutzherrin ringen mit der Seelennot der Toten, die nachts oft furchtbar herandringt aus den Gassen und dann wieder durchlichtet wird von der reinen Kraft der Höhe.

ENGLAND

York · Canterbury

YORK

Die mittelalterliche Mauer umgürtet noch immer die Stadt. Über einen Erdwall hin läuft der Zinnenkranz, der im späten Licht gelblich-weiß schimmert; Rundtürme stützen ihn, er senkt sich zum Tor, steigt wieder auf und umwandert auf seiner Höhe die trüben, düstern Ziegelbauten, in die York ausläuft; freilich ist der alte Ring längst durchbrochen und die Häuser haben auch das außerhalb liegende Feld erobert; doch der Umriß, der einst das Leben der Stadt zusammendrängte und ihr Form gab, behauptet sich eigensinnig, und groß und beherrschend, zuweilen in die Ferne gerückt, dann wieder in der Nähe erscheinend, steht die Kathedrale während des ganzen Rundganges über den Häusern. Die von gotischem Schmuckwerk umrankten Westtürme und der überschwere Vierungsturm, das hohe, von Streben gestützte Schiff, und die Rosette des Querschiffs zwischen den Fialen, über den lanzenförmigen Fenstern, endlich das Chorfenster, das wie eine stumme, nur aus wenigen Pfeifen gefügte Orgel den Bau abschließt, lösen einander ab; es ist, als sei die weite Wanderung auf dem Wehrgang doch nur ein Weg um die Kathedrale, nicht um die Stadt; am Fluß, angesichts der zweitürmigen Westfront, setzt die Mauer an, um endlich, die ganze Stadt umschreitend, zum Anblick des Chorfensters zu führen, das ernst und abgekehrt über den Gärten steht.

Aber der Fluß zerteilt York und seine Mauer, und dort, wo er in den Bereich der alten Stadt einströmt, liegt das Schloß auf erhöhtem Ufer, das den andern, die Stadt erfüllenden Anspruch vertritt: den auf die Macht. Der Cliffords Tower spiegelt in seiner Anlage die Bauweise des Eroberers; auf einem steil getürmten Hügel steht ein Turm; alte Bilder zeigen, wie die Normannen solche Hügel schichten ließen, während die hölzernen Türme zum Einpflanzen schon bereit standen. Freilich ist der Cliffords Tower schon von kunstvoller, späterer Form; vier Rundtürme sind gleichsam zusammengeschweißt und durch Erker noch einmal vernietet; er ist gebrochen und hohl; die geschwungenen Mauern umfassen einen leeren Platz, und doch ist der Turm noch immer mächtiger als das hinter ihm liegende Schloß später Zeit, dessen melancholische Heiterkeit und dürftige Pracht schon vom Ende der Herrschaft und der Herren weiß. Draußen, bei Marston Moor, sank das Königsbanner; und der rote Ziegelturm, der dort die Mauer abschließt, wo in alter Zeit der Graben die Verteidigung der Stadt übernahm, trägt noch immer die Narben dieses Kampfes.

Und doch hat keine englische Stadt einen besser begründeten Anspruch auf Macht und Herrschaft als York, ja die Forderung des Empires selbst ruht zu einem guten Teil auf dieser Stadt, die in ihren Mauern und Trümmern heute wieder abseits liegt, gleichsam allein gelassen mit der Last ihrer Tradition, und von der doch der mächtigste Anstoß kam. Am Abend beginnt die Mauer, mit ihren einförmigen Zinnen und Türmen, zu leuchten; sie scheint dann von römischer Geschlossenheit zu sein und römischen Willen zur Dauer zu bekennen, gleich den Mauern spanischer Städte. York ist die Stadt der Kaiser. Hier, angesichts des unbezwinglichen Nordens, dessen wilde Völkerscharen sie durch Wälle eingedämmt hatten, ohne sie überwinden zu können, wohnten die Imperatoren, die Grenze zu hüten, zu verteidigen; hierher führte Hadrian die sechste Legion; hierher kehrte Severus von einem Feldzug im Norden zurück, ein kranker Mann, den unheilverkündende Zeichen schreckten und der es noch erleben mußte, daß Caracalla, sein Sohn, sich Imperator nennen ließ, und die kaum niedergeworfenen Völker sich wieder empörten. Dann verzehrte in der Nähe Yorks das Feuer des Scheiterhaufens den toten Kaiser. Auch Konstantin Chlorus starb hier;

und hier fiel Konstantin, seinem Sohn, dem künftigen Weltherrn, die Macht über die westlichen Provinzen des Reiches zu, als ihn die Soldaten in York zum Imperator erhoben [306].

Aber das Große, wie schnell es auch hingeht, wird nicht durchlebt, ohne ein Gebot zurückzulassen; es ruht in der Erde und bricht wieder aus ihr hervor. Geschichte will sich ewig wiederholen, obwohl die Wiederholung niemals gelingt; der Wille zur Wiederkehr des Gewesenen ist eine der stärksten Kräfte, die das sich wandelnde Leben formen. Rom ging hin; es ließ den Grundriß des Castrums, Münzen, Tafeln, Urnen und Gräberfelder zurück, in denen Tausende ruhten, bis die Unrast und die Betriebsamkeit später Zeit ihr Gebein herauswühlten und zerstreuten. Auch ein Abglanz des Flüchtigsten wurde erhalten: das noch geschmückte Haar einer jungen Römerin. Doch das Römische blieb; die Sage ging durch das Mittelalter, daß das Grab des Kaisers Konstantin Chlorus gefunden worden sei und die Lampe darin noch gebrannt habe; die Lampe des Gedächtnisses, das Wissen vom überkommenen Anspruch, erlöschen nie; in verborgener Tiefe lebt das Imperium fort. Edwin, der Northumbrierkönig [607–633], der sich nach schwerem inneren Kampf und nachdem seine Priester selbst ihm dazu geraten, dem Christengott beugte, ließ in der Art der Römer ein Feldzeichen vor sich hertragen, wenn er durch die Stadt ritt, vorüber an den fremdartigen hohen Bauten der einstigen Herren. Bis nach Edinburgh, das seinen Namen von ihm empfing, stieß Edwin vor; aber jenseits des Römerwalls endet das römische Erbe, verstummt das Gebot der Nachfolge, schwindet die Größe der Bauten, der Maße, des Vorbildes; nur wo Rom baute, wurde wieder gebaut; wo es herrschte, Geschichte begann und ihr ein Ziel wies, wurde wieder große, eigene Geschichte gelebt.

Die Erinnerung an das Imperium, unter dessen Hauptstädten York gewesen, blieb in den englischen Herrschern des zehnten Jahrhunderts wach, die sich Imperatoren nannten; in den

Bann dieser Nachfolge gelangte Heinrich VIII., als er diesen Titel für Britannien beanspruchte, und noch die modernen Rechtfertiger des Britischen Imperiums berufen sich auf die Kaiser, deren Leiber bei den Totenfeiern in York zu Asche verzehrt wurden. Ob auch in Alcuin, der vielleicht in York geboren wurde, dieses Erbe noch wirkte, oder ob er es wieder aufnahm, als er in Rom war? Der große Berater des Frankenkaisers sprach schon vor dem entscheidenden Jahr 800 vom Imperium; er stellte Karls Königswürde über die des Papstes, über die des Kaisers von Byzanz.

Die Mächtigen des sinkenden römischen Reiches hatten einander verdrängt und getötet unter dem Fluch der Macht: Konstantin, des großen Konstantin Sohn, bekämpfte seinen Bruder Konstans und fiel gegen diesen [340]; Konstans machte sich zum Herrn Britanniens und wurde getötet von Magnentius, dem Briten, der wieder gegen Konstantius fiel. Und wie die römischen Gebieter einander vernichteten, so die Könige der Angelsachsen, deren kaum einer der Schuld entging, sowenig wie die Schuld dem Gericht. Als die Dänen sich die Macht über das nördliche Britannien geraubt hatten, wechselte das Zepter noch schneller von Hand zu Hand: von den etwa dreißig Gebietern fiel die Hälfte durch das Schwert, wurde ein anderer Teil vertrieben oder verbannt. Und als dann im Mittelalter das zerspaltene Königsgeschlecht sich zerfleischte und die weiße Rose Yorks und die rote Lancasters auf den Schildern der Todfeinde leuchteten, da trugen die ungefügen Stadttore die bleichen Häupter der Gerichteten und bald darauf der Richter, der Verräter, die zu Märtyrern, der Getreuen, die wieder zu Verrätern wurden.

Doch was wäre die Macht und ihr Fluch allein? Geschichte umfaßt unendlich viel mehr als den Kampf um die Macht, als den Lärm des Streites; sie umfaßt auch Stille, obwohl sie nur wenig von ihr berichtet; alles, was geschieht, wäre wesenlos ohne die Stille: der Staat und sein Dasein, die Macht und ihr Herr sind nur Personen oder Kräfte der Handlung, die zwischen Gott und dem Menschen spielt. Welche Stille und Geduld des Lernens, Erfahrens und Glaubens mag in York gewesen sein, hier, wo auch der Anspruch wurzelte! In der berühmten Schule zu York, die Karl dem Großen als Vorbild diente, lehrte Albert, der Erzbischof [766-778]; und wer vermöchte es schöner zu schildern, was er lehrte, als es Alcuin, der Schüler, zum Dank getan hat: »Dort netzte er dürstende Herzen mit dem Strom des Unterrichts, dem Tau der Studien; er teilte den einen mit Eifer die Künste der Grammatik mit, ließ in die andern die Redeströme der großen Redner fließen; diese wieder schliff er mit dem Wetzstein des Gesetzes; jene lehrte er Ionischen Gesang, wieder andere ließ er auf der Kastalischen Flöte spielen und mit der Lyra über die Hügel des Parnassus eilen. Aber dieser selbe Meister machte auch die Harmonie der Sonne und des Himmels kund, den Wandel des Mondes, das Beben der Erde, die Natur des Menschen, des Viehs, der Vögel und wilden Tiere und die Figuren der Geometrie, vor allem aber enthüllte er die Geheimnisse der Heiligen Schrift, öffnete er die Abgründe des alten, rauhen Gesetzes.« – Und die selben Schüler, die in der stillen Klosterschule sich in das tiefste Wissen der Zeit versenkten, warfen sich draußen aufs Pferd, das Reiten zu erlernen, übten sich im Fechten und meisterten Pfeil und Bogen; sie führten Wettruderkämpfe auf dem Flusse; die Colleges haben nicht nur die alten Plätze und Räume besetzt, sie sind den Mönchschulen in ihrem Wesen sehr nahe geblieben und haben sich gerade dadurch bewährt.

Zwischen dem Schloß und der Kathedrale, auf dem steigenden Ufergelände, baut die Stadt sich auf, durchdrungen und bestimmt von den beiden Brennpunkten geschichtlichen Lebens, dem Sitz der Herren und dem Sitz der Priester, dem Bau des Staates und dem Bau des Glaubens, die selbst wieder aufeinander wirkten. In den engen Gassen Yorks wußten sich die alten Häuser besser zu halten als in den meisten Städten Englands; sie lehnen sich aneinander, müde und unbeholfen mit ihren vorgeneigten Giebeln, dem krummen Balkenwerk, und suchen, auf Pfosten wie auf Krücken gestützt, sich in einer Reihe zu halten, die freilich bald durchbrochen wird von einem kahlen, neuen Bau; York wollte vom Alten nicht weichen und hat diese Schwerfälligkeit hart genug gebüßt. Und doch: was wäre Besseres von einer Stadt zu sagen, als daß sie beharrlich zu bewahren, zu überliefern suchte? Und wenn nicht Kräfte wären, die sich dem Neuen widersetzten: wie käme das Neue zur Gestalt; wie nähme es zu an Gewicht, an Altem, Bleibendem, das erst den Standort befestigt, den Raum und die Aufgabe bestimmt? Das Land war willig christlich geworden und sank doch in das Heidentum zurück; es bequemte sich den dänischen Herren und wollte sich dann an die Normannen nicht gewöhnen, so daß es den furchtbaren Zorn Wilhelms des Eroberers erregte und zu erdulden hatte. Denn als es sich mit Hilfe gelandeter Dänen zum zweitenmal im Rücken des neuen Herrn empörte, hielt Wilhelm, der es »bei Gottes Herrlichkeit« geschworen, daß er keinen seiner Feinde am Leben lassen werde, grausames Strafgericht. Gegen die Normannen, die aus der nordischen Heimat kamen, kämpften die Stammverwandten, die in Frankreich im Dienst an ihrem Staat eine wirksamere Schule durchlaufen hatten. Wilhelms Festungen auf den beiden Flußufern erstanden neu, indes die Stadt in Asche sank, das Land verwüstet wurde; neun Jahre lang sollte zwischen York und Durham kein Pflug mehr über die Äcker gehen; der neue Herr aber ließ, um die Unterworfenen mit seiner Macht zu blenden, die Krone und das reiche silberne Tafelgeschirr aus Winchester bringen und feierte inmitten der Geschlagenen seinen Sieg. Der Eroberer konnte jedoch nicht zerstören ohne wieder zu bauen, nicht eine Ordnung niederreißen, ohne eine neue zu stiften; nun erst wuchs die Kathedrale ihrer großen Form entgegen. Als sich aber die Formen wieder wandelten, die Inhalte sich verflüchtigten, paßte sich die Stadt dem Jahrhundert ebenso schwer an wie zuvor; sie widerstrebte der Reformation; in

Yorkshire und in Lincolnshire, im Umkreis der gewaltigsten Kathedralen, erhob sich die »Pilgrimage of Grace« [1536], eine religiöse Bewegung, die die Klöster erhalten, die Kirchen schützen wollte; die nicht verstand, daß nicht mehr ehrwürdig sein sollte, was es immer gewesen; an einem Galgen auf einem Tore Yorks endete Robert Aske, der Führer der Gnadenpilger, sein Leben. Dreißig Jahre danach erwachte der Aufstand wieder, in Durham; es war, als wollten die großen Kathedralen sich nicht entmachten lassen, als riefen sie fort und fort ihre Kämpfer auf; auch diese Bewegung scheiterte, und wieder erlitten einige ihrer Hauptleute den Tod in York. Das sechzehnte Jahrhundert hinterließ die Konflikte, die es nicht lösen konnte, dem siebzehnten als furchtbare Erbschaft; Karl 1., der weit mehr durch das, was geschehen war und geschehen mußte, als durch seine eigenen Verfehlungen fiel, liebte York und seine Kathedrale; hier, am Westportal, kniete er nieder und betete, als er in die Stadt eingezogen war; in »seiner geliebten Stadt York« kehrte er, nach Schottland hinaufeilend oder dem Parlament sich entziehend, wieder und wieder ein, während der Himmel finsterer wurde; er bewahrte der Kathedrale seine Liebe und ließ die Häuser beseitigen, die sich zu nahe an sie herangedrängt hatten so wie das Volk an den Thron und seine Macht. – Kirche und Krone behielten für lange Zeit ihr Ansehen, ihren Rang in York; wie die Bürger der Frau ihres Lord Mayors den hohen Titel ließen, während der Mann ihn mit dem Ablauf der Amtszeit verlor, so ließen sie ihren höchsten Herrinnen Titel und Ehre, obwohl die Zeit sich wandelte, der Herr wechselte:

> *Mein Herr ist Herr für Tag und Jahr,*
> *Meine Herrin bleibt Herrin immerdar.*
> *[My lord is a lord for a year and a day,*
> *But she is a lady for ever and aye.]*

Aber ist nicht alles geblieben? In der letzten Stunde des Tages, wenn schon der Wächter mit dem Schlüssel klirrt und die

Halle sich geleert hat, wenn das Dämmer sich unter dem Gewölbe sammelt und es verdeckt, so ist die Kathedrale allein von dem Alten, Heiligen erfüllt; es ist nicht mehr die Kirche Edwins, des heiligen Königs, dessen Haupt der Bote nach York brachte mit der Nachricht von der verlorenen Schlacht [793]; es ist auch nicht mehr die Kathedrale der Normannen, die schon ein Jahr, nachdem der Eroberer seine Rache gekühlt hatte, an dem alten Ort aufzusteigen begann; aber alle, die einstmals hier verehrten, lehrten und bauten, sind gegenwärtig in der gotischen Halle. Und da das Licht des Tages erlosch, beginnen die alten Fenster zu glimmen in ihrem eigenen Licht; die Häupter und die langen Bärte der Einsiedler schimmern und die Kronen der Könige leuchten wieder; auch sie sind ja nur dienende, schmückende Gestalten im Dom des Herrn, an denen das Licht sich bricht. Und das Vermächtnis, von dem alles Gegenwärtige lebt, so wenig es seiner gedenkt, gewinnt sein Dasein zurück und brennt und dauert in geheimnisvoller, unvergänglicher Kraft, so wie die Flamme im Grabe des Kaisers Konstantin Chlorus.

CANTERBURY

Die kleine Stadt hat ihr eigenes Leben und die Kathedrale das ihre; aus der Ferne scheint der schwere Dreiklang der Türme die Häuser zu beherrschen; in der Nähe schieben sich diese so eng zusammen, daß sie den Blick auf die Zinnen und Fialen versperren. Wenn sich aber dann eine Seitengasse öffnet, das überreiche Tor erscheint, das in den Bezirk der Kathedrale führt, und hinter ihm, in der nebligen grauen Luft, ein Turm erdämmert, so haben die behaglichen Fachwerkhäuser ihren Zauber verloren, und erst im tiefen Dunkel werden sie vielleicht mit dem warmen Licht hinter den alten Scheiben zurücklocken; die Kathedrale bedarf ihrer nicht. Sie ist ja nicht für die Stadt erbaut, wie etwa ein deutscher Dom; hinter Toren und Mauern, deren Ring nicht zerbrochen ist, umgeben von Wiesen und alten Bäumen, hat sie ihr eigenes Reich; und wenn auch vom Kloster nur Trümmer blieben, das in ihrem Schatten lag und ihr die Schar der Dienenden, Betenden stellte, so ist sie in ihrer Einsamkeit nur noch stolzer und selbstherrlicher geworden.

Zuweilen lösen sich die Dohlen von den Steinen und kahlen Wipfeln los, den hohen Vierungsturm zu umkreisen; dann wieder treibt nur der Nebel um ihn und die Westtürme, die, bei all ihrer Macht, nicht so hoch reichen wie er. Langhin streckt sich der Bau; die englischen Kathedralen streben nicht so entschieden empor wie die edelsten Deutschlands und Frankreichs, sie sind der Erde näher und wollen ihr näher bleiben, als komme es ihnen darauf an, eine möglichst große Fläche zu bedecken und dann erst ihre Türme emporzusenden.

Aber der größte Blick auf die Kathedrale von Canterbury gelingt nicht hier aus der Nähe; zu gewaltig erhebt sich der Westbau, streckt sich die ernste Fensterreihe des Schiffes an den Wiesen hin, steigen, von Norden gesehen, Transept und Chor über die leeren, umrankten Bogen des zertrümmerten Klosters empor; diese Kathedrale steht in der Mitte der Geschichte Englands und ist, in einem viel wesentlicheren Sinne noch als Westminster Abbey oder der Tower oder das Parlament, ihr Symbol. Denn sie bezeichnet die Stelle, wo der Glaube zum zweitenmal, und nun endgültig, die Insel betrat; der Inhalt der Geschichte abendländischer Völker ist aber niemals ein anderer als ihre Stellung zum Glauben – mögen sie ihn nun annehmen oder abwerfen wollen; von ihm kommt der Inhalt; wie auf der Erde selbst, so erschien Christus noch einmal einem jeden Volke in dessen höchstem geschichtlichen Augenblick; erst von nun an lief das große geschichtliche Schicksal ab. Dieser Vorgang, wie wohlbekannt er auch ist, ergreift immer wieder; eben weil er so einfach war und das Zeichen einer höheren Lenkung trägt. Draußen, außerhalb des herrischen

Mauerrings, geht die zur See führende Straße an dem Geviert des zweiten großen Klosters vorüber, das, zerstört und zum College geworden, mit den unschätzbaren Resten alter Form der Erziehung dienstbar gemacht wurde; eine Seitenstraße zweigt ab und führt zu der Höhe, an deren Hang die kleine Kirche Sankt Martins liegt. An den ungefügen, viereckigen Turm, den der Efeu übergrünt, lehnt sich das alte Mauerwerk; ringsum ragen Kreuze und Grabsteine unter niederhängenden Ästen empor; fern, zwischen den Wipfeln zweier Eiben, erscheint die Kathedrale, nun wieder als Beherrscherin der Stadt und des leicht gewellten Landes. Der zinnenbewehrte Vorbau, der, nach dem gemordeten Erzbischof, Beckets Krone heißt, ist wie ein Harnisch um den Chor gelegt, der Vierungsturm strebt hoch empor aus der Mitte des langgestreckten Kreuzes. Freilich trägt die kleine Kirche Sankt Martins heute gotische Formen und doch ist sie das ehrwürdigste Heiligtum des Landes, steht sie zum mindesten am geweihtesten Ort. Denn hier betete Bertha, die Gattin des noch heidnischen Königs Ethelbert von Kent, zum Gekreuzigten. Sie war aus Frankreich gekommen; vielleicht hatte der König, der um diese Zeit die Vormacht über die angelsächsischen Reiche innehatte, eines Beistandes bedurft und darum die Tochter des Frankenkönigs gewählt; wie aber oft im stillsten Geschehen auch das eigentlich Geschichtliche wirkt, so waren nicht die Kämpfe Ethelberts um seine flüchtige Macht das bedeutendste geschichtliche Ereignis dieser Zeit, sondern die Gebete der Königin, die mit ihrem Kaplan aus der Burg der Männer Kents [Canterbury] und der kleinen aus Holz erbauten Stadt hinauswanderte zu dem noch aus römisch-christlicher Zeit stammenden Heiligtum auf dem Hügel. Sie war die Enkelin einer Heiligen und bereitete gewiß durch ihr Sein und Leben und ihr Gebet die große Entscheidung vor; so wie ja oftmals die Frau in der Geschichte am stärksten wirkte durch ihr Sein und Dasein, nicht durch die Tat. Denn als die vom Papst gesandten Missionare auf der Insel Thanet landeten und dem

König sagen ließen, daß sie eine gute Botschaft zu verkünden hätten, zog ihnen Ethelbert entgegen, und er hörte sie willig an, wenn auch vorsichtigerweise im Freien und vielleicht im Schutz eines Baumes, weil er Zauberkraft fürchtete.

Und so spielten sich denn alle die großen einfachen Szenen ab: die Mönche zogen mit Erlaubnis des Königs in die Stadt, an der kleinen Kirche vorüber; sie trugen ein silbernes Kreuz und das Bild des Herrn und begannen zu singen, als sie sich dem Tor näherten. Bald ließ sich der König taufen, stiegen Tausende seines Volkes unter dem Segen der Priester in den Fluß; noch bewahrt die Kirche Sankt Martins einen Taufstein aus dieser frühesten christlichen Zeit der Angelsachsen [Ende des sechsten Jahrhunderts], der wie ein großer steinerner Becher geformt und mit ineinander geflochtenen steinernen Ringen geschmückt ist.

Die Entscheidung war gefallen und für immer; von nun an bewegte sich die Geschichte der Insel um die Frage, wie das Volk sich dem Glauben unterstellen, die Forderung des Kreuzes, das die Mönche hereingebracht, tragen und austragen werde. Nicht nach Kent, sondern zu allen Bewohnern Britanniens, hatte Papst Gregor der Große den Bischof Augustin als Missionar gesandt, wieviel Königreiche auch immer sich auf der Insel befehden und zerfleischen mochten; Rom forderte, als Träger des Christentums, die Einheit und schuf sie; England konnte beginnen.

Noch von Augustinus wurden die Kathedrale und die beiden Klöster begründet – das eine, das sich an sie anschloß, das andere vor der Stadt; der Bischof senkte gleichsam nur den Samen der Bauwerke in die Erde, aber die Kraft dieses Samens erstarb nicht. Die Kirchen wuchsen, verwandelten sich, brannten nieder, erhoben sich aufs neue, bis der Glaube zu der ungeheuersten Form gelangte, in der er erstarrte. Aus dem Opfer erwuchs diese Form, und erst als es vergessen wurde, konnte die zertrümmernde Hand sich erheben. Das Blut der Märtyrer machte Canterbury groß. Als zu Beginn des elften Jahrhunderts die Normannen, denen die Küsten Englands längst ausgeliefert waren, Canterbury erstürmt und verwüstet hatten, schleppten sie den frommen Erzbischof Alphege mit; in Greenwich, während eines Gelages, als ein Ochse am Feuer schmorte, warf einer der trunkenen Männer einen Knochen nach dem greisen Priester; andere taten ebenso, bis dieser zusammenbrach. »Was sollte ich tun, wenn es mein Lieblingspferd wäre«, fragte sich ein junger Däne, der noch von Alpheges Hand die Taufe empfangen hatte; er nahm seine Axt und tötete den verehrten geliebten Mann, um ihn vor der letzten Marter zu bewahren.

Dieser Eine glaubte und liebte bereits, wenn auch freilich noch in der Art der Väter; wenige Jahre darauf legte Knut der Große, der Beherrscher der Inselreiche, seine schwere goldene Krone als Opfergabe auf den Altar der wieder erstehenden Kirche. Die einstigen Zerstörer sollten die größten Bauherren werden, die England gesehen hat; doch nicht von ihrer nordischen Heimat aus, sondern auf dem Umweg über Frankreich, als französisch sprechende, von der romanisch-fränkischen Form gebändigte Nordländer sollten sie das Entscheidende vollbringen. Lanfranc, der Abt aus Caen, den Wilhelm der Eroberer berief, scheute als kränklicher Mann das Klima der Insel; er blieb dennoch, dem Willen des Herzogs und Königs sich beugend. Aus Frankreich führten die Segler den weißen schimmernden Stein herüber, aus dem, unter den Augen des greisen Bischofs, das Gotteshaus erbaut wurde; Lanfranc war, wie er klagte, in England des Lebens müde geworden und sollte doch sein Werk vollendet sehen. Aber noch war die letzte Gestalt nicht erreicht. Die Völker des Abendlandes suchten ohne Ruhe nach ihrem Raum; sie zerstörten einen jeden, den sie geschaffen: die Stile verdrängten, vernichteten einander; und wenn die Völker endlich aufhörten zu bauen, so nur, weil sie des Suchens müde geworden sind, nicht weil sie den letzten Raum gefunden haben.

Unter den Angelsachsen besaßen die Bischöfe eine mönchisch-

geistliche Macht: es konnte geschehen, daß ein König, vom Pferd springend, die Rutenstreiche eines beleidigten Bischofs ertrug, nur weil er dessen Apostelgewalt achtete; die Bischöfe der Normannen waren große Herren im Dienst des himmlischen Herrn: sie erbauten Burgen für Gott und wohnten selbst, mit ihren Mönchen als Kriegsknechten neben der Burg, in immerwährendem Dienst. Die Priestermacht näherte sich irdischer Macht an; sie wurde dennoch von Opfern genährt und getragen und war unüberwindlich, solange dieses Opfer gebracht wurde. Als Thomas Becket, der Erzbischof, im nordwestlichen Querschiff am Fuß der zum Chor führenden Treppe, vor dem Altar des heiligen Benedikt, unter dem Schwert der Mörder fiel [1170], da siegte die Priestermacht; es siegte zugleich das Geistliche über den Staat, die Kirche über den schuldigen König, der sich die höchste Gewalt über die Kirche hatte anmaßen wollen. Einige Jahre darauf durchschritt Heinrich II. barfuß, als Büßer, die Stadt; er kniete am Kirchenportal nieder, trat ein und stieg in die Krypta hinab, zum Sarg des Ermordeten; er entblößte seinen Rücken, empfing die Streiche der versammelten Bischöfe und Mönche und verbrachte die ganze folgende Nacht weinend und fastend am Grabe seines Kanzlers und Erzbischofs, der zum Heiligen geworden war.
Nun war das Opfer eingefügt in das Fundament der Kathedrale, es war ihre innerste, Form und Leben schaffende Kraft. Noch einmal brannte sie nieder, wenige Monate, nachdem der König Buße getan; auch Wilhelm von Sens, der den Wiederaufbau leitete, wurde zum Opfer; er stürzte von einem Gerüst, suchte von seinem Bett aus, gebrochenen Leibes, das Werk zu überwachen und ließ sich dann nach Frankreich zurückbringen, da kein Arzt ihm hatte helfen können: Wilhelm der Engländer vollendete den Bau [1184]. Bis an die Schwelle der Reformation wurde fortgebaut, ausgeschmückt; dennoch ist die Größe der Anlage unversehrt; keine englische Kathedrale ist von erhabenerem innerem Bau und Aufbau.
Die mit schmalen Diensten geschmückten Pfeiler schließen

sich, von der Mitte des Eingangs gesehen, zu Säulenwänden zusammen, die das Gewölbe einander zustrahlen; die auf Stufen ruhende Chorschranke riegelt die Halle ab; ist aber der Vorhang, der die gotische Pforte verhängt, zurückgeschlagen, so dringt der Blick durch den dämmernden Chor bis zum Altar hinauf, der, durch breite, mehrfach absetzende Stufen erhöht, zwischen den geschwungenen, auf Rundpfeilern ruhenden Chorwänden schon ganz im dunkeln Licht des Geheimnisses steht. Denn noch sind einige der alten Scheiben erhalten: Gewebe aus glühendem, vielfarbigem Licht, die in die normannischen, zackengeschmückten Fensterrahmen gespannt sind. Von dem Westportal durch die hohe Halle und die Pforte, an deren Seiten die steinernen Könige mit Zepter und Kronen stehen, bis zum blinkenden Kreuz hinauf, entfaltet sich der in langen Abständen ansteigende Schauplatz, sammelnd und dem Höchsten, Unerreichlichen entgegenführend.

In der weiten, ernsten Krypta, am Schreine des Heiligen, knieten die Großen jener Zeit: der König von Frankreich, der das kostbarste aller Geschenke, einen Rubin von bedeutender Größe, überbrachte; aber auch ein Unbekannter kniete dort: der junge Graf Lothar von Segni, der von der Schule zu Paris hergewandert war; er sollte dereinst, als Papst Innozenz III. und vielleicht als der Mächtigste der abendländischen Geschichte, den Kampf wieder aufnehmen, in dem Thomas gefallen war; in seinem Streit mit dem König Johann verhängte Innozenz den Bann über England. Als aber dann der Sarg des Märtyrers in den höchstgelegenen, östlichen Teil der Kathedrale übergeführt worden war, da und in den folgenden Jahrhunderten, schien die Nation ihr endgültiges Symbol finden zu sollen: in der Mitte ruhte der Heilige in einem Schrein von unerhörter Pracht, dessen Hülle vor den Augen der staunenden Pilger nur für wenige Augenblicke gelüftet wurde; an der Seite, zwischen den runden Doppelpfeilern, ward Edward, der schwarze Prinz, bestattet; noch hängen Handschuhe, Panzerhemd, Helm, Helmzier, Schwert und Schild über der Erzgestalt des

Helden, der sich frühen Ruhm erworben hatte, dann aber im Süden, in Spanien, zerstörender Krankheit verfallen war und sein Leben, auf die Weise der Plantagenets, eher vergeudet als gelebt hatte, als er hier eingesenkt wurde. Gegenüber ruht Heinrich IV., der Richard II., des schwarzen Prinzen Sohn, des Thrones beraubte, von schuldbeladenem Leben aus. Der Heilige, der unter der Gewalt gefallen war, der Held, den der Brand der Welt verzehrte, der König, der schuldig geworden war an des Helden Sohn, ruhten hier im selben Raum: die Träger des Schwertes gleichsam als Wächter am Grabe des Märtyrers in ihrer Mitte.

Aber Heiliges, das die höchste Verehrung genossen hatte, wurde wieder unheilig in der Schätzung der Menschen; der Kampf, der besiegelt schien, hatte nur geschwiegen und entbrannte wieder. 1538 wurde neben dem Schrein die Anklageschrift König Heinrichs VIII. gegen Thomas Becket verlesen, in der dieser des Verrats, der Widersetzlichkeit, der Rebellion beschuldigt wurde; der Heilige antwortete nicht; es geschah kein Wunder. Das Dämmerlicht, das die alte Halle füllte, schien verrucht; das »blasphemous glass« wurde zertrümmert oder verkauft, der Schrein zerschlagen; an des Herrschers Daumen leuchtete der Rubin, den der König von Frankreich gestiftet hatte. Das nüchterne Licht der Erde, vor dem sich der Glaube geschützt hatte mit hohen Hallen und dunklem Glas, drang ein; es wurde hell und leer. Heinrich, der, als der Achte, denselben Namen trug wie der Büßer in der Krypta, siegte; es siegte der Staat über das religiöse Vermächtnis, und das Leben stand in Gefahr, seinen höchsten Gehalt zu verlieren.

Schuld liegt auf den Bischöfen, die der Macht dienten; Schuld auf den Königen. Als Augustinus auf Thanet gelandet war, glaubte er eine frohe Botschaft zu überbringen; es war wie er sagte, und doch leitete er nicht das Drama des Heils, sondern eine Tragödie ein. Die Forderung des Kreuzes bewegte die Völker, und die Völker wurden wieder schuldig am Kreuz.

Die Kathedrale blieb. Aus den Trümmern des Klosters, der zerbrochenen Macht, steigt sie auf im Schutz ihrer Türme und starren Zinnen; die Last der Geschichte liegt auf ihr, in der das Heilige, wie die Splitter der alten Fenster, nur in wenigen Funken glüht; und doch zeugt die Kathedrale für das letzte und innerste, das, in der Geschichte selbst sich entfaltend, mächtig werdend und sich bewährend, diese endlich unter Gericht stellt und überwindet.

SKANDINAVIEN

Nordischer Herbst · Der ewige Schrei
Krebsfang in Oestergötland · Nordisches Finale

NORDISCHER HERBST

Erst dicht über dem Flugplatz erscheinen die eng gedrängten weißen Häuserchen an dem flachen Strand, von allen Seiten zucken die Signale durch den Nebel. Aber der Abend wird klar. Es sind die drei letzten Abende des Tivoli. Hoch in die Wipfel alter Bäume steigen die rot und blau glühenden mächtigen Kugeln, die Clowns stürmen mit ihrem Gepäckwagen heran und schlagen sich die Taschen um die Ohren, die Straße der Budenstadt ist wie ein Klang aus Hongkong, hinter der riesigen Menge vor dem Ballett stehen die ernsthaftesten Zuschauer: den Rücken gegen die Bühne gekehrt, blicken sie in schmale, hohe, auf Stöcken sitzende Kästen, die über die Köpfe der Menge hinweg die Bilder auffangen und sie nach unten in den Sehspalt reflektieren. Es ist alles da, alles offen: das Konzerthaus, dessen Ruhe von würdigen Dienern beschützt wird, das Bähnchen, das felsauf, felsab dahintobt, das Karussell, bei dessen Anblick schon einem Empfindlichen unwohl werden könnte, die von Spiegeln und Lüstern in alter Pracht blitzenden Restaurants. Nein, dahin zieht es mich nicht, »Wälkommen med madpakken« steht über einem Halbkreis kleiner Efeulauben am Teich, in den Lichtfontänen sprühn. Madpakken habe ich nicht, aber ich bekomme außer Teller und Besteck, die mir nichts nützen, doch einen Platz und das geliebte Porter und Aquavit. Neben mir hat ein älteres Ehepaar den Inhalt der Madpakken verzehrt, sie zünden sich die Zigarren an. Eine Kinderhochzeit in zierlicher Kutsche, flankiert von Gardisten mit blanker Waffe, die gebieterisch Platz machen, eilt unter Trommeln und Pfeifen vorüber, die Teiche und Wasserstraßen wimmeln von Kähnen, alle Bänke sind besetzt mit Liebespaaren oder Genügsamen, die nichts wollen als dasein in diesem Bereich der Freude, den der Rauch der Wurstbuden schwängert, über die die Windmühle die mit Lampions behängten Arme schwingt. Das Ganze ist ein Gedicht auf die Freude, erfunden von der Genügsamkeit, vom Gefühl eines jeden für alle, von der Liebe zu Bäumen und buntem Licht. Es zieht mich jeden Abend hierher zurück, bis endlich am dritten, dem eines Sonntags, die ganze Herrlichkeit unter einem stürmischen Feuerwerk verlöscht.

Über die Wiesen um Rosenborg spinnen sich Schleier, sie verhüllen schon die edlen Giebel und Türme, die Christian IV. erbauen ließ, ein König, der eigentlich kein Glück hatte auf den großen Schauplätzen, der aber gesegnet wurde und blieb mit der Liebe des Volkes. Die schweren Fische gleiten dunkel schimmernd unter dem Spiegel des Grabens dahin, Enten ruhen aus auf den sich mit Blättern bedeckenden Wiesen oder bewegen sich, ein wenig verdrossen, zum Wasser, die Pracht der Rosen ist gebrochen zu gedämpfter Glut. Vor Christiansborg eilen die leichten Kutschen in der Kreisbahn, die von den geschwungenen Flügeln des Marstalls umfaßt ist. Ich trete ein unter die schönen Gewölbe. Hier ist noch jeder Stand besetzt. Eine Welle warmen, ungeduldig wartenden Lebens geht über mich hin. Das ist ja ein Geheimnis: der König und das Pferd. Sie gehören zusammen. Und als Christian X. unter der fremden Macht durch die Stadt ritt – so wie er nun zu sehn ist auf dem Denkstein am St. Anna-Platz –, da war er wirklich Herr der Stadt.

Noch erschauern die Eichen nicht draußen an der seeländischen Küste. Sie prangen mit unversehrtem Laub, von einsamen Pferden durchwanderte Haine bildend, wie sie die alten Dichter, wie sie Klopstock liebte, der hier vielleicht seine beste Zeit hatte; ein jeder Baum ist frei, bedrängt den andern nicht, formt seine Gestalt aus, die eigenwillige Windung des Stammes der Äste, die Fülle des Wipfels. Kronborg, das königliche, schwimmt in der Bläue, es ist kein Tag für Hamlet, und auch der Geist könnte nicht wagen, zu erscheinen: niemand würde ihm glauben. Oder doch? Das Schloß ist ein königliches Wort, voll Stolz und Reichtum, Herausforderung an das Nachbarland, das mit dem stumpfen Turm über Hälsingborg herüberdroht. Aber der Streit ist ausgebrannt, und der Wellenschlag der Macht brandet nicht mehr um Kronborg, die wilden Masken und Löwengesichter im Hof unter dem ersten Geschoß schrecken nicht mehr, und wo Horatio und Marcellus auftraten in bitter kalter Nacht, steht nun ein kleiner ernster Soldat. Aber der mit grünem Kupfer belehnte Treppenturm ist von edelster Gestalt. Es bedeutet nicht wenig, daß der »Hamlet« hier spielt, Shakespeares mit den persönlichsten Schmerzen, mit den kühnsten, den unbeantwortbaren Fragen beschwerte Tragödie, daß er dieses eine Mal, gerade mit diesem Anliegen, den Boden dänischer Geschichte betreten hat. Das hat mit Forschung nichts zu tun. Aber doch mit der eigentümlichen Melodie der dänischen Geschichte, deren große Ansprüche zwischen den sie umgebenden, in ihrer Umwelt aufkommenden Mächten ersticken mußten. Wenn irgendwo, so war hier der Ort des Fragens, des Forschens nach verborgener Schuld, der erwachenden Ungewißheit von den Himmeln. Dänemark, einst Englands Herr, vor Schweden die erste nordische Macht, von Übermacht vergewaltigt wie Polen und doch im Besitz seiner selbst.

Draußen mag sich Tycho Brahes Insel im Lichte des Oeresunds zerlösen. Es zieht mich nach Hälsingborg hinüber. Und nun grüßt mich Schweden. Ein altes Haus lockt in einer Seitenstraße. Hier in einem schmalen, von dichtem Laube beschatteten Garten, den eine weiße Göttin in einer Nische bewacht, liegen zwei Schwäne neben einem kleinen ausgemauerten, von Wasserpflanzen umkränzten Bassin. Sie können nicht fliegen, nicht schwimmen, sie sind nur adlige Gestalt, bestaunt von den Vorübergehenden – ein Vater setzt den Kleinen auf seinen Nacken, damit er sie durch den Zaun sehe – und unverstanden, sie scheinen einander zu trösten. Aber niemand versteht ihr Gespräch, die stumme Bewegung der Hälse, der

Schnäbel, die beschützte Trauer im Schatten. Die offene See ist ganz nahe, aber nicht für sie. Und so sind sie – sie sind wie das Wappenschild vollendeter Geschichte – Denkmal kühner Flüge in der Sonntagsstille enger, kleiner Welt. Oben umgrünen südlich-üppige Bäume den Turm, der einst Schwedens Küste bewachte, Laub- und Nadelhölzer des südlichen England über einem Rasen, der so weich und gesättigt wie der englische ist. Das herbstliche Feuer ist in die Kronen gestiegen und feiert Triumphe, eine Fülle von Brechungen und Mischungen, die ich, in ihrer Glut und Verhaltenheit, meine noch nie gesehen zu haben und die mich nun an allen Straßen beglücken wird. Aber hinter den Fenstern des kleinen Restaurants, neben dem die Kinder belustigenden Aufzug, stehen die Stühle schon auf den Tischen. Es ist Herbst und zu Ende, wie mild auch die Sonne glüht.

Rasch kommen die Regenwolken über die See. Sie feuchten die Straßen von Roskilde, dem alten Königs- und Bischofssitz, der seine Rechte endlich an Kopenhagen, den Hafen der Kaufleute, verlor, mit einem fast unsichtbaren, kaum spürbaren Regen. Aber es ist, als ob die gewaltigen Linden und Platanen am Dom sich im Sonnenlicht regten. Sie strahlen von innerem Licht. Die Liebe eines Volkes zu seiner Geschichte, seiner Art umhegt das Königsgrab, hinter den gewölbten Scheiben gelber Häuser leuchtet es von vorsonntäglichem Weiß, altes, bizarres Gartengestühl ist an die Tische gelehnt, Findlinge haben einen Ehrenplatz auf dem Rasen, denn der Stein ist hier selten. Hinter Kastanien und Trauerbuchen, den sanft verblühenden Rosen schmaler Gartenwege weitet sich die grau verhangene See. Man müßte von draußen kommen, um Türme und Front zu verstehen, ihre steile Größe, ihre Sicherheit. Die Backsteine fügen sich zusammen zu erdrückender Wucht, sie sind wie gewachsener Fels. Und es geht von dem Dome aus wie ein Glockenruf über die See: dies ist Dänemarks Stolz und seine Trauer, hier liegen die großen Feldherrn, Gescheiterte und Vollendete, deren die Welt nicht wert gewesen ist. Innen, vor der Kapelle unter dem nördlichen Turm im schmiedeeisernen Gitter, ist die Wappengestalt des Hauses Trolle, ein wild tanzender Dämon, wie in einem Spinnennetz gefangen, Degen schmücken die Wände, die zu mächtigen Tafeln zusammengefügten Wappen der Herrschaften verkünden die Ehre der Gräber. – Und Grab an Grab, Kapelle an Kapelle, Könige einsam betend auf dem Baldachin, vor dem Kreuz und darunter neben der Gattin, den Söhnen liegend in der starren Pracht ihrer Waffen: Ehre den Toten, Ehre denen, die nicht mehr sind, allen, denen vielleicht zumeist, die nicht im Harnisch starben und keinen Herold hatten, die kein Pathos schützte, die noch unter frischen Kränzen, kaum verblichenen Fahnen liegen und es vermochten – oder versuchten –, das Geheimnis der Krone zu vollziehen in einer an Ehrfurcht armen Welt. Aber das konnte nur unter einem verpflichtenden Bilde geschehen. Auf schwerem, von Heiligen umschlossenem Sarkophag ruht die Königin Margareta im kühnen Säulenrund des Chors. Es war eine große Idee, die drei nordischen Reiche zusammenzuschließen, ihre Kronen zu versammeln auf einem Haupt. Vielleicht war das Dänemarks unerfüllbare Sendung. Denn England konnte nicht gehalten werden. Das Reich blieb eine Bedrohung. Wer sollte den Brand am Danewerk löschen, wer von Fall zu Fall entscheiden, was hier an Recht, an Unrecht geschah? Und wer sollte die Vormacht der Hanseaten ertragen, wieviel sie auch an Werten und Gütern brachten? Aber den Streit der Könige zu stillen im Norden, seine ganze Kraft in eine Hand zu legen, gegenüber dem Reich, zwischen England und der heraufkommenden russischen Macht, könnte das nicht eine Sendung gewesen sein, das Nächste, das Notwendige? Das vollbrachte Margareta für wenige Jahrzehnte. Es war die große Konzeption der Königin Margareta, der Tochter des Dänenkönigs Waldemar Atterdag und Witwe Haakons von Norwegen, an die sich im Jahre 1388 die schwedischen Herren wandten mit der Bitte um Hilfe gegen ihren König Albrecht, den Mecklenburger. Unter ihrer Regierung wurden um 1397 für den von ihr vorgesehenen Nachfolger, ihren Großneffen Erich von Pommern – ihr einziger Sohn aus der Ehe mit Haakon war gestorben –, eine gemeinsame Verfassung der drei Reiche entworfen*: sie sollen nie wieder geteilt, jeder Streit zwischen ihnen soll begraben werden, wird eines angegriffen, so sind alle drei betroffen. Aber jedes soll sein eigenes Recht und Gesetz behalten. Schon unter Erich ist die Einheit an inneren schwedischen Wirren zerbrochen. Die von Steuern und Abgaben aufgereizten Bauern von Dalarne, dem Lande, »wo Kupfer und Eisen wächst«, vertrieben den König (1439) unter ihrem Führer Engelbrecht Engelbrechtson nach Gotland. Nach seiner Absetzung entbrannte der alte Streit zwischen Dänemark und Schweden, das in der Bauweise noch heute dänisches Gepräge nicht verleugnet, wieder in dem damals dänischen Schonen und in Västergötland. Doch blieben Norwegen und Dänemark vereint. Von Norwegen kam der Marmor der Königsgräber.

So ruhten die drei Kronen nur einmal auf demselben Haupte: Margareta, die sich in Vadstena am Vättersee dem Kloster der heiligen Birgitta oder vielmehr ihrer Tochter, denn Birgitta hat es nie gesehn, als »Schwester« aufnehmen ließ und doch Königin blieb. Zu ihren Füßen liegt Erich, der das dreifache Diadem verlor, ein versteinerter Ritter. Aber war Margaretas Reich nicht verfrüht? Wäre der kühne, großartige Zug der nach Osten und Südosten gerichteten schwedischen Geschichte zur Ausprägung gekommen in der Union, wäre Dänemark in ihr geworden, was es ist, in sich geschlossen, halb Insel, halb Kontinent. Und vielleicht wäre auch Norwegens eigene Gestalt leichter zu erkennen, wenn es frei geblieben wäre. Vergessen wir doch nicht, daß Unionen als Notwendigkeiten erscheinen können und doch einen Verlust bedeuten, daß sie eine Sprache kosten können, die schwer wieder herzustellen ist, vor allem aber eine Melodie. So war die portugiesische in

* Vgl. *Anderson*, Schwedische Geschichte, S. 106.

Gefahr, als Alba Lissabon besetzte. Und wer sollte wünschen, daß die Schweiz, daß die Niederlande nicht frei geworden wären: obwohl die Freiheit Aufstand gegen das Reich war? Und doch hat der Dom von Roskilde, der dänische Königssarg aus Stein, seine Größe von Margareta, ist ihr Reich Gegenwart, gerade heute, als Einheit dreier klar ausgebildeter Gestalten, als Verwandtschaft dreier Vermächtnisse, die sich mit- und gegeneinander, in Streit und Versöhnung, ausgebildet haben.

Über dem Schiff, in der kaltblauen Frühe, lachen die Möwen. Es ist wie ein Triumph über die Passagiere, die nach allzu schweren Genüssen des Abends stöhnend in den Kajüten liegen. Die Spiele des Lichtes auf Wolken und Meer und zumal in den Wolkenschatten auf den sich zu flüchtigen Kämmen aufwerfenden Wellen, die ineinander sich brechenden und einander überschimmernden Farben der letzten Tagesstunden, Gespinste aus Licht der weichsten Töne, die, hintreibend, sich auflösten, bereiteten in der lange sich hinzögernden Dämmerung auf eine große Fremde vor. Jetzt, in der Morgenfrische, die das Schiff durchschneidet, ohne daß ein Widerstand spürbar wird, fühle ich mich mit Windesschnelle aus der bisher bewohnten Welt gleiten. Von flacher kahler Schäre, die sich wie der Rücken einer Schildkröte aus der Flut hebt, wirft ein Leuchtturm von der Küste Finnlands ohnmächtig seine Lichtpfeile gegen das Morgenlicht, fern ziehen sich Nadelhölzer von den Felsen zurück. Ich fliehe vom Boden bisher erlebter Geschichte, und es ist mir, als ob ich ins Geschichtslose eilte. Wieviel Geschichtliches auch unter den mythischen Bildern des Kalewala sich hinzieht, gleich den Felsengraten durch die Herbstwälder des mittelschwedischen Küstenlands, ich empfinde das Gedicht, durch das Finnland am mächtigsten zu mir sprach, doch als Ausdruck einer außergeschichtlichen Welt. Wohl hat Schweden in fast siebenhundert Jahren, als es sich losriß, versucht, dem Lande und Volke eine geschichtliche

Gestalt aufzuprägen, auch die Zaren haben es versucht. Aber vielleicht ist Finnland erst – im europäischen Sinn – durch Opfer und Zucht, in der Liebe zu Erbe und Freiheit geschichtliche Person geworden. Das ahne ich erst später. Es ist schwer, hier gerecht zu sein, die Grundkraft zu erkennen und die Kräfte, die an ihr formten oder wieder abgeglitten sind, nicht ohne Spuren zu hinterlassen.

Im Hafen unter dem Markt schaukeln die mit Kartoffeln beladenen Kähne. Vor der Halle warten die Verkäufer, von Möwen und Enten umkreist, auf die in mit Eis gefüllten Kästen verpackten Fische. Die Marktleute bauen ein Geviert aus Bänken um einen Tisch und schenken einander aus mächtigen blechernen Kaffeekannen ein. Es ist noch drei Minuten vor sieben, ich kann mein Pfund Tomaten noch nicht bekommen. Erst um sieben wird verkauft. Und mit dem Glockenschlag öffnen sich auch die Tore der Halle, wo die Würste über üppigen Fleischbrocken schaukeln. Draußen wiegen sich an den Dächern der Buden die gelbgrünen Dillbündel über den Kästen, in denen schwarze Krebse, Schicht über Schicht, sich hilflos übereinander schieben. Zu einem jeden Krebsschwanz gehört ein Glas Schnaps, aber der ist nur vom Monopol und beileibe nicht in dieser Morgenfrühe zu bekommen. In langer Reihe stehen in ärmlicher Phantastik gekleidete Frauen, bescheidene Asternsträuße haltend, die dicke Fischverkäuferin mit der lustigen spitzen Mütze hat es wohl leichter. Bunte Einkaufsnetze wehen von Stangen über schön geflochtenen Taschen und Körben. Im Herbst strömt der Reichtum der Wälder und Gärten zusammen: Hügel aus Heidelbeeren, Preiselbeeren, Erdbeeren, Stachelbeeren, Johannisbeeren, Trauben, Äpfel und Birnen säumen den Weg, seit gestern gibt es auch Bananen und Melonen, aber unmöglich ist es, eine Zitrone zu finden. Der Winter freilich – und er ist schon nah – fegt all die Buntheit vor dem alten vornehmen Gouvernementsgebäude hinweg. Das große Geviert wird kahl sein, und nur die Möwen suchen rüttelnd darüber hin.

Wunderbar! Zar Alexander II. steht noch immer auf dem Denkstein, umgeben von Kandelabern, vor der weißen Kirche auf dem nach ihm benannten Platz, den ein eigentümliches Raumgefühl geformt hat. Die abschließende, zu der Kuppelkirche hinaufführende Treppe ist steil wie eine Wand. Das ist die Formensprache eines späten nordischen Empire, das man preußisch-russisch nennen könnte und das von Potsdam bis Petersburg reicht. Es ist vornehm, eindrucksvoll in seiner Gemessenheit und seinem Selbstbewußtsein, finnisch ist es wohl kaum. Aber finnisch ist die Pietät und Toleranz, die es bewahrt, die Selbstgewißheit, die, auch nach härtestem Kampf, eine fremde Sprache nicht zu fürchten braucht. Hier, so nah an der Grenze, steht die Kathedrale aus der Zarenzeit unberührt auf dem Felsen über der Bucht. Es ist Samstag abend, die Tür ist angelehnt, ich wage kaum zu hoffen. Wirklich! Fremder, gemessen wogender Gesang, strahlende Kerzenbündel vor Heiligenbildern und überwirklicher Schimmer der Ikonenwand vor dem letzten Geheimnis. Sie öffnet sich, der Priester tritt heraus im Königskleide seiner Kirche, der unversehrten, unversehrbaren. Der Raum für die Gläubigen ist frei, ohne Stuhl und Bank, ein jeder betet, neigt sich, unzählige Male mit der Stirn die Erde berührend, wie auf einem unsichtbaren Gebetsteppich, in einem unbetretbaren Geviert. Ähnlich den Leuchttürmen draußen, aber in weit höherem Sinne leuchtet die Kirche, gegründet auf Urgestein, über die Grenzen, in die herandrängenden Schneewüsten in der Kraft der Schönheit erfüllter Strenge, ungebrochenen Glaubens. Die Würde und Pracht des Materials ist stärker als die epigonischen Formen, sie stören nicht mehr. Denn der Raum, vielleicht der großartigste, über den die orthodoxe Kirche noch in Freiheit verfügt, ist erfüllt von inniger, demütiger Freude. Nicht Flüchtlinge beten hier an, sondern Gläubige in ihrer Kraft, Brüder und Stellvertreter der Brüder in der Nacht.
Hinter regenverhangenen Wäldern, Ufern, Äckern, wo das auf Hocken gesetzte Getreide gleichmütig die kalte Nässe er-

trägt, erhebt sich die Kirche von Norgo an bewaldetem Hang im Schutze des frei stehenden, mächtig untersetzten Glockenturms, gilbender Linden, weiter Mauern, kraftvoll-ländlich, mit grauen Holzschindeln gedeckt; die strahlend weiß getünchten Mauern tragen spätgotische Ornamente. Wahrhafter Friede umschließt sie. Ich dringe ins Innere, zum Denkmal Alexanders I. nicht vor, der hier das Land aus schwedischer Oberhoheit in die russische übernahm unter Zusicherung seiner Freiheit und Eigenständigkeit. Ich bin um wenige Minuten zu spät. Der den Schlüssel verwahrende geistliche Herr ist schon ausgegangen. Über die saubern hellgrauen und gelben Holzhäuser der kleinen Stadt weht der Regen. Mich überkommt die Freude des Fernseins von allem und allen, das große Glück, spurloser Gast zu sein in dem kleinen altmodisch-behaglichen Saal des Hotels unter wenigen stummen, freundlichen Gästen, nichts zu wissen von allem, was hier geschah, nichts von dem Unglück, das über den Platz draußen geflohen sein mag, dem Wechsel der Herrschaft, der Sprachen; die Gnade eines Regentages an den Grenzen Europas, gerade noch diesseits, aber bereit, mir für ein paar Stunden die Zugehörigkeit zu erlassen. Hier wohnte Runeberg, in schwedischer Sprache der repräsentative Dichter Finnlands, in Deutschland heute wohl zuwenig und nicht mit dem Bedeutenden bekannt. Eine starke Birke breitet sich über die Treppe zum Wohngeschoß, es ist erfüllt von einer aristokratischen Bürgerlichkeit, weichem Blau und Rot, etwa die Wohnung eines bescheidenen Gutsbesitzers zwischen Empire und Biedermeier. Flinten, auf Fuchsbälgen, hängen über dem Sofa. Der große Jäger war ein bescheidener Mann. Nur einmal ließ er sich ehren in Stockholm, Schweden-Finnland hat er nicht verlassen. Und es bestehen Gründe, ist erlaubt, anzunehmen, daß er die Große Ausgabe der Werke Hegels, die in seinem Bücherschrank stehen, kaum in die Hand genommen hat. Die Wälder und Ufer, die grenzenlosen Flächen, die einsamen Bäume und wandernden Vögel, die Menschen in ihrer Ungebrochenheit, der Hall der Geschichte haben mächtiger zu ihm gesprochen.

Er soll, so wird erzählt, Dichtungen des Aleksis Kivi durchblättert haben, ohne etwas damit anfangen zu können. Man sollte es ihm nicht verargen, Runeberg blieb ein Mann gepflegter literarischer Tradition, etwa in der Art Longfellows, der wohl, wie von so vielem, auch von finnischer Dichtung beeinflußt war, doch war Runeberg um einige Grade ursprünglicher. In einem verwachsenen Grasgarten, am Rande des lichten Waldes, nördlich von Helsinki, an der Straße nach Järvenpä, liegt die Hütte, wo Kivi starb. Ein verwachsener Pfad führt hin, Fichten neigen sich ihr vor, die Birke regt sich unhörbar. Der Raum, im Umfang eines großen Zimmers, ist geteilt, im vorderen wohnte Kivis Bruder mit seiner Frau, im zweiten ist gerade Platz für Sofa, Ofen und Tisch, die schwarze Mütze ist unter Glas aufgehängt, darunter der kleine Stock, nichts deutet auf einen Menschen, der in weiten Räumen, in Völkern und Sprachen lebte und es dann wagte, alle Vorbilder zu verlassen und Finnland zu suchen, Menschen, Wälder und Tiere, den Kampf mit den Wölfen, den Winter, die Wanderung, Hunger und die Freude, sich zu sättigen mit der Jagdbeute, mit Bärenfleisch, Wildvögeln, Fisch. Nichts blieb vom dröhnenden Lachen der sieben Brüder, die sich die Flasche scharfen finnischen Schnapses reichen oder nackt auf den Brettern liegen über den glühenden Steinen im Wasserdampf. Es ist dunkel. Späte Feuchte dämmert um das Portiuncula der Dichtung. In zehn Jahren war die Kraft verzehrt. Ob er sich noch zur Sauna schleppte? Sie ist nieder wie eine Hundehütte, die geschwärzten Steine sind noch aufgehäuft, und darüber ist die Pritsche noch zu sehn. Welche Armut der Freude! Aber Ströme der Liebe finden hierher, ein Pilgerzug ohne Ende. Hier ist einer der Ehrfurcht gebietenden Orte, wo ein Volk sich selber sucht und erkennt, wo es in sein eigenes Antlitz blickt. Es ist stolz auf die Armut seines Dichters, auf seine Verlassenheit, seine Treue, seinen frühen Tod.

Es ist leichter, ins Vorzimmer eines Königs zu treten als vor die Tür eines großen Mannes. Ich möchte es nicht, lasse mich doch bereden. So fahren wir den bewaldeten Hügel hinauf zum Haus Sibelius. Die Sonne ist in breiten Strahlenbahnen durchgebrochen. Starkes, mildes Licht webt zwischen den Kiefernstämmen und über dem bunten Gesträuch. Fast an jedem Stamme hängt ein Vogelhaus. Das Innere ist in der Holzbauweise des Landes würdig-bescheiden, ein wenig schon aus der Zeit – und das mit Absicht. Die Last der neunzig Jahre hat den Hausherrn nicht gebeugt, das Auge nicht getrübt. Er steht im hereinflutenden Licht seines Herbstwaldes hellen Blickes auf unangreifbarer Höhe. Freilich hat er nicht mehr viel mit der Welt zu tun, auch nicht mit den Besuchern. Es kämen so viele Menschen, die sich auf Goethe beriefen, klagte er. Nun, das haben wir wenigstens nicht getan. Wir verdanken die Audienz dem deutschen Propst, vielleicht auch, in einem ganz bescheidenen Grade, dem Zuge des Herzens. Er kommt uns entgegen, in unserer Sprache, mit Erinnerungen aus Berlin. Ja, dort hat er Moltke noch gesehn. Und eine Ferne, in die längst keine Brücke führte, ist für einen Augenblick Gegenwart. Ich denke an die Landschaft, die Weiden, über die braune Kühe streifen, die Hügel, auf denen Pferde grasen, verstreute bescheidene Gutshäuser und Gehöfte, Schilf und Seen und die winzigen bewaldeten Inseln und die ungefügen weißen Kirchen unter breitem Dach und den unbegrenzbaren Himmel, zu dem die Buchten wechselnde Lichter spiegeln, und all die Stimmen des Windes, der Vögel, die ich nie vernahm. Wenn je das Werk eines einzelnen das Lied über seinem Land war, so das des Jan Sibelius. Und es geschieht wohl nicht zweimal im Leben, daß man einem Manne die Hand reichen darf, der sein Land ausgesprochen hat, der seine Stimme ist.

Das Kalewala nennt die Eichhörnchen den Glanz der Höhen, die Landesfreude, sie werden in den Wald geschickt, etwas beizutragen, damit das Bier endlich in Gärung komme, aber die Biene ist dafür geschickter. Der Ochse, der zur Hochzeit geschlachtet werden soll, ist so groß, daß auch das Eichhörnchen nicht an einem Tage vom Schwanz bis zum Gehörn laufen kann, es muß in der Mitte rasten. Hier, in Helsinki, bummelt es gelassen auf dem Boulevard, vor den lustigen Brunnenfiguren und den wildheroischen Denkmälern. Es trägt einen Pelz von feinstem Hellgrau mit schwarzen Säumen. Ich soll sie nun überall treffen: in Stockholm, wo eines mir morgens die Hand gibt, mitten in der Stadt, vor dem Denkmal Karls XII., vor der Domkirche von Drontheim, wo sich eines zierlich an einen Grabstein setzt, die Nuß zu verzehren, die ich noch, von zu Hause, aus meiner Tasche gekramt habe.

Die kleine Maschine, die von Helsinki nach Turku fliegt – in Schweden muß man Åbo sagen, wenn man keinen Ärger erregen will, hier ist es umgekehrt –, braucht nicht hoch zu steigen, ihr Schattenkreuz folgt nah auf den Kiefernkronen, durch die sich die Perlenschnüre der Seen winden; Wolkenbilder liegen darin wie Rauch, auf der anderen Seite, über der Küste, spielt das Licht mit dem Nebel. Über der alten Hauptstadt brennt tiefblauer Himmel, in den die Flamme der Herbstbäume schlägt. Sie zieht sich von der Küste landeinwärts am Fluß, vom dichttürmigen Vasaschloß, das sich einst aus dem Meere hob und nun vom steigenden Lande emporgehoben worden ist, zum Hügel der Domkirche. Hier erregte Michael Agricola, der große Reformator Finnlands, der zu Luthers Füßen saß in Wittenberg und wohl auch an seinem Tisch, den Unwillen seines Herrn Gustav Vasa, als er, nach seiner Erhebung zum Bischof, unter einer Bischofsmütze – die Bischofsmütze, die auch bei den heidnischen Bauern des Gudbrandstales Anstoß erregte – zum Altare schritt. Der Reformator, der die finnische Schriftsprache grundlegte, hatte seinen eigenen Anspruch auf Freiheit, er hielt an der Verehrung Mariens fest und an der Lehre vom Fegefeuer. Er muß ein milder, weiser Mann gewesen sein, dem Himmel wie der Erde nah, in kräftigem finnischem Humor. So steht er unter den gewaltigen Bäumen, die den wunderbar ausgewogenen Dom beschatten, über dem weiten, von charaktervollen Bauten des 18. Jahrhunderts umfaßten Platz. Hier, im Dom, unter dem hohen und schmalen und doch wuchtigen Gewölbe, hätte er auch sein Grab finden müssen neben dem Märtyrerbischof Heinrich, der mit Erich dem Heiligen nach Finnland gekommen war. Aber Agricola hält Grenzwacht in einem fremden Land. Er starb, treuester und vielgewandter Diener seines Königs Gustav Vasa, als Gesandter auf der Heimkehr vom Kreml und fand in der Grenzfeste Viborg, in deren Schule er studiert hatte, die Ehre seines frühen Grabes. Vielleicht kommt unter allen Glaubensstreitern der Zeit keiner dem Herzen näher als er, kein Eiferer, vielmehr Vater und Apostel, fast wagte ich zu sagen: Evangelist im finnischen Bauernkittel, Ackersmann.

Eine Stunde von Turku blickt die alte Kirche von Naantali (Nadental muß man in Schweden sagen, wenn man nicht beleidigen will) über die offene silbergraue See. Die kleinen Hotels, die Sommerhäuser, die Badehütten an der Bucht sind gegen den Winter verwahrt, und nur noch wenige Kähne schaukeln unter dem Spiegelbild des altehrwürdigen Gotteshauses. Kreuze scharen sich auf seinem Hügel unter den Bäumen. Unter den gelbroten Sträuchern liegen noch Trümmer des Klosters, und der an der Friedhofsmauer hinführende Weg ehrt mit seinem Namen noch immer die heilige Birgitta, die große, unheimliche Seherin und Beterin, deren Boten hier eine Gnadenstätte gründeten. Der Gottesdienst verhallt in eigentümlicher Melodik, hier ist Sprache Gesang. Unter dem weitgespannten alten Gewölbe steht ein Katafalk, draußen auf dem Friedhof hat sich die Trauergemeinde versammelt, während die Glocke über den Uferwald und den See klagte. Nur ein Pferd weidet neben dem Friedhof ungestört fort. Nun wird ein weißer Sarg gehoben, das bedeutet das Ende eines jungen

Lebens. Und damit ist es, als ob der Chor der verschollenen, vertriebenen Nonnen ertönte, während der Sarg in der Kirche verschwindet: es ist Ein Reich und Ein Haus. 1956

DER EWIGE SCHREI

Gegen die unter den Mauern Visbys hinziehende Straße brandet in breiten Wellen die blaugraue See. Der Wind beugt die mächtigen, die Zinnen und hohlen Türme beschattenden Laubkronen gegen die Stadt hin. Alle Tore sind offen. Aber das Gedränge kleiner bunter Häuser aus Holz und weniger aus grauem Stein, deren getreppte Giebel einsam zwischen den Nachbarn stehen, vermag den Mauergürtel nicht mehr zu füllen. Er zieht, auf Spitzbogen gestützt, von den schmalen, hohen Bastionen gehalten, über Felsen hinauf durch das Feld. Von fern liegen die gezackten Türme, Tore, Wehrgänge wie ausgestorben vor der gleichmütigen See. Die Stadt ergab sich, drei Tage nach Sankt Jakobstag, dem 27. Juli 1361, als der Dänenkönig Waldemar Atterdag die Insel Götland überfiel. Das Volksaufgebot, Männer aller Lebensalter, zahnlose Greise selbst und Krüppel, stellte sich ihm vor den Mauern, nahe dem Hafen entgegen und verblutete unter Pfeilen, Äxten, Schwertern seiner Ritter und Knechte. Die Insel hat dieses Blutopfer, die Stadt die Plünderung nicht überwunden. Freilich, Visby, die Gründung lübischer Kaufleute, hatte in gewissem Grade schon von der Vergangenheit gelebt, als der Däne Gold- und Silbergeräte, Edelsteine, Teppiche und Tuchballen auf seine Schiffe schleppte und ihren Reichtum vernichtete; bald sollte der Handel, der über die Wolga, Nowgorod, den Ilmensee an Götland vorüber gegen Bergen und London strebte, neue Wege finden. Danzig stieg auf. Mit dem späten Erscheinen der russischen Macht an den Seeufern der Ostsee wandelten sich unabwendbar Bedeutungen und Aufgaben im nordöstlichen Bereich.

Wie gestrandete Schiffe liegen die Ruinen der Kirchen unter den Bäumen, zwischen den Gärten. Nur die Marienkirche, der Dom der Deutschen, deren nördliches Portal noch im zwölften Jahrhundert gewölbt wurde, dient wieder dem Gottesdienst; Drotten, Sankt Maria und Sankt Katharina und Sankt Lars, Sankt Nicolai und Sankt Clemens und Sankt Peter, die Kirche des Heiligen Geistes, Sankt Olof und Sankt Göran, stehen gebrochen da; Giebel und Chorbogen, Streben und Säulen starren in die Luft; der feine kleinblättrige Efeu umkränzt mit lichtem Rankenwerk die gotischen Fensterrahmen, er quillt herein und schmückt die Gewölbe. Die zierlichaltmodischen Gärten liegen unter dem Rauschen fruchtschwerer Nußbäume; Linden blühen noch über den Himbeerhecken, die sorgfältig abgepflückt werden; Kapuziner und Winden schlingen sich um die Fenster und an den Wänden empor; durch klar spiegelnde Scheiben grüßen blühende Kakteen und Fuchsien, und, von der Stadtmauer geschützt, unten gegen die See hin, blühen vor weichem Rasen die Rosen verschwenderisch; das milde Feuer der Dahlien leuchtet von seltenem Laubwerk; blaue Disteln, Tabakblüten, Schilfrosen umkränzen einen Teich. Es ist Friede, das Feuer ist ausgebrannt; des Dänen Raubschiffe versanken auf der Heimfahrt vor den Karls-Inseln und schütteten Visbys Schätze in die See – und noch immer soll sie des Nachts leuchten von den Edelsteinen, die die Räuber aus der Westmauer von Sankt Nicolai gebrochen haben. Aus der See gleichsam ist die Stadt emporgestiegen, fremden Ursprungs und den Landleuten und ihrem bescheidenen Küstenhandel wohl schwerlich erwünscht. Die See hat ihren Glanz zurückgenommen –; nun sind die Rosen, die Dahlien, die Nußbäume und Linden ihr Ruhm: die Schönheit einer Trümmerwelt, die der europäischen Geschichte um Jahrhunderte voraus gewesen ist.

Wie die Trümmer sich mit Blüten und Ranken schmückten, so bekränzten Stadt und Insel ihr Unglück mit der Sage. Ehe Waldemar Atterdag als Räuber kam, erkundete er, als Bett-

ler verkleidet, Götland, den Hafen, die Reichtümer. Auf Unghanses Hof, auf der Landenge, die die südliche Spitze Götlands mit der Insel verbindet – noch bis zum Jahre 1866 stand dort eine doppeltorige Ruine –, stellte er sich zur Hochzeit ein. Er setzte sich vor die Tür und sah den kreisenden Paaren zu. Dann konnte er nicht widerstehen und tanzte mit des Hofbauern Tochter. Der verwies es ihm barsch: seine Sache sei es, an der Tür zu sitzen, zu betteln. Aber das Mädchen schlich sich nachts in die Kammer, die dem Fremdling zur Herberge angewiesen war: da sah sie goldgestickte Kleider unter dem Bettlerrock. Er entdeckte sich und sein Vorhaben, und sie verriet ihm Schätze, vielleicht auch Wege und Tore. Als er im Sommer Anker warf, vielleicht vor Klinte, südlich von Visby, oder, nach späteren Quellen, südlicher, in Kronvall, gegenüber von Karlsö, wurde der Verrat entdeckt und Unghanses Tochter wurde eingemauert in einem Turme, weit draußen, an der nördlichen Ecke der Stadtmauer. Drei-, vielleicht viermal stellte sich dem Dänen das Volksaufgebot an der Westküste entgegen, während die Stadt verhandelte und sich ergab. Nur zum Scheine wurde an der südöstlichen Ecke, vor dem Hafen, die Mauer eingerissen, so daß die Krieger wie Eroberer durch die Bresche zogen. Vom Landvolke jedoch sagt eine Inschrift über dem Bild des Gekreuzigten in der Kirche zu Fide, im Süden der Insel: Der Tempel ist ausgebrannt, das Volk ist geschlagen und kommt klagend um unter dem Schwert. Und bei Grens und südöstlich von Visby auf dem Schlachtfeld, wo das Nonnenkloster Solberga stand, eine Stiftung der Brigitta Knutsdottern aus dem Jahre 1349, erinnern breite steinerne Kreuze, deren Mitte von einem beschrifteten Ring umschlossen ist, an die Toten.
Sie meldeten sich wieder am 22. Mai 1905, als ein Artillerist mit Planierungsarbeiten dicht bei dem Kreuze von Solberga, das der Mark den Namen Korsbetningen gegeben hat, beschäftigt war. Er stieß auf Skelette und Panzerringe. Sofort wurde der erste Denkmalspfleger Schwedens, der Reichsanti-

quar, telegraphisch benachrichtigt. Schon am folgenden Tag
begannen die wissenschaftlichen Grabungen: sie stießen auf
ein Massengrab, das offenbar in großer Hast, nur anderthalb
bis zwei Meter tief unter der Rasenfläche angelegt und – wohl
mit Rücksicht auf die sommerliche Hitze des Schlachttags –
mit einer Schicht aus Mörtel und Kalk bedeckt war. Die Toten waren ordnungslos hineingeschüttet worden; kreuz und
quer, in den phantastischsten Stellungen lagen Gebeine und
Schädel zwischen den Platten und Ringen der schweren dänischen Rüstungen, zwischen Schilden, Helmen, Speeren und
Panzerhandschuhen. Noch waren Schädel in die Kettenhelme
geschlossen: sie sahen nun aus wie Mönchsschädel in der Kapuze; drei-, viermal hatten die scharfen Langschwerter in die
Schenkelknochen geschnitten, vierkantige Eisenbolzen steckten in den Schädeln oder hatten sie durchlöchert; die Hacken,
Äxte, in gewaltige runde Schneiden auslaufende Beile hatten
sie gespalten. Speerspitzen lagen noch in den Hirnschalen. Die
zusammengewachsenen Wirbel eines Buckligen, das rechtwinklig verwachsene Knie eines Hinkenden steckten dazwischen: der ganze Greuel der Bauern- und Ritterschlacht, der
Schmerz der in der Rüstung Erstickten, die Wunden, die der
Blutrausch schlug, der Todeshaß, die Verzweiflung, alles was
die Geschichte zu verschweigen liebt, lag offen da: wirklich
einmal die Wahrheit, die der Fund eines zweiten Grabes östlich des Kreuzes im Jahre 1912 noch verstärkte.
Sprecher der Toten aber sind Haupt und Oberkörper eines
Ritters geworden, ein Stück Menschenleib in Erz, vererztes,
versteintes Fleisch. Das von der Kettenhaube umschlossene
Antlitz ist schwarz; der noch mit allen Zähnen besetzte Mund
ist weit aufgerissen, ein stummer, verewigter Schrei. Ist er die
Stimme aller Geschichte, allen bisherigen Geschehens, und
sollte es nun darum gehen, eine Antwort zu finden, die eine,
endgültige, noch nie gesprochene an den Toten von Visby?
Meldet sich mit ihm die Geschichte selbst, die Schuld und Leid
nicht mehr im Grabe behalten, nicht mehr verheimlichen

kann? Man hat den wiedergekommenen Toten nicht mehr begraben: vielleicht hat man ihn als Zeichen empfunden; seinen stummen, wilden, tierischen Schmerz als Menschenleid überhaupt, Stimme der Überforderten. Es ist nicht mehr die Frage, ob er Räuber war und welche Schuld er trug: er ist einfach Erscheinung der Qual, Denkmal des Menschen, der im Panzer erstickte, der ohne Frieden starb, in höllischer Pein. Wir können ihn nicht begraben. Wir bedürfen dieser Stimme, der lautlosen, die mächtiger ist als ein jedes Wort und all die toten oder siechen Proteste, die Unwahrhaftigen unserer Zeit. Denn hier ist Wahrheit, unwidersprechliche. Und die Menschheit würde nur dann gerettet sein, wenn sie den Ritter von Korbsbetningen begraben könnte, das heißt: wenn sie seinen Schrei beantwortet hätte und nun seiner nicht mehr bedürfte.
Am späten Abend umkränzt Frieden die Insel, die Rosen- und Dahliengärten; die Laubkronen schlafen ein, die See wird still, ihre weißen Kränze verschäumen, und noch immer, sinnlos, wandert die Mauer, die nicht beschützen konnte, an den Gräben hin, die Wiesen und Felsplatten hinauf und hinab. Der verhaltene nordische Sonnenuntergang, an dem das Flugzeug vorüberzieht, spielt in unaussprechlichen Lichtern in den Wolken. Die Nebel lösen sich auf, und tief unten, bei Karlsö, leuchtet die See von den Edelsteinen, die unter dem Turme von Sankt Nicolai den Schiffen funkelten, bis der unglückliche Däne sie raubte und wieder verlor. Aber alle Schätze, die Menschen und Völkern durch die Hände rannen, wiegen den stummen Schrei nicht auf: die Wahrheit, an der wir genesen oder scheitern werden.

KREBSFANG IN OESTERGÖTLAND

Von Jagd und Fischfang verstehe ich nichts. Doch ging ich, so oft ich konnte, in Stockholm auf den Heumarkt, den Hötor-

get, wo in einer der Hallen die Fische, Makrelen, Flundern, Aale schimmern und glänzen zwischen Eisbrocken, die schwarzen Krebse in großen weißen Kartons schwerfällig übereinander kriechen oder mit unendlicher und freilich vergeblicher Mühe versuchen, aus den Fächern der Verkaufsstände auszubrechen. Daneben dampfen die rotgekochten Leichen ihrer Gefährten in den Eimern. Dann stellte ich mich draußen auf den Markt unter die rote Plane einer der säuberlich aufgereihten Verkaufsbuden und genoß das warme, rötliche Licht, das Käufer und Verkäufer – diese, Männer und Frauen, in schneeweißen Schürzen und Mützen –, die zauberhaften gelbroten Nelken, die gelben Rosen, die Dahlien und Gladiolen und die vielen zierlichen, zitternden Herbstblumen übergoß und all die Früchte verklärte: Äpfel und Trauben, die Himbeeren, Erdbeeren, Heidelbeeren, die verkaufsbereit und eine jede einzelne gewaschen in kleinen weißen Kartons aufgeschichtet waren, die Pfifferlinge und Champignons, an denen kein Erdkrümchen haftete, die blankgescheuerten frischen Kartoffeln, Gurken, Tomaten, Melonen, die Girlanden aus Bündeln spiegelblanker Radieschen, die die Tische umkränzten. Die Dillbündel brachten mich wieder auf die Krebse, auf ihre in harte Panzer geschlossene, auswegs lose Qual.
Am 8. August beginnt alljährlich das Krebsessen; es wird mit solchem Heißhunger betrieben, daß nur das dazu gehörende Schnapstrinken mit ihm Schritt halten kann. Aber der Ertrag aus Schwedens Seen und Flüssen reicht nicht dafür aus: sie werden aus Finnland, selbst aus der Tschechoslowakei eingeführt. Hier im Lande richtete die Krebspest – ein Pilz, der sich in die Atemorgane einfrißt – viele Verheerungen an. Wo sie einmal aufgetreten ist, können erst nach zehn Jahren wieder Krebse gesetzt werden. Es finden sich dann wohl noch einzelne, übernatürlich groß gewordene Tiere, die die Krankheit überdauert haben. Heute versucht man, die Krebse zu schonen. Es ist nicht mehr erlaubt, wie das früher geschah, mit Windlichtern nachts auf die Seen zu fahren und die heran-

drängenden Tiere in Massen ins Boot zu schaufeln. Das erzählte mir der Besitzer eines Herrensitzes in Oestergötland, während wir von der Höhe, über den Kranz dichter Tannenwipfel und Birken auf den See blickten, von dem das Licht in tausend immer feineren Brechungen zwischen rot, violett und grau Abschied nahm. Dann brannte es noch einmal auf in den Fenstern der fernen Stadt am anderen Ufer, glühend wie eine Feuersbrunst; und dann begannen Wolken und Mond das Spiel ihrer Spiegelungen.

Meine Freunde bereiteten ein Krebsessen auf einem oestergötländischen Bauernhof vor. Sie bestanden darauf, daß ich selber die Krebse fangen sollte, und der Wissenschaft halber sagte ich zu. Das war nun eine höchst lächerliche Sache. Wir fuhren, reichlich mit Schnaps und Bier versehen, gegen Abend an den braunen, schnittbereiten Feldern, den dichten Tannen- und Laubwäldern hin, die von fruchtschweren Ebereschen, Sträuchern, Farn, Moos, blühenden Heiden durchwachsen sind, Versteck der Elche, die sich freilich nicht sehen ließen. Dann bogen wir ab gegen ein Felsplateau, das wohl einmal als Schäre aus der See ragte. Laubbäume säumen den Weg, die zierlichen braunen Kühe und Kälbchen drängen sich in einer Ecke des Geheges, der Regen dieses sommerlosen Jahres überschleiert die Weite. Oben, von dem rotgestrichenen, mit weißen Fensterrahmen gezierten Stallgebäude entfernt, liegt der Hof, ein von rosa blühenden Winden und Klematis umsponnenes Haus des vorigen Jahrhunderts. Dienstleute gibt es kaum, der Bauer bewirtschaftet Feld und Vieh oft allein, hier mit einem einzigen siebzehnjährigen Knecht, der eben – es ist Samstag –, sauber gewaschen und gestrählt, in braungrauem Sporthemd und elegant gebügelter Hose aus dem Hause kommt. Die Hofbesitzer, die zwei Bübchen, Hunde, zwei zierliche schwarze Katzen mit weißen Pfoten und Sternen auf der Kehle begrüßen uns in der Eingangslaube; vor der großen Stube an der Wand hängt eine lange Reihe Jagdflinten. Innen lodern die runden Tannenstämmchen im offenen Ofen, Ran-

kengewächse umspinnen die Fenster und breiten sich über die Wände. Von den Tischen grüßen die Herbstblumen; Sauberkeit spiegelt in allen Zimmern, in der weiträumigen, modernen Küche. Es wäre für unsere Begriffe schon eher eine gehobene bürgerliche, eine fast herrschaftliche Lebensform, angemessen etwa dem Gutshaus einer mittleren Domäne.
Wir sitzen am offenen Fenster und beginnen mit dem Schnaps, einer Art Whisky, und draußen verhüllt sich das Land in Regen und Dämmerung. Es ist, als sei die See zurückgekommen, und wir lebten auf einer der Inseln der Ostküste. Geschichte, die mich ins Land zog, ist hier kaum mehr zu spüren. Ich denke zurück an das ungeheuerliche Schloß Gustav Vasas und seiner Söhne in Vadstena vor dem Vättersee, den ungefügen Mittelturm, die zylindrischen gekuppelten Ecktürme, die sich im Graben spiegeln, an die von drei oder vier, vielleicht gar sechs Meter starken Mauern gebildeten Räume, ihre für ein ausgestorbenes Geschlecht gefügte Dimension, in deren einem der Gründer seine dritte Hochzeit feierte, der Sechzigjährige mit der sechzehnjährigen Katharina Stenbock – oder an den Turm in Gripsholm, unter dessen Gewölbe er schlief. Hier ist das alles fern. Die Natur ist mächtig und saugt alles Gewesene auf. Es regnet, und es ist Herbst, noch mitten im Sommer; vielleicht tritt jetzt ein Elch aus dem Waldrand, das uralte, unausdeutbare Geheimnis, eine königliche Gestalt. (Aber es ist nur noch ein Pferd auf dem Hof, ein Oldenburger, dem, gegen das Gesetz seiner Rasse, die langen Haare in die Stirn hingen, wir begrüßten ihn, er stand einsam neben dem Traktor, die anderen Stände im Stall sind leer.)
Doch ich soll ja Krebse fangen. Und es ist nun dunkel genug. Zum Bach hinaus ist es zu weit. Und so hat sich der Bauer, ein ernst-freundlicher, kräftiger Mann, einen Spaß erdacht: er hat ein paar Krebse ausgesetzt in dem winzigen Teich draußen vor dem Hause in der Felsmulde. Dort liegen auch die Netze, das trommelförmige, in parallele Ringe gefaßte, und das flache, in deren Mitte der Köder hängt, Fisch oder Fleisch.

Nun leuchtet die Taschenlampe über den trüben Spiegel. Unter allen Umständen – ich kann es nicht verhindern – muß das photographiert werden, die Lampe des Photographen zuckt, und ich senke also das Netz an einer Stange, die in eine Gabel ausläuft, ins Wasser. Es ist reichlich beschämend. Denn fast im selben Augenblick laufen drei oder vier Krebse durch die seitlichen Öffnungen, aus denen es kein Zurück für sie gibt; sobald das Netz gehoben wird, geraten sie auf dessen Grund. Ich nehme einen, nach vorsichtiger Belehrung, in die Hand: ein dem Anschein nach furchtbar ausgerüstetes, in Wahrheit fast wehrloses Wesen, mit herabhängenden Zangen und Ruderschaufeln, zuckenden Beinen, vergeblich ins Dunkel tastenden langen Fühlern, stechenden Augen: unzugängliches Leben und doch mit Leben vereint von Gnaden des Leids.

Nun, meine Freunde verstehen, und der Bauer und seine Frau und der Photograph vielleicht auch. In der Küche ist der Tisch gedeckt, in dessen Mitte die längst vorbereitete Krebsplatte steht, hochgehäuft, mit Dill umkränzt, und daneben weißes Brot, Butter und Käse, die Gläser, Schnaps und Bier. Die Teller sind mit Rosen geschmückt, die Kerzen brennen, Zinnien und blau blühende Rankengewächse zieren die Simse. Die üblichen, ein wenig feierlichen Begrüßungs- und Dankesworte folgen dem Skål. Nun, niemand nötigt mich zum Essen. Ich bleibe bei Schnaps und Bier. Die Bübchen nehmen sich noch ein paar Krebse mit in die Schlafkammer. Das Essen selbst aber ist eine Wissenschaft, eine grausame, die alle Urinstinkte des Essens erregt und zu vielerlei lustig-ernsten Reflexionen und Anspielungen Anlaß gibt. Scharf wird der Kopf, hinter dem gleich der Magen sitzt, mit dem kleinen Messer abgetrennt und zugleich der Panzer abgehoben, dann, mit einer gewissen Urlust des Saugens und Verzehrens, das Innere einverleibt; dann die zierliche Schere aufgeknackt. Wie zum Triumphe, wie Skalpe oder Geweihe, umkränzen die Panzer und zornig blickenden Köpfe die Teller. Nach gesungenem Dank sitzen wir wieder am Feuer; es ist wunderbar wohltätig, der starke Kaffee, das reine Hausgebäck spenden ihren Duft, und es regnet wohl noch immer, und alle Geheimnisse draußen sind eingeschlafen und dauern schlafend fort. Ja, ich will wiederkommen, nächstes Jahr, und ich kann nur wünschen, daß bis dahin – ein Jahr ist so viel – alles bleibe wie es ist, gerade noch ist: die Menschen und das Land und die Freundschaft und die Gewalt der Natur – und auch das Unbegreifliche, das Grausame und das Lächerliche unserer selbst und unserer List sind darin eingeschlossen, Jäger und Elch, Fischer und Krebs. Hier aber, hier draußen hinter den Wäldern Oestergötlands, ist noch eine Art Gleichgewicht zwischen Mensch und Natur: er ist ihr unterworfen und steht noch allein vor ihren Geschöpfen, ein Mann auf seinem Feld – neben dem letzten Pferd – und entrichtet mit seiner Hände Arbeit, mit seiner Sorge und einmal – wie ferne, ferne möge es sein! – mit seinem Tod redliches Entgelt für das, was er den Geschöpfen abgerungen hat.

NORDISCHES FINALE

Über die schroffen schwarzen Gebirgswände, die Bergen umschließen, schleiert der Regen. Er zerlöst sich in Dunst, und die matte Sonne wirft ein paar flüchtige Lichter auf die schwerverwundete Stadt: Brände, der letzte Krieg haben sie geschlagen; die Zeile der bunten, roten, gelbbraunen Holzhäuser auf der deutschen Brücke reißt ab; eng, verängstigt lehnen sich die letzten Höfe aneinander, in deren Tiefe schmale, mit Planken belegte Gänge führen, zu Werkstätten, die verlassen zu sein scheinen, staubigen Magazinen, die keine Schätze mehr bergen werden. Oben laufen Galerien, überqueren schräge Steige den Hofweg, der sich durch drei- oder vierfache Haustiefe erstreckt. Die Hebemasten, die einstmals vor den Speicherhäusern, dem Hirsch, dem Elchkopf standen, sind geschwunden; sie haben nichts mehr auszuladen. Nur einer steht noch im Garten der Schöttstube, die schmale, beseilte Stange wie Fühler ausstreckend vor dem ehrwürdigen Holzbau, in dem die deutschen Kaufleute sich wärmten und, ein jeder an seinem Herde, sich das Essen zubereiteten: sie mußten in ihren Häusern auf Frauen und Feuer verzichten – und es stehe dahin, wie weit sie sich daran gehalten haben. Das Feuer war ihren Magazinen allzu gefährlich, der Verzicht auf Frauen hielt den rücksichtslos eroberten Handel fest in deutscher Hand. Da er aber in höherem Sinne nicht begründet werden konnte, mußte er sich verderblich auswirken. Die Verdienste der Hanse um die Kultur werfen dunkle Schatten: es ist kein Zweifel, daß sie vom Lande her anders bewertet werden kann als von unserer Küste. Aber längst ist die Zeit gekommen, da Verdienst und Problematik gerecht abgewogen werden sollten.

Die Stadt blickt aufs Meer, vom Lande wurde sie Jahrhunderte lang nur von Saumtieren auf steilen, immer wieder steigenden und fallenden Pfaden erreicht. Die See verbindet sie mit der Welt und schickt Tag für Tag den Reichtum ihrer Tiefen auf den Markt. Hier schimmern spiegelnd die Fische vor den tanzenden Masten, schwarzgrün und golden, blinkendes blutüberronnenes Silber, mächtige rote Würfel aus Walfischfleisch und ungeheuerliche Rümpfe, die breit wie der Rücken eines Ochsen sind. In den Becken wimmelt das erschrockene Leben durcheinander, treiben andere mit der Schlagseite an die Oberfläche, oder mühsam atmend auf dem Rücken. Rastlos arbeitet das Messer, rasch, sicher, gleichgültig, als sollte das überflüssige Kraut von den Rüben, den Karotten geschnitten werden, nicht der Kopf von einem vollkommenen zuckenden, lebensstarken Geschöpf. Preißelbeeren in großen weißen Kartons, Pfirsiche und kleine grüne Äpfel, Pflaumen, die wohl nicht ganz ausreifen und darum reicher an Farbe aller Abstufungen sind, Himbeeren, jetzt noch im späten Herbst, und Dahlien, Gladiolen und Astern, frische Rosen umkränzen den Sterbeort der Fische. Rasch leeren sich die Tische, hinter denen die kräftigen Fischer in ihren Schürzen stehen, rote volle Gesichter unter schwarzen Mützen, umweht von hellem oder weißem Haar. Um drei Uhr verschwindet der Markt; die Blumenautos, die wie zu einem Korso geschmückt waren mit Hänge- und Kletterpflanzen, fahren ab, die Tische werden geräumt, weggebracht, der Platz mit Wasserfluten gereinigt.

Früh stirbt die Stadt. In dem zierlichen blumenumkränzten Pavillon vor den großen Hotels wird in diesem Jahr keine Kapelle mehr spielen. Grieg, mit Holberg und dem Wirken Ibsens und Björnsons am Bergener Theater, der geistige Ruhm der Stadt, wird dann verlassen in der Anlage stehen – wie seine sich entfernende Melodie. Die wild erregte Geschichte, Sieg und Schuld der früheren Könige, die hier ihre Krone empfingen, um die Stadt sich befehdeten, vor ihren Mauern sich schlugen, lebt nur noch als Sage: zwischen dem alten und dem modernen Norwegen gähnt eine fast unüberbrückbare Kluft. Das Volk hat wohl niemals sich selbst, aber in gewissem Grade für eine bestimmte Epoche, doch seine Geschichte verloren zwischen Kopenhagen und Stockholm; und es muß tief hinabsteigen in die Zeiten und in sich selbst, wenn es sein Eigentum heben will. Die Marienkirche, umrauscht von Buchen, die sich über Grabsteine breiten, redet noch gewaltig von der frühen Zeit: die breiten Gewölbebogen lasten auf vierkantigen, felsenstarken Pfeilern; weder der gotische Chor noch die barocke sinnenfrohe Buntheit der Kanzel sind hier am rechten Ort.

Es ist Abschiedsstunde. Noch einmal spiegeln sich draußen die ernsten Berge, die fast unbewohnten Ufer in den Fjords: Schwermut in sich selbst versunkener Natur, die nicht enden kann. Die zierlichen braunen Kühe liegen unbewacht in der Heide; andere schreiten langsam über den dicht bewachsenen Waldboden unter Föhren, Buchen, Tannen und Eberschen zwischen Felsbrocken und herauswachsendem Gestein. Schafe ziehen vorüber ohne Hirten; fern birgt sich ein dunkelroter Hof unter seinen Bäumen; ein schmales flachsblondes Kind steht an einem Wegstein, und wieder spiegeln die langgestreckten, unbefahrenen Wasserarme den Himmel, der sich aufs neue verdüstert. Hinter einem Herrenhof, an der sich in den Wald verlierenden Straße, unter Buchen und Birken, vor dem tiefdunklen Rand des Waldes und unter seinen steilen Wänden liegt die Ruine des Lyse-Klosters, das Zisterzienser gebaut haben. Fast nur die Grundmauern sind erhalten: sie wurden sorgfältig mit Birkenrinde bedeckt, auf die Gras gepflanzt wurde. So zeichnen sich noch die Kirchenhalle, die Wirtschaftsräume, die Altäre ab. Vor diesen sind Steinsärge in die Erde eingelassen, schmale Schreine von verschiedener Größe, die wahrscheinlich dem Toten genau angepaßt waren. Für das Haupt ist eine Rundung ausgemeißelt. Es ist vollkommen still hier, auch kein Vogel ist zu vernehmen, und nichts regt sich im Wald, und keine Glockenstimme reicht hierher. Bald wird der Regen wieder über die Schreine wehen, in denen der Glaube Gottes Saat sicher zu verschließen meinte für den Jüngsten Tag. Aber das Korn ist verweht und Erde geworden, und das Grab ist Frage an den leeren Himmel. Der Friede ist da in nicht erwarteter, in nicht zu bezeichnender Gestalt. Das alte Norwegen der Akerskyrka in Oslo, der Marienkirche in Bergen, des Lyse-Klosters, des Domes zu Trondheim über dem Grabe des heiligen Olaf hat sich entzogen; nicht daß es besiegt wäre und abgetan, aber sein Wort ist zu mächtig für ein spätes Geschlecht.

Dann breitet sich ein violetter Wolkenteppich unter dem Flugzeug über der Stadt, den Fjords, den Wäldern und dem Meer; er zerreißt über Oslo, das heraufflammt wie eine Milchstraße, zuckend und flackernd in der Unruhe vor dem Wetterumschlag. Und wieder eine Weltinsel in der Tiefe: Göteborg und ein paar Trabanten in der großen Verlassenheit, und endlich ein weithin sich ausdehnendes Strahlen, einander sich kreuzende Lichtbahnen, spielende Feuerräder aller Farben und der Widerschein auf der See: Kopenhagen. Der Anblick der großen Städte von oben, bei Nacht, ist eines der wunderbarsten Geschenke an die Zeit wie die Wolkenlandschaften und Lichtspiele, der atemberaubende rasche Heran- und Vorüberflug weißer Gebirge, das Zittern und Tanzen an der Wettergrenze, der Blick hinab in verschneite Schluchten und auf die von Schaumflocken gemusterte See. Unsere Abschiede sind rasch, und in wenigen Minuten sind wir um Dimensionen voneinander getrennt. Unten schließen sich die Berge hinter dem Heimkehrenden zusammen und der Regen verdeckt ihm den Weg: der andre, der kaum noch eben hier auf dem Stuhle saß am Feuer, ist fort, in den Lüften, im Nirgendwo, schon unerreichbar. –

Und wieder beglücken mich die Zaubergärten des Tivoli, das Gedicht des dänischen Volkes auf die Freude. Obwohl ich nicht mit Madpakken versehen bin, ziehe ich die bescheidenen kleinbürgerlichen Lokale vor – eine Efeulaube und eine Gartenbank, ein Zelt aus bunten Lichtern –, wo ich mit solchem Mundvorrat willkommen wäre und nun nicht zu bestellen brauche, was ich nicht mag, und dafür trinken kann, was ich will. Die Gladiolen und Astern, die Königskerzen und Rosen sinken in die Dämmerung, um gleich darauf wieder aufzuglühen im abgestimmten Scheine der tausend Lampen und Laternen, während die Brunnen wie flüssiges Feuer strömen und die Teichufer die sie überspannenden, umkränzenden Bogen aus Blau und Rot spiegelnd zum Kreise ergänzen. Fern aus den Gondeln bunter Ballone, die die Luftschaukel auf und ab wirbelt, gellen Schreie; das Zügchen faucht vorbei, besetzt mit Jungen und Alten – Kinder sind alle –, das die Gleitbahn treibende Wasserrad schaufelt, und jedesmal schießen, mit einem Todesschrei wie Lenaus Indianer, die Passagiere der Boote ins Dunkel. Unter dem gelben Luftballon springen die weißen Pferdchen über den Glücksbuden aus der Wand; unheimliche Galionsfiguren starren in das Gewimmel, die Schüs-

se knacken und die Pistolen der Clowns; eben hat das Zügchen die Felsenhöhe erklommen, immer rasender werdend gegen das Ende der Fahrt, und der riesige Stern der Luftschaukel steht still, während unten die Autos der Rollbahn dumpf gegeneinanderstoßen – ich erkenne den brasilischen Matrosen wieder, den ich in Oslo auf der Karl Johans Gatan sah.
Und nun, ehe das Feuerwerk entbrennt, für das es mir zu spät werden wird, im Lebenswirbel, dessen Gast ich bin, klingen die Bilder und Melodien der Herbstreise zusammen: die Trümmerstadt Visby steigt mit unzähligen Türmen aus der grauen See, und davor steht das Kreuz, das um die götländischen Bauern klagte; mit ihren Feinden, den eisenschweren dänischen Rittern, wurden sie unter der Sommerglut in die Grube geworfen; die Möwen versammeln sich kreischend vor meinem Fenster in Stockholm, nicht weit vom Schloß unter der deutschen Kirche, und die Könige treten hervor, die rätselvoll-gewaltigen, Gustav Vasa vor den Trümmern Gripsholms, der wahnsinnige Erich, sein Sohn. Der Saal in Vadstena, über dem Vättersee, wo Gustav Vasa seine dritte, seine letzte Hochzeit hielt, ist leer und kalt, nicht für Menschen unseres Maßes, vielmehr für Giganten gebaut. Bezaubernder Garten dort: die Libellen stehen schwirrend über dem gepflegten Rasen; hinter den Erlen ballt sich der grau-schwarze Herbsthimmel, aber noch scheint die Sonne durch die bunte Plane der schaukelnden Gartenbank, und der fette schwarze Hund auf dem Wege braucht nicht aufzustehen, wenn er den Zucker schnappen will. In Övralid vor dem Vättersee trug Verner von Heidenstam seinen schweren Abend aus, in einem schwedischen Herrenhaus strengsten Stils um das Werk ringend, das sich nicht mehr formen wollte. Karls XII. Trompeten verhallen. Unter dem braunen Acker, dem Kranze aus üppigem Laubwald, verliert sich der See in Spiegelungen ohne Ende, da die Sonne, klar aus dem Herbstdunst sinkend, eben die Erde berührt. Alles ist wie am ersten oder am letzten Tag, als habe sich niemals Geschichte begeben.

Und wieder faucht das Zügchen über mich hin; im Flohzirkus beginnt die neue Vorstellung, es ist die letzte Gelegenheit, und nun werden draußen, auf der großen Bühne, wo Kopf an Kopf ins Licht starrt, die Pantomimiker auftreten, im Theaterchen beginnt der muntre Lobpreis Luisens, der yndige pike, eine Mutter hat einen Bären aus blauem Plüsch gewonnen, und ein blasses Kindchen steht noch immer zitternd vor dem Wettlauf der Glücksreiter und kann nicht begreifen, daß keiner vor seiner Nummer hält. In mir verwirren, verschlingen sich die Sprachen. Ich habe gar kein Talent, sie zu lernen und zu sprechen, verstehe nichts von Grammatik und Melodie.
Aber diesen Winter in Lissabon habe ich mich ein wenig, mit Mühe, in Ibsen und Björnson eingelesen. Oever aevne spielt gar nicht so ferne von Fatima –, und als ich in Stockholm meine Freunde in Fritzes Hofboekhandel besuchte, sah ich da die schwedische Ausgabe des Buches liegen, das Alexandrina Tolstoi über ihren Vater geschrieben hat; ich schlug es auf und konnte es lesen, und auch die Königsdramen Strindbergs, und so ging es mir in Oslo mit Hamsuns ›Sult‹ und in Kopenhagen mit dem schönen Novellenband: Danske Digtere forteller und Holbergs Komödien – welches Farbenspiel der Gefühle, welche Gefaßtheit und Verhaltenheit: das sind die Reflexe auf dem Vättersee und dem Oeresund in der lange hinzögernden Dämmerung, dem Tage, der nicht enden will und kann, weil noch immer das Letzte von Licht und Schatten nicht gesagt ist – aber das könnte auch portugiesisch sein, das Spiel des Tejo, eh die Wolkenwand über die Zacken von Cintra heranzieht, das Gewitter losbricht und die Fischerboote auf den Sand flüchten.

Das Leben Tolstois: die Unmöglichkeit des Christentums, die Unmöglichkeit, sich und der Welt zu helfen und frei zu werden *vor* dem Tode, die Gefangenschaft im Widerspruch und starrsinnige, unzerbrechliche Gewißheit: das läßt mich nicht los. Die Frage, ob der Christ Künstler sein kann oder nicht, ist nie ernster gestellt worden. Und doch hat diese Frage keinen rechten Sinn: Tolstoi mußte beides sein, es gab kein Entweder-Oder, und an diesen sich kreuzenden Gesetzen ist er zerbrochen, hat er sich vollendet. – Und immer sehe ich den Hungernden auf den Straßen Oslos, den frühen Hamsun, in der jämmerlichsten Erniedrigung der Armut, ohne Weste, in viele Wochen lang nicht gewechseltem Hemd, das Jackett mit einer Sicherheitsnadel zusammengeheftet, aber die abgetrennten Knöpfe vergeblich ausbietend für ein paar Oere, wahnsinnig vor Hunger – und doch von zigeunerhaftem Charme, herrenhaftem Stolz. Nun, das rührt in mir selbst an ferne, nicht ganz so harte Vergangenheit, an Schicksal, das sich nicht mehr aufheben läßt. Ich bin also in ernster, in guter Begleitung gereist: es waren zwei konträre, höchst intensive Existenzen, die an die Grenzen des Menschseins gestoßen waren. Wie nahe ihnen der dänische Ironiker ist, Kierkegaard, mit welcher Mißbilligung er sich von ihnen geschieden hätte, ist nicht schwer zu begreifen. In einem der Biedermeierzimmer in Frederiksborg ist eine Karikatur zu sehen: es ist ein verwachsener Mann im Zylinder von großartiger Schärfe des Profils, so wie er auf den Straßen Kopenhagens ging, immer an der Grenze des Christentums und des Lebens.

Überhaupt: die Porträts in Frederiksborg, seien sie nun von Holländern oder Dänen! Welche Wahrhaftigkeit, welche Sensibilität der Psychologie! Das ist die Geschichte der Könige, ihrer Heraufkunft, ihres Untergangs, ihres Sich-wieder-Suchens, angestrengten Sich-wieder-Findens.

Das gelbe, das blaue, das weiße Kreuz, die drei Kronen, für eine Weile vereinigt, dann wieder getrennt, die Herrschergebiete tauschend und zurücknehmend; sie sind eine Einheit, die niemals einförmig werden kann. Ehre einer jeden Verletzlichkeit, einer jeden Sensibilität! Hier aber im Tivoli ist die Freude zu Hause wie nirgendwo sonst, sie wirft noch Lichter zurück auf die Schwermut der Fjorde, auf den wilden Regentag am Mälar vor Gripsholm, wo der See in die herabhängenden Weiden rauschte unter dem Turme Gustav Vasas, dem Kerker seines Sohnes Erich xiv., dem Gefängnis Gustavs iv. Adolfs, der sich künftighin Oberst Gustavson nannte und im Rössli in Sankt Gallen ein bescheidenes Zimmer bewohnte. Immer wieder füllt sich das Zügchen mit Kindern aller Alter, füllen sich die Boote der Rutschbahn, die aneinander prellenden Autos, die Gondeln der Luftschaukel: sei es mit brasilischen Matrosen oder bummelnden Chinesen und Negern, vor allem aber mit Dänen, die diesen gastlichen Freudenort nach ihres Herzens Trachten gedichtet haben. Völker können die letzte Liebe eines Menschen sein, die letzte Gesellschaft, ein unermeßliches Glück. Ich will wiederkommen, gewiß, nächstes Jahr; genau an diesem Tage, dem 11. September, war ich voriges Jahr hier. Und in wenigen Tagen packe ich die Gefährten aus Stockholm, Oslo und Kopenhagen in den Koffer für Lissabon. Hier aber werden die Zaubergärten verlöschen, die Quellen verstummen, die Buden sich schließen und Eisbären und Dromedare der Karussells stillestehen für dieses Jahr, während ich dann und wann zurückgrüße und dann mich wieder verliere an die Melodie atlantischer Fischer.

DEUTSCHLAND

Potsdam · Wörlitz · Bautzen · Merseburg · Quedlinburg
Nietzsches Grab · Weißenfels

POTSDAM

Wenn es Winter ist und der Schnee die Herrlichkeit der Gärten verdeckt, die einmal ein Dichter eine »gemachte Herrlichkeit« schalt; wenn die Glocke durch den Nebel spielt und die Schar aller derer zerstoben ist, die an den Stätten der Tradition sich umhertreiben oder umhergetrieben werden, ohne zu verehren oder zu empfangen; wenn nichts bleibt als der schwere Himmel, das arme Land und in der großen Fläche die wenigen symmetrischen Straßenzüge, so wird der Geist der Stadt wieder wach. Denn er hat ja mit all dem nichts zu tun, was über ihn hinweggeht an schönen Tagen; es ist Winter; bald vielleicht können draußen vor der Stadt die Wagen sich die Brücken und Fähren ersparen und über das Eis der Seen hinüberrollen nach Sacrow oder nach Caputh, den Schwänen blieb nur eine schmale Fläche dunklen Wassers vor der Treppe am Stadtschloß; nachts steigen sie heraus und schlafen auf dem Eis; die hungrigen Taucher aus allen Teilen des Strom- und Seenlandes drängen sich zusammen, ihrer Freiheit beraubt; und oben die krumme Linde vor dem Schloß, vor der einstmals ein jeder Untertan bei seinem Könige Recht suchen konnte und fand, übersteht diese harte Zeit vielleicht nicht.

Zwar die Heiterkeit der Figuren ist geblieben, und auf dem Vorbau des Stadtschlosses dreht sich Fortuna noch immer, ein Spiel des Windes; aber wie der Ernst, der diese Heiterkeit forderte, so ist auch diese selbst fast unverständlich geworden; und doch: die westlich-südlichen Formen der Schlösser und der Stadt, die Säulen, deren Feierlichkeit nicht so gewichtig ist wie im Süden, die Pilaster am Stadtschloß und die Putten dort an der Seitentreppe, gegenüber dem Marstall, wo der große König in seinem letzten Frühjahr neben der Schildwache entschlummerte – all diese hierher verschlagene Fremdartigkeit ist doch nicht nur Spiel über der Tiefe; sie ist nicht allein von dem Leiden der Seele gewollt, das sich hinter Scherzen verbirgt und die Anmut der Klage vorzieht, sondern sie drückt das Wesen aus, das aus seinem Zwiespalte heraus lebt und schafft. Die Stadt des härtesten Willens ist auch eine der fremdartigsten des Reiches, die am wenigsten Anteil an den eigentlich in Deutschland fortgebildeten und erfüllten Formen hat; kaum daß das älteste Mauerwerk über die Mitte des 17. Jahrhunderts zurückreicht; das Erbe der Glaubenszeit, das in Havelberg und Tangermünde, in Stendal, Rathenow und Brandenburg und in den Klostertrümmern Chorins so ergreifend wie von irgendeiner andern Landschaft des Vaterlandes auch von der Mark bewahrt wird, ist aus Potsdam verdrängt; läge darin das Geheimnis des hier vollendeten Willens? Das Jenseitige schwand, und der Wille wurde für die Erde frei; dem Unendlichen, an das sich die Deutschen verloren hatten, wurde die Begrenzung entgegengestellt; selbst die alte gotische Kirche auf dem Markt mußte fallen: sie konnte sich nicht halten in der Nachbarschaft des Schlosses, in dem die Hauskapelle einem Theaterraum weichen mußte. Hatte das alte Reich, hatte das Kaisertum einen Sinn, so war es dieser: den Glauben über alle Politik zu stellen und ihm, wenn auch nicht immer seinem Vertreter, das höchste Richteramt zu lassen, das Heil der Seele dem Staate überzuordnen und mit der Seele, die aus der Glaubensgemeinschaft ausgestoßen war, auch den Staat bedroht zu sehen; der Bann des Papstes wäre nicht tödlicher Wirkung gewesen, hätten diese Werte nicht diesseits wie jenseits der Alpen geherrscht; an ihnen hat sich die Macht gebrochen; hier jedoch, in Potsdam, von wo das spätere Kaisertum auf das leidenschaftlichste bekämpft wurde, herrschten andere Werte.

Der Wille wurde frei, das Jenseitig-Unerreichbare verzehrte ihn nicht mehr, und die Erde begann ihn zu verzehren. Als die Tragödie der Macht zum erstenmal wieder seit den Tagen des Kurfürsten Friedrich von einem Hohenzollern ganz durchlebt worden war und der Große Kurfürst im Stadtschloß zu Potsdam sein tragisches Leben beschloß, da war die Dämonie des Machtgebotes, das in vererbter Erde ruht, erwiesen, aber noch hatte es den Glauben nicht überwältigt; als Friedrich Wilhelm, der Schöpfer, hier endlich, im letzten Augenblick, sein Herz löste vom Staate, dem Land, der Armee, da wurde ein vom Dienst an der Erde aufgebrauchtes dennoch niemals gesättigtes Leben endlich noch vom Christlich-Jenseitigen überwältigt; als Friedrich draußen auf der Höhe von Sanssouci, dem Sterbeort der Väter schon entrückt, die Augen schloß, da endete mit der Tragödie der Macht auch die des Glaubens und des Zweifels in einem tiefen Dunkel, das eine ungewisse Hoffnung barg. Denn der Wille hatte einen jeden Wunsch besiegt; er war der Erde Meister geworden, indem er nur noch das Opfer wollte und forderte; aber dieses Opfer betraf nicht nur Güter oder das Glück, es betraf die Seele selbst, die sich der Erde dennoch nicht verschreiben, die sich in das Jenseits nicht aufschwingen konnte und durfte. Ob der Sieger dreier Kriege auch hier Sieger, ob er ein Besiegter war: wer wollte es völlig entscheiden? Das Opfer ist alles.

Wäre, was dieses Jahrhundert vom Tode des Kurfürsten bis zum Tode Friedrichs umspannte, in der Tat nur Ausdruck der Zeit? Hätten die Stadt und ihre Könige nur das allgemeine Schicksal Europas im 18. Jahrhundert ausgetragen, und wäre es am Ende ein Unheil, daß die Mark gerade in diesem Jahrhundert erwachte, widersprechen diese geraden, parallelen Straßen, die gewaltigen Gevierte der Plätze, die Häuser, deren eines das andere fast wiederholt, nicht völlig der großen Tradition früherer Zeit, damit einen Zwiespalt schaffend, der sich nicht mehr verheilen läßt? Aber wie die Pflanzen und Früchte, so haben die Landschaften und Völker ihre Jahreszeit: die einzige, die sie zum Blühen und Reifen bringen kann, weil sie allein ihrem Wesen entspricht, weil ihr allein die schlafenden Kräfte antworten; jetzt, dieses eine, einzige Mal, kann das Wesen in Erscheinung treten, nicht weil es von der Zeit geschaffen wurde, sondern weil sie ihm die Erde lockert, weil sie eins mit ihm ist. Dennoch will sich das Schloß, das den Standort der alten Burg an der Havelbrücke behauptete, nicht in die Stadt einfügen; seine Achse ist nicht die der Stadt; der Straßenzug, der vom Markte über den Kanal hinüberführt zu dem großen auf Sumpf und Sand begründeten Platze, biegt vom Schloßportal ab, statt aus ihm hervorzugehen, und die neue Stadt jenseits des Kanals, die niemals fertig gewordenen, wachsenden, sich zusammenschließenden, die Mauern wieder durchbrechenden Häusergevierte Friedrich Wilhelms sind nicht mehr auf das Schloß bezogen: der Bruch zwischen dem Alten, dem gewachsenen Kern, und der neuen, erzwungenen Form ist nicht verheilt.

Der Geist wurde frei und diente dem Gesetze des Raums, der Geschichte; er bedurfte noch einer anderen Bindung, um nicht wieder, auf deutsche Weise, in das Unbegrenzte zu streben, der französischen Form. Denn als Rom nicht mehr band, da band Paris; und auch dies scheint ein Gesetz zu sein, das Unheil und Segen bringt zu gleicher Zeit und sich nicht durchbrechen läßt, weil es der Art entspricht und ihr zu ihren höchsten Taten verhilft. Friedrich sprach französisch wie Wilhelm der Eroberer, wie Robert Guiscard; wenn nordische Kraft sich bindet auf diese Weise, erreicht sie ihr Höchstes: ihre kühnsten und zugleich geformtesten Gestalten.

Die Form ist Opfer, und die Seele wollte freilich ein anderes; als der Zwang sich zu lockern begann, strebte sie aus dem Nüchternen in das Heilige zurück. Unter der Höhe von Sanssouci steht die Kirche Friedrich Wilhelms IV.: der Efeu umklammert die Pforte am Teich, über der das Heilandsbild leuchtet; durch sie pflegte der König, von dem Schlosse seines zweifelnden Ahnherrn kommend, den Bezirk des Friedens zu betreten; und wie seltsam nun die altrömische Kirche mit dem Kreuzgang sich ausnehmen mag hier an der Stätte der Skepsis und des Spottes und an derselben Stelle, wo einst im Küchengarten Friedrich Wilhelms I. derbes Lachen unter Flintenschüssen erscholl, so blieb der Kirche und ihrem Erbauer doch ein Wort, das hier, in Potsdam, gesprochen werden mußte, vielleicht nur, um die ganze Tragik der Form zu erweisen. Denn ein letztes Verlangen war ja unbefriedigt geblieben in den strengen Kirchen des 18. Jahrhunderts und im Bann des französischen Geistes; und auch die Krone war mehr, als sie im 18. Jahrhundert zu sein schien; nicht nur Pflicht und Verzicht, auch das Jenseitige hat einen Anteil an ihrem Glanz, ihrer Macht; von diesem Jenseitigen wußte der König, der sich reich und stark genug gefühlt hatte, Sanssouci wieder zu bewohnen; und der dann, im rasch auf ihn herabsinkenden Dunkel, gezwungen war, auch im Winter in Sanssouci zu bleiben; der dort oben starb und an einem eisigen Tage im Januar in der Friedenskirche in die Gruft gesenkt wurde, nachdem er die Krone, die für ihn höher und heiliger gewesen als selbst für seine Ahnen, nicht hatte tragen können wie sie.

Wie die Seele dieses Mannes sich mühte, zu verbinden, was sich nicht verbinden ließ, so bemühte auch der Geist des Volkes sich vergeblich um Potsdam, freilich nicht mit dem tragischen Ernste des Königs. Wenigen seiner Vertreter war so viel vergönnt wie Bach, dessen Musik doch einmal im Stadtschloß erklang; viele der andern gingen so flüchtig hindurch wie Goethe durch Sanssouci, wie Mozart und Schiller durch die Stadt; die Schuld reicht tief, nach ihrem Ursprung wie nach ihrer Wirkung, denn sie ist eine Schuld der Art und des Wesens; zu mächtig war der Geist des Volkes vom Unendlichen ergriffen, als daß er sich hier in die Begrenzung, nicht des Raumes, der überall begrenzt war in Deutschland, sondern des Blickes und der Sicht hätte fügen können; zu sehr war es das Amt der Könige, das Nächste zu tun und die Form um jeden Preis zu begründen und zu erhalten, als daß sie mit diesem ins Unendliche schweifenden Geist sich hätte verbünden können. Gab Potsdam die Antwort auf die Tragödie des alten Reichs, eine bedingte Antwort freilich, die nur im Norden galt, so lebte im Geist jener Zeit das alte Reich mit seinem Drang ins Unbegrenzte fort; und also konnten diese Stadt und die Träger des Geistes sich nicht vereinen, blieb auf jeder Seite eine entscheidende Forderung unerfüllt.

Aber die Glocke Friedrich Wilhelms I. mißt unerbittlich die Zeit; sie schickt ihre Mahnung noch zwischen den Viertelschlägen hinab, fragend und treibend, nicht mehr als siebeneinhalb Minuten vergehen lassend, ohne sie zu vermerken; was ist geschehen zwischen diesem und dem vorhergehenden Schlag? Was hast du getan? Gedenkst du des irdischen und des himmlischen Herrn? Rastet die Stadt? Will das Land nicht mehr weiter? Noch leben die Schatten der Könige; noch sind die Räume Friedrich Wilhelms I. im Stadtschloß erhalten, die innerste Zelle des Preußentums, des Staates und endlich großer Geschichte. Noch tönt, mit der Unrast seines eigenen Wollens und Leidens, die Glocke über dem Grab des Königs: was wirst du tun? Und wie vermagst du hier zu leben, in meiner Stadt, ohne zu tun wie ich; ruhelos wie ich war? Ich habe den Boden, auf dem du gehst, dem Sumpfe abgerungen; ich sah den Turm stürzen, den ich baute, und erbaute ihn wieder; ich sah, wie die Pfähle, die ich einrammen und mit Erde bedecken ließ, sich wendeten und die Erde in die Tiefe schütteten; ich ließ von meinem Boden nicht ab. Ich baute neue Mauern um meine Stadt und durchbrach sie selbst, weil mir das Getane schon zu klein und enge war; ich baute wieder Mauern, und hätte mein Leib sich nicht verbraucht, lang eh mein Wille verbraucht war, ich hätte gebaut und gestürzt und wieder gebaut; und so sollst du tun, solange meine Glocke dir schlägt; sie wird früh genug verstummen, so wie sie für mich verstummt ist.

Die Schläge hallen über das Stadtschloß, dessen Fenster leer und stumpf geworden sind, und über den schneebedeckten Platz; auf dem die Heere der Nation sich bildeten und wuchsen und der heute unberührt liegt, keine Spur mehr weisend und doch wieder bereit, Spuren zu empfangen. Der Wind weht schneidend von den Seen her, die das Eis überwuchs; den aus der Weite hierhergetriebenen Schwänen und Tauchern, die nur die vom Schloß bewachte Brücke schützt, blieb kaum Raum. Die Macht des ersten zollernschen Herren brach wie die des Großen Kurfürsten; Friedrich Wilhelm ward von eigener Unrast frühzeitig verstört, und der große König gelangte an das Ende seines Staates und vielleicht seines Denkens und Zweifelns; es ist tragisches Land, das nichts verspricht, nur will und den Willen schult, ihn begrenzt und härtet, bis er zerbricht; es wird die Vollendung vielleicht niemals erschauen und vielleicht auch niemals die Versöhnung des Zwiespalts, der in ihm wurzelt, und ist darum unüberwindlich für immer. Seine letzte Kraft ruht in der Vergeblichkeit. Als der Große Kurfürst starb, mit seinen Gedanken das Unzulängliche überfliegend, als Friedrich Wilhelm den Marschtritt zum letztenmal hörte, als Friedrich das Schloß verließ, um in Sanssouci zu sterben – die Stadt umfahrend, damit man einen erschöpften König nicht sehe: in diesen letzten Augenblicken wurde die Forderung des Landes erfüllt, gab das Schloß, was es geben sollte; und noch beharrt an seinem Orte, unverwandelt wie das Gesetz, die Zeit messend und das Letzte von ihr verlangend, das eisige Schloß der Könige.

Potsdam, 29. Dezember 1934

WÖRLITZ

Der Park von Schwetzingen, dem Westen am nächsten, hat die Unbegrenztheit der Perspektive; Wilhelmshöhe, von der Natur am höchsten begünstigt, hat die Größe der Kulisse, die Feierlichkeit umgrenzter Stille; Wörlitz aber, im Innern des Landes gelegen, vereinigt Innigkeit und Weite des Ausblicks, die Feierlichkeit fremder Nadelhölzer und das Idyll kleiner Rasenflächen und verlorener Grotten. Sobald der Zauberkreis dieses Parks sich um den Eintretenden schließt, kann der Blick sich nicht mehr im Unbegrenzten verlieren; wohin er sich wenden mag: er wird zur Ruhe verlockt, zur Ruhe gezwungen; eine Platane, in einem Hügel von edelster Linienführung wurzelnd, fängt ihn mit ihrem gewaltigen Astwerk auf; oder eine Statue in dunklem Gehölz zieht ihn leuchtend an; eine Baumreihe tut sich über spiegelndem Wasserweg auf, und schon scheint das Grenzenlose zu drohen, aber schimmernd, verschwimmend in der Weite ruht auf leichten Säulen die Kuppel eines Pavillons.

Und so ist der ganze Park ein Spiegel, eine Kreuzung der Perspektiven ohnegleichen; und ob es ein gotisches Haus sein mag oder die Ruine einer Ritterburg oder ein römischer Tempelbau, die als letzte Ziele und Lockpunkte dienen: hier mischen sich die Zeiten und Stile, ohne zu verletzen; denn es ist alles Kunst und Traum; ein Zaubergewebe von Blicken, das bei jedem Schritt sich zu einer neuen Masche verknüpft, zum Unbekannten strebend und herführend aus dem Bekannten. Das schon Gesehene und Erlebte vertauscht fort und fort seinen Rahmen, um wieder neu zu werden; das Wasser breitet sich zwischen Tempel und Statuen, das reine, stille, dennoch leise ziehende Wasser von Wörlitz, ein untrübbarer Spiegel vollkommener Bäume, ländlicher Lauben, bröckelnden mittelalterlichen Gewölbes. Die Wege steigen und fallen wie Girlanden an den sanften Ufern unter wehenden Weiden, dann senken sie sich zur Fähre, die lautlos gleitet durch die Spiegelgebilde aus der Tiefe grüßender Wipfel, unberührbarer Statuen, mitziehender Schwäne. Und eine kleine Insel unter der Last ihrer Rosenbüsche und Lauben nimmt den Gefangenen auf für ein paar stille Minuten des Besinnens, Schauens und Lauschens, dann trägt die Fähre weiter hinüber ins Traumland der schwebenden Brücken, des Einsiedlergartens, wo der Nachtschatten zwischen Felsen blüht, vermooste Steine den Höhlenweg verdecken, den der Verzauberte noch eben ging, und fromme Verse in verwitterter Schrift an Gott gemahnen und an die friedlichen Tröstungen des von der Welt Getrennten.

Aber dieses virtuose Spiel mit allen Geschenken der Natur, mit edlen Bäumen, Gewächsen und seltsam geformten Steinen, mit Seen und Flußläufen ist dennoch nicht ehrfurchtlos: groß breitet sich die Landschaft um dieses Labyrinth der Genießenden und Versinkenden; der Blick vom Saum des Parkes auf die weite Ebene, die sich gegen Dessau hin breitet, ist das Größte in Wörlitz. Über dem blauen Zug der Kiefernwipfel und Eichenkronen liegt ewige Stille, weithin breitet sich vor ihnen das Feld, dann beginnt das Land sich zu verwandeln und wunderbar zu werden, Schilf flüstert neben dem Korn, dunkles Geäst spiegelt sich in einem Teich, ein Hügel schwillt an, wehmütig streichen die schwarzen hängenden Zweige eines fremden Nadelbaums durch die Luft, eine Säule steigt in den Himmel, Efeu schlingt sich zu Ruinen hinauf, eine Göttin blickt überrascht in das Reich der Wunder, das sich öffnet zu ihren Füßen. Und der Blick in die von Wäldern umgrenzte Ebene wird nun wieder und wieder gesucht, von der Höhe des Damms, von der Treppe einer zertrümmerten Felsenburg und am innigsten vielleicht aus einer Grotte, die mit unendlicher Kunst gefügt ist: sie ist ein vollkommenes Gemälde des 18. Jahrhunderts, in das kein Stein übernommen wurde ohne Bedacht; wie das Licht aus scheinbar natürlicher Felsenluke ihn streifen, wie weit er vorragen, wie weit er verdeckt sein soll, damit endlich die verschiedenen Gründe des Bildes sich öffnen und schließen und hinter ihnen, als wehmutsvolle Ferne, Ebene und Wald: dies ist unwiederholbar, ist schon Symbol einer Seele und einer Zeit, die niemals die Haltung vergaßen im Gefühl, niemals den Stil im Erlebnis und endlich das Leben meisterlich verwandelten in eine Folge vollkommener Bilder.

Damit aber klingt das Werk eines Dichters an, der oftmals wandelte durch diesen Park, den großen Spiegel seiner Welt und vielleicht schon diese Welt selbst; er, von den größten seiner Zeit gehoben auf den Gipfel des Ruhms, aber ebenso schnell wieder gestürzt in nie mehr gelichtetes Vergessen: Friedrich von Matthison. Und man versteht die Kunst seiner Verse, die nichts anderes ist als die Kunst von Wörlitz: Aufbau traumhafter Landschaften, eine bezaubernde und erzauberte Abendstille, zierliche Ländlichkeit, Wehmut der Schatten. Ihm, wie den Schöpfern von Wörlitz, schien es nicht mehr anzukommen auf die dunkelmächtige Melodie des Lebens, nicht auf die Wasserstürze der Leidenschaft und das Tosen in die Schicksalsfelsen gezwungener Ströme: er wollte die stille, leise ziehende, spiegelnde Flut; er wollte das Leben nicht mehr, sondern ein Bild. Und wie seine Gedichte nicht Ausbruch oder Widerklang drängenden Fühlens sind, sondern ersonnene Landschaften, in die der Mensch sich ordnet wie eine Statue, nicht mehr als Mittelpunkt, sondern nur noch als belebende Gestalt, so wird auch der Besucher von Wörlitz in Bilder gefangen: auf Brücken, auf Wegen, im Kahne fügt er sich ein in das abgewogene, bis ins letzte durchdachte Landschaftsgemälde einer anderen Zeit. Draußen, in riesiger Weite, liegt das Ungestaltete, Uranfängliche, liegt Natur, wie sie war und ewig bleibt; hier aber, auf einem Stück Erde, das sich durch nichts auszeichnete vor der Ebene in seinem Umkreis, begann der Mensch zu verwandeln und zu gestalten; und erst mit der Gestaltung, mag sie zierlich und verhalten sein, mag sie ins Dämonische reichen, beginnt das Leben, beginnt der Mensch, dessen Amt es ist, das Überkommene zu gestalten, das Vorgefundene zu prägen. Aber das Auge schweift vom Rand des Zauber- und Lebensgartens, von allen diesen erschaffenen und erdachten Blickpunkten hinaus über Ebene und Wald, auf das Ewig-Gewesene, niemals sich Wandelnde: den Grund der Gestaltung und des Lebens.

Und auch hinter Matthisons umbüschten Waldburgen und seinen Flüssen, auf denen die Wehmut des Abendrots liegt, flackert eine Bedrohung; er, der in Bildern allein zu leben schien, sang die gewaltigen Verse vom Herzen, dessen Zauber zur Marter ward; Verse, die nicht mehr Bild sind, nur Gewalt und Aufschrei eines Erwachenden, den plötzlich die Ahnung seines Herzens befällt, nachdem er Jahre hindurch, versteint, wie ein Toter geruht.

> *O Herz, dessen Zauber*
> *Zur Marter uns ward;*
> *Du ruhst nun in tauber*
> *Verdumpfung erstarrt.*

Wie, hätte auch die wunderbare Kunst von Wörlitz ihr Geheimnis? Will sie nicht, wie alle Kunst, verbergen, verschweigen; den Blütenkranz zierlicher Uferblumen über den Abgrund breiten? Ging über diese geschwungenen Brücken, diese weichen zärtlichen Wiesen, durch die Grotte des Einsiedlers und über den Rasenplatz im Felsenrund, in dessen Ritzen der Nachtschatten blüht, nicht dennoch der Mensch in der ewigen Unruhe seines Suchens und Verlangens? Ach, es ist ein wunderbares Spiel in dieser Ruhe, ein unendlicher Reiz der Täuschung in dem Frieden von Wörlitz; und erst wer sie erlebt, wer den ganzen gewaltigen Gegensatz zwischen der stürmischen Seele des Menschen und dem Rahmen, den er sich baute, fühlt: der ahnt die Verlockung von Wörlitz. Goethe in diesem Park, Faust selbst als Gast in diesem Spiel, im Herzen das verzehrende Unendliche, aber im äußern Umkreis unzählige lockende Ruhepunkte, so viele freundliche Tröstungen und Täuschungen des Blickes, der nicht gesättigt werden kann: mit diesen Bildern erst geht das 18. Jahrhundert in seiner ganzen Tiefe auf, und damit der Mensch in aller Zeit.

Es ist Abend, und die Schwäne sammeln sich in der stillsten Bucht des Gewässers; über die Fähren ist das Seil geworfen, ein seliges Jenseits, unerreichbar, verdämmert drüben der weitere Teil des Parks, das Reich der Götter, der Träumer und Einsiedler. Aber über die Wiesen, diesseits zwischen Schloß und See, gellt ein Schrei; einem kurzen Trompetenstoß folgt ein dreifacher, urmächtiger Sehnsuchtsruf; es ist die Stimme des königlichsten Pfaues von Wörlitz. Drüben, auf dem Rasenplatz vor der Kirche, in dessen Mitte ein Sarkophag die Gebeine der wieder namenlos Gewordenen vereinigt, die einstmals getrennt unter Stein und Kreuzen schliefen, sammeln sich die andern Pfauen auf einer Trauerweide; sie steigen höher und höher, von Ast zu Ast, erst die Hennen, dann die Hähne mit lang niederhängendem Schweif, bis die Krone schwer scheint von der Last der schlafenden Zaubervögel. Aber der eine zögert noch immer; sein Schweif, im Dämmer noch leuchtend wie ein Mosaik aus edelsten Steinen und Glas, doch unendlich verschönt durch den Schmelz des Lebens, gleitet zögernd über die feuchten Wiesen. Dann endlich flügelt er auf. Und nun ruht er hoch auf dem Ast einer nachtschwarzen Kiefer, dem Weidenbaum gegenüber, einsam, ein gewaltiger Schattenvogel mit wehendem Schweif. Die andern regen sich nicht. Doch während der Mond leuchtender wird und höher steigt über das Kirchendach und den Weidenbaum, schickt der eine noch immer den Sehnsuchtsschrei des Lebens in den Schlaf seiner Genossen, über den Platz, wo die Toten der Erde, der Verzauberung ihrer Herzen, des Spiels und der Täuschungen unstillbarer Sehnsucht müde, das letzte Morgenrot erwarten und den Aufgang grenzenlosen Raums.

Potsdam, 19. April 1932

BAUTZEN

In dem alten Sorbenturm mit seiner vielkantigen aufgesetzten Spitze spricht sich wirklich etwas Fremdes aus: diese Form kommt aus dem Osten und fand keine Heimat im deutschen Mittelalter. Wie sein größerer mächtiger Verwandter in Weida steht er für ein zurückgeflutetes Volkstum ein, das sich nicht mehr um ihn sammeln will. Denn um ihn ragen breite Türme mit behaglichen runden Kegeldächern auf, stoßen eckige mit nadelschlanken Pickeln bewehrte Helme in die Luft, wölbt das Barock seine Kuppen über fensterlosen Prismen, schwebt auf goldenen Kugeln die zierliche und doch etwas steife Bekrönung des Rathausturms über Mansardendächern. Das alles kommt aus dem Westen, dem Norden, der Mitte: nur vom Sorbenturm weht die Fahne des Ostens, der mehr und mehr das hastig eroberte Reich wieder verlor. Nun klingt immer noch die fremde Sprache zwischen den Türmen und Mauern, die von einem andern Geiste geformt worden sind, und in der Tat hatte die Stadt, in der zwei Völker zusammenwohnten und sich doch nicht vermischten, ihr eigenes Schicksal.

Von den Slawen, den Deutschen immer wieder erobert und verloren, bezahlte sie ihre gefährliche Lage zwischen zwei ungleichen Gewalten mit Erstürmungen und Feuersbrünsten, Untergängen und Auferstehungen. Ihr war die Ruhe des Alterns nicht erlaubt; unzählige Male wurden ihre Steine durcheinandergeschüttelt, verbanden sie sich wieder, zäh an dem alten Stück Boden festhaltend, das sie nicht tragen durfte und doch immer wieder trug. So geht die Kirche unter und ersteht an derselben Stelle aufs neue, und wie sie das Rathaus, das Schloß: auf dem einmal gefundenen Platz müssen sie sich behaupten, wie oft sie auch die Flut der Vernichtung überspült. Wie ein Keim, der nicht stirbt unter allen Hufschlägen der Kriege, erhält sich die Stadt: Blätter und Zweige werden niedergetreten, aber die Kraft, die Blätter und Zweige treibt, wird nicht zerstört. Und wie der Keim, wenn kaum die Erschütterung vom letzten Hufschlag verebbte, wieder den Saft aus dem Boden zieht, der ihn umschließt, so zieht die Stadt, jener unerklärliche Wille, der in ihren Mauern, in ihrem Boden lebt, die Steine an, um zu bauen. Eine Stadt ist kaum zu vernichten; sie ist dauerhafter als Staatsformen, Reiche, Sprachen und selbst Religionen, dauerhafter als irgendein Bauwerk, ob sie doch selbst aus Bauwerken besteht: so wechselt der Stoff unablässig, aber das Leben, das in ihm erscheint, dauert fort. Vor den Wenden wohnten vielleicht Germanen hier zwischen Fluß und Wald, vor ihnen wieder andere Völker; die Römer gingen hindurch, die großen Kaiser kämpften um den Platz, und in fernster Zukunft, wenn die Verhältnisse des Lebens, die wir kennen und die allein uns vorstellbar sind, völlig umgewandelt sein werden, so werden hier noch Menschen wohnen in anderen Häusern, geschützt von einer noch nicht geahnten Form. Die seltensten und die tragischsten Plätze der Erde sind die Gräber von Städten: in jener Bucht, wo Karthago stand, zerschäumt der Wellenschlag aller Wünsche und Hoffnungen. Dort starb wirklich der Keim, jene letzte, die Städte unermüdlich hervortreibende Kraft, die schon unsterblich schien.

Bautzen liegt zweimal an einer Peripherie: der slawische und der deutsche Kreis rühren an seine Mauern, ohne es ganz zu besitzen. Für die Entwicklung des Lebens ist die Grenze nicht der schlechteste Ort: hier werden alle Kräfte geschärft, wird geprüft, gesiebt, geprägt. An der Grenze bilden sich Formen und Individualitäten unter Menschen wie unter Häusern. Das eigentliche Land der Vermischung liegt hinter der Grenze, dort, wo man nicht mehr den Zwang fühlt, sich zu unterscheiden und zu trennen. Im Grenzland gehen die fremden Völker und Sprachen nebeneinander her, steht der Sorbenturm fertig gestaltet neben dem gotischen.

Selbst die Kirche ist geteilt durch die zwei christlichen Bekenntnisse; nur durch ein Eisengitter getrennt, sitzen die zwei Gemeinden in einem Raum. Hier predigt der evangelische, dort der katholische Geistliche; dasselbe Gewölbe nimmt die Worte auf, zwei Gebete steigen auf, zwei Opfer werden gebracht. Auch hier keine Vermischung, aber auch keine Vertreibung der andern Partei. Das Eisengitter der Gegensätzlichkeit schneidet mitten durch den Raum. An den ruhigen Fortgang der Bogen, die Aufnahme und Weitergabe der Schwingungen rührt es nicht; die Einheit der Maße, der gigantische Giebel des roten Daches umschließt den Widerspruch des Innern. So ist die Kirche zweifach und doch eine wie die Religion und der Gott; so ist die Stadt geteilt in slawisch und deutsch. Sie hat die Kraft des Widerspruchs in sich und bewahrte sich doch, umfaßt von dem runden Knie des Flusses und dem ihm folgenden Zug der Türme und Mauern, die Einheit der Gestalt. Denn der Feindschaft im Innern um Glauben und Volkstum steht noch eine größere äußere Feindschaft gegenüber: Sturm und Hagel bedrohen das Dach, Eroberer schlagen an die Tore. Immer weitere Kreise der Feindschaft bilden sich, die die engeren in sich aufnehmen wollen; immer mächtiger wird der Feind, immer zwingender das Gebot der Form. Aus Konflikten erhebt sich die Stadt, um wieder Konflikten zu begegnen. Wo jeder Stein gefestigt sein muß gegen den lockernden Griff des Feindes, werden Türme gebaut, die unter den Gluten der Feuersbrunst, unter dem Anprall der Geschosse nicht stürzen. So steht die alte Wasserkunst unten an der Spree: ein sich ausbuchtender Zylinder auf einem Würfel, gekrönt von einer spitzen Pyramide, mit seinem Fundament zusammengeschweißt durch den Ring des Wehrgangs. Alles ist Stein, Form, Unzerstörbarkeit.

Im Verhältnis des Menschen zu seinen Toten, in der Art, wie er sie begräbt, spiegeln sich die ewigen Dinge. Nichts ist für eine Stadt charakteristischer als der Friedhof, und ebenso für ein Land, ein Volk. In Bautzen führt ein finsteres gedrücktes, nur in niederem Bogen sich über der Erde öffnendes Tor aus der Stadt hinaus in die große Freiheit des Endes. Zwischen den roten Backsteinmauern einer Kirchenruine schützen sich die Kreuze vor dem antobenden Sturm der Zeit; einst war dieser Boden glatt und mit Steinplatten bedeckt, einstmals wölbte sich ein gotisches Dach über diesem Boden. Granaten zerschlugen die Wölbung, wühlten die Erde auf, die nun aufgetrieben ist, sich senkt und steigt über Trümmern; die Glätte der Ordnung ist kurz, ewig jagt der Sturm der Verwandlung das wogende Meer der Erde. An den zerbrochenen Mauern setzen noch Bogen an; gegenüber dem Hochaltar wächst es mächtig, organisch heraus wie ein Baumstamm aus einer Felswand, aber eine Granate zerbrach den Pfeiler, noch ehe er frei wurde von der Mauer, und Trümmer, gelöste Backsteine ragen in den Himmel.

Der Himmel über den Toten ist grau; Schnee und Regen treiben zu ihnen durch die offenen Fenster herein und wirbeln von oben herab. Eine mächtige Marmorplatte, auf der ein vergessener Name steht, stürzte und zersplitterte an der Einfassung des Grabes. Alles wankt, treibt, geht unter. Schief stehen die Kreuze wie Segel, die der Wind über die Meeresfläche jagt; unten, die schmalen dunkeln Hohlräume brechen ein und werden wieder mit Erde gefüllt. Die Gräber werden Ruinen, und eine Ruine faßt sie ein. Aus den Steinplatten der zerstörten Kirche meißelte man Grabsteine, aus den Grabsteinen wird man wieder Häuser bauen; aus den Häusern werden Ruinen. Die Toten sinken in die Erde; eine letzte Substanz erreicht vielleicht den Fluß, wird von ihm fortgetragen, sprudelt in einer Quelle wieder empor. Immer wieder kehren die Toten in die Stadt des Lebens zurück, und aus der Stadt des Lebens werden sie wieder hinausgetragen durch das gedrückte finstere Tor in die strömende Freiheit des Endes. Vor der Stadt ist Freiheit, doch in der Freiheit ist keine Ruhe; das Zerlöste ergießt sich von neuem in die Form.

Aber mitten über den Friedhof hinweg verbindet ein Bogen die zerbröckelnden Mauern. Im Stürzen, Versinken werden die Wälle vergangenen Lebens noch einmal zusammengehalten von dem Bogen der Hoffnung. Mit kahlen, schmächtigen Ästen steht oben ein Bäumchen, das seine Kraft saugt aus der angeflogenen Erde zwischen den Steinen; der Wind beugt es nieder, und nun scheint es vor dem schweren grauen Himmel hinüberzuschreiten wie eine Seele, die auf der Brücke der Zuversicht über das Tal der Gräber geht. Wunderbar und dennoch sicher, auf Ruinen gestützt und doch frei, spannt sich über Verwitterung und eiligen Untergang ein schmaler Weg.

Was liegt an dem schweren Fall der Grabsteine, am Einsinken der Kreuze und am Verwischen in Stein gehauener Schrift! Mögen die Sonnen der Auferstehung verblassen, die man einmeißelte und mit unendlicher Mühe vergoldete über schnell verwelkten Namen! Still und unbesiegbar werden Moos und Efeu alles überwältigen, was mit mühevollem Schritt auf der Erde ging: oben über dem Untergang zielt von Trümmerwand zu Trümmerwand ein Regenbogen, den nur leichte Füße betreten dürfen. Dünn, kaum mehr sichtbar im Grau sind die Arme, die sich dort strecken; dennoch fanden sie Nahrung auf der schmalen Brücke, die alle die sinkenden Kreuze des Jammers hoch überwölbt.

Schwer und dunkel liegt die Stadt über ihren Toten und der zerstörten Kirche, die einstmals zugleich Heiligtum und Festung war. Regen verweht vor den dicken Türmen, die sich weit herauswölben und in all ihrer Wehrbereitschaft doch keine Feindschaft mehr finden. Des Ungarnkönigs Matthias Corvinus Schloß, das er sich fürstlich bauen ließ, ohne es jemals zu bewohnen oder auch nur zu sehen, steht leer und hoffnungslos auf seinem Berge: ein Bau, dem das Leben schuldig blieb, was es ihm versprach, eine Form, die nicht gefüllt worden ist. Leer und finster sind die Türme im Innern, wie die stillen Hohlräume unter der Erde, in denen das Unaussprechliche geschieht. Als Ruinen der alten, vergangenen Gestalt behaupten sich noch die Wehren und Zinnen und großen selbstherrlichen Dächer zwischen gedrängten, zersprengenden Häusern; das Leben sammelt und ballt sich und wird sie stürzen, um aus Ruinen wieder Ruinen zu bauen.

So steht die Stadt heute in einem Augenblick ihrer Verwandlung; wir wissen nicht, was sie ist; denn auch im Augenblick und seinem geringsten Teil verändert sie sich fort und fort; wir aber brauchen die Zeit, die Ufer, um zu sehen, wie reißend der Strom sich bewegt. Auch die Gräber, die Friedhöfe vergehen; in den Ruinen, den Bildern der Vergänglichkeit ist noch Zerstörbares, das nicht bleiben darf. Geheimnisvoll, un-

ter der Decke der Verwandlungen schlummert ein Kern; keine
Gestalt, keine Generation genügt, aber in ihrer Gesamtheit,
deren größter Teil noch verdeckt ist vom Schatten kommender Zeit, offenbart sich das Leben, das nicht untergehen kann
und von Trümmerwand zu Trümmerwand die nicht mehr zer-
störbare Brücke seiner letzten Hoffnung baut.

Loschwitz, 9. März 1930

MERSEBURG

Es ist einer der großen Augenblicke des Lebens, wenn man
durch den Torbogen des Merseburger Schlosses tritt und vor
sich und neben sich die schweren Fassaden aufsteigen fühlt,
von Fenster zu Fenster, bis endlich zehn gleichgeformte Giebel ihre Spitzen und Obelisken ruhevoll in den Himmel halten. Spät erst tritt die Ungleichheit der Portale, Fenster und
Balkone ins Bewußtsein; der erste Eindruck kommt von einer
Einheit, wie man sie nur selten an deutschen Schloßbauten
empfindet, und er behauptet sich gegen alle Verschiedenheit
der Stile und ihrer Maße. Wie fern sich auch die Geschlechter standen, die hier ihre Gewölbe fügten und sie durch schmale, gedrängte Luken oder durch breite Säulentore betraten:
der Gleichklang der Giebel, die Höhe des Firstes zwingt endlich ihr Werk zusammen und gibt ihm eine Form, die vom
ersten Mauerwerke an beabsichtigt scheint.

Vollkommen ist der viereckige Raum, den das Schloß an drei
Seiten umgrenzt, der Dom an der vierten Seite schließt; vollkommen ist das Verhältnis der Höhe dieser Schranken zu der
umgrenzten Fläche und das Verhältnis dieses Raumes zur
Freiheit des Himmels. Sieht man über das strenge Geviert
menschlicher Größe die Wolken ziehen in einer Höhe, die in
riesigem Spielraum beliebig wechseln kann, in einer Gestalt,
die sich unablässig in neue Umrisse gießt, und ahnt man dahinter die Tiefe, in die das Licht unseres Gestirns nur eine trü-

gerische Begrenzung zaubert, so ist man dennoch seines Bodens und seines Daseins gewiß; die sieben scharfen Turmspitzen von Dom und Schloß stoßen unerschrocken in die Unendlichkeit. Dem Menschen bleibt die Form als sein wirksamster Schutz, gleichgültig, ob ihre Verwirklichung an Material gebunden und dieses hinfällig, verwandlungssüchtig ist, wie Wolken und Erde, wie aller Stoff: das endgültig Geprägte reißt uns aus allen Wirbeln heraus und gibt uns den Mut zu ruhen. Der runde Turm mit dem gleichsam erzgegossenen Helm, der zwischen dem Dom und dem Schlosse steht und beiden anzugehören scheint, spricht deutlicher für die Ewigkeit als die verworrenen und betäubten Hoffnungen unserer Seele; und ist die Stunde noch nicht da, so kommt sie einmal doch, da wir glauben, daß er gerettet werde aus der Staubwolke unseres Planeten. Wie es geschieht, was kümmert uns das; es ist genug, zu wissen, daß etwas Ewiges hier eine Form gefunden hat, die sich nicht mehr ändern kann. Jahrhunderte mußten vergehen, vielleicht bedurfte es eines Blitzschlages, eines Krieges, des vereinigten Ansturms zerstörender Kräfte, bis dieser schlanke und doch starke Rundbau einen Helm fand, der ihn vollendete; begünstigt von Verhängnissen, wuchs die Form. Nicht die Masse ergreift hier, nicht die Aufhäufung finstern Gesteins zu grandiosem Umfang wie am Turme zu Weida, nicht die dumpfe, sinnliche Mystik, die aus solchen Kolossen geschichteter Materie strömt: es ist der Geist, der aus diesem Turme spricht. Seine Stärke ist seine Klarheit. Seine Grundfläche ist gering, aber er behält sie bei bis zum Helm, und erst in der Spitze liegt dann ein Übermaß, ein Angriff, ein rücksichtsloses Durchdringen. Schlank, nicht beschwert, nicht verhaftet gebietet er über den ewigen Hof; von der Materie ist er nicht mehr bedingt; er ist Geist, das heißt stärkste Kraft, Leidenschaft im höchsten Sinne.

Die größten Herrscher der Deutschen, Otto der Große, Konrad II., Heinrich III., Friedrich II., die alle durch Merseburg gingen, sie ließen von ihrem Persönlichsten viel weniger zurück als dieser Turm, der Unbekannten zu errichten vergönnt war. Und ein Lothar, ein Wilhelm von Holland, vererbten sie mehr als ein Befremden, wie wir es vor einem mächtigen Himmelskörper empfinden, dessen Bahnen wir nicht kennen? Als Sieger über alle Taten erhebt sich die vollkommene Form; der Handelnde ist, wie groß er auch sei, endlich zum Tode verdammt, und nur der Bauende wird leben. Gehen wir die endlose Kette der Ursachen und Wirkungen zurück, so kommen wir auch einmal auf diese Kaiser, aber all unsere Ehrfurcht kann uns nicht darüber täuschen, daß sie gestorben sind und daß die Baumeister, die in ihrem Dienste standen, heute allein noch unter uns wirken. Den Königen ist nicht Stein, nur der Mensch gegeben, um ihr Bild zu überliefern; ein Leben lang versuchen sie, handelnd ihr Antlitz zu prägen, aber bevor ihre Hand noch müde wird, ist der Mensch längst überdrüssig, ihr zu gehorchen, und strömt neuen Verwandlungen zu.

Im Chor des Domes schläft unter bronzener Platte der Gegenkaiser Rudolf von Schwaben, der seinen Sieg gegen Heinrich IV. mit dem Tod bezahlte und damit die Sache, der er diente, zum Scheitern brachte, als sie gewonnen schien. Der Streiter des Papstes gegen den kaiserlichen Rebellen liegt nun im protestantischen Dom, nicht weit von dem Platze, wo Luther predigte; die Zeit hat ihn zum Ketzer gemacht, nur weil seine Knochen liegenblieben an der Stelle, wo man sie begrub. Nichts ist in der Sphäre des Menschen widersinniger als das Beharren, und wie der Lebende unablässig wechselt, so ändert sich auch die Stellung längst Gestorbener mit jeder Generation. Hinüber- und herübergerissen, gehören die Toten immer neuen Parteien an im nicht endenden Streit, wie sie es wohl auch getan hätten, wenn sie selbst noch im Kampfe ständen. Im Siege doch noch besiegt, von der Geschichte verdammt und endlich am falschen Orte begraben, das ist das Schicksal dessen, der gesetzt ist zum Widerspruch, Rudolfs, des Gegenkaisers.

Der Altar, der früher vor ihm stand, so daß die spitzen bronzenen Augenlöcher ihn erreichen konnten, steht nun hinter ihm: es ist ein nüchterner brauner Tisch, ganz ohne Verhältnis zum Raum. Aber etwas Übermächtiges füllt, viel größer als Bildwerk und Schnitzwerk, das gotische Gewölbe: Teissners Orgel vom Jahre 1666. Schimmernd steigen die tönenden Säulen von breiter Empore auf und fügen sich zum Bau; ihr Vor- und Zurücktreten, das Ansteigen der Pfeifen, die Ruhe des Postaments dazwischen, die Leichtigkeit üppiger Ornamente, die die Pfeifen von oben und unten umwinden, sind so erfüllt von Musik, daß man endlich glaubt, der Bau, nicht der Ton sei die Absicht gewesen. Das Werk selbst ist längst ersetzt; von seines Schöpfers Musikalität blieb wenig; aber diese Orgel muß ewig herrlich tönen, weil sie von vollkommener Architektur ist. Wieder berühren sich zwei Barockengel, auf den Orgelsäulen stehend, steigen zum gotischen Bogen auf und füllen ihn aus. In dem Zusammenklang der beiden Bauwerke ist eine Verheißung ewiger Harmonie. Als Architekt, als musikalischer Baumeister, nicht als Musiker, lebt ihr Schöpfer fort; dem Orgelbauer ist das Höchste vergönnt: Musik zum Bauwerk, das Bauwerk zu Musik zu machen.

Rudolf, der Gegenkaiser, der Widersacher, der nur noch fortlebt, weil er bestritt, kommt aus einer anderen, noch früheren Zeit. Ihm hat die Gotik der Halle, das Barock der Orgel nichts zu sagen; ohne Genossen liegt er auf dem kahlen Boden mitten im Chor. Gegen den Altar liegt sein Haupt; seine Hände halten noch immer das Zepter im Namen des Widerspruchs; er hat gesiegt, nur der Tod hat ihn verderbt, nicht seine Sache; von Rechts wegen gehört ihm die Herrschaft an, und er fordert sie noch mit seinen flachen bronzenen Händen; ja, er scheint zu regieren kraft seines Neins, das nicht übertäubt werden kann im Strudel der Welt. Dieses Nein, das vielleicht recht hat, das vielleicht sogar stärker ist und in dem Augenblicke erliegen muß, da ihm der Sieg gewonnen scheint. Von dem Grabstein ist es nicht mehr weit zu den Zinnsärgen der

Merseburgischen Herzöge, die unter gedrückten gotischen Kreuzgewölben stehen. Es ist düster; in der Gruft und im Dome daneben ist niemand außer mir, die Türe wurde hinter mir geschlossen. Aus den großen Hallen strömt die Leere herein und die freiere Luft, aber sie können das Erfülltsein dieser dunklen Räume nicht verdrängen: den Modergeruch, den letzten Nebel zertrümmerter Körper. Langsam strömt das Leben ab von seiner zerstörten Gestalt, und Jahrhunderte gehen hin, bis der letzte Wirbel der Kraft sich wieder beruhigt, in deren Mitte ein Mensch stand und die Wellen sich ebnen über seiner Gruft. Die Särge prunkten mit dem herrlichsten Schmuck, und oft sind die Wappen darauf geprägt so verschwenderisch und klar in den Linien wie auf Dukaten aus feinstem Metall. Die Greifenfüße, die die Särge tragen, werden schief, die Genien lösen sich von den Kanten, und Christus löst sich von seinem Kreuz. Wie kurze Baumstämme stehen die Kindersärge in einer Reihe: ein Holzstoß, der nicht entzündet ward; an einigen unter ihnen fällt der Deckel ein wenig zurück, schon hat er nichts mehr zu verschließen.

In der Mitte der Kapelle stehen zwei Särge von erschreckender Größe, wie von einem Gigantenpaar; es sind die letzten, die man in diese Gruft hinuntertrug, vom letzten Herzog und der letzten Herzogin, mit denen das Geschlecht erlosch (1738). Am Fußende des einen sitzt ein Engel mit einem Strohhalm in der Hand, an dem Seifenblasen hängen, wehmütig und nachdenklich; das Metall, aus dem er gebildet ward, ist zerfressen, und ein großes Loch gähnt in seiner Hüfte. Er selbst ist eine Seifenblase, die zerspringt; denn auch das Symbol der Vergänglichkeit kann nicht dauern in der vergänglichen Welt. Am Kopfende des andern stehen in goldenen Gewändern Herzog und Herzogin; er ernst und bewußt hinabsteigend in das unerbittliche Grab, wohin ihm kein Erbe folgt; sie schmerzlich aufblickend, als sähe sie einer letzten Hoffnung nach, der sie schon kaum mehr vertraute; zwischen beiden sinkt die Sonne mit abgebrochenen Strahlenbüscheln hinter den Sarg. In riesigen Maßen baute man die Ruhestätte des letzten Paares, als habe mit ihnen, den Unfruchtbaren, das Geschlecht seinen Gipfel erreicht, über den es nicht mehr hinauswachsen konnte; so endeten sie fürstlich, und kein Blick soll ihnen folgen zu dem armen Staub der Geheimnisse in ihrem Sarg.

Draußen im Schloßpark, wo Denkmäler im romantischen Stil und ein Lustschloß sich unter alten Bäumen verbergen, wo niederhängende Zweige sich ein Stück mitführen lassen vom Strom, und in den buckligen Straßen der verblühten Stadt gedenkt man wieder des Paares ohne Erben, zwischen dem die Sonne verlischt; die Sonne Merseburgs, die unterging hinter dem riesigen metallenen Sarge der Zeit, in dem auch die Kaiser schlafen. Und endlich müssen wir alle, wie der Herzog, ernst, ohne Erben hinab, und die Späteren werden es nicht spüren, daß unsere Augen bewundernd und verlangend an diesem Turme, diesem Schloß, dieser Orgel hingen, die mehr sind als die Namen der Kaiser und ihre verwischten Taten; und daß wir die Ewigkeit dieser Werke so deutlich fühlten wie den Schmerz des verwundeten Engels am Fuße eines menschlichen Sargs. Loschwitz, 2. August 1929

QUEDLINBURG

Wenn es unten dunkelt in den schmalen Gassen Quedlinburgs, so stehen oben die Domtürme noch im Licht; und über die Sandsteinklippen gegen die wappengeschmückte Südwestecke des Schlosses fluten die Strahlen, sich zu brechen, so wie die Zeit sich brach an diesem unerschütterlichen, steil aufstrebenden Gemäuer. Groß ist alles oben auf dem Fels, den Heinrich 1. zum Schauplatz der Geschichte machte, als er seine Burg auf ihm gründete; traulich und versöhnlich sind unten die Häuser, die eine niemals sich erschöpfende Phantasie mit seltsamen Zieraten und Schnitzereien schmückte. Was wäre

die bunte, frohe Stadt ohne die aufragenden Symbole der Größe geschichtlichen Willens; aber was wären auch Dom und Schloß, wenn sie nicht schützen und bewachen dürften; und wenn sie nicht fort und fort ihre Mahnung hinabschicken könnten in die Gassen, mit der hallenden Stimme der Domglocken, mit dem stummen Ernst der Giebel und Mauern?
Und während unten die Fenster und kleinen Stuben schon nichts mehr wissen von dem vergangenen Tag, leuchtet oben im Schloßhof der aufgrünende Birnbaum noch in der Sonne; und vor der Terrasse breitet sich die Landschaft der Dächer und Türme: ängstlich gekrümmt, steigend und fallend und oftmals sinkend in der Müdigkeit ihres Alters, umwallen die langgezogenen Firste den Fels; Treppen und Gassen, schmal wie Rinnen, senken sich dem Markte zu; dann erwacht der Wille zur Größe auch in dem Häusergewimmel, und spitze, scharfkantige Türme streben paarweise auf. Und man mag da oben auch des Rolands gedenken, der, nachdem er schlimm zertrümmert worden war von der Zeit, nun sein schartiges Schwert wieder hebt zur Linken des Rathauses; Arm und Leib waren ihm zerschlagen worden vom Unverstand später Jahrhunderte: so lag er lange, nicht mehr als ein Steinhaufen, im Hof; aber das Gewesene ersteht wieder, ob wir es wollen oder nicht: seine Teile fügen sich zusammen; der alte Trotz und Stolz haucht ihnen Leben ein; die Gebärde ist noch erhalten, ob auch die Spuren des Leidens nicht mehr vergehen: und es ist mit dem Roland nicht anders als mit dem alten Reich der Deutschen.
Draußen auf der Ebene vor der Stadt mag König Heinrich sein Reiterheer gebildet haben für den Kampf gegen die Ungarn: dieses Heer, das die ersten großen Siege gewann; keine Stadt hat so innigen Anteil am Aufgang des Reiches wie Quedlinburg. Und die Quedlinburger lassen sich, zu unserem Glück, die Sage von Heinrich dem Vogler nicht nehmen: die seltsamsten der seltsamen Häuser Quedlinburgs, die eigensinnigsten und spitzigsten, die unten, zu Füßen des Felsens, sich mitten

in die Straße stellen mit ihren äugenden Fenstern und Laternen, bestehen noch immer darauf, daß hier die Stelle gewesen sei, wo Heinrich am Vogelherd saß: es war ein blitzender Morgen, und der Wald grünte in erster Frische, herrlicher denn je, und die Lieder entbrannten in den Zweigen; da ward dem Sachsenherzog die Krone gebracht: diese Krone, nach der er nicht gestrebt hatte und die er nun annahm um eines Höheren willen. Denn ein Morgen war es in der Tat, als Heinrich als König das Land durchritt; und nur einer unverbrauchten, völlig gesunden Kraft konnte gelingen, was ihm gelang.

Aber zur Rechten, auf dem Kaisergebirge, liegen die Schatten: der Brocken will sich nicht zeigen, und die Wolken hasten; über die Hänge kommt die Nacht, und das Dunkel wächst rasch über die verstreuten Waldfetzen, die Dörfer und Burgtrümmer heran gegen die Stadt; der Abend ist dem Morgen allzu nah. Über dem König schließt sich die Gruft, und die Burg der Streiter wird zum Stift der Beterinnen; Mathilde, die Witwe, wohnt zur Seite der Kirche und verschenkt die gesammelten Schätze unter die Armen. Schon zerteilt sich das Geschlecht unter der Last der Macht. Die Söhne, Otto und Heinrich, empören sich gegen die Mutter, die das königliche Amt des Schenkens, Helfens und Stiftens allzu großmütig übt; sie wird vertrieben, doch bald kehrt sie zurück: Otto, den die Geschichte den Großen nennt, bittet die Mutter kniend, ihm zu verzeihen.

Sie hätte aber lieber Heinrich im Glanze der Krone gesehen: Heinrich, der den Namen des Unvergeßlichen trägt und ihm wenigstens an Gestalt ähnlich ist. Aber der König wußte wohl, warum er Otto für die Krone erwählte: der Tag, der die Nachricht vom Tode Heinrichs, eines unseligen Empörers und Aufrührers, bringt, ist der düsterste der Mutter. Sie legt das prächtige Gewand ab, das sie auch im Stift noch trug; sie kniet nieder am Sarg des Gatten und neigt ihr Haupt auf die marmorne Platte: »O mein Herr und Gebieter, glücklich bist du, daß du diesen Tag nicht erlebt hast! War es doch mein

Trost, daß dieser unser geliebter Sohn Heinrich mir geblieben war, der deine Gestalt und deinen Namen trug.«

Von nun an verstummen die weltlichen Lieder im Stift, blitzt nie mehr das Goldgeschmeide an Hals und Arm der Königin, leuchtet nie mehr der Scharlach unter dem Leinenkleid. Sie schreitet täglich um drei Uhr des Morgens, wenn die Winternacht noch schwer auf dem Schloßhof liegt oder die ersten Zeichen des Sommertages aufleuchten über dem Land, von ihrer Sängerschar begleitet, über den Hof in die Kirche: zu beten, zu klagen. Hier, zur Linken des Gatten, wird sie einst ruhen: zur Seite Heinrichs, der einer der seltensten unter den Menschen, seltener als Dichter und Sänger, war: ein echter König. – Doch Otto wird dem Vater gleich; ja er erreicht, was diesem versagt war: die Kaiserkrone, den höchsten irdischen Glanz; das schwerste Amt. Dem Italienfahrer gilt der letzte Gruß der Mutter: »Gehe hin im Frieden! Mein Angesicht wirst du in diesem sterblichen Leibe nicht mehr sehen.«

Sie hat alles vergeben, alles verschenkt. Da ihr Enkel Wilhelm, der Erzbischof von Köln, sich anschickt zur Reise über die Wildnis des Harzes, will sie ihm ein letztes Geschenk machen. Aber es finden sich nur noch Decken, in die man – wie bald wird es geschehn! – ihren erschöpften Körper hüllen soll; doch der über die Erde reist und ihre furchtbaren Gebirge, bedarf der Decken dringender als die Tote im ewigen Schlaf: »Bringt sie ihm, er wird sie eher brauchen als ich, hat eine beschwerlichere Reise vor.« Den Enkel überrascht der Tod zu Rottleberode im Harz: die Nachricht wurde der Greisin vielleicht zum Zeichen. Da sie stirbt, hat sie den großen Zwiespalt des Mittelalters versöhnt, seine letzte Sehnsucht erfüllt: als große Königin lebt sie im Bewußtsein der Deutschen; als Heilige im Bewußtsein der Kirche, ob auch kein Dokument ihre Heiligsprechung bezeugt. Und es ist, als hätte noch ein Wunsch erfüllt werden sollen, lange nach dem Tode der Königin: ein Jahrhundert später zerstörte der Dombrand Heinrichs Sarg bis auf die zersprungene Platte, die noch erhalten ist; als

man im 18. Jahrhundert das Grab der Königin öffnete, fanden sich die Gebeine des Gatten neben den ihren, Staub mit Staub vermischt, in demselben steinernen Schrein.
Quedlinburg wird zur *metropolis Quetlingensis*, zur deutschen Hauptstadt des hauptstadtlosen Reichs, dessen Könige rastlos ziehn. Die Griechin Theophano, deren Geist und Einfluß die ehrwürdige, waldüberrauschte Basilika von Gernrode noch bezeugt, erzieht hier ihren Sohn Otto III., der schon zum tragischen Kaiser wird. Mathilde, Ottos des Großen Tochter, verwest das Reich. Es ist die Zeit der Könige und ihrer Geschlechter: die größte Zeit der Deutschen. Und da der Mann seine schönste Höhe erreicht: so erlangt auch die Frau, unter dem Gesetz der Krone, eine Höhe, die ihr kein Jahrhundert, am wenigsten aber ein »aufgeklärtes«, vergönnte: die Äbtissin Mathilde hält in der Abwesenheit des Kaisers Reichstage zu Derenburg und Magdeburg ab: »Nicht mit dem leichten Sinn der Frauen regierte sie, brachte die harten Schädel der Barbarenhäuptlinge zur Versöhnlichkeit und Unterwürfigkeit nach der genialen Staatskunstweise des Großvaters und Vaters.« Ja, der Chronist bekennt, ihr nicht gerecht werden zu können: »Mit welchem Eifer sie das Vaterland erhalten, unterstützt und gemehrt hat, das glaube ich nicht ausdrücken zu können, weder mit Gedanken noch mit Worten.«
Kein Bild, kein Name bezeichnet das Grab der Reichsverweserin: eine inschriftlose Platte liegt zu Füßen der Großeltern, in der mächtigen Krypta, in deren Kapitäle die Zeichen der Unendlichkeit eingegraben sind: das Band, dessen Verschlingung sich nie mehr löst, wie die Verschlingung der Zeit; das Tier, das sich in seinen Schwanz verbeißt wie die fortkreisende Welt. – Aber auch die Äbtissin Agnes, die um 1070 den großen Teppich knüpfte, wußte vom Geheimnis des Königs: sie sah ihm ins Antlitz und überlieferte es einer Zeit, die nichts mehr weiß von dem furchtbaren Amt des Herrschens, Ordnens und Befehlens; sie sah den Mann, dessen Aufgabe es ist, Recht zu sprechen, ja Recht zu sein: der nicht in Büchern nach

dem Gesetze forscht und das Gesetz auch nicht Büchern anvertraut, weil Recht endlich nur ist, was der Lebendige, an den der höchste Auftrag kam, verantwortet vor Gott. Dem Könige gegenüber thront der Priester, nicht minder ernst, doch verhaltener; der Inhalt der Zeiten, ja der ganzen abendländischen Geschichte des Mittelalters: die furchtbare Wahrheit, daß der Priester nicht König, der König nicht Priester werden kann, erschließt sich im Symbol.

Der Weg der Könige ist verschüttet. Er führte den Felsen und dann eine Treppe empor, durch die Gruft, in der heute die dunklen Särge der Äbtissinnen stehen: der Machtlosen späterer Jahrhunderte, die nur den Namen der Fürsten besaßen, nicht Fürstenamt. Der Weg stieg herauf vom »Königshof« vor der Stadt: heute lagern Kühe auf dem Stroh, drängen sich die Schafe in den Ställen, an dem Orte, wo Otto der Große schritt und der gewaltige Heinrich III., wo Barbarossa wohnte. Die Spuren der Mächtigen sind verdeckt, und der Bauer ist zurückgekehrt zu der Erde, die er zuerst besaß: stilles Friedenswerk, das doch nur erblühen konnte im Wall und im Anblick der Macht, waltet allein vor dem Felsen der Könige.
Aber in der Tiefe, zwischen den Ställen und unter der Scheuer ist noch eine Krypta erhalten aus Karolingerzeit: der erste, älteste Raum, der eher einer Höhlung im Felsen als einem Bauwerk gleicht. Hier, in der Tiefe, war der Anfang, war eine Form schon gebildet, ehe sich drüben auf dem Felsen ein Turm erhob: hier hatten sich Inbrunst und Kraft gewaltig verdichtet; und das Erste bleibt und wirkt fort. Denn was ist an diesen Wänden zerstörbar, an dieser Wucht der Enge, der die Ehrfurchtslosigkeit der Jahrhunderte nichts genommen hat von ihrem Gehalt? Und wenn wir das Reich wieder erleben und vollziehen wollen, so müssen wir hinabsteigen in die Krypta: zu dem Anfänglichen, Unzerstörbaren; zu dem ersten Lebensgrund, aus dem die vergänglichen Formen hervorwachsen: so wie aus dieser Krypta eine Kirche hervorstieg,

die zur Scheuer wurde, und neben ihr ein Königshof erblühte, der zerfiel, während das Ursprüngliche blieb und noch immer ergreift. Und wenn sich auch nicht alle bereit finden zum letzten Ernst, für die letzte Tiefe, so müssen doch einige hinabsteigen in den Grund – und leben in der Krypta des Reiches.

Der fast schon vergessenen und übergangenen Stadt, die den Morgen des Reichs erlebt hatte, ward noch ein zweiter Morgen beschieden: der Morgen der Sprache und des Worts. Am Fuße des Schloßfelsens, dem ersten Tor gegenüber, in dem Hause, in dessen Fenster Giebel und Türme stehen, im Herzen Deutschlands, ward Klopstock geboren. In das Zimmer, wo das Licht ihn grüßte an jenem glückbringenden Tag des Jahres 1724, flutet die Sonne übermächtig; die Bilder und kargen Zeichen der Erinnerung spiegeln und glänzen; und mehr als die vergilbten Blätter mit eiligen Schriftzügen oder solchen, auf denen die Buchstaben sich reihen im eisernen Zwang der Form, zeugt das ausgegossene, flutende Licht für den Dichter und seine Tat. Im Fenster sah der Knabe Dom und Schloß; er stieg den Weg hinauf zur Gruft des Königs; er träumte dort oben in dem steinernen Rund, wo die Königin betete, den Traum von dem großen deutschen Gedicht. An ihn war der Auftrag ergangen; sichtbarer konnte niemand bezeichnet sein als er, dessen erster Blick schon auf Heinrichs Stiftung gefallen war; durch ihn sollte Heinrich wieder erstehen: der Gründer des alten Reichs und nun die erste Gestalt der deutschen Dichtung.

Klopstock schrieb das Gedicht nicht. Ließ es die Zeit nicht zu; war in ihm eine andere Sehnsucht, die mehr nach dem Raum verlangte als nach der Gestalt? Aber ist Quedlinburg nicht auch die Stadt Ottos III., der sich an das Namenlose verlor? Das Unendliche lockt und zieht; es tut sich gewaltig auf über den Türmen und verschlingt allen Erdenlaut und selbst den Glanz und die Größe der Krone: denn es ist immer noch ein Größeres möglich: das Jenseits der Alpen, wenn das Diesseits

bezwungen ist, und endlich das Jenseits der Meere: Spanien, Byzanz. Und ist nicht auch das Grenzenlose das eigentliche Thema der Dichter? Und so überließ sich Klopstock dem Raum: den Fernen, deren unmeßbare Einsamkeit der Cherub durcheilt, die Lichter wandelnder Gestirne kaum durchdringen: dem Unsagbaren, hinter dem sich das Geheimnis birgt.
Das große Gedicht vom Reich und seinen Königen ging darüber verloren, und es ward nicht geschrieben bis in diese Zeit: aber deutsches Schicksal ward auch von Klopstock gelebt, in dessen noch immer verschüttetem Werk, und nicht nur im »Messias«, auch in den Oden und den seltsamen Dramen, Wunderbarstes verborgen ist, wie oben in den grauen Mauern des Doms: alle die Edelsteine des Worts und des Gedankens, deren Feuer nicht erlischt. So steht endlich über den krummen Dächern und spitzen Türmen der kleinen Stadt der Himmel ihres größten Träumers offen: Räume, die keiner wieder erschaute nach ihm; die vielleicht nur der erblicken konnte, der aus der Enge umschränkten Daseins auf das Ewig-Große sah. Denn aus dem Widerspiel zwischen Enge und Weite, Begrenzung und Unendlichkeit gingen alle Vermächtnisse der deutschen Städte hervor. Was Klopstock erlebte, ist unser und kann nicht vergehen: es ist das Schicksal des Reichs, das die Grenzen überflutete und den festen Felsen seines Ursprungs vergaß; es ist das Verlangen, das fort und fort die Formen durchbricht und das doch allein imstande ist, die größten Formen zu schaffen. *Potsdam, 18. April 1933*

NIETZSCHES GRAB

Der Turm der Kirche zu Röcken stammt noch aus romanischer Zeit; er ist ungefüg und fast zu schwer für die kleine Kirche mit dem gotischen Chore; in seinen hochgelegenen winzigen Fenstern stehen noch die runden Säulen. Ringsum breitet sich der Rasen, auf dem die Grabsteine verstreut sind; einige Kreuze und Platten neigen sich, als wollten sie den Toten nachsinken in die Erde. Mauern schließen das enge Totenfeld ein, ohne den alten ländlichen Häusern draußen den Blick auf den Friedhof zu verwehren. Hier, an der Mauer der Kirche, neben dem Grabstein der Mutter liegt die Platte, die Friedrich Nietzsches Namen nennt; und man könnte wohl meinen, daß keine Stätte dem Denker fremder sein müßte als diese, wo er die letzte Ruhe fand.

Führte hierher der Weg Zarathustras, in den Schatten der alten Kirche, die noch in der besten Zeit des Glaubens und wohl auch des Reiches gegründet wurde? Hätte er nicht ein anderes Grab finden müssen, auf einer südlichen Felsenhöhe, vielleicht angesichts des Golfes von Rapallo, den er so liebte? Was verband ihn mit der Kirche außer seinem Haß? Was mit der Mutter? Und was mit dieser deutschen Enge, dieser schlichten, fast armen Landschaft, in der keine Größe ist; in der eben nur die Seele eine Zuflucht findet; in der sich der Gedanke bestenfalls ein grenzenloses Reich erschaffen kann, das niemals Wirklichkeit wird?

Aber das Grab liegt in der großen Schlachtenebene der Deutschen. Denn nicht ferne von Röcken wehte die schwedische Fahne an der Stelle, wo Gustav Adolf an jenem Nebeltage des Jahres 1632 fiel: in derselben Ebene, wo der Schwedenkönig bei Breitenfeld seinen großen Sieg gewann; hier, gegen Weißenfels, flüchteten die Franzosen vorüber nach der Völkerschlacht; aber auch Großgörschen ist nicht fern, und über dem Passe von Kösen, auf dem Ackerlande, liegt Auerstedt; an der Brücke von Weißenfels drohte Friedrich dem Großen die tödliche Kugel, eh er bei Roßbach seinen strahlenden Sieg gewann; Karl v. zog hier vorüber nach Naumburg nach seinem Siege bei Mühlberg; und auch die Schlachtfelder des alten Reichs sind nahe: südlich, bei Hohenmölsen an der Elster, verlor Rudolf von Schwaben die Schwurhand, mit der er Heinrich IV. Treue geschworen; auf der Ebene vor Merseburg übte Heinrich I. seine Reiter; allzu fern sind auch nicht die Schlachtfelder der Unstrut: Homburg, wo Heinrich IV. die Sachsen schlug, Riade, wo Heinrich I. die Ungarn besiegte, Burgscheidungen, wo der letzte Thüringerkönig fiel; und nördlicher, in der Gegend von Mansfeld, schlugen die Sachsen den Feldherrn Kaiser Heinrichs V., den Grafen Hoyer von Mansfeld, am Welfesholze.

Hinter dem Grabe zu Röcken öffnet sich die Landschaft deutscher Tradition, schwer verhangenes Land; der Denker, der in der Schlachtenebene geboren wurde und in ihr sein Grab fand, trug auf der Ebene des Geistes die Geschichte seines Volkes aus, so wie ein jeder Geist von Bedeutung die Geschichte austragen muß, unabhängig von seinem Willen. Auch das Leben der Geistigen ist, wie das der Politiker, zu einem guten Teile Frondienst an der Geschichte, deren Wesen darin besteht, daß sie den Menschen wohl fordert, aber über den Menschen hinweg zu diesen unbekannten Zielen strebt. Nietzsche, der, nachdem er den Zarathustra geschrieben, nach Rom ging, um dort in der Vorstellung, ein Zertrümmerer zu sein, ein seltsames Glück zu genießen: er war der Reformation nicht so fern, wie er meinte; im Gegenteil, die Tradition des deutschen Protestantismus lebte in ihm. Wie aber die Reformation nur verständlich ist, sofern sie auf die Geschichte des alten Reiches und seine Kämpfe bezogen wird, so steht auch der Zertrümmerer in der Geschichte als ein Träger dieses alten Streits; den Namen »Der Hammer«, den er für sich wieder beanspruchte, hatte schon Thomas Münzer und vor ihm Kaiser Friedrich II. geführt.

Die Geschichte des Reiches, die endlich dazu führte, daß ein fremder heldischer König als Befreier geehrt wurde, steht hinter dem Leben Friedrich Nietzsches; auch in seinem Jahrhundert hatten die Deutschen im Grunde das kalte Verhängnis nicht überwunden, und es scheint, daß sie es nie überwinden sollen. Indessen, er bedurfte des Südens so, wie die Deutschen in ihren großen Zeiten des Südens immer bedurft hatten; dort konnte er der Tradition nahe bleiben, die als einzige an Form und Inhalt, Bestimmtheit und menschenformender Kraft stark genug ist, dem Christentum entgegengesetzt zu werden: der Antike. Die Antike ist ihrem Wesen nach tragisch und führt die Menschen, die ihr folgen, einem tragischen Schicksal zu; Nietzsche hat es gelebt. Hatte die Reformation, wie er ihr zum Vorwurf machte, Rom wiederhergestellt, statt es zu vernichten, weil sie gegen Rom, aber für das Kreuz kämpfte, das – trotz allem – doch in Rom war, so suchte er das Kreuz zu stürzen und damit erst endgültig Rom. Der letzte Widerhall der Schlacht von Lützen, der nach zweihundert Jahren von dem alten Kampffeld kam, war – »ein Fluch auf das Christentum«; es soll damit nicht gesagt werden, daß dieser Fluch die letzte notwendige Folge war, aber eine Möglichkeit bestand; auch in diesem Fluche war Tradition. Die Schlacht von Lützen und von Breitenfeld, alle Kämpfe des alten, des zerfallenen und sterbenden Reiches tobten fort in der Seele dieses Mannes, der selbst großen Wert darauf legte, als Pole zu gelten und als Pole angesprochen zu werden; er rief die Bundesgenossen aus allen Lagern und stritt am liebsten unter fremder Fahne, aber die Sache, die er austrug oder auszutragen suchte, war so ausschließlich deutsch, daß sie nur in der Perspektive der deutschen Geschichte verstanden werden kann.

Nikolaus Lenau übersetzt einmal in seiner Wahnsinnszeit, in der blitzhaften Erkenntnis seines Schicksals, den Namen seines Geburtsortes Csatad in Ungarn mit »Deine Schlacht«; als »seine Schlacht« hätte auch Nietzsche das Dorf in der Leipziger Ebene bezeichnen können, wo er geboren wurde und sein Grab wieder finden sollte. Die Geschichte, in der er stand, kam freilich nicht zum Ende, als er eingesenkt wurde neben der Kirche zu Röcken; und doch bedeutete sein Ende eine Entscheidung: der Kampf mußte in eine neue Phase treten; es konnte von nun an nicht mehr versucht werden, was Nietzsche gewollt hatte. Denn die Lebensform, für die er sich entschieden, hatte sich als unmöglich erwiesen; die Götter, die er sich geschaffen, wurden verzehrt vom Nichts, in dem sie standen; in diesem Nichts aber wirkte die Gewalt Gottes. Denn es gibt Zeiten, die Gott von Angesicht sehen; und Zeiten, die seine Macht nur an ihrer Verzweiflung spüren; die Geschlechter, die er nicht aufnimmt in das Sein, fallen ins Nichts, und nun wirkt Gott, von dem sie sich abwendeten, auch auf sie: durch eine namenlose Not. Die Verneiner stehen ebenso in seiner Macht wie die Gläubigen; je heftiger das Nein, um so größer ist der Glaube einmal gewesen: darum brachte ein Geschlecht, dessen Glieder durch Generationen am Altar dienten, den Gottesleugner hervor. Die Bindung an den Glauben war geblieben: nur die völlige Gleichgültigkeit, ein gelassener Atheismus, wenn er in Europa möglich wäre, hätte an die Stelle des völlig überwundenen, aufgehobenen Glaubens treten können. Haß zeugt niemals von Überwindung; für ihn ist das Gehaßte ebenso wirklich, ebenso nah wie für die Liebe ihr Gegenstand. Aber das Leben dieses Glaubensfeindes wurde ganz und gar vom Glauben und den von ihm geschaffenen Werten bestimmt; gegen ihn baute er seine Welt, die bestenfalls stehen konnte, solange ihr der Glaube Widerstand leistete; wäre dieser gefallen, was wäre dann geblieben? Eine Welt, die, sinnlos um sich selber kreisend, ihr Schicksal wiederholte, umgeben vom Nichts, selbst ein Nichts; nach mechanischen Gesetzen umtreibender Staub. Auf ihr hätte der Mensch gedient, so wie der Schöpfer dieser Welt selbst gedient hatte, härteste Zucht sich auferlegend, steigend (aber wohin?) und dabei in solchem Maße leidend, daß er vor Leiden lachte; wer hätte ihm wohl dieses Lachen geglaubt? Wer seine Tänzerfreude, unter der sich das Herz zusammenkrampfte? Aber es blieb ja noch ein Wort, ein Gefühl, das nun aufstrahlte in einem Zauber, den nur ein großer Dichter zu entzünden vermag, ein über alles geliebtes, immer wiederholtes Wort: das »Leben«. Aber war dieses Leben nicht gedichtet von einem, der »nur Narr, nur Dichter« war; und war seine Welt etwa die eines Philosophen? Auch sie war gedichtet; und hatte der große Freund und Widersacher in Bayreuth in diesem einen entscheidenden Punkte nicht recht, als er den Verfasser der »Geburt der Tragödie« einen »verkappten Tragödiendichter« nannte?

Dichtung eines verzweifelnden, in der Kälte des entgötterten Raumes erfrierenden Herzens war diese ganze Philosophie; war auch das »Leben«, das nicht gelebt werden konnte; war der Rausch dieses Lebens und sein Glück. Dichtung waren die Götter; und es ist die Tragik des Dichters, daß ihn seine Gestalten in die letzte, steinerne Einsamkeit führen – und dort verlassen. Denn die Scheinwelt wird nicht zur Welt; sie verdrängt den Menschen, fordert Herz und Blut; aber in der schwersten Not löst sie sich auf, um zu verschwinden vor Gott. Wenn aber Gott tot ist – was dann? Nietzsche dichtete sein tragisches Leben und kam in dieser Tragödie um; wenn auf der Bühne der Griechen der Held stürzte, so erschien die Macht der Götter; der Held empörte sich, aber der Dichter wußte von der endlichen Sinnlosigkeit aller Empörung und ließ die Vergänglichkeit an der Ewigkeit zerschellen; das Irdische mußte untergehen, damit Raum für das Überirdische wurde; wenn aber das Überirdische nicht sein sollte – wohin müßte der Held dann stürzen? Eine tragische Kultur, wie Nietzsche sie wollte und »prophezeite« (»Ich prophezeie ein tragisches Zeitalter...«), setzte den Glauben voraus; denn tragisch ist nur die Empörung gegen eine unerschütterliche Macht; wurde diese Macht geleugnet, so blieb nur die »ewige Wiederkehr«, der Kreislauf des Stoffes. Äschylos und Sophokles glaubten an die Macht des Göttlichen und stellten die Empörung gegen dieses unfaßbare Göttliche dar; Euripides (dem Nietzsche vielleicht am nächsten verwandt war) löste den Glauben auf und führte die Tragödie zu Ende. Die »Alkestis« ist keine Tragödie mehr, sondern eine Farce.

Der Versuch, ohne Gott zu leben, scheiterte; auch die Wertsetzung, die diesem Versuche dienen sollte, muß fallen: sie kann zu keiner Kultur führen, sondern nur in das Nichts.

Dennoch war die Welt in ein Stadium getreten, wo dieser Versuch gemacht werden mußte; daß er ihn auf sich nahm mit allen seinen furchtbaren Folgen: dies ist Nietzsches große geschichtliche Tat; sein Verdienst – und (wenn ein solches Wort erlaubt ist) sein Dienst am Ewigen. Aber auch dieser Versuch, das Unendliche zu vernichten, konnte nur von einem Volke unternommen werden, das, wie die Deutschen, mit ganzer Seele am Unendlichen hing, ja sich von ihm verzehren ließ; dessen ganze Geschichte, solange sie große Geschichte war, im Schatten des Glaubens abrollte; und das, als es mit dieser Geschichte zu Ende ging, das Unendliche wie kein zweites Volk feierte in der Musik, in der Dichtung und in seinem Denken. Zwischen Naumburg und Weimar, auf den Hängen des Saaletals, liegt Schulpforta, das einstige Kloster, dessen Schüler Nietzsche war; dort, in dem engen Kreuzgang, träumte auch Klopstock als Knabe, der vom Unendlichen so trunken war, daß ihm die Gestaltung darüber zerfloß, dort lernte Fichte, der in dem tragischen Übermaß, das ihm eingeboren war, den Deutschen die Losung gab: »Mehr denn alle Unendlichkeit.«

Aber die Straße von Röcken nach Naumburg und Weimar führt auch durch Weißenfels und an dem stillen, ansteigenden Totental vorüber, wo Novalis liegt, der nicht minder trunken war wie Klopstock, trunken vom Raum und der Unendlichkeit und zugleich vom Tod und der Liebe. Er war dem Dionysischen so nahe wie Nietzsche, wenn er ihm auch nicht diesen Namen gab; aber er hatte, wie am Ende auch Hölderlin, einfache, innige Worte gefunden, die Christus gelten und die, als sein schönstes Vermächtnis, auf dem Grabstein des Jünglings stehen: »Wenn alle untreu werden, So bleib' ich dir doch treu.« Und seltsam! War nicht auch Nietzsche am Ende der Erlöser erschienen, nicht im Lichte des Jenseits, aber doch als der unberührbar Reine, Große, dessen Bild in ihm geruht hatte während all der Jahre des Hasses und Streites? Der Antichrist – kämpfte für Christus. Und dem Glauben hatte im Grunde das ganze Leben des Verneiners gedient, nicht nach seinem, sondern nach einem höheren Willen; denn indem es erwies, daß ein Leben ohne den Glauben nicht möglich ist, machte es wieder Raum für den Glauben.

Alle, die auf Erden mit dem Einsatz ihrer ganzen Seele streiten, streiten für Gott. Und vielleicht ist darum das Grab zu Röcken in einem Sinne, der nicht ausgesprochen, kaum angedeutet werden kann, am rechten Ort. Aber auch innerhalb der deutschen Tradition ist es am rechten Ort: an der Straße des deutschen Geistes, deren Ziel nicht mehr zweifelhaft ist.

Potsdam, 2. Juni 1935

WEISSENFELS

Die kleine Stadt besaß vielleicht einmal Ordnung und Geschlossenheit, als Schloß und Kirche noch Mittelpunkt waren, nun ist sie ein Chaos, in dem die sinnlosen Trümmer der zerbrochenen Form treiben. Es ist keine Beleidigung des Auges zu denken, die hier nicht geschähe, keiner der hohlen Schnörkel aufgeblasener Zeit, keiner der komischen Schloßtürme auf Metzgerhäusern, die hier nicht in extremer Mißgestalt von verblaßter Phantasie kraftlos versucht worden wären; in jedem Winkel lebt die Zeit, der es versagt ist, eine Form zu finden, und die ihr Recht auf Zerstörung der alten Form durch nichts dokumentieren kann als durch den Glauben, der in wenigen lebt. Der Ring, der die Stadt umgab, ist zersprengt; sie fließt gestaltlos über den Fluß in die Ebene und löst sich auf wie ein Nebelfetzen, den der Wind zertreibt; zufällige Häuser liegen vor den versprengten Blöcken; sie können fehlen, sie können dasein, niemand wird sie suchen oder vermissen. Rauch qualmt darüber hinweg; Schlote stehn neben einer Windmühle, die sich bedächtig dreht und sich nicht schämt, einmal auszuruhen, wenn der Wind ausbleibt, mag auch die ganze Hölle besinnungsloser Arbeit um sie entfesselt sein. Die

Dächer fallen und steigen wie die Wellen eines empörten Gewässers, deren Kämme und Täler keine Linie mehr verbindet; es brodelt, kocht über die Ufer, verdampft; die Stadt scheint zu zerfallen. Denn es ist nicht denkbar, daß irgend etwas von diesen mißlungenen Bildungen dauern werde, auch nicht, daß sie ein Anfang sein könnten: sie können nur zerstören, und es ist noch immer ungewiß, wer das neue Feld besetzt.

Der unsinnige Lärm in den Straßen, der Berge hinaufkeucht und sich wieder Berge hinunterstürzt, die überschwenglichen, zerbröckelnden Barockfassaden, die unhaltbare Verbrauchtheit übriggebliebener Romantik, die in keiner versteckten Ecke mehr sicher ist, dies alles tönt zu einem schreienden Mißklang zusammen, in dem allein das Lied der Zerstörung deutlich ist, der das Neue wie das Alte unterliegt. Nur im Barockturm des Schlosses und der ganzen ungeheuren Steinmasse, die ihn umlagert, gebietet noch Ruhe. Die weiten Flügel bedecken selbstherrlich die geebnete Fläche über dem viel zu engen Raum, wo sich die Häuser drängen, der Hof ist offen und breit, die Bäume entfalten sich üppig bis unter den First, und langsam gleiten die geschwungenen Zeiger über die alten Zahlen an der Kuppel. Hier schlägt noch die Zeit des Barock; die Zeit der großen unbekümmerten Herren, deren Kirchen Festsäle waren, deren Jahre breit und verschwenderisch strömten unter gewaltigem Laubdach, in ebenem Park. Wer sieht aber noch nach diesem Zifferblatt, das wie eine Fahne, die niemand mehr achtet, über den Dächern steht? Es scheint, als ob doch etwas bleiben müßte von der ruhevollen Uhr, die die Minuten lang macht und den Stundenschlag verzögert, von diesem Schlag, der zu großen Festen ruft und ihnen die Feierlichkeit des Ernstes nicht versagt: wie können diese Zeiger sich im Angesicht der Häuser drehen, ohne daß in die Häuser etwas eindringt von der starken, erfüllten Zeit, die sie messen? Der Anblick eines solchen Schlosses, ob es auch kein schönes, nur ein machtvolles Schloß ist, dürfte doch nicht gleichgültig sein, denn in ihm steckt mehr Vertrautheit mit den Reichtümern des Lebens und mehr Wissenschaft von seinen Grenzen und der Möglichkeit, in ihnen zu genießen, als in dem verwirrten Häuserhaufen von Weißenfels.

Man hat ganz Deutschland hier: das große Fürstenschloß, die Servilität, die weit eindrang in das geistige Reich, die Kultur, die bisher immer nur von einzelnen verwirklicht wurde, das Geducktsein der vielen, die Freiheit Vereinzelter. Man hat die kurze Zeit der Form, die Zersetzung, den Widerspruch. Ein solches Schloß und das Leben in ihm bedeutet für das Sklaventum der glücksuchenden Menschheit dasselbe wie die schöpferische Stunde für das Sklaventum des Genies; diesseits und jenseits dehnt sich die Nacht der Verzweiflung aus; dazwischen, in einer Stunde von tausend, in einem Menschen aus einer ganzen Stadt, wird das Leben gelebt in seinem wirklichen Ausmaß, wie es immer möglich scheint und immer verweigert wird. Es gibt keinen Trost, keinen Lichtschein auf das Vergangene noch auf das Kommende; immer steht diese Einmaligkeit gegen die unendliche Wiederholung, die Fülle, die einem zufällt, gegen das Nichts, das allen zuteil wird.

Endlich finde ich auf dem Umwege durch immer wiederkehrende Gleichgültigkeit das Haus, in dem Novalis lebte und starb. Eine Freitreppe führt hinauf; sie ist nicht sehr herrschaftlich, aber sie ist doch die einzige der Straße; drei Stockwerke werden von einem sehr hohen, steilen Giebel geschützt. Das Ganze ist, wenn auch groß, doch von einer nüchternen Kargheit, nur der Giebel fällt auf durch ein gewisses Übermaß seines Aufstrebens und seiner schützenden Geste. Ich gehe den letzten Weg des Novalis von der Freitreppe um die Ecke des Hauses an dem Gärtchen vorbei, unter dessen Laubengang seine geschändete Büste steht, einigen nichtssagenden Häusern entlang und die Treppe zum alten Friedhof hinauf, der zu einer etwas wehmütigen Anlage umgewandelt wurde. Links von der Treppe umhegen ein dünnes Eisengitter und die

Rückwand eines Hauses das Grab des Novalis. Nichts ist natürlicher als der Weg zum Grabe, wenn man diesem Leben folgt, denn mag auch jedes Grab ein Ende bedeuten oder ein Ruhen, das Grab dieses Jünglings gehört unmittelbar dem Leben an, es ist der sichere Höhepunkt aller ihm vorausgehenden Jahre, die sich bewußt und unerschütterlich ihm entgegensteigerten. Es ist kein Ausgangstor, das sich hinter Unwiederbringlichem schloß, sondern der offene Eingang in den großen Festsaal schäumenden Lebens.

Akazien werfen einen leichten Schatten, eine Eibe strebt auf, in der Ecke nahe der Straße winden sich drei gewaltige Fliederbäume zum Himmel; kreisend, schraubend ringen sich die dicken Stämme aus dem schwarzen Grund, bis in das feinste Geäst treibt der Eigenwille quillenden Saftes seine gewundenen Formen. Am Fußende des schmalen Rechtecks, das als letztes noch eine Erinnerung an die vergangene Körperlichkeit des Dichters in den Boden zeichnet, stammelt wiederholt ein kleiner, epheuüberwucherter Sandstein wie ein verhallendes Echo undeutlich den Namen »Novalis«, am Kopfende steht die Büste des Dichters mit dem sieghaften Blick. Unter dem kargen Rasen, dessen Buchsumhegung zerrissen ist wie ein moderner Schleier, feiert der Liebesselige seine Hochzeit mit dem Tod. Für ihn war der Tod die gewisse Erfüllung allesumfassender Liebe. Ihn zog die Erde an, und der Saft, der durch sie fließt, das Wasser, der kaum noch fühlbare Gluthauch in ihrem Innern, die Elemente, die letzten Bestandteile unseres Seins; denn wenn er mit ihnen vereinigt war, so war er mit allem vereinigt, was jemals lebte und leben wird: die Verwesung wird zum Anfang unbegrenzten, unübersehbaren Lebens. Er kann der Zerstörung nicht entgehen, aber gerade in ihr liegt seine höchste Lust; das Negative, das alle schreckte, die letzten allzu materiellen Konsequenzen unserer Existenz in Fleisch und Blut werden zum Antrieb einer Bahn, die schon im Diesseits ansetzt, eine Kurve in die glühendsten Tiefen der Ewigkeit zu beschreiben.

Hier ist der Zerstörer aller Feindlichkeit entkleidet, ohne daß seine Kraft zerbrochen worden wäre; das Positive im Tod wird erlebt. Die Geliebte ward nur deshalb zum Schicksal, weil sie starb; daß sie unter der Erde lag und immer weiter in ihre Tiefen sank, das riß Novalis ihr nach. Niemals sah er im Tode die Flucht – wie leicht hätte er sonst die Zeit des Wartens abkürzen und sich ihm entgegenstürzen können, bevor er ihn rief! –, sondern der Tod war der Rausch, dessen Wellen ihn schon mitten im irdischen Kreis in dem großen nüchternen Hause mit dem steilen Giebel, in den engen, krummen Straßen von Weißenfels erreicht hatten und den er genoß, gleichgültig, ob er über der Erde oder unter der Erde lebte, mit seinem ganzen, unlöschbaren Durst nach allen Taumeln des Gefühls. Von seinem Geschlechte fallen die Blätter wie von einem Baum im Herbst, ein Bruder stirbt, ein anderer ertrinkt, andere gingen schon voraus, alle sterben jung: sie werden zu Erde, wie er zu Erde wird, und als Erde werden sie sich alle umarmen. Die ungeheure Sinnenglut, die unter dem Kinderantlitz des Novalis brannte, schafft sich das große Brautbett jenseits der Tageswelt, auf dem er sich nicht nur dem Weibe – wie sollte das Weib allein genügen, sie ist nur die Geleiterin zu seinen Wonnen –, sondern dem All vermählt, und dieses All ist durchaus dinglich, so beseligend wie Fleisch und Blut, so berauschend wie das Weib. Nein, hier ist kein Ende; dies ist ein anderer Tod, der noch niemals gestorben wurde; mögen alle vergangen und zerstoben sein, Novalis ist es nicht.

Das Grab des Novalis ist ein bacchantischer Ort. Man hört das Tosen der ewigen Bruderschaft in der Stille. Vielleicht spürt man Lippen, wenn man die jungen Blätter des Flieders küßt, und hört ein Herz schlagen, wenn man den dunklen Stamm umarmt.

Dahinter tut sich sanft das Tal der Toten auf; es ist ein großer, romantischer Garten, einer der Gärten, wie Jean Paul sie liebte, mit verwitterten Grabsteinen unter den Büschen.

Welch eine Wollust ist in der Schwingung des Tals, im Schwellen der Hänge! Welche Zärtlichkeit ist in den Weidenzweigen und wie üppig wogt die Tuja! Von oben strömt es herunter in dem grünen Bette des Rasens, über der Erde und unter ihr, zwischen den weißen Graswurzeln hindurch und dem dunkeln Wurzelgewirr der Bäume, von den Seiten her, wo an der Festungsmauer noch Platten haften mit Namen und Kreuzen; es sammelt sich und fließt unablässig, unversieglich, zum untersten Grabe, wo das Tal endet, wo der trunkene Jüngling schon über ein Jahrhundert lang unaussprechliche Wonnen durchlebt.   Oberlößnitz, 28. April 1929

EPILOG

Lorettoberg

LORETTOBERG

Wenn der Mond über den alten Bäumen hervortritt, so steigen die Leuchtkäfer aus dem hohen Grase auf und schwärmen gegen das Haus. Sie umkreisen den Birnbaum, der sich gegen das Haus neigt, schweben an den Mauern empor und nähern sich den geöffneten Fenstern; das Haus ist still, alle Bewohner haben es verlassen, und lange schon betrat kein Fuß mehr die verschlungenen Wege des kleinen Gartens, der sich von der Straße her den Berg hinaufzieht. Im Mondlicht glänzen die Blätter der beiden Edelkastanien, die wie Brüder sind und sich zu einer stillen, schönen Form zusammenschließen; schon ist der Jasmin am Wege verblüht, und die letzten Rosen streuen ihre Blätter rasch in das Gras. Der Brunnen draußen fließt leise fort; er ist zu einsam, als daß er noch auf einen Wanderer hoffen könnte; auch die Nächte werden schwül, und wieder nähert sich die Hochsommerzeit, da vor bald dreihundert Jahren die Schlacht auf dem Berge geschah. Damals hatten sich die Verteidiger auf der steilen Höhe über dem Garten verschanzt, und die Angreifer stürmten drei Tage lang gegen die Hänge; es ist sehr viel Blut auf diesem Boden geflossen; große Namen leuchteten auf, aber es widerstrebt uns, sie zu nennen; mag von denen, die Kränze zu vergeben haben, der Ruhm der Tapfern und Kühnen gepriesen werden; mögen diejenigen, die für die rechte Sache kämpften, gleichgültig, ob sie siegten oder unterlagen, in Frieden ruhen, und mag allen, die an jenen heißen Tagen gelitten, gekämpft, sich verblutet haben, ihr Leiden vergolten werden in der andern Welt. Wer mag sich vermessen, zu sagen, was damals wirklich geschah und welchen Ort die Schlacht auf dem Berge einnimmt in Gottes unsichtbarem Plan? Der Berg wurde wieder und wieder umkämpft, Könige und Feldherren sahen von seiner Höhe auf das Gebirge und die Stadt zu seinen Füßen und über das weite Stromtal, aus dem diesseits und jenseits die kühnen, feierlichen Höhenzüge grüßen; immer wieder sind bange, furchtbare Tage gekommen, aber dies alles war, und der Friede ist, und sooft er auch vertrieben werden wird, sooft wird er wiederkehren, und am Ende sind der friedlichen Tage doch viel mehr gewesen als der stürmischen; und da nichts geschieht ohne Gottes Willen, so ist es auch sein Wille, daß hier Friede ist und das Land ruht im ungetrübten Licht der Gestirne.

Der Morgen wirft einen roten Schimmer über das Haus und tief in die Zimmer hinein, und in wunderbarer Wärme fließt das Licht an den Stämmen der Kastanienbäume nieder und über den steinernen Tisch, der zwischen ihnen steht und an dem in vielen Jahren wohl niemand mehr gesessen ist. Langsam breiten die mächtigen Zedern und Lebensbäume ihren Schatten über den steilen, zur Kapelle führenden Weg; oben, über einer kleinen Treppe, steht ein Kreuz vor der Kapelle, beschützt von zwei Goldregenbüschen und von mächtigen Linden; das Haupt des Herrn ist tief geneigt. Er hat alles vollbracht. Vielleicht sind die Verschanzungen noch sichtbar unter dem Rasenfleck, den nun ein Kreuzweg umfriedet; die Stadt grüßt herauf zwischen ihren weinbekränzten Bergen, und der Turm des Münsters verschwimmt im Sommerdunst; die Segensfülle der Sommerblüten und Früchte ergießt sich den Hang hinab, und es braust und rauscht in den blühenden Linden. Der Herr ist unsagbar müde von seinem Werk; aber die Welt ist erlöst, und die Verheißung einer höheren Schönheit, als sie am Schöpfungsmorgen besessen, liegt auf ihr.

Aber die Toten? Schräg über der Tür der Kapelle ist eine kleine eiserne Kanonenkugel eingemauert, die eine Jahreszahl trägt; hundert Jahre nach der großen Schlacht wurde wieder eine geschlagen, und wer mag sagen, wie oft sich der Hall der Geschütze an den Bergen brach und sie in der Ebene die Feuer aufflammen und wieder erlöschen sahen! Die Geschehen vergangener Zeiten erreichen wir nicht mehr; die Toten erreichen wir noch. Wenn wir in die Kapelle eintreten, so bitten sie mit uns, und schon auf dem Wege herauf haben sie uns vielleicht angerufen und erinnert, und wir haben sie nicht gehört. So viele Schicksale fanden hier ihr Ende, und wir ahnen nicht, wie das Ende dieser Schicksale wieder andere bewegte hinter den Bergen diesseits und jenseits des Stroms und wieviel Seelennot ihren Anfang nahm auf dem Schlachtberg.

Aber das Kreuz reicht über alle Not hinweg und verbindet mit ihr; die Linde schickt ihren Duft in den engen, stillen Raum, die Knienden vermögen sogar die Stadt und den Turm zu sehen, das Lied der Vögel tönt herein mit dem Summen der Bienenvölker, und unsichtbar, aber ungleich mächtiger wogt der Segen des heiligen Raumes hinaus in die Welt und durchströmt und verwandelt sie. Und so wird der Berg geheiligt, der vielleicht ein großes, von Blüten überdecktes Grab ist, und die Geschichte scheint nahe an ihrem Ziele zu sein. Denn welchen Inhalt hätte sie, wenn nicht die Heimkehr der Welt? Die Welt soll unseres Herrn werden, und er wird sie heimbringen zum Vater; und alles, was geschieht, ereignet sich in der Richtung auf seine sichtbare Wiederkehr, in seiner unsichtbaren Gegenwart. Der Ruf des ehrgeizigen jungen Feldherrn, der immer noch tausend den Hang hinaufführte, die männliche Festigkeit des Verteidigers und all die Mühsal derer, denen sie geboten, sie haben einen, wenn auch noch so verschiedenartigen Anteil an der Erhöhung des Herrn über alles Geschehen, an der letzten Wandlung der Welt zu ihm. Und wie es an diesen Friedenstagen ist, deren Ende so rasch kommen kann, so wird es am Ende aller Tage sein: das Kreuz steht hoch über der Welt, dem einen Schlachtfeld der Geschichte, die Toten sind unter ihm versammelt, und das Licht unsäglicher Schönheit kühlt die Berge und Täler, auf denen so lange die Schwüle lag. Dann werden Kreuze auf allen Gipfeln erscheinen und einander grüßen, und es wird sich zeigen, daß im Gange der Zeit der Herr seine Siegeszeichen aufgepflanzt hat auf allen Bergen menschlichen Leids. So ist der Schlachtberg verklärt, aber noch ist nicht der letzte Tag seiner Verklärung angebrochen. Denn während auf dem Lande hier der Schrecken lag, war vollkommener Friede an einer andern Stelle der Welt, und während in der Ferne das Furchtbarste geschieht, ist es hier still. Und was könnten wir Besseres tun in dieser Stille, als des Schreckens zu gedenken, der kommt und geht, da ist und schwindet? Die letzte Antwort auf die Geschichte ist das Gebet.

Wenn es Nacht wird, rauscht der Bach freier auf der andern Seite des Hauses, die Lilien duften aus den Gärten herüber, es ist still geworden in den Linden, und eine große Last fällt von der Seele ab. Wieder hebt im Garten das geheimnisvolle Leben an. Die Leuchtkäfer entsteigen dem Farn und dem hohen Grase; es ist, als ob ihnen der Flug noch schwerfiele; sie streichen über den Halmen und den Wegen hin wie Seelen, die sich nicht lösen können von der Erde. Sind es die Toten der großen Schlacht? Und wie das Mondlicht wieder heraufkommt, werden sie freier, sie ziehen schräge Bahnen durch die Äste des Birnbaums und überkreuzen sich im Fluge; wieder schweben sie den offenen Fenstern zu, als wollten sie in das Haus und in das ferne Leben zurück. Oder geht der Bereich des Lebens nun über in den ihren, gehört ihnen nicht alles, der Garten und das Haus, das Hausgerät und die Bücher? Immer leichter wird ihr Flug; sie steigen zum Dachfirst empor und gleiten durch die Baumkronen, dann sinken sie wieder; steigend und fallend feiern sie ihre Stunde. Aber diese Stunde währt immer, und nur in den wenigen hellen Nächten des Hochsommers werden wir ihrer gewahr; dann erkennen wir, daß wir zu Gast bei den Toten sind. Es ist immer die eine Zeit zwischen dem ersten und dem letzten Tag, kein Geschlecht hatte eine geringere Last auf den Schultern, und es wird nirgendwo Heimat sein, wo wir arbeiten und ruhn, beten und schauen können, wenn nicht hier, auf dem stillen Schlachtfeld der Geschichte.

1943/1944

NACHWORT
QUELLENNACHWEIS

NACHWORT

Der vorliegende Band will das umfangreiche Tätigkeitsfeld des historischen Schriftstellers Reinhold Schneider abrunden. Es umfaßt die Landkarte Europas: von Griechenland, von dessen vorchristlicher Antike über das christliche Byzanz und die russische Ost-Kirche zum protestantischen Skandinavien. Die Liebe zu den romanischen Ländern, die hier vor allem in den Reisebeschreibungen deutlich wird, ließ Schneider das übrige Europa nicht vergessen; dessen Geschichte, von der Antike bis zum ersten Weltraum-Satelliten, wird hier in Umrissen erfaßt.

»In Umrissen«, das meint die allen hier vorliegenden Arbeiten eigentümliche Art der Darstellung, die sie miteinander vereint, wie unterschiedlich auch ihr Gegenstand sein mag und der sich wandelnde Standpunkt des Betrachters. Der gegenwärtige Standpunkt des Betrachters und der mitunter weit zurückliegende Gegenstand werden in einer Sicht vereinigt. Das historische Problem wird selten abstrakt erörtert, es wird in der Gestalt einer oder mehrerer Personen lebendig, die Antike in der Gestalt der Philosophen und Dichter, das Mittelalter in der Gestalt der Kaiser und Päpste und Heiligen. Doch bleibt es nicht bei der Darstellung der Gestalten, die Personen verkörpern immer das Problem ihrer Zeit, die »Idee«. So wird in einer Bewegung Abstraktes und Konkretes, Idee und Person, miteinander verknüpft. Das Vergangene wird durch den gegenwärtigen Betrachter zu uns herübergezogen, aber auch wir werden durch den Betrachter, der sich so ganz in die Vergangenheit zu versetzen vermag, in die Geschichte hineingezogen.

Diese Fähigkeit Reinhold Schneiders, sich ganz in seinen Gegenstand hineinzubegeben, so daß er gewissermaßen aus seinem Innern zu sprechen scheint, ist so faszinierend, daß wir einige Augenblicke lang meinen, wir wüßten nun tatsächlich, wie es damals zu Zeiten Kaiser Lothars oder Kaiser Karls v. war. Doch diese Faszination weicht wieder einer Ernüchterung, die bisweilen von Reinhold Schneider selbst herbeigeführt wird.

In »Um das Jahr 1000« schreibt er: »Was in den Menschen jener Zeit vorging, ist nicht leicht, nicht mit Sicherheit zu sagen.« Und: »In dem Lebensdrama Ottos III., soweit wir es uns einigermaßen vorzustellen vermögen...« Diese Unsicherheit, dem Leser deutlich gemacht, ist nicht immer so stark wie hier. Doch von diesen Zitaten her läßt sich die historische Schau Reinhold Schneiders mit seinen eigenen Worten problematisieren. Hat sein Karl v. so viel Ähnlichkeit mit dem historischen Karl v. wie Schillers Jungfrau von Orléans mit der historischen Jeanne d'Arc? In den Essays versucht Reinhold Schneider sich (und uns) Geschichte zu vergegenwärtigen. Er benutzt nicht Geschichte zu eigener dramatischer Dichtung, er baut sie nicht um wie Schiller. Er nähert sich ihr an.

Freilich verbindet sich in seiner Darstellung der historische Gegenstand mit dem gegenwärtigen Betrachter; das ist nicht anders möglich. Eine rein historische Rekonstruktion, die vom Betrachter absieht, ist undenkbar. Eine ganz vom Betrachter erfüllte Darstellung ist durchaus denkbar, doch hat sie den historischen Gegenstand dann verloren. Das geschieht auch in solchen historischen Abhandlungen, die Geschichte auf ein Gedanken-Schema reduzieren, das ihnen die Fülle der Ereignisse verschwinden macht.

Diese allgemeine Problematik historischer Darstellung macht Reinhold Schneiders besondere Art des Schreibens erst verständlich. Den gesamten historischen Prozeß zu Zeiten Karls v. in der Gestalt des Kaisers zu erfassen und nur in dieser, erleichtert die Darstellung: alles wird wie in einem

Brennglas in dieser Figur zusammengerafft. Zugleich jedoch impliziert es eine Gefahr: der Kaiser wird auf diese Weise zu einer überdimensionalen Figur, die er – als Spielball der Mächte seiner Zeit – möglicherweise gar nicht war.

Daß Reinhold Schneider von den großen Männern der Geschichte fasziniert war, ist immer nur als politisches Problem gesehen worden. Es wird zum politischen Problem, aber sein Ausgangspunkt ist ein Problem der Darstellung. Historische Ereignisse zur Zeit der Reformation in Gestalten zu erfassen, die diese Ereignisse symbolisieren, ist ein poetisches Verfahren, das uns das sonst schwer Erfaßbare faßbar macht. Es läßt aber die Personen zu Heroen werden, eben auf diesem Weg der Symbolisierung. Ein ganzes Volk mit seiner langen Geschichte in einer Heiligen – Teresa von Ávila –, in einem König – Philipp II. – symbolisch zu konzentrieren, bringt Vorteile und Nachteile. Vorteile: beherrschende Kräfte – strenger Katholizismus und harte Machtpolitik – werden deutlich. Nachteile: andere, entgegenstehende Kräfte verschwimmen im Undeutlichen.

Die Kaiser, Könige, Päpste, Heiligen symbolisieren von Amts wegen den Staat und die Kirche. So bieten sie sich von vorneherein an als Symbole dichterischer Darstellung; deshalb – sicher nicht nur deshalb – fühlt Schneider sich derart zu ihnen hingezogen. Alles andere – die Not der Bauern, der Jammer auf dem Schlachtfeld, das Elend in den Gefängnissen – alles andere ist namenlos und schwer in einer Gestalt zu symbolisieren. So rücken die vielen Namenlosen an den Rand, bei Reinhold Schneider genauso wie in der bisherigen Geschichtsschreibung.

Seine Geschichtsbetrachtung hält auch deshalb in der Regel ein, wenn es über die Französische Revolution hinaus in die Gegenwart geht, also in ein Zeitalter, in dem nicht mehr die Könige die beherrschenden Gestalten sind. Die Künstler ersetzen sie ihm kaum. Ob ihm die demokratische Verfassung, aus dem protestantischen Denken erwachsen, das jeden Menschen unmittelbar zu Gott in Beziehung treten läßt ohne die Vermittlung kirchlicher oder staatlicher Hierarchie, ob ihm diese demokratische Verfassung einsichtig war? Blieb sie ihm ganz verschlossen? Ihr Ideal ist das Ziel jetziger Staatsformen des Westens, deren reale Gegebenheiten weit dahinter zurückbleiben. Doch auch Reinhold Schneiders Monarchie ist das Ideal dieser Staatsform, das über den vielen realen, unzulänglichen Monarchen steht, die ihre Völker unterdrückten oder ins Unglück stürzten.

Allein so leicht macht es uns Schneider nicht. So wie er selbst sein Urteil wägt, so zwingt er auch uns, das Urteil über ihn zu wägen. Der Figur Innozenz III., der vielleicht mächtigsten des Papsttums, stellt er die Figur des Heiligen Franziskus gegenüber, auf dessen Seite seine ganze Sympathie ist. Gerade die Wiederkehr der Armut in die Kirche sei die Gnade dieses Pontifikats gewesen: »Eine innere Entscheidung über die Form christlicher Macht geschah, die bis heute nach außen nicht vollzogen, ja vielleicht nicht einmal gesehen worden ist.« Welch ein Urteil über die Kirche, deren Anhänger Schneider doch ist!

Zu der Auseinandersetzung zwischen Karl V. und Martin Luther – bei der seine Sympathie auf der Seite des Kaisers ist – heißt es: »Nicht um den Sieg eines Bekenntnisses geht es mehr, sondern um das geschichtliche Dasein geglaubter, gelebter Wahrheit...« Die letzte richterliche Entscheidung falle an Gott.

Ein doktrinärer Autor ist Reinhold Schneider nicht. Er wägt ab, er läßt offen, auch wo Sympathie ihm ein Urteil nahelegt. Freilich, wenn der Fall so offen zutage liegt wie beim Prinzen Eugen, der das christliche Europa gegen die heidnischen Türken verteidigte und noch einmal den alten Auftrag des Reiches verwirklichte, oder beim sterbenden Kaiser Lothar, der Frieden wollte und Krieg führte, dann ist das Pathos Schneiders weniger gezügelt.

Der Tod des Kaisers, die letzten Jahre des Prinzen Eugen sind es, von denen Rückschau gehalten wird. Es ist immer wieder die Schwelle des Todes, der einzigen Lösung von der letztlich unerfüllbaren irdischen Pflicht, von der aus das Leben der großen Figuren betrachtet wird. Im Aufsatz über »Anagni«, der hier absichtsvoll mit dem über »Assisi« konfrontiert ist, heißt es: »Da die Herrschaft unerläßlich ist: wie soll die Herrschaft geschehen?« Dies ist die eine zentrale Frage, die hier anhand der geschichtlichen Schauplätze und Figuren erörtert wird. Und die nicht mit der Hoffnung auf eine Utopie, die alle Herrschaft endigt, zugedeckt wird.

Die andere Frage, die umfassendere, ist die nach unserer Verantwortung vor der Geschichte. Dieser Verantwortung können wir nicht entgehen. Wenn wir heute vielfach blind geworden sind gegenüber der historischen Entwicklung Europas, so kann uns gerade hier Reinhold Schneider die Augen öffnen. Die früheren Jahrhunderte haben uns geprägt, die Toten, die uns vorangegangen sind, und deren Erbe, gutes und böses, wir mit uns schleppen, ob wir wollen oder nicht.

Es mag erlaubt sein, zur Verdeutlichung dessen auf einen anderen Autor hinzuweisen, der ebenfalls essayistisch zu dieser Frage sich geäußert hat: Walter Benjamin in seinen »Geschichtsphilosophischen Thesen«. Dort schreibt er: »Es besteht eine geheime Verabredung zwischen den gewesenen Geschlechtern und unserem. Wir sind auf der Erde erwartet worden. Uns ist wie jedem Geschlecht, das vor uns war, eine schwache messianische Kraft mitgegeben, an welche die Vergangenheit Anspruch hat.«

Als »Prolog« ist dieser Auswahl eine kleine Tagebuch-Notiz aus »Macht und Gnade« vorangestellt, die diese Verpflichtung vor den Toten festhält. Diesmal sind es nicht die prominenten Toten der Geschichtsbücher, es ist ein unbekannter Toter, einer von Millionen, die auf den Schlachtfeldern der Kriege blieben. Mit einer Art »rückwärts gewandter Prophetie«, wie sie Friedrich Schlegel vom Historiker forderte – auf Benjamin und Schneider trifft diese Wendung gleichermaßen zu –, sieht hier Schneider am Vorabend des zweiten Weltkrieges zurück auf die Toten des ersten Weltkrieges, die die des zweiten ankündigen. Hier ist auch ein Gedanke, der eine demokratische Ablösung des monarchischen Gedankens für Schneider hätte bringen können: wir alle sind »entthronte Könige«, zitiert er Pascal. Alle sind Könige, Könige ohne Reich.

»Das wahre Bild der Vergangenheit huscht vorbei«, schreibt Benjamin in den »Geschichtsphilosophischen Thesen«: »Vergangenes historisch artikulieren heißt nicht ›es erkennen, wie es denn eigentlich gewesen ist‹. Es heißt sich einer Erinnerung bemächtigen, wie sie im Augenblick einer Gefahr aufblitzt.« Dies ist die Charakterisierung des Verfahrens, das auch Reinhold Schneider benutzt, auch er angesichts der gleichen Gefahr, der des Nationalsozialismus. Unter dieser Gefahr hat Benjamin sich dem Marxismus angenähert, von dem er sich dann – nach dem Hitler-Stalin-Pakt – in den »Geschichtsphilosophischen Thesen« wieder entfernt hat. Wenn er darin von »Sozialdemokratie« spricht, ist der Stalinismus gemeint. Und hinter dem Etikett »historischer Materialismus«, das er für sich beansprucht, verbirgt sich kaum sein jüdisch-theologisches Denken, worauf Gershom Scholem hingewiesen hat.

Schneider ist einer Neigung zum Faschismus, wozu ihn seine Art der Heroisierung der Geschichte verführte, nicht erlegen. Angesichts des Nazi-Staats hat er sich davon entschieden entfernt. Die gegenwärtige Gefahr ließ ihn nach Bildern und Vorbildern der Geschichte suchen. Und nicht nur nach Siegern. Die Heiligen, deren er sich bemächtigte, sind immer Antipoden der Herrscher, also auch der Päpste, Herausforderer der Macht, Verkörperungen der Armen und Unterdrückten. Freilich siegen sie nie; aber auch das Werk der Mächtigen ist an ihrem Lebensende als vergebliches Tun zu erkennen.

So bleibt die Vergänglichkeit des Irdischen; fast immer ist die Gestalt Christi verhüllt. So bleibt die Melancholie. Das ist sicher keine religiöse Tugend. Die mittelalterliche Theologie hat sie bekämpft. Sie steht im Werk Reinhold Schneiders im Widerstreit mit dem Glauben, der nur selten zu einer solchen Gewißheit wird, daß er die Melancholie vertreibt. Aber gerade da ist Schneider als Schriftsteller am schwächsten, so, wenn er vor Nietzsches Grab den endlichen Sieg des Glaubens über den Unglauben behauptet, ohne anderen Anhaltspunkt als die zerstörerische Wirkung des Unglaubens. Wenn der Glaube im literarischen Text formuliert wird, ist er immer eine Behauptung, die als Gewißheit nachzuvollziehen nur dem möglich ist, der bereits glaubt.

Doch in den meisten Essays hier triumphiert die Melancholie, ein trauriger Triumph, aus dem Glaubenszweifel sprechen, der aber literarisch fruchtbarer ist, weil er relativiert und differenziert. Es ist die Haltung, aus der heraus Schneider schreibt, wenn er pathetische Heroisierung und strikte Behauptung zurückläßt. Das zeigt sich meist in den Reise-Skizzen, die nie »Landschaft« als Natur, sondern immer »Landschaft« als Geschichte meinen. Besonders in denen, die ausländische Orte festhalten. Hier ist die Distanz größer, eine Stilisierung wird eher hingenommen als bei den inländischen Orten, die uns besser bekannt sind. Das symbolisierende Verfahren wird von der selbst erlebten Alltäglichkeit infrage gestellt, wenn es auf heimische Gebiete angewandt wird. Den deutschen Faschismus hat Schneider entschieden abgelehnt, den iberischen, aus der Distanz des Bildungsreisenden erfahrenen, weniger.

Ähnliches ließe sich auch gegen Benjamin sagen, und Gershom Scholem hat es in einem Brief, den er in seinem Buch »Walter Benjamin – die Geschichte einer Freundschaft« abdruckt (S. 285), getan: innerhalb der kommunistischen Partei würde er Erfahrungen sammeln, die ihm seine Sympathie mit dem Marxismus erheblich trüben würden. Bei André Gide hat sogar eine Bildungsreise durch die Sowjetunion genügt.

Der Status des Reisenden, der von Ort zu Ort wechselt, frei von den Bindungen Ortsansässiger, ist ähnlich dem des historischen Schriftstellers, der sich durch die Zeiten bewegt: auch er ist frei, sich mit einer Figur, einem Ort, einem Ereignis nach Belieben zu beschäftigen. Schneider war beides; Reise-Schriftsteller und essayistischer historischer Autor, das waren zwei Seiten derselben Tätigkeit bei ihm. Einen Ort ohne historisches Ereignis zu sehen, war ihm fast unmöglich. Finnland nennt er einmal »geschichtslos«. Im abschließenden Text dieses Bandes »Loretto«, der hier als »Epilog« steht, artikuliert er sich einmal selbst, ohne historische Figuren zu Hilfe zu nehmen. Er spricht vom Ort seines Lebens und Schreibens. Doch auch dieser Ort liegt auf dem »stillen Schlachtfeld der Geschichte«.

Was in allen Beiträgen dieses Buches mehr oder weniger deutlich ausgesprochen wird, das wird in den beiden Aufsätzen zu Ende des Teils »Geschichte« reflektiert: was wird aus Europa ohne Christus? Der einzige, dieses Europa bildende und erhaltende große Entwurf sei der des Christentums. Ein anderer, von Schneider in »Nietzsches Grab« erwähnter, war sicher der Humanismus mit seinem wiederholten Rückgriff auf die Antike. Dieser ist heute, so scheint es, ebenso verblaßt wie der christliche.

Daß das Christentum früh in sich zerfallen war, in das Schisma von Ost- und West-Kirche, dann in die Spaltung von Reformation und Gegenreformation, zerfallen und blutig zerstritten, das sieht Schneider deutlich wie wenige. Daß dieses Europa unter dem Mantel des Christentums eine brutale Eroberungspolitik in der Welt trieb und immer noch treibt, hat er am Beispiel »Las Casas vor Karl v.« dargestellt. Doch der Glaube an Christus erscheint ihm trotz allem, was geschah, die einzige Rechtfertigung europäischer Existenz. Er erwartet eine Erneuerung aus dieser Kraft oder das Ende Europas.

Kommt es zu einer Erneuerung? Oder tritt anderes an dessen Stelle? Was? Oder ist Europa am Ende? Der Wille, mit allen Mitteln gegen die ärmeren Völker der Welt zusammenzuhalten, um den zusammengerafften Reichtum zu erhalten, kann nicht Rechtfertigung europäischer Einigung sein. Eine »Idee« fehlt. Die Reden der Politiker sind bei allem Wortschwall stumm. Die Ideologen fegen den Kehricht vergangener Ideologien zusammen in der Meinung, das sei noch verwertbar.

Wer die Antwort Schneiders nicht akzeptieren kann, wird doch seine Frage hinnehmen müssen. Gerade der Rückblick in die europäische Geschichte macht aufmerksam auf den evidenten Mangel jeglicher – religiöser, philosophischer, kultureller – Legitimation des heutigen ökonomisch noch prosperierenden Europa. *Hans Dieter Zimmermann*

QUELLENNACHWEIS

Die Auswahl verdankt ihre Anregung dem 1960 von Curt Winterhalter aus dem Nachlaß zusammengestellten Band »Schicksal und Landschaft«. Der zweite Teil »Landschaft« ist denn auch vor allem diesem Band entnommen; er wurde ergänzt um drei Beiträge aus dem 1953 erschienenen »Herrscher und Heilige«. Ebenfalls drei Beiträge stammen aus dem noch von Reinhold Schneider zusammengestellten, 1958 kurz nach seinem Tode herausgekommenen »Pfeiler im Strom«. Der erste Teil der Auswahl »Geschichte« wurde drei Sammelbänden entnommen, den bereits erwähnten »Pfeiler im Strom« und »Herrscher und Heilige« und dem 1955 erschienenen »Erbe und Freiheit«.

Die Auswahl wurde von dem Gesichtspunkt bestimmt, wichtige historische Aufsätze Schneiders wieder erreichbar zu machen. So konnte auf das verzichtet werden, was zu gleicher Zeit in anderen Ausgaben erscheint: Beiträge über Portugal fehlen, da ein Band »Portugal. Ein Reisetagebuch« in der Reihe Suhrkamp Taschenbuch alle Äußerungen Schneiders zu Portugal sammelt; Beiträge zu Preußen fehlen, da die Studie »Die Hohenzollern« ebenfalls als Suhrkamp Taschenbuch wieder zugänglich wird.

Prolog

In Memoriam. Aus: Macht und Gnade. Erstveröffentlichung: Insel, Leipzig 1940. Dann Suhrkamp, Frankfurt a. M. 1977. (Suhrkamp Taschenbuch 423, S. 212–217.)

Geschichte

Die Gegenwart Griechenlands. Aus: Erbe und Freiheit. Hegner, Köln und Olten 1955, S. 57–80.

Das Kreuz im Osten. Aus: Erbe und Freiheit, a.a.O., S. 187–234. Vortrag, 2. 2. 1955.

Kaiser Lothars Krone. Leben und Herrschaft Lothars von Supplinburg. Erstveröffentlichung: Insel, Leipzig 1937. Wiederabdruck: Herrscher und Heilige. Hegner, Köln und Olten 1953, S. 35–57.

Innozenz III. und das Abendland. Aus: Herrscher und Heilige, a.a.O., S. 65–82.

Karl V., Erbe und Verzicht. Aus: Erbe und Freiheit, a.a.O., S. 151–186. 3. 8. 1955.

Die letzten Jahre des Prinzen Eugen. Ein Fragment. Erstveröffentlichung: Weiße Blätter / Neustadt a. d. Saale 11 (1942), S. 57–80. (o. Untertit.). Wiederabdruck: Herrscher und Heilige, a.a.O., S. 96–118.

Alle Völker. Aus: Pfeiler im Strom. Insel, Wiesbaden 1958, S. 3–7.

An der Schwelle des Alls. Aus: Pfeiler im Strom, a.a.O., S. 7–12. Wien, 9. 12. 1957.

Um das Jahr 1000. Aus: Pfeiler im Strom, a.a.O., S. 13–19. Freiburg, 14. 12. 1956.

Das Drama des Geistes in der Geschichte. Erstveröffentlichung: Steiner, Wiesbaden 1956. (Veröff. d. Instituts f. europ. Geschichte, Mainz. Vorträge Nr. 16). Vortrag, gehalten am 15. Juni 1956, veranstaltet von der Abteilung für Religionsgeschichte. Wiederabdruck: Pfeiler im Strom, a.a.O., S. 55–62.

Kontinuität oder Ende europäischer Geschichte. Aus: Erbe und Freiheit, a.a.O., S. 11–55. Stockholm, Helsinki, Sept./Okt. 1955.

Landschaft

I. Spanien

Die Glocken von Ávila. Aus Schicksal und Landschaft. Herder, Freiburg-Basel-Wien 1960, S. 97–100.

Der Montserrat. Aus: Schicksal und Landschaft, a.a.O., S. 101–104.

Toledo. Aus: Schicksal und Landschaft, a.a.O., S. 104–107.

Córdoba. Aus: Schicksal und Landschaft, a.a.O., S. 108–110.

Madrid 1956. Aus: Schicksal und Landschaft, a.a.O., S. 123–128.

II. Italien

San Fruttuoso oder Von der Einsamkeit des Grabes. Aus: Schicksal und Landschaft, a.a.O., S. 129–132.

Pisa. Aus: Schicksal und Landschaft, a.a.O., S. 132–137.

Die vollkommene Stadt. Aus: Schicksal und Landschaft, a.a.O., S. 140 bis 142.

San Gimignano. Aus: Schicksal und Landschaft, a.a.O., S. 149–152.

Bologna. Aus: Schicksal und Landschaft, a.a.O., S. 152–155.

Anagni. Aus: Schicksal und Landschaft, a.a.O., S. 164–168.

Assisi. Aus: Schicksal und Landschaft, a.a.O., S. 194–199.

Cefalù. Aus: Schicksal und Landschaft, a.a.O., S. 176–180.

Die Piazza von Capri. Aus: Schicksal und Landschaft, a.a.O., S. 190 bis 193.

III. Frankreich

Lyon. Aus: Schicksal und Landschaft, a.a.O., S. 201–204.
Vaison la Romaine. Aus: Schicksal und Landschaft, a.a.O., S. 210–212.
Arles. Aus: Schicksal und Landschaft, a.a.O., S. 212–220.
Beauvais. Aus: Schicksal und Landschaft, a.a.O., S. 234–239.
Tours. Aus: Schicksal und Landschaft, a.a.O., S. 244–248.
Rouen. Aus: Herrscher und Heilige, a.a.O., S. 164–172. Paris, 10. 2. 1939.

IV. England

York. Aus: Herrscher und Heilige, a.a.O., S. 158–164.
Canterbury. Aus: Herrscher und Heilige, a.a.O., S. 152–158.

V. Skandinavien

Nordischer Herbst. Aus: Schicksal und Landschaft, a.a.O., S. 249–260.
Der ewige Schrei. Aus: Pfeiler im Strom, a.a.O., S. 375–379. Linköping, 25. 8. 1956.
Krebsfang in Oestergötland. Aus: Pfeiler im Strom, a.a.O., S. 371–375. Linköping, 1956.
Nordisches Finale. Aus Pfeiler im Strom, a.a.O., S. 380–387. Baden-Baden, 1956.

VI. Deutschland

Potsdam. Erstveröffentlichung: Der christliche Sonntag I/Freiburg (1942), S. 221. Wiederabdruck: Schicksal und Landschaft, a.a.O., S. 267–272.
Wörlitz. Aus: Schicksal und Landschaft, a.a.O., S. 280–283.
Bautzen. Aus: Schicksal und Landschaft, a.a.O., S. 284–288.
Merseburg. Aus: Schicksal und Landschaft, a.a.O., S. 288–292.
Quedlinburg. Erstveröffentlichung: Weiße Blätter 3 / Neustadt a. d. Saale (1934), S. 241–246. Wiederabdruck: Schicksal und Landschaft, a.a.O., S. 322–328.
Nietzsches Grab. Aus: Schicksal und Landschaft, a.a.O., S. 295–300.
Weißenfels. Aus: Schicksal und Landschaft, a.a.O., S. 300–304.

Epilog

Lorettoberg. Aus: Schicksal und Landschaft, a.a.O., S. 383–386.